Jogo
de
cintura

Rebecca Abrams

Jogo de cintura

Tradução de
ELIANE FRAGA

Editora
Rosa dos
Tempos

Rio de Janeiro
2001

CIP-Brasil. Catalogação-na-fonte
Sindicato Nacional dos Editores de Livros, RJ.

A14j
Abrams, Rebecca
    Jogo de cintura / Rebecca Abrams; tradução de Eliane Fraga. – Rio de Janeiro: Record: Rosa dos Tempos, 2001.
    336p.

    Tradução de: The playful self
    Inclui bibliografia
    ISBN 85-01-05187-X

    1. Mulheres – Psicologia. 2. Mulheres – Condições sociais. 3. Mulheres – Emprego. I. Título.

00-1220
    CDD – 305.42
    CDU – 316.346.2-055.2

Título original inglês:
THE PLAYFUL SELF

Copyright © 1997 by Rebecca Abrams

Todos os direitos reservados.
Proibida a reprodução, no todo ou em parte, através de quaisquer meios.

Direitos exclusivos desta edição reservados pela
EDITORA ROSA DOS TEMPOS
Um selo da
DISTRIBUIDORA RECORD DE SERVIÇOS DE IMPRENSA S.A.
Rua Argentina 171 – Rio de Janeiro, RJ – 20921-380 – Tel.: 585-2000
que se reserva a propriedade literária desta tradução

Impresso no Brasil

ISBN 85-01-05187-X

PEDIDOS PELO REEMBOLSO POSTAL
Caixa Postal 23.052
Rio de Janeiro, RJ – 20922-970

EDITORA AFILIADA

Para Jessica

"Sem brincar, nenhum trabalho pode ser eficaz e prazeroso, e nenhum pensamento pode ser sadio e proveitoso."

Charles Dickens, *Hard Times (Tempos difíceis)*

Sumário

Agradecimentos   9
Introdução   13

PARTE UM
1. O estado da brincadeira   25
2. O que é brincadeira   43
3. Por que brincar?   59
4. Um breve histórico da brincadeira   87

PARTE DOIS
5. O mito do lazer   113
6. O imperativo de servir   135
7. O legado de Eva   159
8. A brincadeira feita pelo homem   185

PARTE TRÊS
9. A brincadeira da criança   215
10. Tempo para brincar   235
11. Como brincar   249
12. O direito de brincar   275

Bibliografia   297
Notas   307

Agradecimentos

Ironicamente, a tarefa de escrever um livro sobre a importância da brincadeira reduziu muito a minha própria possibilidade de brincar. Assim, antes de tudo, reconheço minha dívida para com todos os bons amigos que, apesar de minhas freqüentes recusas, continuaram telefonando, convidando-me, sugerindo encontros e não me deixando interromper de todo a prática que estou recomendando.

Ainda assim, escrever este livro não representou de forma alguma um sofrimento, pois proporcionou-me o imenso prazer de partilhar minhas idéias sobre diversão e brincadeira, ouvir opiniões e aprender com o conhecimento técnico e as experiências de vida de muitas pessoas. Estou em débito com todas elas por sua confiança e encorajamento, consciente ou não, que me levaram a desenvolver a obra até sua conclusão.

Acima de tudo, desejo agradecer a David Bodanis, meu antigo companheiro de bares e cafés, a primeira pessoa a acreditar na possibilidade de transformar o tema em livro, tendo me persuadido a transformar minhas idéias difusas numa proposta coerente e submetê-la sem demora ao meu editor. Foi ele quem deixou à minha porta uma cópia da obra clássica de Johan Huizinga, *Homo Ludens* (até então desconhecido por mim), que foi minha inspiração inicial, crucial e decisiva, além de uma fonte secundária importantíssima.

Catherine Clarke, Richard Cockett, Ellen Jackson, Rachel Polonsky e Katherine Rake foram muito gentis em ler o manuscrito em suas várias etapas, tecer comentários, fornecer contribuições e críticas pertinentes. Sou muito grata também a Christina Hardyment, Stephen Harrison, Susan Sellers e John Walsh, cujas orientações sobre os capítulos ainda em rascunho foram valiosas. Aproveito a oportunidade, ainda, para estender os agradecimentos a Dominic Abrams, Michael Argyle, Kate Bailey, Ilana Ben-Amos, Penny Boreham, Madeleine Bunting, Wendy Buonaventura, Paul David,

Robert French, Duncan Gallie, Diego Gambetta, David Goldie, Elizabeth Grice, Janie Hampton, Leo Hendry, Elaine Herman, Michael Holyoke, Anne Horner, Sonia Jackson, Chris Kiddy, Richard Layte, Cathy Lloyd, Simon Mason, Jon Mee, Susie Moreira, Robert Needham, Avner Offer, Gilda O'Neill, Marc Polonsky, Beattie Rubens, Helen Russell, Katie Sampson, Leith Skeats, Cathy Troupp, Megan Vaughan, Veronica Wadley, Helen Watson, Charles Webster, Julie Wheelwright, Araminta Whitley, John Whitwell e Jane Wood. Quero acrescentar meu reconhecimento pelo apoio financeiro de um prêmio concedido em boa hora pela Author's Foundation e K. Blundell Trust.

Meus agradecimentos especiais a Elinor Goldschmied, cujo estímulo levou à realização da oficina O Dia da Brincadeira, em Londres, em 1990. A ela e a todas as mulheres que participaram do encontro e aceitaram ser posteriormente entrevistadas só tenho a dizer que a contribuição de seus pensamentos e sentimentos foi fundamental no enriquecimento do livro. Sou imensamente grata também a *todas* as pessoas que permitiram suas citações nas páginas que seguem.

Como mensagem mais pessoal, devo um agradecimento especial a John Slim por seu excelente trabalho de recorte de notícias na cobertura dos jornais, mantendo-me atualizada quanto a "temas femininos". Sou grata a Robert e Sarah Whyte por sua gentileza em proporcionar-me a oportunidade de passar umas semanas no lugar dos meus sonhos, tão logo ficou pronto o primeiro rascunho do manuscrito, o que foi muito importante para o trabalho. Devo novamente agradecer a Marc e Rachel Polonsky por me permitirem analisar seu estudo já na fase da minha última revisão deste livro.

Meu marido Hugo conviveu com a idéia deste livro desde que me conheceu, e sua felicidade ao vê-lo publicado será maior que a minha. Ele jamais terá a noção real do quanto apreciei suas inúmeras e valiosas sugestões, idéias e comentários, mais ainda seu apoio e amor. Finalmente, gostaria de agradecer a minha filha Jessica, a quem este livro é dedicado. Sua atitude brincalhona obstinada foi — e é — minha melhor inspiração.

Foram reproduzidos textos extraídos das obras a seguir, com a devida permissão: *Memoirs of a Dutiful Daughter* (*Memórias de uma filha obediente*), de uma moça bem-comportada de Simone de Beauvoir, originalmente publicado como *Memoires d'une jeune fille rangée*; extrato de "Burnt Norton", em *Four Quartets* (*Quatro quartetos*) de T.S. Eliot; *Leisure — Penalty or Prize?*, de R. Glasser, e *The Family in Question: Changing Households and Familiar Ideologies*, de D. Gittins; "Men Talk", em *True Confessions and New Cliches*, de Liz Lochhead; *A Night Out With the Girls: Women Having a Good Time*, de Gilda O'Neill; *Man Made Language*, de Dale Spender; *Women's Talk: A Social History of Gossip in Working-Class Neighbourhoods 1880-1960*, de Melanie Tebbutt; *Country Hoard*, de Alison Uttley; *From the Beast to the Blonde*, de Marina Warner; "*Whale Nation*", de Heathcote Williams.

Introdução

"A vida deve ser vivida como uma brincadeira"
(Platão, A *república*)

Um dia desses, andando pela cidade na hora do almoço, vi um grupo de homens chutando uma bola para lá e para cá. Riam e pilheriavam, divertiam-se. Estavam brincando. Olhando em volta avistei várias mulheres, mas todas pareciam muito ocupadas para brincar. Corriam para algum lugar, com sacolas de compras e crianças pequenas. Registrei esse pequeno episódio na memória por ter me trazido à lembrança a maneira como este livro começou, mais de dez anos atrás, quando, aos vinte e poucos anos de idade, dividi uma casa com um grupo de amigos durante uns dois anos. Era uma típica casa de estudantes: discutia-se sobre a limpeza do banheiro e a sujeira do telefone; as bicicletas bloqueavam a entrada e pratos por lavar entupiam a pia. Apesar disso, no geral nos entendíamos bem e, mesmo sendo duas mulheres e quatro homens, o sexo quase nunca era a causa dos conflitos que vez por outra surgiam: Clare e eu não éramos mais cuidadosas do que Craig, Paul, Richard ou Tod na lavagem da louça, nem eles eram mais culpados da imundície do telefone. Contudo, quando o assunto era esporte, a diferença entre os moradores masculinos e femininos era marcante. Todos os dias, Craig, Paul, Richard e Tod dedicavam grande parte de seu tempo ao esporte, jogando, lendo sobre o assunto, ouvindo ou assistindo programas desportivos. De manhã, eu levantava ao som dos noticiários esportivos do rádio e, à noite, ia dormir ao som dos destaques da TV sobre futebol; os jornais que desarrumavam a mesa da cozinha ficavam abertos em páginas que continham várias fotos de homens que chutavam, corriam atrás e agarravam bolas de várias formas e tamanhos. Algo estava acontecendo. Por que tanto tempo e espaço eram destinados a essas atividades, se elas só interessavam a uma metade da população? Afinal, os jornais não traziam cinco páginas diárias sobre aeróbica, culinária, bordado ou qualquer outra atividade que pudesse atrair um número igualmente desproporcional de leitoras femininas. Quanto mais eu pensava, mais me intrigava. Os homens e as atividades masculinas predominavam descaradamente na cobertura da mídia, nos esportes e em todas as outras esferas. Para mim, porém, essa questão da desproporção na cobertura dos esportes era diferente. Eu não objetava ao esporte em si, mas ao que ele simbolizava: o engrandecimento de uma forma de diversão masculina e a permissão para os homens valorizarem suas brincadeiras e seu lado lúdico, sem haver uma permissão equivalente para as mulheres.

Nos anos que se seguiram, a aparente desvalorização da brincadeira feminina intrigou-me e incomodou-me cada vez mais, e tomei consciência da ausência da brincadeira na vida de muitas mulheres. Comecei a reparar nas mulheres que conhecia e fiquei perplexa ao perceber como a falta de diversão e alegria é comum na vida delas, ou *nossa*. Também passei a prestar mais atenção nas outras mulheres nas ruas, nos noticiários, na história, nos romances; a observar mais o que diziam as mulheres que eu entrevistava no meu trabalho de jornalista e socióloga; a ler nas entrelinhas dos livros que pesquisava sobre o trabalho e o lazer das mulheres e sobre a experiência feminina da sexualidade, da identidade e da maternidade. Ficou cada vez mais evidente que um tema de suma importância estava sendo negligenciado.

Não é de hoje que a brincadeira da mulher é esquecida pelos outros e por ela mesma. A capacidade e a necessidade de brincar estão presentes, mas as oportunidades para tal estão ameaçadas na vida de muitas mulheres. O valor da brincadeira feminina é solapado insidiosamente e — o que mais preocupa — a noção do direito de brincar desapareceu. A literatura sobre diversão e brincadeira é considerável, mas ainda não encontrei nenhuma referência ao divertimento da mulher nos índices desses livros. Até mesmo as obras recentes sobre a experiência feminina, seja ela profissional, pessoal, sexual ou familiar, são omissas quanto ao papel da brincadeira na vida das mulheres ou sua relação com seu bem-estar. Nenhum trabalho sistemático foi sequer desenvolvido sobre o significado da brincadeira para a mulher. Essa omissão por si só indica o quanto e há quanto tempo ela não está presente na vida das mulheres.

É comum a capacidade de brincar da mulher entrar em conflito com os outros aspectos de sua vida: as pressões do trabalho, as expectativas dos pais, dos parceiros e dos filhos, além das suas próprias. Em geral, a mulher continua a ser vista como facilitadora da brincadeira alheia. Ela aparece como auxiliar da brincadeira das crianças no papel socialmente aceitável de mãe, de babá, de recreadora escolar e de professora. Ela aparece como alicerce para a diversão social e sexual masculina em anúncios, novelas, vídeos, filmes e revistas. Ser divertida e proporcionar diversão são vistos como dois itens a mais na lista de Coisas a Fazer do dia da mulher, aspectos de seus papéis de mãe, esposa, namorada e amante. Neles, de modo geral, ela é a fornecedora de prazer em vez da receptora.

É claro que fazer os outros felizes traz um prazer genuíno, especialmente quando se trata dos próprios filhos: no último verão, nossa filha de dois anos foi à praia pela primeira vez. Jogou-se nas ondas, juntou pedrinhas e algas no balde, gritou para as pipas voando alto no céu e, com uma concha, escreveu sinais e símbolos misteriosos na areia. Durante cinco dias, ela viveu um delírio de felicidade. Diante de tanto prazer, como eu poderia lamentar não estar fazendo minhas longas caminhadas até o alto da montanha, que era minha idéia de diversão? Em vez disso, também me joguei nas ondas, catei algas para seu balde, ajudei-a a fazer seus primeiros castelos de areia e, contagiada com sua alegria, fiquei feliz. A satisfação proveniente da felicidade alheia não deve ser desprezada; alguns a consideram a melhor forma de prazer que existe. Mas estou sempre contente por fazer os outros felizes? Tamanha abnegação me preocupa. Lembra-me a mãe de uma amiga oferecendo chocolates após o jantar, nos convencendo a pegar mais um, até alguém mencionar que ela ainda não se servira de nenhum. "Ah, tudo bem. Vou comer quando vocês não quiserem mais." Divertia-se assistindo a nossa diversão, explicou.

Nas oportunidades de prazer que surgem na vida, será correto nós assumirmos tão prontamente o papel passivo? Não deveríamos, pelo menos parte do tempo, ocupar o papel da ação? É claro que *somos* destinadas a satisfazer necessidades alheias. Alguém *precisa* assegurar a comida do jantar, os sapatos no tamanho certo, o dinheiro do leiteiro. Por mais que desejemos, *não podemos* satisfazer nossas necessidades sempre que dá vontade. Mesmo assim, é possível nos aproximarmos muito mais de uma vida em que, além das nossas responsabilidades e dos cuidados com os outros, também haja espaço para o nosso *self* alegre, despreocupado e brincalhão.

No tratamento dessas questões, este livro propõe uma mudança no direcionamento do pensamento feminista. Até agora a grande ênfase do feminismo referiu-se às mudanças no mundo profissional como o meio de alcançar a igualdade entre os sexos. A busca de melhores condições de trabalho para a mulher não terminou, mas não podemos mais ignorar outras dimensões de nossa vida. O trabalho por si só não demonstrou ser uma via promissora para o aperfeiçoamento da qualidade de vida da mulher de hoje. Este é um problema fundamental e muito pouco popular nos grupos feministas, mas não podemos ignorar os fatos: no total, a mulher ainda trabalha mais horas do que o homem com emprego equivalente, ainda tem menos tempo de descanso e ainda é responsável pela maior parte do trabalho doméstico e do cuidado com os filhos.

Segundo Camille Paglia, "o funcionamento profissional na máquina capitalista (...) não deve ser confundido com a identidade humana como um todo".[1] Por mais que o trabalho seja importante, nunca nos transformará em pessoas felizes e realizadas, e seria tolice pensar que ele tem esse poder. Ele resolveu alguns problemas e introduziu outros: no lado positivo, as evidências indicam que o trabalho remunerado da mulher está vinculado à auto-estima, saúde mental e sensação de eficiência; no lado negativo, há indicações de tensão do papel de trabalhadora, estresse e fadiga crônica. O trabalho jamais será a única solução para a desigualdade sexual e a infelicidade pessoal. Na tentativa de partilhar as vantagens que oferece ao homem, vemo-nos repartindo também suas desvantagens. Sem perceber que a qualidade de vida é mais do que a soma de nossas ocupações — para o homem e para a mulher —, deixamos escapar um ponto importantíssimo que, cada vez mais, precisa ser urgentemente reconhecido. A mulher é trabalhadora *par excellence*, mas e o nosso *self* lúdico?

Parece-me incontestável, ainda que por muito tempo ignorado, que o divertimento da mulher nunca foi e continua não sendo priorizado na nossa cultura. No nível do dia-a-dia individual, essa desvalorização da brincadeira feminina pode ser extremamente difícil de combater. O homem da Prestoprint que enviou para meu editor o fax da sinopse original deste livro resumiu a situação com clareza ao dizer: "Espero que minha mulher não leia isso — iria interferir no meu rúgbi."

Como acontece com a maioria das mulheres, meus dias são dominados pela sensação de ter coisas demais para fazer e pouco tempo para encaixar tudo; certamente não tenho tempo suficiente para me divertir com a mesma pureza de intenções e a mesma absorção que minha filha. Observo seu enlevo com encanto e admiração. Fico maravilhada com sua participação deliberada nos jogos de sua própria autoria e com sua dedicação exclusiva à tarefa em curso. Enquanto brinca, ela respira profundamente, sem perceber; seus pés giram para lá e para cá; inclina-se de um lado para outro; pára e recomeça; todo o seu corpo está concentrado. Ao observá-la brincando é impossível não sentir-se cativada. Mas é igualmente impossível não me lembrar de como atualmente esse tipo de brincadeira é escasso na minha própria vida. Confesso que às vezes quase morro quando ela quer jogar bola: eu estava pronta para limpar a casa/ escrever uma carta de agradecimento/ esvaziar a máquina de lavar louça — até mesmo ler o jornal. Outras vezes suas brincadeiras são, para mim, uma desculpa para eu também me divertir: brincamos de esconder e pegar, corremos, fazemos cócegas uma na outra, rimos, cantamos músicas, dançamos, fazemos caretas e ruídos estranhos. Quando consigo esquecer a limpeza da casa, a carta de agradecimento e a máquina de lavar louça, é maravilhoso. Penso por que a brincadeira não é um aspecto mais valorizado da vida, se me sinto tão bem quando brinco, por um instante que seja, a ponto de tudo o mais ficar em segundo plano. Penso por que preciso do entusiasmo desinibido de uma menininha para legitimar esse instinto de brincar, por que não é fácil ser brincalhona por mim mesma, por que, para tantas mulheres como eu, a brincadeira que era uma parte integrante da nossa vida e da nossa própria identidade na infância, aos poucos é descartada da nossa forma de ver o mundo e a nós mesmas.

Este livro não tem a pretensão de ser a palavra final sobre o tema; meu objetivo ao escrevê-lo foi trazer o assunto à baila e levar as pessoas a falar e pensar sobre o papel da brincadeira na vida da mulher e sobre a importância do brincar. Não se trata de uma homenagem ao hedonismo e sim de uma defesa do equilíbrio, uma chamada a todos aqueles que se estressam com a vida, que não parecem encontrar um momento para si, que não se recordam da última vez em que perderam a noção do tempo. Este livro interessará a algumas mulheres mais do que a outras pois nem todas perdem o contato com seu *self* lúdico. Umas são incrivelmente brincalhonas, algumas sem o menor esforço; outras precisam esforçar-se muito para se divertir, e outras tantas parecem prescindir de diversão. Ainda assim, acredito que a maior parte das mulheres sente falta de brincar e o faria se as condições fossem diferentes, mas não sabe como mudar a situação. Este livro é dedicado a essas mulheres. É muito provável que parte de seu conteúdo interesse igualmente aos homens, pois eles também têm dificuldades nessa linha. Seria bom se, neste exato momento, alguém estivesse escrevendo um livro sobre a necessidade de o homem reconquistar seu *self* lúdico. Mesmo que isso esteja acontecendo, suponho que o autor não esteja dizendo as mesmas coisas, pois as razões pelas quais a mulher acha tão difícil se divertir são essencialmente vinculadas à condição feminina, com as convenções, expectativas e restrições sociais que a acompanham. Enquanto todos nós vivenciamos o problema de desvalorização do *self* lúdico numa cultura obcecada pelo trabalho, a relação da mulher com a diversão é muito peculiar e tem origem na experiência de ser mulher na nossa cultura.

Um momento importante na elaboração do livro foi quando, em 1990, tive a sorte de encontrar Elinor Goldschmied, uma mulher fantástica. Elinor possui uma reputação universal na área de trabalho social pelos seus documentários de treinamento e, na Europa, é uma especialista renomada na área de administração de serviços de creche. Solicitei-lhe uma entrevista para o projeto de história oral que desenvolvia então, *Lives of Distinguished Women* (Vidas de mulheres notáveis), que consistia numa série de entrevistas para a National Life Story Collection, de Londres. Aos setenta e muitos anos, Elinor ainda atuava como especialista em creches. Trabalhara intensamente no Reino Unido e no exterior, com crianças e adultos, desenvolvendo sua teoria de brincadeira heurística: a descoberta do mundo através da brincadeira. Sua atitude curiosa era um sinal de que desejava descobrir sobre a minha vida tanto quanto contar-me sobre a sua. Ao saber que eu estava escrevendo um livro sobre a mulher e a brincadeira, demonstrou especial interesse e entusiasmo e sugeriu que implementássemos juntas uma oficina com um dia de duração, com o objetivo de proporcionar às mulheres a oportunidade de explorar e, em alguns casos, redescobrir seu instinto lúdico e sua capacidade de brincar. Elinor já havia realizado encontros desse tipo anteriormente, na Espanha e na Itália, para ajudar as mulheres a entender como as crianças brincam. Agora seu interesse era ver o que aconteceria num encontro cujo objetivo central era a brincadeira da própria mulher. O Dia da Brincadeira aconteceu em Londres, em novembro de 1990. Vinte mulheres participaram, algumas amigas, outras colegas, algumas em resposta a anúncios afixados em lojas. A faixa etária ia dos 25 aos 60 anos; umas eram solteiras, outras viviam com companheiros, outras eram casadas; umas tinham filhos pequenos, outras filhos crescidos; algumas tinham carreiras importantes, outras tinham empregos de rotina, outras eram donas-de-casa em tempo integral. Todas partilhavam o desejo de tornar a diversão uma parte central de suas vidas; só uma delas sentia que já fazia isso; a maioria sentia que sofria de ausência de diversão; muitas achavam que esse aspecto tinha sido inteiramente suprimido de suas vidas. O dia foi estruturado em torno de alguns exercícios básicos, com oportunidades para discussão após cada um deles. Esses exercícios foram planejados para despertar, liberar e estimular o *self* lúdico. As reações das participantes foram de uma variedade fascinante. Em alguns casos, foram intensas e até chocantes. Uma mulher de uns cinqüenta anos descobriu que seu *self* lúdico não era tão doce e agradável como acreditara: tinha uma identidade raivosa e desobediente e queria brincar destruindo. Outra mulher veio participar do Dia da Brincadeira porque se percebia como uma pessoa lúdica; ao longo do dia, contudo, descobriu que, de fato, achava difícil brincar. Os exercícios e as respectivas reações das mulheres estão descritos em detalhes no Capítulo 9. Dez das mulheres concordaram em ser entrevistadas quinze dias após o Dia da Brincadeira sobre o dia em si e sobre o papel da brincadeira em suas vidas de modo geral. Seus pensamentos e sentimentos perpassam todo o livro e, juntamente com aqueles das muitas mulheres que entrevistei através dos anos, deram corpo às minhas idéias, materializaram a teoria e consolidaram-na na vida real.

    O livro é dividido em três partes. A primeira analisa o que é brincadeira e o que ela faz. O Capítulo 1 examina o estado atual da brincadeira na sociedade contemporânea; mostra como uma cultura de trabalho floresce em detrimento da brincadeira e como as condições de trabalho e o estado atual do mundo do trabalho na Inglaterra atuam contra o brincar por criarem uma atmosfera de instabilidade, incerteza e ansiedade. O Capítulo 2 define o significado de "brincadeira" e "lúdico" nesta obra. Distingue "brincadeira" de "desocupação" e explica como podemos saber quando estamos brincando. Esse capítulo também mostra como a palavra e o conceito de "brincadeira" mudaram com o tempo para se adequarem às necessidades das diferentes eras, e como a brincadeira, pouco a pouco, dissociou-se da vida adulta. O Capítulo 3 questiona, e aí? Realmente precisamos brincar? Faz diferença mesmo se não brincamos? Partindo da comprovação de uma extensa gama de pesquisas sociais e científicas, o capítulo defende a tese de que a brincadeira nos é benéfica de várias formas importantes, e que sofremos quando não podemos brincar ou não brincamos. Tendo sido estabelecido, nos três primeiros capítulos, que não brincamos, precisamos brincar e sabemos o que é brincadeira, o Capítulo 4 localiza a brincadeira no seu contexto histórico e analisa seu papel em períodos diferentes do passado, focalizando uma época em que a brincadeira ocupava um lugar de respeito e era culturalmente aceita, e mostrando como o *self* lúdico do ser humano foi sendo pouco a pouco identificado com indolência, infantilidade e, finalmente, imoralidade. Nesse capítulo argumento que, à medida que a nação inglesa se industrializou, o mesmo aconteceu com os indivíduos que nela vivem.

A Parte Dois enfoca mais especificamente as mulheres, as razões pelas quais parecemos recuar quando o assunto é brincadeira e por que achamos tão difícil alimentar o *self* lúdico que existe em nós. O Capítulo 5 examina obstáculos à brincadeira concretos e externos a nós: a absoluta falta de tempo e a enorme carga de trabalho, remunerado ou não, na vida da mulher. Esse capítulo mostra como o lazer é muitas vezes um mito na vida da mulher e se restringe a mero trabalho com outra aparência. Os dois capítulos seguintes examinam os aspectos internos que interferem na brincadeira, os fatores psicológicos e emocionais que inibem a atitude lúdica na mulher. O Capítulo 6 sustenta que, desde a infância, a socialização da mulher é direcionada para uma forma de pensar que visa a servir, cuidar e responsabilizar-se pelos outros, e que esse "imperativo de servir" conflita com o *self* lúdico que existe em nós, minando nossa capacidade e nossa inclinação para brincar. O Capítulo 7 expõe o segundo maior oponente da brincadeira: a autoconsciência social.* Nesse capítulo, vemos como a nossa consciência atua como um refletor interno que carregamos conosco, e como é um hábito que impossibilita a atitude genuína de brincar. O Capítulo 8 conclui essa parte do livro examinando o papel da semântica na brincadeira. Nele, defendo que nosso *self* lúdico foi eliminado através da própria linguagem que utilizamos, mas que, por essa mesma linguagem, podemos reivindicar a reintegração da nossa atitude de brincar, de formas imediatas e poderosas.

A Parte Três examina soluções; com base em entrevistas com as mulheres que participaram do Dia da Brincadeira, em Londres, essa seção apresenta o caminho para revitalizar o *self* lúdico e reincorporá-lo ao centro de nossas vidas. O Capítulo 9 examina como a brincadeira da criança pode, muitas vezes, mostrar o caminho aos adultos, ajudando-nos a entrar em contato

---

*O termo inglês *selfcounsciousness* é bastante utilizado pela autora com o sentido de "desconfortavelmente consciente de si mesmo como objeto da observação dos outros". Na tradução, por falta de um termo exato que indique especificamente o sentido que a autora desejou transmitir, foi utilizada a expressão "autoconsciência social" e, em alguns casos, "consciência-de-si".

com nossa capacidade lúdica e a redescobrir hábitos de brincar. O Capítulo 10 analisa o problema que muitas mulheres identificam como a causa principal da ausência da brincadeira: a falta de tempo. Nesse capítulo apresento a idéia de que só brincando encontraremos tempo para brincar, pois só quando nos permitimos ser lúdicos descobrimos essa possibilidade. O Capítulo 11 enfoca especificamente alguns aspectos nada lúdicos de nossas vidas, tais como o relacionamento com o corpo, o alimento e o sexo, e mostra como, encarando-os com nosso *self* lúdico de peito aberto, podemos transformá-los em fontes riquíssimas de brincadeira. O Capítulo 12 coloca o aspecto pessoal no contexto político e sustenta que a brincadeira não é apenas um tema individual, mas uma preocupação para a sociedade como um todo. Numa sociedade justa e humana, o *self* lúdico é visto com respeito, e a brincadeira não é encarada com benevolência e sim como um direito. Só uma sociedade que apóia o direito de brincar — para mulheres e homens, jovens e idosos —, em vez de negá-lo, pode ser vista realmente como uma sociedade que valoriza os indivíduos que a compõem.

Portanto, começamos com o *self* e retornamos ao *self*. O *self* lúdico.

Vinte anos atrás, Susie Orbach e outras feministas começaram a decodificar a linguagem da mulher para revelar pela primeira vez a angústia e o sofrimento relativos à alimentação, encobertos em frases casuais como "Estou tentando perder peso" e "Não estou comendo hoje". Este livro busca decodificar os sentidos mais amplos e profundos contidos nas frases comuns das mulheres atuais, como "Estou tão cansada" e "Jamais consigo ter um momento para mim". Estas palavras são a chave para um mundo oculto, porém comum às mulheres, de negação de si mesma, criatividade frustrada, excesso de trabalho e dúvida quanto a si mesma. Não é exagero emendar a frase de Orbach e dizer que, como a gordura, a brincadeira é uma questão feminista que até o momento foi negligenciada. Como a gordura, a brincadeira atravessa fronteiras de idade e classe. A pouca brincadeira na vida de tantas mulheres hoje em dia é uma indicação e uma razão decisiva para a cruzada pela igualdade genuína na sociedade contemporânea ainda não estar concluída.

Estou convencida, emocionalmente e com base na minha pesquisa, que a questão da falta de brincadeira, essa necessidade urgente de redescobrir nosso *self* lúdico, é muito importante para todas as mulheres hoje em dia. Qualquer atividade que relaxe uma pessoa, ainda que por instantes, dos problemas e preocupações da vida diária pode ser chamada "brincadeira" e, como tal, merece respeito pela simples razão de que a mulher precisa alegrar-se e despreocupar-se — estar literalmente livre de preocupações — de tempos em tempos. Sem a brincadeira como um aspecto central e florescente em nossas vidas, ficamos em desvantagem emocional, física, espiritual e social. O poeta filósofo Friedrich Schiller escreveu que "o homem só brinca quando, no mais pleno sentido da palavra, ele é um ser humano e ele só é inteiramente um ser humano quando brinca".[2] Nossa busca por uma vida equilibrada, por uma qualidade de vida genuína em oposição à quase igualdade só começará, mesmo, quando reconhecermos e reivindicarmos este direito fundamental: o direito ao nosso *self* lúdico.

PARTE UM

1
O estado da brincadeira

"Há duas formas de magoar a humanidade: uma, pela introdução das dores; a outra, pela exclusão dos prazeres. Ambas são atos de tirania, pois em que consiste a tirania, se não nisto?"
(Jeremy Bentham, Theory of Legislation)

A brincadeira é um conceito, uma atividade, uma experiência, uma atitude. É também uma necessidade essencial do ser humano, uma das primeiras habilidades a dominarmos e uma das últimas a abandonarmos. É uma das fontes mais vitais de alegria humana, uma das formas mais eficazes de educação, um dos caminhos mais bem-sucedidos para a descoberta científica e artística. A brincadeira unifica nossos primeiros anos de vida e possui o potencial de recuperar os últimos. Muito antes de andarmos, falarmos ou nos alimentarmos sozinhos, somos capazes de brincar, de sermos lúdicos. Após a mamada e o choro, vêm o sorriso e a gargalhada. O bebê de três ou quatro meses de idade já desenvolveu a noção do divertimento. Ele murmureja e dá risadas frente à mera sugestão de um jogo; não só é capaz de brincar mas entusiasma-se perante esta possibilidade. Desde o início, o mundo é um repositório de brincadeiras. Através da brincadeira nos afirmamos e nos unimos uns aos outros. A natureza e a evolução não teriam gasto seus recursos unificados na brincadeira se ela não fosse essencial para a sobrevivência humana desde os seus primórdios.

O adulto também precisa brincar. Especialistas de várias áreas concordam nesta questão e, como veremos no Capítulo 3, a pesquisa contemporânea fornece farta comprovação da influência da brincadeira no bem-estar social e psicológico de todas as idades. Ao longo da história, a brincadeira tem sido considerada um tópico de importância filosófica e prática, tanto que muitos dos grandes filósofos posteriores a Platão escreveram sobre a importância da brincadeira na sociedade humana. No século

XX, o historiador holandês Johan Huizinga, em sua obra clássica sobre o tema, *Homo Ludens*, defende a tese de que "A brincadeira verdadeira e pura é um dos sustentáculos principais da civilização".

É portanto motivo de profunda perturbação e preocupação o fato de muitas pessoas hoje não brincarem. Apesar de toda a evidência comprobatória da importância da brincadeira, muitos de nós temos cada vez menos tempo para brincar e não sabemos mais exatamente como se brinca. Longe de ser uma base da civilização, a brincadeira na cultura contemporânea passou a ser relíquia de tempos passados, uma curiosidade. A própria palavra "brincar" possui um significado estranho a ela própria, com conotações dúbias de egocentrismo, frivolidade e imaturidade. Vivemos numa sociedade que valoriza intensa e progressivamente o mundo do trabalho.

Acabar com a vida trabalhando

O pára-brisa traseiro de um carro em algum lugar no sul de Londres traz os seguintes dizeres: "TRABALHAR — APOSENTAR — MORRER". Este pequeno e lúgubre adágio resume a maneira como nos sentimos às vezes sobre nossas vidas: para muitos de nós, representa uma realidade desagradável que se aproxima. Não apenas sentimos que estamos gastando nossa vida no trabalho; nós estamos. Seja nossa função administrar a casa ou uma empresa; dispor mercadorias nas prateleiras do supermercado ou redigir documentos legais; gerenciar uma ala de um hospital ou dirigir um táxi, é provável que o trabalho, de uma maneira ou de outra, tome uma parte progressivamente maior do nosso tempo, deixando-nos cada vez menos espaço para outras coisas como família, amigos, diversão — que proporcionam à nossa vida um sentido maior do que a simples jornada sombria que vai do cheque no final do mês ao adeus em direção ao túmulo. Temos consciência do desequilíbrio mas não sabemos como corrigi-lo. Imaginamos que, talvez, se trabalharmos o suficiente agora, alcançaremos um estágio no futuro em que poderemos parar de trabalhar de todo. Deixaremos o país, nos aposentaremos cedo, viveremos ao sol, jogaremos tênis todos os dias, nunca mais participaremos de reuniões, nunca mais cozinharemos outra refeição, nunca mais lavaremos outra meia. Enquanto isso, há contas a pagar, compras a fazer e crianças a alimentar.

Vivemos numa cultura obcecada pelo trabalho. O problema é universal, não se restringe às mulheres. Cada vez mais nos definimos pelo que fazemos

O estado da brincadeira

e não pelo que somos. "O que você faz?", perguntamos a alguém no primeiro encontro. "Como vai o trabalho?", indagamos dos amigos e parentes, como se fosse seu aspecto mais significativo. E o trabalho certamente toma uma parte significativa do tempo das pessoas. Os empregados trabalham mais tempo por dia do que dez anos atrás. Mais da metade da população sofre de estresse.[1] Num levantamento de onze países, a Inglaterra apareceu em oitavo lugar quanto à satisfação do trabalhador com o trabalho, com apenas quatro em cada dez empregados ingleses considerando-se felizes. Eles achavam o trabalho mais estressante e sentiam-se pior remunerados e mais exauridos do que os trabalhadores de outros países.[2] A saúde precária relacionada com o trabalho é um problema crescente que preocupa os empregadores, além de aumentar o risco de dificuldades e de separação conjugais.[3] É sabido que as mulheres economicamente ativas têm mais possibilidade de divórcio.[4] Em geral, a explicação para este fenômeno está nas oportunidades cada vez maiores que as mulheres têm de ser financeiramente independentes e, conseqüentemente, de possuir essa opção; contudo, pode também ser o resultado de um estresse originado na preocupação em manter o emprego, a família e o casamento.[5] A fadiga branda e persistente é hoje uma condição médica reconhecida que chega a afetar 48% da população adulta em algum momento da vida.[6] As afirmações da década de 1970 de que o mundo do trabalho estava mudando e que estávamos nos encaminhando para uma "sociedade de lazer", com a semana de três dias, não se confirmaram. Por outro lado, os "empregos vitalícios" são cada vez mais raros. A década de 1990 testemunhou o crescimento do emprego temporário para a classe trabalhadora e o aumento dos contratos de curto prazo para os profissionais. O avanço da tecnologia está nos libertando do emprego de horário integral e do emprego vitalício, queiramos ou não. Todavia, por mais que o mercado possa estar mudando, ainda é o trabalho de um tipo ou de outro que determina como a maioria das pessoas passa o tempo e como se sente com respeito à própria vida.

Atualmente, na Inglaterra, o empregado médio trabalha quase 40 horas por semana, sendo que os homens alcançam, em média, quase 45 horas por semana.[7] Um em cada quatro empregados homens no Reino Unido hoje em dia trabalha mais do que 48 horas por semana, e um em cada oito administradores trabalha mais do que 60 horas por semana.[8] Dentre os profissionais de escritório, atualmente dois terços trabalham 40 horas ou mais por semana, enquanto um quarto trabalha 50 horas ou mais.[9] Qual a implicação disso tudo para a qualidade de vida nesses lares? O homens não são mais os únicos que estão sujeitos às demandas do mercado de trabalho. O sexo feminino é a área de maior crescimento na força trabalhadora. As mulheres atualmente representam metade da força de trabalho, contra um terço em 1950. Em algumas regiões do país, as mulheres suplantaram o número de homens com trabalho remunerado. No final dos anos 70, 60% das mulheres entre 24 e 55 anos de idade tinham emprego; em 1991, esse número tinha subido para 75%.[10] Apesar de a maioria das mulheres empregadas ter empregos de meio-expediente, mesmo assim elas trabalham, em média, mais de 30 horas por semana.[11] Além disso, a quantidade de mulheres que são classificadas como funcionárias de meio-expediente mas que, na verdade, mantêm dois empregos, quase dobrou nos últimos dez anos — na estatística oficial. O número real é, sem dúvida, muito superior.[12] Em quase a metade de todos os casais em idade de trabalhar, ambos os parceiros possuem, atualmente, empregos remunerados de algum tipo, e em 28% dos lares com filhos dependentes, ambos os pais trabalham tempo integral, além de arcarem com suas responsabilidades domésticas.[13]

Essa tendência não se restringe à Grã-Bretanha. Apesar da média de horas ter caído meia hora por semana nos países da União Européia, em muitos setores da força de trabalho européia os empregados trabalham mais tempo que anteriormente.[14] Nos Estados Unidos, estima-se que o trabalhador médio faz o equivalente a mais um mês de trabalho a cada ano do que na década de 1970. No presente, dois terços dos lares americanos possuem dois adultos que trabalham.[15]

A sociedade contemporânea dá muita importância ao trabalho das pessoas, porém as condições de trabalho estão se deteriorando. Um clima de insegurança e ansiedade paira sobre o mundo do emprego. As previsões e evidências de que a segurança do emprego não será uma característica do futuro está causando uma ansiedade considerável para empregados e desempregados — os que contam com empregos estão ansiosos para mantê-los, e os outros não conseguem visualizar como consegui-los algum dia. Segundo os economistas, jornalistas, previsores do mercado do trabalho e analistas de tendências, o futuro do trabalho irá caracterizar-se por empregos de meio período, contratos de curto prazo, elevada troca de equipes e crescente mecanização. Este desenvolvimento poderia ser encarado como promissor, não fosse o fato de tantas pessoas, hoje, derivarem sua noção de identidade e sua auto-estima do trabalho que executam.[16] Defrontados com a insegurança crescente do mercado de trabalho, aceitamos cargas e condições de trabalho que seriam inaceitáveis. Permanecemos até tarde no escritório para demonstrar nosso comprometimento, não apenas para aliviar um pouco o acúmulo de serviço. Toleramos contratos de curto prazo, apesar de talvez isto nos impedir de conseguir uma hipoteca, um seguro pessoal ou um plano de pensão. Suportamos a assistência inadequada e o treinamento insuficiente em vez de arriscarmos a segurança do emprego, seja ela qual for, apesar do preço ser nossa saúde psicológica e física. Conseguimos sobreviver com salários baixos e aumentos de salário patéticos em vez de sermos tachados de encrenqueiros, sem considerarmos as conseqüências para nossos entes queridos.

A situação econômica atual indica que nossa ansiedade faz sentido. Os preços flutuantes das moradias, os impostos crescentes, o alto nível de desemprego, o crescimento da taxa de criminalidade e a redução do crédito contribuem para nos pressionar a mantermos a cabeça baixa e continuarmos trabalhando, qualquer que seja o preço para nós, nossa família e nossa comunidade.

Enquanto os detentores de emprego se preocupam, esforçam-se além da conta e se exaurem, os desempregados e aposentados enfrentam o estigma da falta de emprego. Seu *status* inferior aos olhos da sociedade é freqüentemente acompanhado de baixa auto-estima, depressão e saúde física precária.[17] Um comentarista resumiu a situação: "Na experiência popular, pior do que o trabalho tem sido a falta dele."[18] Ainda assim, um entre seis lares hoje em dia não possui nenhum emprego remunerado. Criamos um "*apartheid* econômico" em que em 29% dos lares no Reino Unido, dois de seus integrantes possuem salário, contra 34% dos lares sem nenhum integrante com algum emprego remunerado.[19] O novo mercado de trabalho pode ter introduzido flexibilidade mas gerou também insegurança e desigualdade. Alguns indivíduos trabalham mais do que sua capacidade permitiria, outros não têm trabalho, mas necessitam desesperadamente.

Tem-se intitulado o excesso de trabalho de "a doença da década de 1990", e todos nós estamos sofrendo seus efeitos.[20] Segundo um levantamento com cerca de um milhão de ingleses empregados, mais de três quartos dos empregados de escritório afirmaram que o excesso de trabalho está afetando sua saúde, e mais da metade concordou que sua vida pessoal está sofrendo com o número excessivo de horas dedicadas ao trabalho.[21] Para a maioria dos homens, o senso de identidade e valor pessoal está inextricavelmente vinculada ao emprego remunerado, o que se reflete no fato de que os homens são particularmente vulneráveis às conseqüências negativas do desemprego, da condição de supérfluo e da aposentadoria. Delinqüentes sem emprego descrevem suas atividades ilegais como "trabalhos", sem nenhum traço aparente de ironia.[22] Uma proporção expressiva de homens sofre de depressão quando deixa de trabalhar, e sua probabilidade de morrer de ataque cardíaco cresce bruscamente por volta da idade da aposentadoria.[23]

Mulheres que trabalham

As mulheres são presas especiais da cultura do excesso de trabalho. Pelo menos, estão em situação de maior risco que os homens pelo simples fato de seu trabalho, em geral, nunca parar, quando o do homem pára. Por mais longas que sejam suas horas de trabalho, o homem tende a findar seu trabalho quando sai pela porta do escritório, loja ou fábrica; a maioria das mulheres, contudo, chega em casa e começa a jornada do trabalho doméstico: cozinhar, cuidar dos filhos e até mesmo montar utensílios caseiros do tipo "faça-você-mesmo", que é uma tendência em curso. O desenho animado típico da mulher que anda para lá e para cá, servindo ao homem refestelado na poltrona lendo jornal, retrata a realidade. Um levantamento realizado em 1993 pelo grupo Mintel de pesquisa de mercado britânico concluiu que somente um em cada cem homens tem uma cota igual à da mulher no trabalho doméstico, enquanto 85% das mulheres que trabalham quase sempre lavam e passam toda a roupa da casa.[24]

Além disso, há diferenças importantes na experiência de trabalho dos homens e das mulheres. O trabalho dos homens em geral inclui e encoraja oportunidades de lazer de um jeito que não acontece com as mulheres. Os negócios são conversados numa partida de golfe ou com uma caneca de cerveja; as reuniões acontecem num clube ou restaurante. Iniciativas como times de futebol, rúgbi ou críquete da empresa aumentam a satisfação do homem com o trabalho porque criam experiências positivas, desenvolvem amizades e proporcionam contextos legítimos de ausência de trabalho dentro do dia de trabalho. Enquanto essas práticas tornam o trabalho mais agradável aos homens, elas freqüentemente colocam em desvantagem as mulheres que não possuem a habilidade ou não desejam participar dessas atividades. Tenho uma amiga bancária, na casa dos trinta anos, que tem consciência de que sua relutância em esticar o dia numa das inúmeras casas de vinho da cidade é um obstáculo à sua carreira, mas ela considera a atmosfera, esmagadoramente masculina, intimidadora e desagradável. "Já chega trabalhar naquele ambiente o dia inteiro sem ter que passar meus fins de tarde nisso também", diz ela. Muitas mulheres precisam pegar os filhos na creche ou na escola, o que impossibilita ou faz parecer "uma perda de tempo" confraternizar durante o dia ou esticar após o trabalho.

A cultura do trabalho coloca a mulher sob uma pressão absurda quando ela se vê atordoada entre o trabalho remunerado e o não remunerado. O número de mulheres com emprego remunerado hoje em dia é superior a qualquer outro anterior: estima-se que 74% das mulheres serão economicamente ativas até 2001, comparado a 47% em 1961.[25] As mulheres trabalham por necessidade tanto quanto por inclinação e tendem a ter empregos mal remunerados e de *status* inferior, com segurança e perspectivas reduzidas. No trabalho remunerado, a licença especial para ter filhos ou cuidar de parentes idosos é compensada com a diminuição das oportunidades de promoção e perspectivas de diminuição do salário e do fundo de pensão.[26] A profissional mulher com uma carreira reconhecida sofre menos essas conseqüências,[27] mas é comum ser muito pressionada a dar o mesmo número de horas e a demonstrar o mesmo comprometimento com sua carreira que seus colegas homens. Além disso, essa mulher também não recebe muitas concessões quanto às outras tarefas que possam demandar seu tempo e dedicação, como cuidar de filhos pequenos ou pais idosos, apesar de a sociedade ainda considerar esses cuidados responsabilidade sua. Muitas jovens da classe média estão procurando progredir na carreira enquanto é possível; trabalham barbaramente na faixa dos vinte anos e adiam a maternidade para depois dos trinta. Mesmo assim, a tendência é retornar correndo para o trabalho poucas semanas após o nascimento do bebê, em parte devido às pressões externas, em parte impulsionadas pelas internas. Aterrorizadas com o medo de perder o *status* profissional, incapazes de encontrar outro valor pessoal que não na continuação de suas carreiras, muitas jovens hoje se tornaram "presas" do trabalho. A mulher alcoólatra, resultado direto da fixação da sociedade no trabalho, está muito longe do ideal feminista de a mulher ter a mesma liberdade que o homem para preencher sua vida através do trabalho remunerado. Ela está mais próxima do jogador compulsivo ou da mulher com bulimia: a dependência prejudica sua saúde e sua alegria mas é estimulada pela necessidade econômica e pelos valores da sociedade em que vive. No outro lado do espectro econômico, um número crescente de mulheres está adotando dois, às vezes três empregos de meio expediente, na tentativa de fazer dinheiro suficiente para pagar as contas. Fiona, uma mãe e avó na casa dos 50 anos, é um exemplo típico: ela acorda às seis horas todos os dias, prepara o café da manhã e a marmita do marido e sai para seu emprego, onde trabalha na limpeza de escritórios. Sai ao meio-dia e, na parte da tarde, faz faxina em casas particulares por um período de três horas. Das quatro às seis e meia, cuida de seus quatro netos enquanto a filha sai para trabalhar. Depois, é hora de fazer o jantar do marido, dar uma arrumação na casa, ver um pouco de televisão e ir para a cama. Oficialmente, Fiona trabalha 20 horas por semana; seu total real é muito mais próximo de 60 horas por semana, apesar de ser remunerada somente por 35 horas.

A pesquisa demonstra, em grande escala, que as perspectivas de trabalho das mulheres diminuem na hora de conciliar trabalho e maternidade. Contudo, ainda não foi examinada a extensão do sofrimento das mulheres originado da responsabilidade do trabalho árduo e incessante. Os poucos estudos que pesquisaram a situação das mulheres por esse ângulo não fizeram uma leitura agradável: os sociólogos Gregson e Lowe indicam uma "crise crescente na reprodução social" devido à tentativa da mulher de aliar o trabalho remunerado, o trabalho da casa e a responsabilidade do cuidado com os filhos.[28]

A pressão do excesso de trabalho é maior para as mulheres na casa dos 30 e 40 anos com filhos pequenos. A proporção de mulheres que saem para trabalhar fora decresce nesse grupo etário, porém são essas mulheres que suportam o fardo mais pesado do trabalho doméstico não-remunerado.[29] Em 45% dos lares com crianças dependentes, os dois adultos saem para trabalhar.[30] Para muitas mulheres, a tensão oriunda da necessidade de aliar esses dois trabalhos, sendo que ambos exigem muito, consome muito tempo e energia. O tempo total de trabalho da mulher está crescendo, enquanto seu tempo livre está decrescendo, segundo demonstrações dos analistas de tendências Demos: com uma queda de 10% em meados da década de 1980, o tempo livre da mulher situa-se atualmente em menos 15 horas por semana que o dos homens.[31] Está evidente que a qualidade de vida da mulher não melhorou. A jornalista Ginny Dougary, quando descreveu em *The Times* sua luta diária para aliar carreira e família, definiu os sentimentos de muitas mulheres hoje em dia: "Tenho os medos, as dúvidas, a freqüente sensação de que não pode ser saudável para pais que trabalham — para aqueles que dão alguma importância à segunda jornada — levar vidas tão forçadas e exaustivas e, muitas vezes, sem alegria."[32]

Trabalho demais e brincadeira de menos

Sabemos que alguma coisa anda errada com nossa maneira de levar nossas vidas mas não sabemos o que fazer quanto a isso. "Muito trabalho sem nenhuma brincadeira fazem de Jack um menino bobo", diz a canção infantil *Jack and Jill*. O mesmo se aplica também a Jill. A nossa situação atual é exatamente esta. O cerne do problema é que, pela nossa preocupação com o trabalho, cerramos nossos olhos para uma dimensão igualmente importante da atividade humana.

A brincadeira já foi pesquisada com a mesma atenção que atualmente é dedicada ao trabalho, mas foi desvalorizada no decorrer do século XX. De um conceito importante e popular, aos poucos caiu em desuso. Enquanto o trabalho tem sido periodicamente analisado e redefinido para explicar, por exemplo, a industrialização, o marxismo, o declínio da classe trabalhadora, o avanço tecnológico e o crescimento da indústria de serviço, em contraste, a brincadeira tem sido cada vez mais ignorada.[33] No conceito e na prática, a brincadeira tem sido afastada da nossa atenção pela enorme atração exercida pelo trabalho. Como resultado, muitos indivíduos não sabem mais ao certo o que é brincar: estamos desconfortáveis com a noção abstrata da brincadeira e temos dificuldades em apontar exemplos vividos por nós. Nem mesmo temos certeza se deveríamos estar brincando: as crianças e os animais podem brincar, mas nós não sabemos que parte a brincadeira deve ocupar na vida do adulto, se é que deve ocupar alguma.

No Dia da Brincadeira das Mulheres que Elinor Goldschmied e eu realizamos em novembro de 1990, essa incerteza logo ficou evidente. Das vinte participantes, todas concordaram que a brincadeira era importante (apesar de não saberem exatamente o que era aquilo), mas só duas estavam certas, de fato, de que gostavam de brincar regularmente. As respostas mais típicas vieram de Rachel, uma jornalista de 34 anos: "Eu telefono para uma amiga de vez em quando e digo: 'Vamos sair e agitar.' Isso conta como brincadeira?" Ou a de Deborah, de 42 anos, uma advogada com dois filhos: "Brincar? O que é isso? O que quer que seja, com duas crianças pequenas e um emprego de horário integral, não tenho tempo para esse tipo de coisa." Ou a de Cathy, de 25 anos, que trabalha em tempo integral no centro de empregos da localidade, além de ter um emprego de meio expediente num rinque de patinação: "Não sei se brinco exatamente, mas ando a cavalo todos os sábados. Enlouqueceria se não fizesse isso."

A cultura ocidental tem exaltado o papel do trabalho e, com isso, perdeu a noção da brincadeira como um aspecto igualmente essencial da vida humana. Já em 1876, Robert Louis Stevenson indicou essa tendência, reclamando que "a devoção perpétua ao que o homem denomina seu negócio só se mantém através da negligência perpétua a várias outras coisas, e de modo algum é certo que o negócio de um homem é a coisa mais importante que ele pode fazer".[34] O tempo e a energia que dedicamos ao trabalho nos leva ou nos força a negligenciar muitas outras coisas de nossa vida, em particular o tempo e a energia para brincar.

Diversas comunidades tradicionais foram mais bem-sucedidas nesse aspecto. Em Ladakh, uma cultura antiga no planalto tibetano, o trabalho e a brincadeira têm uma posição na vida das pessoas diferente do Ocidente. A antropóloga Helena Norberg-Hodge, que passou vários anos convivendo com o povo ladakhi, descreve em seu livro *Ancient Futures* (Futuros Antigos) sua forma de viver:

> As pessoas trabalham arduamente, mas no seu ritmo, e riem e cantam. A diferença entre trabalho e brincadeira não é rigidamente definida. É digno de nota que os ladakhis só trabalhem realmente durante quatro meses no ano. Nos oito meses de inverno, eles cozinham, alimentam os animais e carregam água, mas o trabalho é mínimo. Passam a maior parte do inverno em festivais e festas. Mesmo durante o verão, é difícil ter uma semana sem um grande festival ou algum tipo de celebração, enquanto no inverno as celebrações são quase que ininterruptas.[35]

Norberg-Hodge impressionou-se com o equilíbrio que o povo ladakhi alcançou nas diferentes dimensões da vida, em especial como conseguiu fundir trabalho e lazer com um espírito de alegria, o que redundou em benefícios visíveis: "O povo ladakhi exala uma sensação de bem-estar, vitalidade e bom humor. Quanto ao aspecto físico, quase todos são asseados, bem tratados e em boa forma — raramente estão acima do peso e quase nunca obesos (...) Os mais velhos são ativos até o dia da morte."[36]

Lamentavelmente, essa história teve um fim deprimente. Quando as influências ocidentais invadiram o mundo ilhado dos ladakhis, sua vida equilibrada foi perturbada. Na busca dos salários mais elevados da cidade, atualmente os rapazes passam muitas horas distantes da aldeia, têm pouco contato com suas famílias e não se envolvem mais com o trabalho doméstico e agrícola, que foi deixado para as mulheres e os mais idosos. A segregação gradativa da sociedade ladakhi corroeu a antiga harmonia entre as gerações e intensificou os conflitos domésticos num nível até então desconhecido. Em sua mais recente visita a Ladakh, Norberg-Hodge observou níveis crescentes de insatisfação, especialmente entre os jovens. E entre os mais velhos percebeu pela primeira vez sentimentos de isolamento e solidão.

Como em outros lugares, o Ocidente levou para Ladakh seus sucessos mas também seus fracassos. Em vez de perceberem que naquela sociedade o trabalho tinha seu lugar mas não passava daí, e de aprenderem com o povo de Ladakh, os desenvolvimentistas ocidentais impuseram seus próprios valores, sendo o principal a obsessão pelo emprego remunerado e pelos valores cruéis do mundo do trabalho.

É evidente que precisamos do trabalho. Ele tem um papel importante que vai além do salário. Seu aspecto mais positivo é ser uma fonte de dignidade e respeito próprio. O trabalho remunerado, ainda que não mais seja uma opção para todos, continua sendo um objetivo válido, uma aspiração que tem valor, talvez mesmo um direito universal. O que está errado é a situação em que nos encontramos, em que a idéia do trabalho em si passou a dominar a tal ponto que não deixou lugar para outros aspectos da mente que são de suma relevância. Precisamos redescobrir a brincadeira como uma parte central e definida de nossa vida. Em vez de segregá-la em alguns poucos e pequenos espaços, devemos encontrar maneiras de introduzi-la e, principalmente, infundir o espírito lúdico em todas as dimensões da nossa vida.

Mulheres brincando

Apesar de a brincadeira sofrer uma pressão considerável para ambos os sexos nesta cultura esmagadoramente centrada no trabalho, e ainda que todos nós tenhamos nos beneficiado de um acesso progressivo à brincadeira, a diminuição da brincadeira é especialmente aguda na vida das mulheres. Nesta era de suposta igualdade, a brincadeira, no seu sentido mais amplo de tempo livre informal e não estruturado, é ainda mais fácil para os homens do que para as mulheres. Os homens podem ir ao bar ou ao clube, dar uma caminhada, fazer jardinagem, divertir-se fazendo consertos no quarto de trastes. A mulher, por sua vez, raramente tem um local ou um espaço para brincar. É difícil uma mulher sentar-se sozinha num bar ou restaurante, ou mesmo num banco de parque, sem sentir que está chamando atenção e se encontra vulnerável. É difícil uma mulher fazer jardinagem ou sentar-se para ler um livro quando há roupas para lavar, crianças para dar banho e o jantar para ser preparado. A divisão do trabalho doméstico está mudando mas muito devagar e, nesse ínterim, a mulher continua com a responsabilidade principal da administração da casa, o que representa uma carga de trabalho significativa e para a qual é difícil voltar as costas. As oportunidades de brincadeiras formais, como os esportes, também são mais difíceis para a mulher. Em termos práticos, as oportunidades são em menor quantidade e, mesmo quando existem, as outras pressões sobre o tempo e a energia da mulher em geral fazem com que não sejam aproveitadas plenamente.

Mesmo quando esses obstáculos são superados, o ato em si de tirar tempo para brincar pode encontrar forte resistência. Recentemente conversei com um homem de uns 45 anos cujo casamento estava se desfazendo. Ele culpou as feministas. "Foi aquele curso de Educação Continuada que ela freqüentou no ano passado", explicou. "Se ela não tivesse feito o curso, nunca teria encontrado aquelas pessoas e não teria enchido sua cabeça com todas essas idéias. Aquelas conversas foram a origem de todos os nossos problemas." "Essas idéias" perturbadoras de sua esposa eram nada mais que tentar renegociar aspectos do casamento que, durante os últimos vinte anos, a impediam de ser feliz. Ela não via mais nenhuma razão para cozinhar o jantar todas as noites nem para passar tanto tempo nas tarefas domésticas. Desejava fazer alguma coisa diferente, alguma coisa só para si. Queria sair algumas noites na semana, aprender coisas novas, encontrar gente diferente. Os filhos já tinham saído de casa; seu dever para com eles estava cumprido. Agora sentia que era hora de olhar para si e suas próprias necessidades. Mas, no que se referia ao marido, suas necessidades não contavam, e isto incluía sua necessidade de brincar. Ele não queria que sua esposa tivesse vida própria, e não era de surpreender, considerando o serviço que ela havia prestado todos aqueles anos. Quem estaria ali para fazer o jantar quando ele chegasse em casa? Quem faria as compras? Quem atenderia o telefone (e anotaria suas chamadas de negócios) quando ele estivesse ausente? A tranqüilidade de sua vida tinha por base a suposição de que ela estaria ali para fazer isso tudo e muito mais.

A suposição de que o homem tem mais direito de brincar que a mulher é universal e tem raízes profundas. Ela está na mente de mulheres e homens de todas as idades, raças e classes, e se reflete na desigualdade das oportunidades de brincar do homem e da mulher. Neste aspecto, a polidez cavalheiresca falseia a realidade. A exigência de o cavalheiro levantar quando uma mulher entra na sala e permanecer de pé até que ela se sente ou saia do ambiente é uma inversão do que usualmente acontece: muitas mulheres só se sentam quando todos já se sentaram, só comem quando todos já comeram, só dormem quando todos já dormiram, só descansam quando já fizeram tudo para todos os que delas precisavam. As necessidades de descanso real da mulher aguardam até que as necessidades de todos os outros à sua volta tenham sido satisfeitas. "Brincar", disse uma mulher que trabalha fora, "é aquilo que tento levar as crianças a fazer para que eu possa lavar a louça do chá, colocar a roupa na máquina e encher a banheira para seu banho." A falta de dinheiro, obviamente, limita as oportunidades de brincadeira para o homem e a mulher, mas a brincadeira da mulher é a primeira a sofrer quando o dinheiro aperta. Este princípio é comum a todas as classes sociais: sua saída noturna com as amigas é eliminada antes da noite de seu parceiro no bar; suas aulas de piano são suprimidas antes dos almoços literários dele; sua sociedade no clube de ginástica e lazer é excluída antes do golfe dele. As considerações financeiras refletem algumas atitudes não evidentes mas muito comuns com relação à brincadeira da mulher — resumindo que ela é menos importante que a do homem. O papel da mulher, no fim das contas, é satisfazer as necessidades de todo mundo e não se entregar à sua própria. Numa cultura que está desconfortável com a possibilidade de a mulher descobrir um tipo de realização que não seja através de seus entes queridos, a idéia de uma mulher sair por aí enquanto seu parceiro fica sentado em casa sozinho gera uma ansiedade considerável. Inversa e ilogicamente, quando o homem está ocupado com seu emprego, na rua com amigos ou viajando a trabalho, nossa cultura aplaude essa mesma capacidade da mulher de se divertir como uma demonstração admirável de desembaraço e auto-suficiência. A mensagem não dá chance a dúvidas: quando o gato está fora, o rato pode brincar; do contrário deve ficar em casa e comportar-se. Dadas as muitas restrições à brincadeira da mulher — práticas, emocionais e culturais — exigir algum tempo real para descanso também demanda trabalho. Pode ser preciso descobrir alguém para ficar com as crianças e pagar a essa pessoa, ou ter que suportar o ressentimento e a hostilidade do parceiro; pode significar ignorar acusações implícitas e explícitas de egoísmo e, em última instância, mas não menos importante, pode significar ter que combater seus próprios sentimentos de incerteza quanto ao seu direito de brincar.

Margaret, de 27 anos, é feliz no casamento, tem um emprego bem remunerado como psicóloga industrial, mas fez o seguinte comentário sobre sua vida: "Nos fins de semana, minhas amigas e eu ficamos sentadas, tão cansadas que perguntamos umas às outras por que sentimos como se tudo fosse trabalho pesado. 'Então tudo se resume nisto?', dizemos." Suas palavras denotam um cansaço e uma sensação escusa de futilidade que milhares de mulheres reconhecerão na sua própria vida. Mas o que é esse "isto" que ela descreve como sendo tão cansativo? As palavras de Margaret chocam por sua honestidade. Não temos mais que estar exaustas sem conseguir levantar; temos que estar capacitadas e realizadas.

O trabalho é um dos aspectos de realização pessoal, mas nunca será a panacéia para todos os males. Para muitas mulheres, o emprego remunerado trouxe problemas novos que substituíram os antigos, ou melhor, os ocultaram. Muitos livros estão sendo publicados com títulos como *Juggling it All* (Equilibrando tudo), *Executive Mother* (A mãe executiva), *The Juggling Act* (A equilibrista) e *The Mother Puzzle* (O enigma mãe). Uma importante revista feminina usa o lema "a revista para mulheres que fazem da vida um equilibrismo". O lema reconhece a realidade das exigências que muitas mulheres enfrentam, mas aproxima-se perigosamente de elogiar circunstâncias que deveria deplorar. Enquanto isso, aumenta a quantidade de livros e artigos escritos sobre conviver com o estresse e com as doenças a ele vinculadas. Um único editor oferece *The Book of Stress Survival* (O livro da sobrevivência ao estresse), *Coping With Stress at Work* (Convivendo com o estresse no trabalho), *Stress Busters* (Caça-estresse), *The Stress Protection Plan* (O plano de proteção contra o estresse) e *Banish Anxiety* (Acabe com a ansiedade).[37] Os jornais também trazem predições obscuras: "Excesso de trabalho: A doença dos anos 90" era o título de um artigo de destaque no *Independent on Sunday*; "Sinais de alarme soam em vão enquanto cresce o número de pessoas que estão sempre cansadas", assinalou o *Observer*.[38] O estresse ocupacional — assim como sua contraparte, o estresse pela ausência de ocupação — parece destinado a ser o mal do novo milênio.

Nunca as mulheres necessitaram mais da brincadeira do que agora, quando o equilibrismo que tantas de nós fazemos no dia-a-dia deixa cada vez menos tempo para nós mesmas, quando as horas que passamos no trabalho, remunerado ou não, alongam-se cada vez mais. O fim do dia não chega quando saímos do escritório e sim no momento em que nossa cabeça finalmente bate no travesseiro. Posy Symmonds retrata isso de maneira brilhante num de seus desenhos animados, mostrando uma mulher chegando em casa do trabalho e sendo recebida à porta pelo caçula mostrando o que pintou, a filha adotiva adolescente querendo ajuda com o dever de casa e o marido falando sobre seu dia. Quando ela finalmente já brincou com quem queria brincar, ouviu quem queria ser ouvido, falou com quem queria conversar, alimentou, deu banho e colocou na cama, o gato aparece pedindo para ser acariciado. Para muitas mulheres, é comum o fim de um dia de trabalho sinalizar o começo do outro. Não é de estranhar que Margaret e suas amigas, assim como milhões de outras mulheres, estejam exaustas a maior parte do tempo. Em entrevistas que empreendi por todo o país com mulheres de todas as origens, nas idades de 20 a 90 anos, encontrei sempre a mesma história: vidas de trabalho árduo sem descanso. O trabalho remunerado ou não representa grande parte da existência feminina, mas suas recompensas não são tão óbvias quanto deveriam ser.

Desarreando o burro de carga

Na cultura ocidental do final do século XX, o trabalho virou quase um deus, e as mulheres uniram-se progressivamente aos homens na veneração do emprego. Nunca se viajou distâncias tão extensas para trabalhar. Chegando no local do emprego, trabalha-se mais horas do que antes. O avanço tecnológico não diminuiu a carga de trabalho, apenas acrescentou-se a ela. A ansiedade quanto à segurança no emprego aumentou e pressiona o tempo das pessoas. Os supostos dispositivos de economia de trabalho, tanto no escritório quanto em casa, apenas comprovam as fantásticas propriedades de elasticidade do trabalho, que se expande proporcionalmente ao espaço disponível.

A qualidade de vida material melhorou para muitas mulheres ao longo dos últimos cem anos: lá se foram os dias em que a mulher não podia alugar uma televisão, que dirá comprar uma casa, sem a assinatura de um homem. A quantidade de mulheres que hoje em dia têm algum dinheiro seu e, com ele, algum controle sobre sua vida e seu futuro é muito maior do que anteriormente. A qualidade de vida emocional e psicológica, todavia, não teve uma melhora tão evidente. As fontes de estresse na vida da mulher de hoje podem parecer diferentes mas sua origem é mais ou menos a mesma: o estresse por não ser verdadeiramente o dono de sua própria vida, o estresse por não ter muito a dizer sobre a maneira como seu tempo é utilizado, o estresse de ter que trabalhar tão arduamente para tão poucos momentos de liberdade. "Nunca tenho tempo", disse Gillian, de 30 anos, produtora de uma rádio local. "Sinto como se tivesse vendido minha vida. Quero comprar um pouco dela de volta, mas não sei como."

Erramos ao procurar nossa realização exclusivamente no campo do trabalho. Acreditamos que, erradicando as desigualdades existentes no mundo do trabalho, teríamos condições de crescer e finalmente realizar nosso potencial. Em vez disso, descobrimos que estamos trabalhando mais do que nunca, sentimo-nos tão presas às tarefas e sem possibilidade de crescer como antes e, em muitos aspectos, simplesmente adotamos as limitações dos papéis sociais do homem e as acrescentamos às nossas próprias. Como diz Camille Paglia: "Tirando a mulher da cozinha e levando-a para dentro do escritório nós apenas as colocamos noutra prisão burguesa."[39]

A vida é dura mas não precisa sê-lo sempre. Somos nós que podemos mudar as coisas se assim desejarmos, pois a melhoria da qualidade de vida não se resume ao acesso ao mundo do trabalho e a uma maior quantia de dinheiro no bolso. A mulher precisa reconhecer seu direito a uma qualidade de vida razoável. Passar 90% de seu tempo acordada trabalhando não é razoável para ninguém.

O feminismo no século XX concentrou muito seus esforços em melhorar o destino da mulher trabalhadora, fosse ela remunerada por seu trabalho ou não. Sem dúvida avançou-se bastante nesse ângulo, apesar de ainda haver muito a melhorar. As mulheres ainda se concentram nos setores de *status* inferior e baixa remuneração; seu salário e suas possibilidades de promoção ainda sofrem as conseqüências das pausas para dar à luz e criar os filhos; sua pensão após a aposentadoria é em geral menor que a do homem, e a pobreza na velhice é um problema sério da mulher e do governo. A maneira pela qual o mundo do trabalho remunerado está estruturado continua a deixar as mulheres em desvantagem, no trabalho e fora dele. O mundo do trabalho em si continua necessitando de uma revisão radical para poder acomodar as necessidades de um número crescente de empregadas mulheres.

Todavia, ver o problema apenas em termos de trabalho é o mesmo que olhar sempre só pelas janelas de um lado da casa, esquecendo que a vista do outro lado pode ser bem diferente. Já olhamos demais pelas janelas de um lado só lado da casa. Colocamos tanta ênfase no nosso *self* trabalhador que obscurecemos uma área igualmente e tão cheia de desigualdades que, uma vez revelada, talvez seja mais chocante ainda: o fato de as oportunidades regulares e longas de brincar, no passado e no presente, serem muito raras para as mulheres.

É no terreno de nosso *self* lúdico que permanece a desigualdade persistente e hostil, sem identificação ou objeção. O trabalho por si só não pode melhorar a qualidade de vida da mulher porque ele pode se transformar muito facilmente noutra forma de escravização. Se uma mulher deseja verdadeiramente melhorar sua qualidade de vida, deve fazê-lo através de outros meios mais elásticos que o mundo do trabalho. As mulheres trabalham por várias razões: necessidade financeira, escolha pessoal, estimulação intelectual, companhia e amizade, pressão moral e social. Muitas sentem-se culpadas quando não trabalham e quando trabalham. O que deveria trazer liberdade através da autonomia social, do poder econômico e do *status* profissional, em muitos casos apenas forjou uma nova fechadura para a cela da prisão. Agora precisamos buscar não só a igualdade no trabalho mas a igualdade na diversão.

Há pouco mais de duzentos anos, Jeremy Bentham afirmou que retirar o prazer da vida das pessoas era uma forma de tirania equivalente a introduzir o sofrimento. O trabalho, sem diversão, gera exatamente isto: uma vida de sofrimentos sem prazeres. Sabemos disso por instinto, o que torna ainda mais estarrecedor e preocupante o fato de termos deixado a brincadeira ficar tão marginalizada em nossas vidas. A brincadeira dá colorido à nossa existência. É ela que dá sabor ao nosso dia-a-dia. O mundo de trabalho sem brincadeira torna as pessoas tensas, estressadas e chateadas; elas nem dão o máximo de si no trabalho, nem vivem da melhor maneira possível. O importante agora é que a mulher precisa reconhecer e reivindicar não apenas seu direito e sua necessidade de trabalhar, mas também — e principalmente — seu direito e necessidade de brincar.

2
O que é brincadeira

"A brincadeira não é um comportamento em si, ou um tipo específico de atividade dentre outros. Ela é determinada por uma certa orientação do comportamento."
Jean Piaget, *Play, Dream and Imitation in Childhood*

Hoje em dia, poucas pessoas são capazes de definir com segurança o que é brincadeira ou de descrever com facilidade a importância que ela tem na sua própria vida. Essa hesitação é interessante. Pode indicar pouca familiaridade com a experiência de brincar ou uma mera relutância em enquadrar a experiência vivida na categoria de brincadeira. É provável que derive de uma combinação de ambos: como a brincadeira vem sendo progressivamente afastada de nossas vidas, temos pouca familiaridade com ela e uma conseqüente dificuldade em reconhecê-la. À medida que a palavra brincadeira entra em desuso, utilizamos outros termos para descrever a experiência de brincar, palavras como "lazer" e "recreação" que talvez não se apliquem tão bem mas que, mesmo assim, nos acostumamos a usar, até que não distinguimos a diferença entre elas.[1]

Quando eu estava pesquisando e escrevendo este livro, as pessoas me perguntavam: "O que é brincar exatamente?" No início tomei a pergunta literalmente, como um pedido direto de mais informação. Aos poucos, contudo, comecei a entender que era mais do que aquilo: era a expressão de uma ignorância cultural generalizada que acentuava o quanto o conceito básico de brincadeira — mais especificamente a brincadeira do adulto e, mais ainda, a da *mulher* adulta — tem sido desvalorizado na nossa sociedade. As mulheres com quem falei pareciam particularmente desconfortáveis perante o conceito de brincadeira. "Mulheres e brincadeira? O que você quer dizer com isso?", perguntavam; ou diziam: "Brincadeira? Mas isso não é só para crianças?"; ou, às vezes: "E os *homens* e a brincadeira?" É como se muitas não tivéssemos uma imagem mental de nós mesmas como "sujeitos da brincadeira". Ao contrário, em nossos auto-retratos mentais estamos ocupadas enfrentando problemas, equilibrando, organizando, administrando. Sabemos que temos direito a muitas coisas que nossas bisavós não tinham: educação universitária, hipoteca, controle de natalidade, aborto, igualdade salarial. Conhecemos nosso direito ao desejo sexual, ao apetite alimentar e à estimulação intelectual. Porém parecemos profundamente vacilantes quanto ao nosso direito de brincar. É interessante que os homens com quem falei sobre o livro não estranharam a idéia. Às vezes diziam "E quanto aos homens?" Alguns queriam saber o que eu queria dizer com a palavra "brincadeira", mas nenhum deles desafiou a premissa básica de que as mulheres se beneficiariam se brincassem mais. Essa concepção de não ter o direito foi exclusiva das mulheres.

Definindo brincadeira

Como entidade abstrata ou como realidade prática, a brincadeira foi se tornando alheia a nós. Parte da dificuldade em defini-la repousa no fato de constituir um fenômeno paradoxal e ter definições muito variadas, como o brincar em si. Muitos buscaram definir brincadeira em termos do que ela não é: não se limita por regras e leis formais; não se limita pela necessidade; não é previamente planejada; não é concebida para um resultado específico. Mas a maior parte dessas condições da brincadeira caem por terra quando examinadas de perto. Muitas brincadeiras infantis são altamente ritualísticas e estruturadas e seguem regras e leis muito específicas. Da mesma forma, em muitos casos o brincar *está* vinculado a um objetivo ou resultado específico, como querer ganhar um jogo ou pintar um quadro. Também não necessita ser inteiramente espontâneo: pode ser igualmente motivado pela seriedade e pode ser empreendido com muita cautela e deliberação. É o caso, por exemplo, do corte e costura, da representação teatral e do alpinismo.

Desde o século XIX, nossa concepção de brincadeira tende a enfocar o que a brincadeira *faz* em vez do que ela *é* (como acontece com nossa concepção das pessoas). Em seus escritos do final do século XIX, o psicólogo Stanley Hall descreveu a brincadeira como um retrocesso no processo evolutivo, uma expressão de necessidades primitivas que sobraram de uma fase anterior da nossa evolução e permaneceram. Essa definição de brincadeira identifica-a como essencialmente indesejável, e *não* brincar passou a ser um meio de o indivíduo distinguir-se da infantilidade, do incivilizado e do primitivo. O eminente filósofo da atualidade Herbert Spencer também afirmou que a brincadeira tem uma base fisiológica e é uma forma de liberar tensões e descansar os centros nervosos fatigados. Essas duas definições de brincadeira adotam uma abordagem bastante funcional do tema. Refletem o espírito de uma era preocupada com ordem e controle, na qual o Homem está orgulhosamente no leme do bom navio *Progresso* que navega afastando-se das limitações do passado em direção à sua entrada no século XX.

Essa visão funcional da brincadeira vem influenciando nossa compreensão desde então. Como reflexo da era científica em que vivemos, preocupados com noções de causa e efeito, as definições do século XX tendem a recriar a brincadeira de formas quantificáveis e testáveis, permitindo-nos com isso identificar suas várias aplicações e efeitos. Karl Groos, por exemplo, em suas duas maiores obras, *Play of Animals* (A brincadeira dos animais) e *Play of Man* (A brincadeira do homem) expôs a visão de que a brincadeira permite às crias de uma espécie aprender e praticar, num contexto casual, as várias habilidades essenciais à sobrevivência. A idéia foi adotada com entusiasmo, desde então, por biólogos que encontraram na brincadeira animal farta "comprovação" dessa teoria. Fazendo justiça a Groos, foi ele um dos primeiros a desafiar o ponto de vista então prevalecente de que a brincadeira basicamente não é importante. Ao contrário, defendeu que a brincadeira tem uma importância central para o bem-estar animal e humano, afirmando que "quanto mais honesta for a vida de um homem, mais ele apreciará o refúgio permitido pela brincadeira (...) Nela ele é liberado do cativeiro de seu trabalho e de todas as ansiedades da vida."[2] Apesar das corajosas palavras, a avaliação de Groos dos aspectos mais existenciais da brincadeira recebeu muito menos atenção do que sua teoria da "brincadeira como prática".

Freud, assim como uma grande parte do pensamento psicanalítico que o sucedeu, enfatizou a função catártica da brincadeira, vista como o meio pelo qual elaboramos a consciência reprimida de experiências desagradáveis. Em *Beyond the Pleasure Principle* (Além do princípio do prazer), Freud descreve a maneira como um menino transformou as ausências desagradáveis de sua mãe num jogo no qual ele fazia seus brinquedos desaparecerem e depois reaparecerem. Dessa forma, a brincadeira permitiu que a criança dominasse as emoções de angústia causadas por circunstâncias que, na realidade, estavam além de seu controle.³ Assim, Freud afirmava que usamos a brincadeira para controlar experiências perturbadoras. Ora, é isso que fazem as crianças quando brincam de cabra-cega ou esconde-esconde, e os adultos quando assistem a uma tragédia shakespeariana ou um filme de Stephen King. Através da brincadeira, o medo torna-se uma fonte de alegria e não de aflição.⁴ Partindo daí, Freud concluiu que "a brincadeira e a arte são fugas da realidade".⁵ Segundo ele, quando brincamos, na verdade estamos evitando a realidade da vida, ou melhor, estamos tentando recriá-la de maneiras que nos parecem seguras.

Essas explicações, apesar de representarem um grande avanço no sentido de uma definição de brincadeira, não vão muito longe. Cada uma delas deixa de abordar algum aspecto fundamental. Curiosamente, na tentativa de definir brincadeira, essas teorias, ao contrário, tendem a ser muito vagas. Parte da natureza cativante da brincadeira é que ela brilha sedutoramente num canto da visão do indivíduo mas desaparece sinuosamente sob um exame mais profundo. A brincadeira não pode limitar-se satisfatoriamente a um propósito específico ou a uma atividade específica. As definições funcionais explicam por que o impulso para brincar existe no ser humano e enumeram as várias funções da brincadeira, mas não abordam de perto a experiência de brincar. Para analisarmos em que consiste essa experiência precisamos nos voltar para o trabalho de dois outros psicólogos: Jean Piaget e Mihaly Csikszentmihalyi.

Jean Piaget foi um psicólogo suíço cujo interesse pela brincadeira teve origem em seus estudos sobre a forma como as crianças desenvolvem as habilidades de ler, escrever e contar como elas negociam as habilidades sociais de que necessitam para viver em comunidade e se transformar de crianças em adultos socialmente atuantes. Piaget mostrou-se particularmente interessado no fenômeno da brincadeira na década de 1940, e resolveu defini-lo segundo a experiência de seus sujeitos, distinta da do observador. Ao fazê-lo, Piaget identificou que o que determina se estamos ou não brincando não é o que fazemos, mas a maneira como sentimos e pensamos enquanto estamos fazendo alguma coisa. Nas palavras de Piaget, "a brincadeira não é um comportamento em si ou um tipo específico de atividade dentre outros. Ela é determinada por uma orientação específica do comportamento".⁶ O termo-chave nessa frase é "orientação do comportamento" que, para Piaget, significa comportamento orientado para a assimilação em vez da acomodação; em outras palavras, comportamento direcionado para a absorção do mundo externo pelo indivíduo em vez da adaptação do indivíduo para sua inserção no mundo externo. Segundo ele, "a brincadeira é essencialmente assimilação ou a primazia da assimilação sobre a acomodação (...), ela acontece pelo relaxamento do esforço na adaptação e pela manutenção ou exercício de atividades pelo mero prazer de aprendê-las e dominá-las".⁷ Corretamente a meu ver, a definição de Piaget não se direciona para uma atividade ou intenção particular, mas para um estado de mente específico, e é esse estado de mente que nos inclina a brincar. Piaget especifica que esse estado de mente consiste no "relaxamento do esforço na adaptação".⁸ De posse da definição de Piaget, começa a fazer sentido falar sobre um *self* lúdico, um *self* orientado para as possibilidades de brincar em vez de desviado dessas possibilidades, um *self* que pode permitir um espaço para assimilação assim como para acomodação, um *self* que pode liderar e ser liderado, um *self* que não está sempre orientado para os outros e que conserva a capacidade de servir às necessidades de si próprio. Este é o *self* que deseja ficar absorto, perder a noção do tempo, fazer as coisas pelo simples prazer de fazê-las.

Apesar de Piaget identificar o estado de mente que *precede* e *possibilita* a brincadeira, não o distingue do estado de mente que *acompanha* a brincadeira. O psicólogo americano Csikszentmihalyi dá um passo importantíssimo adiante ao identificar as características desse segundo estado de mente. Csikszentmihalyi tem como objetivo central de sua pesquisa identificar por que certas atividades e comportamentos levam ao fenômeno psicológico que denomina "fluxo", um estado que parece ser benéfico ao bem-estar físico e mental. "Fluxo" é definido como "a experiência de envolvimento intenso... onde há uma concentração plena, pouca ou nenhuma autoconsciência social e uma sensação de auto transcendência resultante da fusão da consciência com a ação".⁹ Ainda que a preocupação de Csikszentmihalyi não seja explicitamente a brincadeira, sua definição de "fluxo", em todas as suas características básicas, aplica-se ao estado de mente que caracteriza a brincadeira. Portanto, é razoável concluir que, quando experimentamos o "fluxo", estamos de fato brincando e, inversamente, quando estamos brincando, experimentamos o estado que Csikszentmihalyi denomina "fluxo".

Piaget e Csikszentmihalyi não foram os únicos a tentar definir esse estado especial da mente. O psicólogo Graham Privette escreveu sobre "experiências de pique" em vez de "fluxo" e resumiu os ingredientes essenciais: absorção, atenção focalizada, consciência de poder, alegria intensa, valor e significado, espontaneidade, ausência de esforço, integração e identidade.[10] Mais uma vez, as semelhanças entre experiências "de pique" e o estado mental de uma pessoa brincando são impressionantes. O historiador Johan Huizinga, abordando o tema por outro ângulo, fala do "estado de espírito do brincar" que descreve como "de enlevo e entusiasmo (…) sagrado ou festivo segundo a ocasião. Uma sensação de exaltação e tensão acompanha a ação, seguida de alegria e relaxamento".[11] Chamando-o de "fluxo", "pique" ou "estado de espírito do brincar", esse estado especial da mente determina se estamos brincando ou não, e já podemos identificá-lo com alguma precisão. Seus componentes principais são:

- concentração profunda
- envolvimento
- consciência intensificada
- atenção focalizada
- absorção do *self* em ação
- autoconsciência social diminuída
- senso de autotranscendência
- sentimento de espontaneidade
- noção de propósito e domínio
- excitação, enlevo, prazer

Existem, portanto, dois estados da mente distintos associados à brincadeira sendo que, no *self* lúdico, esses dois estados estão presentes: por um lado, o *self* lúdico está aberto à possibilidade de brincar em vez de estar fechado a essa possibilidade; por outro, o indivíduo deve ser capaz de brincar quando surge a oportunidade. Para a mulher, deixar que o *self* lúdico tome as rédeas tem uma relevância especial porque significa permitir-se estar na frente, ser o centro de suas preocupações e, ainda que por instantes, deixar de preocupar-se em acomodar os outros. Significa valorizar o impulso e a capacidade de brincar e ser capaz de beneficiar-se da experiência real da brincadeira.

Em busca do self lúdico

Munidos dessa definição de brincadeira, podemos começar a procurar a brincadeira em nossas vidas e identificar o que, para nós, constitui brincadeira genuína e o que é apenas uma pálida imitação.

Um passo inicial importante é distinguir "brincadeira" de "trabalho" e "lazer". Isso nem sempre é fácil. Devido à ênfase dada ao trabalho — ou à falta dele —, é ele que tende a dominar nossos visores mentais e emocionais. Como o trabalho preenche o tempo e suga muita energia, tendemos a considerá-lo o ponto central em torno do qual outros aspectos da vida podem ser estruturados. Por isso é comum a brincadeira ser erroneamente considerada o oposto do trabalho. Isto tem um duplo efeito: primeiro, as condições em que o trabalho pode ser fonte de brincadeira são comumente negligenciadas, e segundo, a brincadeira é muito confundida com o verdadeiro oposto do trabalho, que é o lazer.

Brincadeira não é a mesma coisa que lazer nem o oposto de trabalho. Enquanto podemos definir o lazer como uma gama de atividades que acontecem fora do tempo destinado ao trabalho, a brincadeira não pode ser encaixada nesta definição pois ela pode acontecer no curso do desenvolvimento do trabalho; o trabalho pode ser divertido. Artistas, músicos, escritores, cientistas, até mesmo um corretor do City que conheço descreverão seu trabalho como um brincar. Poder-se-ia sustentar que é o grau de brincadeira nos vários tipos de trabalho que faz com que alguns empregos sejam altamente gratificantes e outros profundamente entediantes. Mas não é o trabalho *em si* que leva ao brincar, pois o gosto do indivíduo é fundamental. A carpintaria me enlouqueceria, e escrever livros poderia exasperar um carpinteiro. Para mim, dar forma às palavras é uma fonte de prazer, além de ser minha fonte de renda, da mesma maneira que moldar a madeira traz uma satisfação ao carpinteiro, mas nossas respectivas fontes de prazer não são permutáveis. No romance *Anna Karenina*, de Tolstoi, a heroína epônima reflete: "Se há tantas mentes quanto há cabeças, então há tantos tipos de amor quanto há corações." O mesmo pode ser dito da brincadeira. Para conter um elemento de brincadeira, a atividade deve antes de tudo ajustar-se às habilidades e à personalidade do indivíduo que a desenvolve, quer ela apareça na categoria de lazer ou de trabalho.

Victoria e Sue administravam uma pequena loja de flores em Oxford, que consistia numa sala com paredes brancas nuas e um linóleo branco e preto no chão. Não tem aquecimento e, no inverno, elas precisam aconchegar-se em torno de um pequeno aquecedor na sala dos fundos. Duas vezes por semana acordam às quatro horas da manhã, dirigem até o Mercado de New Covent Garden e voltam a tempo de esvaziar o furgão e abrir a loja às dez horas. Quando a noite de quinta-feira chega, estão exaustas. Porém a sensação transparente de diversão que emana daquela pequena sala é altamente contagiante: é impossível olhar de fora da janela sem sorrir. Não é só uma loja de flores, é um parque de diversões. Há abacaxis em miniatura, papoulas enormes, plantas tropicais que se assemelham a pássaros exóticos, galhos de salgueiro, folhagens de palmeiras, rosas de uma cor nunca vista e até, num canto, umas bolinhas verdes espinhosas, adequadamente batizadas de "testículos". Não há nada de ordinário, comum ou sério ali; tudo choca, cativa os olhos, surpreende — pela cor, forma ou mera insinuação. As pessoas vão à loja só para ver a nova maravilha da semana e não conseguem resistir à compra de alguns itens para si. Victoria e Susan trabalham com afinco durante horas, mas o que as pessoas percebem é sua criatividade e exuberância. Um dia antes do Natal passei por lá e encontrei a loja enfeitada com pinheiros em miniatura, todos decorados com lantejoulas em forma de coração e querubins plásticos sorrindo. Em vez das guirlandas convencionais de azevinho e frutinhas vermelhas, as paredes estavam cobertas com argolas feitas de pimentas vermelhas e marfim. "Vocês duas estão é brincando!", gracejei. E, na frente de cinco crianças grandes que visitavam a loja, Victoria e Sue não negaram nem por um instante. "Sim!", concordaram, felizes. "Estamos!"

Confundir lazer e brincadeira é uma tendência curiosamente moderna, ao mesmo tempo causa e conseqüência da substituição gradativa que ocorreu, mais ou menos nos últimos cem anos, da palavra "lazer" pela palavra "brincadeira", sem que as diferenças que existem entre essas duas entidades fossem consideradas. Os cientistas sociais, interessados nas causas do bem-estar do adulto, acabaram por tornar a vida difícil para eles mesmos, sem nenhuma necessidade, ignorando as diferenças entre lazer e trabalho. Isto porque, quando observados sem referência ao conceito de brincadeira, os limites entre lazer e trabalho ficam obscuros. Em seu estudo sobre a felicidade, o psicólogo social Michael Argyle reconhece essa obscuridade: "Para algumas pessoas o trabalho se estende no lazer: assistentes sociais, gerentes, professores, escritores e artistas, além de levarem o trabalho para casa e o confundirem com o lazer, não vêem uma distinção clara entre os dois. Muitos desses profissionais sentem uma grande satisfação com seu trabalho por ele possuir algumas características de lazer."[12] Argyle comete o erro usual de tentar explicar a satisfação no trabalho em termos de sua semelhança com o lazer. É como explicar as propriedades de saciar a sede do melão em termos de sua semelhança com a laranja. Neste sentido, o vínculo real entre melões e laranjas é que ambos são frutas com um alto teor de água. Da mesma forma, a ligação entre o trabalho e o lazer no contexto do bem-estar não é que um é igual ao outro, mas que ambos são atividades com um alto conteúdo de brincadeira.

Com a inclusão da brincadeira na categoria de lazer, ela foi classificada como oposto de trabalho. Mas enquanto o trabalho pode ser brincadeira, como já vimos, o lazer não pode — de modo algum. Um jogo de vôlei não será divertido para o jogador se ele estiver muito pior do que todos os outros do time; cantar numa banda não será uma experiência lúdica se depois da primeira música o público bombardear o palco com tomates podres. O que determina se uma atividade pode ou não ser chamada de brincadeira não é a atividade em si mas a maneira como o indivíduo se sente quanto a ela e a maneira que ela faz com que ele se sinta. Comer, beber, fazer amor, descansar, passar tempo com os amigos ou a família, exercitar-se fisicamente, ler, ouvir ou produzir música — todas essas atividades de lazer *podem* ser experimentadas como brincadeira, mas depende de quem as está fazendo, quando, onde e como. O importante é se a atividade proporciona ou não um contexto para brincar.

Segundo o sociólogo Ralph Glasser, a transformação das atividades de lazer em produtos de utilidade, ocorrida nos últimos anos, reduziu seu valor:

> Em vez de a participação [na recreação] ser uma experiência construída individualmente, ela passa a ser tão padronizada que mais parece a compra de um bilhete para um passeio de bonde. Torna-se institucionalizada, e o participante entra nela, ajuda no seu processamento através dela e emerge do outro lado tendo vivido uma experiência absolutamente comum e previsível.(...) Quando a atividade é processada na base do mercado e do planejamento, ela se torna *um produto diferente*; um produto padronizado, em vez de uma atividade que, desde o início até o fim, teve a marca de uma pessoa específica e, desse modo, ajudou o indivíduo a se realizar de modo único e especial.[13]

Glasser não utiliza a palavra "brincadeira", mas descreve o processo pelo qual a brincadeira se processa fora do lazer.

Uma razão para a tendência de brincadeira e lazer se confundirem é que as atividades de lazer são mais propensas a fazer com que nos sintamos bem do que as de não-lazer, e sentir-se bem é um dos sinais de que estamos brincando de alguma forma. Um projeto de pesquisa desenvolvido por Leo Hendry e seus companheiros, envolvendo mais de 5.000 jovens na faixa etária de 14-20 anos, encontrou uma correlação nítida entre a participação regular em algum tipo de atividade de lazer e a saúde mental. Essa mesma pesquisa, contudo, não identificou *nenhuma* atividade de lazer que garantidamente pudesse levar as pessoas a se sentirem bem: homens jovens sentiam-se melhor indo a um bar, mas em algumas mulheres jovens isso tinha um efeito negativo; o esporte, da mesma forma, levava muitos adolescentes a se sentirem bem, mas não todos.[14] O lazer por si só, portanto, não é garantia de bem-estar.

Outro motivo para essa confusão entre brincadeira e lazer é que as atividades de ambos tendem a ser escolhidas livremente em vez de impostas. As atividades impostas raramente são lúdicas. Tive a oportunidade de perceber isso de modo convincente numa festa alguns anos atrás. Já no meio de uma tarde agradável, a anfitriã anunciou que todos iriam brincar de passar o anel. Quase morri. Quem errasse teria que pagar prendas que consistiam em tarefas como beijar os pés de todos os presentes, trocar de roupas com a pessoa sentada à sua frente e imitar Elvis Presley. Quase morri outra vez. Até onde eu podia perceber, tratava-se de um exercício horrível de humilhação, mas, olhando os rostos à minha volta no círculo, estava óbvio que, misteriosamente, muitos se divertiam a valer.

Da mesma forma, atividades que *parecem* semelhantes podem afetar o mesmo indivíduo de formas diversas, dependendo das circunstâncias em que elas acontecem: uma criança que aprecia colorir desenhos em casa pode detestar desenhar mapas nas aulas de geografia; um adulto que gosta de preparar cardápios extravagantes para jantares festivos pode não sentir nenhum prazer em cozinhar o jantar todos os dias da semana. Psicólogos americanos descobriram que, quando os adolescentes percebem uma atividade como produtiva, tal como uma tarefa da escola ou um emprego, esta percepção reduz imediatamente o efeito positivo da atividade sobre o ânimo.[15] No Dia da Brincadeira, uma mulher contou que odiava tanto o sentimento de ser coagida que chegou a desistir de uma atividade de lazer que apreciava só porque tinha horário fixo todas as semanas, passando com isso a ser percebida mais como uma obrigação do que um prazer.

Quanto à brincadeira, a atividade em si não é tão significativa quanto a atitude do indivíduo frente a ela. Não é o que se faz, mas a maneira como se faz: escolher fazer alguma coisa aumenta as chances de que essa atividade se torne uma brincadeira, enquanto ser forçado a fazer uma coisa diminui essas chances.

Brincar não é necessariamente uma atividade alegre ou trivial. Para muitas pessoas, a brincadeira adquire uma feição que envolve um alto grau de comprometimento, habilidade e até mesmo risco. É assim com o músico, o alpinista, o jogador de xadrez. Michael Argyle dá a esse tipo de atividade o nome de "lazer sério". Em seu estudo do vínculo entre lazer e bem-estar, o "lazer sério" obteve os resultados mais benéficos. Argyle descobriu que, apesar de as pessoas muitas vezes descreverem suas atividades de lazer sério como "estressantes, desafiadoras e absorventes", também ficam mais satisfeitas com suas atividades do que as pessoas com lazer não-sério.[16] Ralph Glasser vai além na exploração do conceito de lazer sério ou não-sério ao falar, de modo sombrio, do "lazer vazio", que pode encher o tempo mas não preenche; na sua essência ele é vazio e nos deixa vazios. As formas de preenchimento como o "lazer sério" são precisamente as que tendem a levar à experiência de "fluxo" descritas por Csikszentmihalyi. Podemos dizer, portanto, que elas representam um meio específico de se chegar à brincadeira.

Contudo, nenhuma atividade de lazer pode ser intitulada brincadeira. O que acontece é que as atividades de lazer que realmente preenchem, em muitos casos fornecem um *contexto* para a brincadeira. Somente quando uma forma de lazer ou de trabalho leva à brincadeira é que nos beneficiamos. A experiência de brincar é que transforma uma atividade em algo especial, algo que melhora o ânimo com relação a nós mesmos, aos outros, ao mundo em que vivemos. Ela pode surgir em atividades tão diversas como escrever um memorando, comer purê de batata ou limpar o guarda-louça embaixo da escada, e essa diversidade explica por que razão algumas atividades de lazer fazem com que nos sintamos cansados e insatisfeitos, enquanto com outras nos sentimos maravilhosos. É por isso que ver televisão, uma atividade de lazer atualmente apreciada por 98% da população britânica, não é propriamente brincar. Ver televisão, diferentemente de muitas outras atividades de lazer, apesar de sua popularidade, tem poucos benefícios no que se refere a gerar sensação de bem-estar.

Além do trabalho e do lazer

Tanto o trabalho como o lazer podem fornecer um contexto para a brincadeira e envolver elementos para ela. A brincadeira, por outro lado, é diferente de trabalho e de lazer; tem a capacidade de aparecer em ambos ou em nenhum dos dois. A relação entre essas três entidades pode ser representada com um bolo com duas camadas unidas por um recheio de dar água na boca. O bolo como um todo representa a vida de uma pessoa: a camada superior é o lazer, a camada inferior é o trabalho e o recheio é a brincadeira. Pode-se partir o bolo e comer o recheio com a camada superior ou a inferior; pode-se escavar o recheio e saboreá-lo sozinho. Idealmente, pode-se manter o recheio unindo as duas camadas e morder a coisa toda de tal forma que o recheio transforme as camadas secas num bolo delicioso.

Numa sociedade pós-industrial, lazer e trabalho sempre coexistirão numa relação confusa e paradoxal, apesar de poderem ser aspectos bem separados na vida do indivíduo.[17] Enquanto o lazer serve para demarcar e restringir os limites do tempo de trabalho, o trabalho tem a mesma função para o lazer: você sabe que está fazendo um porque não está fazendo o outro. Lazer e trabalho fornecem mutuamente o valor de cada um: o lazer sem trabalho é tão sem sentido quanto o trabalho sem lazer é intolerável. Ainda crianças, percebemos que as férias de verão são mágicas exatamente porque são flanqueadas por dois semestres letivos. Segundo Engels, o lazer é uma compensação para o trabalho. É verdade que, para muitas pessoas, o trabalho não fornece muitas oportunidades de divertimento e gera essa necessidade fora do trabalho. Sem oportunidades formais de trabalho, muitas pessoas sentem-se sem direito ao lazer e compensam isso transformando seu tempo de lazer em trabalho não remunerado. Participam de comitês, atuam como magistrados e conselheiros. Um número considerável de pessoas assume trabalhos de caridade quando se aposentam.

O trabalho e o lazer, portanto, existem no mesmo *continuum*, enquanto a brincadeira é um conceito totalmente diverso. Trabalho e lazer diferem entre si de acordo com várias convenções de tempo, lugar, dinheiro e resultado; a brincadeira é governada pelo que poderia denominar-se metarregras referentes à atitude e ao estado da mente. A brincadeira transita numa esfera diferente do trabalho e do lazer apesar de suas rotas de vôo poderem coincidir. Permitindo-nos o direito de brincar, fazendo espaço para a brincadeira em nossas vidas, nós nos deslocamos para além dos domínios familiares do trabalho e do lazer. Quando uma atividade envolve o brincar, ela é imediatamente transformada em fonte de uma profunda e inconfundível sensação de bem-estar.

Femina ludens

A brincadeira é um estado de espírito, um estado de ser que deveria consistir numa parte natural e central da vida do momento do nascimento ao momento da morte. Muitas das teorias e definições existentes de brincadeira não reconhecem sua importância em todos os estágios do ciclo de vida, mas é ainda mais grave que elas não reconheçam o significado específico da brincadeira para as mulheres. Nenhuma delas aborda o objetivo específico que o *self* lúdico pode ter na vida de uma mulher. Ainda assim, com sua característica básica de servir ao *self* e sua profunda afinidade com a liberdade, a brincadeira tem um sentido muito especial para as mulheres.

Desde a infância aprendemos a nos identificar em relação às outras pessoas, a analisar as respostas alheias, a estar sempre atentas aos pensamentos, sentimentos e necessidades dos outros, a ser as facilitadoras das brincadeiras dos outros. O que a brincadeira oferece às mulheres em especial é a oportunidade de ser, sem referência a um Outro; ela nos permite apreciar "a maior plenitude da existência", não em relação a outra pessoa, como é nossa experiência habitual, mas "com o mais alto grau de autonomia e liberdade". Através da brincadeira podemos nos experimentar de uma maneira que em geral o dia-a-dia não nos permite fazer. Reintroduzir a brincadeira em nossas vidas é portanto de suma importância.

A brincadeira dá à mulher a oportunidade de transcender os caprichos da condição humana e as limitações culturais impostas pelo sexo. A brincadeira sexual desinibida, por exemplo, é uma oportunidade de nos libertarmos das regras diárias que comandam como a mulher deve se vestir, que aparência deve ter, quanto barulho deve fazer. Uma música, perdida na brincadeira de seus talentos criativos, é livre para saborear um grau de absorção e falta de autoconsciência social, normalmente desencorajada nas mulheres. Brincar com as crianças também pode oferecer uma oportunidade bem-vinda para um comportamento "não feminino", como rolar no chão, falar bobagens e fazer caretas. A brincadeira também pode permitir um alívio temporário dos tabus culturais no pensamento, na contemplação, na imaginação e na fantasia feminina.

Pode ser que as mulheres que participaram do Dia da Brincadeira tenham iniciado o encontro sem saber ao certo qual o sentido e o papel da brincadeira em suas vidas mas, no fim do dia, todas tinham identificado seu significado para si próprias.

"A brincadeira é um intervalo no trabalho árduo de todos os dias", disse Elizabeth, de 56 anos.

"A brincadeira é como uma sombra da vida diária. Ela não é a realidade, mas é a fronteira da realidade", expressou Ella, de 30 anos.

"Na brincadeira podemos ser coisas que talvez não fôssemos capazes de ser na vida real", afirmou Caitlin, de 32 anos.

"A brincadeira é uma maneira de recarregar minhas baterias. Ela me ajuda a suportar as pressões do meu trabalho", mencionou Beth, de 33 anos.

"A brincadeira é uma atividade prazerosa e leve, com ela esqueço que o tempo está passando", disse Penny, de 29 anos.

"A brincadeira me põe em contato com aspectos diferentes de mim mesma", disse Alison, de 38 anos.

"Brincar é gostar da vida e dar a tudo a máxima atenção", declarou Maddie, de 27 anos.

"Brincar é sentir-se vivo", disse Emma, de 32 anos.

A brincadeira não é uma atividade específica, desenvolvida de uma maneira e num momento específicos. Pode ser, mas não precisa. A brincadeira pode ser desenvolvida com outras pessoas ou não. Não há "deveres" quanto ao brincar. Para a mulher, com sua vida cheia de "deveres", essa é uma de suas maiores vantagens. Brincar é o que a gente quer que seja. Um pouco como o amor, a brincadeira transporta seu sujeito para um estado de concentração e absorção que exclui o resto do mundo e, ao mesmo tempo, o coloca num foco mais agudo. Para uma pessoa, brincar é fazer as contas do mês, para outra é fazer biscoitos de gengibre, para uma terceira é dançar samba numa noite de sábado, para uma quarta é ficar em casa com um bom livro. Em última instância, a oportunidade de brincar existe em qualquer atividade que, mesmo breve, situe a pessoa firmemente no centro de seu universo, permitindo-lhe por um momento celebrar sua existência de modo pleno e sem nenhuma vergonha.

Qualquer atividade tem o potencial de fornecer um contexto para a brincadeira, seja ela tricotar ou escalar montanhas, mas os efeitos potencialmente benéficos daquela atividade só podem ser percebidos quando estamos *brincando*. De modo inverso, sem a brincadeira como centro, a atividade não é nada além de sua função utilitária: procriar, evitar desidratação, prevenir a fome, fazer um artigo de vestuário, produzir uma pintura. As propriedades transformadoras da brincadeira só podem ser experimentadas através da ação lúdica. Todos nós temos a capacidade de ser sujeitos da brincadeira em nossas vidas, não o arquétipo do bobo, mas o da majestade, a figura real que simultaneamente está no mundo, é do mundo e está acima do mundo. No *The History of the Decline and Fall of the Roman Empire* (*A história do declínio e queda do império romano*), Edward Gibbon escreveu: "Podemos distinguir duas tendências muito naturais nas atitudes mais virtuosas e liberais, o amor pelo prazer e o amor pela ação (...) a personalidade em que um e outro estivessem unidos e harmonizados seria a mais perfeita idéia de natureza humana."[18]

O indivíduo — mulher, criança ou homem — que, através do envolvimento lúdico com o mundo, combina prazer e ação, é um dos sujeitos da brincadeira da vida no melhor sentido da palavra. Vimos anteriormente neste capítulo que, de fato, existem dois estados distintos da mente associados à brincadeira: um precede a brincadeira e a torna possível, o outro acompanha o ato de brincar. No *self* lúdico, esses *dois* estados estão combinados; somos receptivos à possibilidade de brincar e capazes de brincar quando a oportunidade surge. O *self* lúdico é aquele que se sente inclinado a brincar e, acima de tudo, *com o direito* de brincar. Valorizando o sujeito da brincadeira que existe nela, toda mulher pode transformar-se do objeto das necessidades dos outros no seu próprio sujeito ativo.

3

Por que brincar?

"A brincadeira é a evidência contínua da criatividade, que significa estar vivo."
(Donald Winnicott, *Playing and Reality*)

Na cidade de Monreale, no topo de uma montanha do norte da Sicília, há uma catedral magnífica. Fica no centro da praça do mercado, impregnando-se do sol mediterrâneo, com sua pedra esculpida cor de manteiga quente. Dentro, as paredes e o teto são cobertos de mosaicos de ouro ilustrando as histórias do Velho e do Novo Testamento. As imagens são incrivelmente vivas; quase se pode ver as figuras movendo-se, quase se ouve o que estão a dizer. Nenhum é tão impressionante quanto o mosaico de Deus, ao alto da nave central, sentado confortavelmente sobre um planeta, absorto na função de criar os céus. Sua expressão é solene, mostrando uma profunda concentração enquanto Ele salpica umas estrelas douradas aqui, uma lua azul-gelo ali. Existe algo estranhamente familiar nesse Deus — e então se percebe: parece uma criança pequena com uma grande folha de papel e um pote de tintas coloridas.

O Deus na catedral de Monreale é o Grande Criador engajado no ato de criar. Ele é, acima de tudo, um Deus lúdico a nos lembrar que a brincadeira está no coração da criação divina e humana. Quando brincamos, também somos criadores no ato de criar ou, mais precisamente, recriar. A palavra "recriação" indica exatamente os aspectos divinos da brincadeira humana. Necessitamos e nos beneficiamos da brincadeira porque através dela somos capazes de abordar aspectos de nossas vidas de maneira criativa. Quando brincamos, estamos atuando na nossa criatividade máxima, na nossa capacidade máxima de superar problemas e enfrentar desafios. "O ato criativo não cria uma coisa do nada como o Deus do Velho Testamento", escreve Arthur Koestler. "Ele combina, rearruma e relaciona idéias, fatos, estruturas de percepção, contextos associativos já existentes mas até então separados."[1] É essa capacidade da brincadeira de unir elementos díspares, de reconciliar os aspectos irreconciliáveis do nosso ser, de produzir uma coisa inteira, nova e boa a partir do que é velho, gasto e enfadonho que fundamenta sua profunda importância no nosso dia-a-dia.

Para muitos de nós é possível atribuir um valor apropriado à brincadeira, mas achar o tempo e o espaço para brincar, por mais que desejemos, pode parecer impossível. A partir daí surge a questão: por que nos preocuparmos em brincar se isso demanda tanto esforço? Realmente precisamos brincar? O que acontece conosco se não brincamos? Em suma, brincar importa? A resposta é: sim, importa. De fato, brincar importa muito. Como afirmou o psicólogo Donald Winnicott: "É na brincadeira e só nela que a criança ou o adulto é capaz de ser criativo (...) e somente sendo criativo é que o indivíduo descobre o *self*."[2] Se desejamos viver criativamente engajados com o nosso eu, com os outros e com o mundo à nossa volta, precisamos, resolutos, situar a brincadeira no centro de nossas vidas.

As comédias e os romances shakespearianos são plenos de mulheres que quebram a monotonia da vida através de sua capacidade de pensar e agir de um modo lúdico. Pórcia em *O mercador de Veneza* finge ser um advogado (Baltazar — um homem) para salvar a vida de Antônio e conduz um julgamento que habilmente impede a catástrofe. Viola, em *A noite de reis*, disfarça-se de menino para salvar a própria vida e, com isso, assegura um par amoroso para si e para seu irmão gêmeo. Rosalind, a heroína de *Assim é se lhe parece*, também se finge de menino, mas utiliza seu disfarce para testar o amor do pretendente Orlando, que não a reconhece. Ela "se finge de valete" para ele, persuadindo-o a chamá-la de Rosalind e a cortejá-la como se ela fosse Rosalind — que evidentemente ela é. Todos esses personagens são lúdicos, personificações dramáticas da brincadeira cuja engenhosidade manifesta-se nas palavras que utilizam e nas coisas que fazem.

Nas produções elisabetanas dessas peças, havia uma troca adicional devido ao conhecimento da platéia de que os papéis femininos eram encenados por homens e que as "mulheres" disfarçadas de homem na realidade eram homens. Para as platéias contemporâneas, a ironia reside em perceber que os disfarces lúdicos adotados pelas personagens femininas são todos homens, pois isso ao mesmo tempo enfatiza que o poder está com os homens e enfraquece aquela base de poder. Além disso, os cenários dessas comédias em geral realçam seu ludismo por meio de artifícios como os sonhos em *A megera domada* e *A tempestade*; as peças dentro das peças em *Sonho de uma noite de verão*; as canções irônicas e os epílogos enigmáticos de *Assim é se lhe parece*, *A tempestade*, *Tudo está bem quando acaba bem* e *A noite de reis*. Em termos estruturais, cada uma dessas peças move-se da ameaça de desordem ou desordem verdadeira para a desordem lúdica, a solução criativa, a ordem restabelecida. Ao fazê-lo, elas encenam e celebram o poder restaurador do lúdico, sua capacidade de domar forças destrutivas e de transformar o caos em ordem. Por outro lado, muitas das tragédias oferecem um relance de capacidade lúdica sufocada pelo ciúme, ganância, ambição ou loucura, com conseqüências trágicas. No *Rei Lear*, o ludismo verbal de Cordélia é fatalmente mal interpretado por seu pai. Em *Otelo*, a afeição lúdica de Desdêmona por Cássio é distorcida de forma desastrosa por seu marido. Em *Troilus e Créssida*, o palavrear lúdico de Créssida ajuda-a a sobreviver à separação de seu amado Troilus, mas no final é anulado pela devastação moral e física da guerra. O ludismo sexual de Cleópatra vence Marco Antônio, mas não consegue sobreviver às intrigas políticas de Roma nem às devastações do tempo. Ofélia, receptora dos jogos de palavras cruéis e perturbados de Hamlet, enlouquece e suicida-se. Onde o valor da brincadeira é confirmado, os acontecimentos são resolvidos de uma forma feliz; onde a brincadeira é condenada, destruída ou oprimida, os eventos culminam em catástrofe.[3] Shakespeare, como sempre, identifica uma verdade profunda da existência humana. A brincadeira, apesar de às vezes aparentar frivolidade, é tudo menos isso. É uma prioridade para nossas vidas, algo profundamente sério.

Os benefícios da brincadeira

Nascemos com instinto para brincar, mas ele precisa ser nutrido para que possamos nos beneficiar. Logo no início de nossa vida a brincadeira tem importância. Quem quiser comprovar, o melhor é ver o que acontece quando as pessoas são privadas da brincadeira. Quem viu as fotografias angustiantes e os filmes de televisão sobre os órfãos romenos, sem expressão no olhar e imóveis nas filas de camas idênticas, privados da energia e curiosidade que normalmente associamos às crianças pequenas, se emocionou. Como os especialistas apontaram, aquelas crianças não estavam privadas somente do amor, mas também da brincadeira. Elas repousavam nas camas sem ter nada para olhar, a que reagir e em que engajar-se. Não havia para elas rostos amorosos, móbiles, ursinhos de pelúcia ou quadros, alguém que lhes cantasse músicas ou com quem pudessem conversar. Talvez este seja um exemplo extremo, mas, privada de brincar, qualquer criança fica deprimida, retraída, agressiva e anti-social. As crianças criadas em instituições onde as oportunidades para brincar são restritas tendem a ser mais passivas, desatentas, apáticas e deprimidas, além de menos criativas e espontâneas que as outras crianças. A falta da brincadeira não é o único ou o maior problema dessas crianças mas é um fator relevante. Um estudo descobriu que se brinca *sete vezes mais* com bebês que moram com suas próprias famílias do que com os que vivem nessas instituições.[4]

Deixando de lado por ora as diferenças relativas ao sexo na brincadeira infantil, uma questão que merece consideração e à qual retornarei em detalhe nos Capítulos 6, 7 e 8, o ponto principal do qual emergem o estudo acima e outros, é que toda criança privada de brincar sofre, enquanto toda criança que tem muitas oportunidades de brincar prospera. Além do prazer imediato, a brincadeira oferece à criança um meio seguro de aprender e dominar habilidades práticas e sociais. Ensina a boa comunicação. Fornece um meio aceitável de expressar e explorar sentimentos de agressão ou ódio. Ajuda o indivíduo a administrar emoções desconfortáveis ou amedrontadoras e é fundamental para o desenvolvimento psicológico saudável, eliminando a defasagem entre a "realidade individual interior" e a "realidade externa ou compartilhada".[5] A criança que usa seu tempo desenvolvendo o pensamento imaginativo, brincando de faz-de-conta e fantasiando, tem uma probabilidade maior de ser criativa ao lidar com as coisas e as situações da vida.[6] Ela tende a ser menos agressiva, a ter uma melhor concentração e uma probabilidade maior de ser apreciada pelos outros do que a criança que não tem fantasias. A brincadeira também parece estar associada à inteligência: crianças que atingem resultados elevados em testes de QI brincam mais tempo do que aquelas que apresentam resultados mais baixos nos mesmos testes.[7]

Uma outra razão para levar a sério a brincadeira é que nossas experiências de brincar da infância podem influenciar o tipo de adultos em que nos tornamos, afetando a maneira como nos relacionamos com outras pessoas, como lidamos com nossas emoções, como reagimos a novos desafios e como lidamos com experiências desagradáveis. Os experimentos de Suomi e Harlow com macacos mostraram que a oportunidade de brincar nos animais jovens influencia diretamente sua eficácia como adultos.[8] Os macacos criados só com as mães, sem contato com seus pares, tornam-se "socialmente retraídos e estranhamente agressivos" na fase adulta, e os macacos criados em isolamento social total deterioram-se com rapidez, ficam perturbados e apresentam sintomas claros de trauma, como auto-agredir-se de forma intensa, balançar-se compulsivamente, chupar o polegar e outros dedos e automutilar-se, rasgando sua própria pele e músculos. Quando são apresentados a outros macacos, retraem-se, são anti-sociais e mostram-se violentamente hostis aos macacos-bebês. São sexualmente incompetentes, incapazes de alimentar os pequenos e às vezes se mostram violentos com sua própria prole de recém-nascidos. Apenas sua habilidade intelectual permanece relativamente intacta. Os pesquisadores concluíram de suas observações que "fica claro que a brincadeira é de importância capital para o posterior bem-estar social do indivíduo e dos que o cercam. A brincadeira, que parece ser tão espontânea, sem cuidados e banal, na verdade é um dos aspectos mais essenciais do desenvolvimento social."[9]

O mesmo parece ser verdadeiro com relação ao ser humano. Como os macacos estudados por Suomi e Harlow, as pessoas que tiveram poucas experiências positivas de brincar enquanto crianças geralmente têm dificuldades na fase adulta. Elas tendem a sofrer de depressão, costumam achar difícil demonstrar afeto e estabelecer relações confiáveis e têm problemas brincando com seus próprios filhos. No Centro de Famílias de Cornmarket, em Bath, mães deprimidas aprendem a brincar com os filhos através de um sistema chamado "brincadeira de relacionamento".[10] A idéia é muito simples: mostra-se à mãe e ao filho como brincar juntos de maneira afetuosa, física, não verbal. A mãe pode fazer uma ponte com seu corpo para a criança passar por debaixo ou virar uma torre para a criança trepar; ela pode sentar a criança nas suas pernas, de modo que os dois possam "remar" para a frente e para trás, ou pode fazer de seus braços uma pretensa "prisão" da qual a criança precisa libertar-se. A brincadeira de relacionamento pode ser muito liberadora para as mulheres com problemas de sentir prazer com os filhos. Ela proporciona a brincadeira para as crianças e dá à mãe uma chance de brincar também. Ela cria um meio para que mãe e filho se comuniquem através do corpo e, fazendo isso, ajuda-os a desenvolver um sentido de confiança e intimidade. Através da criação de oportunidades para mãe e filho partilharem a diversão, a brincadeira de relacionamento também leva a mãe a sentir-se melhor quanto às suas habilidades maternas e mais inclinada a brincar com seu filho. Dessa forma, ela inicia um ciclo positivo que é extremamente benéfico para todos os envolvidos.

Mães não deprimidas também necessitam de oportunidades para brincar. A mulher que definiu brincadeira como uma coisa que ela incentiva os filhos a fazer, a fim de ganhar tempo para preparar o chá, talvez represente a maior parte das mulheres, mas, se assim for, erramos em algum ponto. Como adultas também precisamos expressar nosso *self* lúdico, e as crianças podem ser a desculpa de que necessitamos para isso. A falta de inibição infantil quando o assunto é brincar pode dar o tom e mostrar o caminho, como uma outra mãe reconheceu: "Aprendi a brincar de novo quando tive meu filho. Ele me ensinou tudo o que eu havia esquecido sobre brincadeira."

Longe de ser uma atividade frívola sem qualquer benefício palpável além da diversão imediata, a brincadeira traz frutos para uma variedade de situações "sérias". Estudos mostram que o tempo gasto brincando favorece crianças e adultos quando, mais tarde, se deparam com situações "sérias". Num estudo realizado por Sylva, Bruner e Genova, um grupo de crianças de três a cinco anos recebeu a tarefa de reaver um pedaço de giz de uma caixa colocada fora do alcance imediato. Algumas das crianças no estudo tiveram a oportunidade de brincar antes com o giz e a caixa por algum tempo. Os pesquisadores descobriram que as crianças que haviam brincado antes da experiência foram mais eficientes e imaginativas na recuperação do pedaço de giz do que aquelas que abordaram o problema sem aquecimento prévio. Os pesquisadores concluíram que a experiência de brincar tornou as crianças mais, e não menos, capazes de enfrentar situações "sérias" em que tivessem um objetivo a cumprir.[11]

O mesmo princípio aplica-se ao adulto, daí a eficácia das sessões de *"brainstorming"* e os "fins de semana de dinâmica de grupo para executivos". Este último é interessante por imitar as brincadeiras infantis. A técnica de desenvolvimento de grupo que esteve em voga nos anos 80, o fim de semana de dinâmica de grupo para executivos, consiste num grupo de funcionários que se reúne num ambiente fora do trabalho, em geral por um fim de semana, às vezes por mais tempo. Um líder organiza vários jogos, como conseguir atravessar para o outro lado de um rio ou vencer outro grupo num objetivo previamente estabelecido. Em geral são versões adultas de jogos infantis tradicionais como batatinha frita ou esconde-esconde (a pessoa tenta alcançar um objetivo predeterminado sem ser vista), ou de "afundar na lama" (a pessoa tenta resgatar parceiros de seu grupo de uma armadilha sem ficar presa). A oportunidade de brincar de jogos dessa forma permite aos profissionais de administração explorar sua capacidade para certas habilidades tais como liderança, cooperação, flexibilidade e inventividade. Aprendendo a conduzir situações que exigem muito física e emocionalmente, mas que são estruturadas como brincadeiras, os participantes tornam-se mais criativos e eficientes na abordagem dos problemas no trabalho.

Recentemente, passei uma tarde em companhia de dois homens que discutiam o valor desses finais de semana. Um deles era o diretor de uma organização multinacional, o outro um gerente sênior da mesma firma. Este estava entusiasmado com a perspectiva de um fim de semana para executivos. Ele achava que seria proveitosa a oportunidade de aprender habilidades gerenciais fora do contexto do trabalho e das restrições do escritório. O diretor, por sua vez, disse que já tinha dinâmica suficiente e que não conseguia pensar em nada menos atraente. Sua censura fez com que o tema fosse desprezado. Não pude evitar perceber, com a conversa, o desconforto daquele homem quanto à brincadeira como uma forma válida de aprender e uma atividade que pudesse ter qualquer base real no mundo "sério" do trabalho. Mais tarde, na mesma noite, sua esposa reclamou, brincando, de seu marido trabalhar demais, de ser raro eles aproveitarem os dias livres e as férias e do pouco tempo que ele conseguia passar com os filhos pequenos. Trabalho e brincadeira para esse homem eram esferas de existência inteiramente separadas, e a primeira deixava pouca oportunidade para a segunda. A discussão era leve, mas, para sua esposa como para muitas mulheres, não era piada: ela estava tão restringida por sua falta de diversão quanto ele.

O poder curativo da brincadeira

Para casos em que o trauma ou a privação tenham eliminado ou deturpado a capacidade de brincar, a própria brincadeira pode ser um método muito eficaz de cura, pois, como os sonhos, "atua na função da auto-revelação e da comunicação num nível mais profundo".[12] Esta é a premissa central que fundamenta a Terapia da Brincadeira. Alguns terapeutas utilizam a brincadeira como um meio para resolver ou curar a angústia psicológica, quebrando seu ciclo destrutivo. Na Comunidade de Cotswold, um centro terapêutico para meninos com distúrbios severos de conduta, a brincadeira é muito valorizada. A comunidade foi criada aproveitando o espaço de um centro anteriormente credenciado, porém as grades dos dormitórios e janelas desapareceram. Hoje, há um grupo de casas em que os meninos vivenciam, em muitos casos pela primeira vez, uma experiência semelhante a uma vida familiar bem íntima. Um dos lemas principais da Comunidade de Cotswold é de que a brincadeira constitui um ingrediente vital para o bem-estar. Brincar é uma parte essencial do "trabalho" emocional que os meninos desenvolvem. Isto reflete-se no programa diário que destina à brincadeira a mesma quantidade de tempo que para o trabalho escolar.

Contudo, muitos meninos não conseguem brincar, ou melhor, suas brincadeiras são tão perturbadas quanto eles próprios. É comum a luta simulada transformar-se em luta real; jogos competitivos rapidamente adquirem um grau de tensão insuportável; até mesmo brincadeiras leves de faz-de-conta, utilizando brinquedos, podem parecer ameaçadoras a essas crianças cujas vidas não lhes proporcionaram segurança e estabilidade, que são as condições básicas necessárias ao brincar. Invariavelmente, essas crianças provêm de lares destruídos; muitas já passaram por várias instituições para crianças e lares adotivos, e a maioria tem uma história de delinqüência. A Comunidade de Cotswold, em muitos casos, é uma última tentativa para evitar que incorram na delinqüência juvenil.

O ambiente de muito apoio da comunidade proporciona aos meninos a oportunidade de conhecerem uma maneira de brincar que não seja destrutiva para si ou para os outros. Este processo de descobrir-se através da brincadeira é muito poderoso. Os meninos são capazes de regredir à idade em que "se perderam" e, a partir da realidade de antes, recomeçar. Por exemplo, um menino de 13 anos foi capaz de retroceder à idade de uma criança de três ou quatro anos, apegar-se ao seu ursinho de pelúcia e utilizá-lo para comunicar-se com o mundo. Não há nada incomum em perguntar a uma criança que começa a andar "o que o ursinho quer de lanche", mas em se tratando de um menino de 13 anos é uma demonstração pungente da necessidade da brincadeira infantil, tão indispensável para o nosso bem-estar futuro quanto aprender a andar e falar.

"Peter" chegou à comunidade aos dez anos de idade. Raramente falava, parecia trancado em si mesmo e via o mundo com evidente desconfiança e medo. O único indício de seu estado interior eram seus desenhos que apresentavam características impressionantes. Consistiam sempre numa cidade cercada por muros altos e largos desenhados em crayon cinza forte ou preto; dentro da cidade, havia alguns prédios salpicados irregularmente, mas não eram ligados por nenhuma rua ou caminho. Do lado de fora do muro, algumas estradas sinuosas levavam ao perímetro da cidade, mas não além, pois nunca havia portões nos desenhos de Peter, para acesso de entrada ou saída da cidade.

Durante muito tempo, os desenhos de Peter, ou mapas, como ele os chamava, não mudaram. Pouco a pouco, porém, começaram a adquirir novas características. Mais ruas e caminhos apareceram dentro da cidade ligando os diversos prédios; mais estradas apareceram fora da cidade também, de modo que ela passou a ter vários caminhos de chegada; um pequeno portão apareceu no lado sul, apesar de ainda não haver vias diretas de acesso a ele.

O terapeuta que trabalhava com Peter deixava-o falar sobre o desenho e os detalhes de seus mapas sem procurar de nenhuma forma "vinculá-los" ao seu estado psicológico. O ponto de mutação surgiu numa noite em que o terapeuta esbarrou nuns papéis amarrados num saco plástico e jogados na lata de lixo externa. O embrulho continha os mapas mais novos de Peter, que rapidamente os rejeitara pelo que pudessem revelar. E eram mesmo reveladores. Ele havia desenhado uma cidade semelhante aos mapas de Londres medieval, animada e estuante de vida, entrelaçada por uma extensa rede de ruas. O que mais surpreendia eram os quatro portões que havia agora nos quatro limites da cidade, permitindo o acesso para dentro e para fora. O próprio Peter reconheceu-o como um ponto de mutação, daí sua reação de medo a esse novo mundo magnífico que havia descoberto. Isso indicou o início de sua recuperação dos traumas psicológicos e sua volta gradativa ao mundo.[13]

Atualmente, em países como a Irlanda do Norte e os Territórios Ocupados, muitas agências de assistência priorizam programas de brincadeira infantil como estratégias importantes para contrapor os efeitos de um crescimento conflituado em meio à violência do dia-a-dia.[14] Os programas de brincadeira e a terapia da brincadeira também são utilizados para auxiliar crianças na recuperação de traumas específicos. Em Moçambique e Eritréia, crianças de sete e oito anos eram seqüestradas e recrutadas à força para o exército, sofrendo e participando de atrocidades terríveis. Na Bósnia e Ruanda, as crianças testemunhavam a matança de seus familiares. Quando essas crianças ainda são capazes de brincar, suas brincadeiras geralmente refletem os horrores que vivenciaram: elas são obsessivas no desenho de tanques e armas, e suas figuras são manchadas de sangue e polvilhadas com cadáveres. Imagens de guerra, dor, morte e medo estão presentes em suas brincadeiras e em suas vidas.[15] Cada vez mais, os profissionais que trabalham com crianças refugiadas usam a brincadeira para expressar e curar as experiências terríveis por que passaram e das quais conseguiram escapar. David Tolfree, consultor sobre crianças e guerra na Inglaterra e na Suécia para a entidade Save the Children (Salve as Crianças), em seu recente livro *Restoring Playfulness (Restabelecendo a habilidade lúdica)*, reuniu estudos de casos realizados a partir de diferentes abordagens com crianças traumatizadas de guerra. Ele documenta como um grupo de crianças refugiadas e desacompanhadas do sul do Sudão foi capaz de elaborar suas experiências assustadoras relatando seus sonhos, contando histórias e desenhando figuras. "Não seria adequado esperar que essas crianças expressassem seus sentimentos de forma direta, pela palavra", explica Tolfree, "mas a brincadeira é um meio universal através do qual as crianças elaboram experiências difíceis. Brincando, no sentido mais amplo da palavra, essas crianças puderam fazê-lo indiretamente." O livro de Tolfree apresenta também um exemplo de como a força da capacidade infantil para brincar pode ajudar o adulto: as mães deprimidas do Centro de Cornmarket, em Bath, refugiadas adultas da antiga Iugoslávia, foram auxiliadas na superação de suas experiências traumáticas assistindo e, gradativamente, participando da espontaneidade da brincadeira de seus filhos.[16]

Em nossos momentos mais desesperados, ainda mantemos o instinto para brincar. É uma necessidade tão fundamental quanto a água, o alimento e a medicação. É verdade que podemos viver sem brincar, mas, como disse e. e. cummings, "não estar morto não significa estar vivo". Mesmo sob pressão severa, a brincadeira é um dos últimos impulsos a ser reprimidos e um dos primeiros a se afirmar porque caminha paralelo ao da sobrevivência. Brian Keenan, em *An Evil Cradling (Uma criação prejudicial)*, um relato dos anos que passou como refém em Beirute, descreve de modo comovente os jogos inventados por ele e John McCarthy, seu colega refém, para passarem as horas e preservarem a sanidade. Durante a crise de refugiados curdos, em abril de 1991, milhares de curdos fugiram do Iraque para as montanhas turcas onde ficaram durante semanas sem alimentação, habitação ou saneamento adequados, situação que foi descrita por um dos agentes de socorro como a pior que jamais vira em dez anos de trabalho de campo. As filmagens do acampamento de Inshikveren, na fronteira entre a Turquia e o Iraque, trouxeram para o aconchego e conforto de nossos lares visões de impotência, ira e medo de todo um povo: crianças desidratadas morrendo, mães aflitas, velhos desnorteados. Porém quando uma das câmeras da televisão girava por essas cenas de desgraça, por um breve momento fixou um grupo de meninos de seis ou sete anos de idade, mirrados pela falta de alimento mas ainda sorrindo e rindo no meio da lama, da neve e do caos. Eles haviam arranjado umas garrafas d'água vazias que amassaram com os pés descalços e transformaram em tobogã. A câmera continuou girando — estas não eram as imagens que eles buscavam —, mas a alegria e as faces risonhas desses meninos eram a comprovação de que a brincadeira não é privilégio dos ricos e vencedores, ela é também propriedade e prazer dos destituídos e moribundos.

O instinto de brincar é profundo e resistente ao choque. Como demonstraram as crianças curdas, ele aparece até mesmo nas circunstâncias mais desesperadoras. Na miséria dos campos de refugiados de Ruanda, perto de Goma, sacos vazios de grãos foram transformados em pipas pelas crianças. Durante o período da terrível fome no Sudão, em 1985, latas de sardinha foram transformadas em carrinhos de puxar. Um dos agentes de socorro mencionou: "Quando as crianças começam a brincar, a gente sabe que o pior já passou. É o começo da esperança."[17]

A brincadeira para o hoje

A capacidade de brincar tem um papel importante nas situações as mais extraordinárias e também nas mais ordinárias. A capacidade e a prontidão para brincar são essenciais no nosso relacionamento diário com as outras pessoas. Um sofrimento partilhado é um sofrimento diminuído, mas um prazer partilhado é um prazer dobrado. As experiências que nos fazem felizes são boas para nós, e estar de bom humor tem um efeito positivo imediato em diferentes áreas de nossas vidas. As experiências demonstraram que "o bom humor produz pensamentos positivos, traz a lembrança de acontecimentos felizes, desenvolve a criatividade e a capacidade de solucionar problemas e gera comportamentos de mais ajuda ao próximo e sentimentos de mais afeto".[18] A alegria e a sensação de bem-estar que sentimos quando passamos algumas horas rindo e brincando com outras pessoas é imensa. Nosso prazer reflete o prazer de nossos parceiros de brincadeira e cresce com ele, de modo que derivamos alegria da atividade em si e do sentimento de alegria compartilhado naquela atividade. Quando os estudantes contam piadas sobre seus professores ou fazem bagunça no fundo da sala, estão usando a brincadeira, ainda que do tipo destrutivo, para promover uma sensação de comunidade que, por sua vez, alivia os aspectos menos agradáveis da escola. Para os trabalhadores de fábricas, pilheriar e pregar peças uns nos outros tem um efeito semelhante: cria uma forte sensação de comunidade e um contexto no qual seus membros podem divertir-se, tornando assim a monotonia e o enfado do trabalho mais fáceis de suportar. O prazer partilhado é portanto uma experiência profundamente positiva, que confirma nosso sentido individual de *self* e nossa sensação de ser bem-sucedidos como seres sociais. Faz-nos sentir felizes conosco e com os outros.[19]

A brincadeira pode beneficiar os relacionamentos entre as pessoas de várias maneiras. Como vimos, ela melhora o humor, e as pessoas de bom humor demonstraram ter mais probabilidade de procurar o melhor nos outros. Elas tendem a ser mais úteis e generosas com o próximo e muito menos egoístas, características que levam a relacionamentos mais felizes.[20] Rir e sorrir com um amigo, namorado, marido ou filho gera uma sensação de comunhão de objetivos e valores e reflete a realidade da alegria compartilhada. Brincar juntos assegura que o relacionamento tenha alguns ingredientes positivos, em vez de restringir-se às rotinas diárias de lavar, comer e trabalhar.[21] No nível puramente prático, a brincadeira tem um papel valioso nos relacionamentos: uma pilhéria suave é quase sempre um meio mais eficaz de modificar o comportamento de um parceiro do que um grito; da mesma forma, quando um bebê tenta esquivar-se na hora de mudar a fralda, é mais fácil persuadi-lo a ficar quieto fazendo cócegas, até levá-lo à inevitável gargalhada, do que pedindo ou implorando.

A fase da corte nos relacionamentos caracteriza-se por muitas das particularidades que também definem a brincadeira: absorção intensa, atenção focalizada, alegria, a sensação de que a vida tem valor e sentido, maior espontaneidade e uma sensação de integração e união. A brincadeira neste contexto manifesta-se através do flerte e da pilhéria e de uma maneira especial de tocar o outro e de falar. Essa brincadeira do amor permite que se crie mais rapidamente uma intimidade física e emocional entre o casal. Ela desfaz inibições e cria laços. O fato de que os estágios iniciais de um relacionamento sejam geralmente divertidos, sem grande esforço, talvez explique em parte por que são também dos mais felizes.

O sexo oferece outra oportunidade de brincar nas relações adultas. Caitlin, que participou do Dia da Brincadeira, considera a brincadeira sexual muito importante. Ela tem um parceiro há oito anos. Apesar de achar difícil brincar em outras áreas de sua vida, ela coloca muito de seu potencial lúdico na vida sexual. "A brincadeira sexual traz uma sensação maravilhosa de estar em harmonia com o outro. O objetivo é conhecido pelos dois, mas podemos nos absorver no processo. E há também a criatividade: imaginar cenários e jogos sexuais para brincarmos juntos, vestir roupas de baixo sensuais usando a própria linguagem especial do sexo, todo esse tipo de coisa. Também temos maneiras divertidas de nos tocarmos. Acariciar, abraçar e beijar, tudo faz parte. Mesmo quando outras coisas no nosso relacionamento não vão bem, o sexo, ou melhor, a brincadeira sexual, é um meio pelo qual podemos sempre nos encontrar outra vez."

Muitos dos problemas que surgem nos relacionamentos podem ser resolvidos através da brincadeira. Em *Marriage Inside Out: Understanding Problems of Intimacy (O casamento do avesso: entendendo problemas de intimidade)*, Christopher Clulow e Janet Mattinson referem-se a uma ligação direta entre a solução de problemas na brincadeira infantil e nos relacionamentos dos adultos. "Ao longo da vida", escrevem os autores, "a capacidade de brincar, simbolizar e ter acesso ao mundo da fantasia pode auxiliar as pessoas na sua adaptação à vida (...) A brincadeira pode aumentar a capacidade de envolvimento com os outros e ampliar a possibilidade de atingir aspectos de suas personalidades."[22]

A brincadeira para o amanhã

Além de levar o indivíduo a sentir-se melhor no aqui e agora, a brincadeira tem implicações de longo prazo importantes para o bem-estar. Quando o psicanalista Erik Erikson conduziu um *follow-up* de indivíduos pesquisados trinta anos antes, quando ainda eram crianças, descobriu que os mais realizados e com vidas mais interessantes eram os que tinham conseguido manter a capacidade lúdica.[23] Quando me envolvi num projeto de pesquisa sobre a experiência de envelhecer, percebi o mesmo fenômeno em indivíduos que se aproximavam dos sessenta anos de idade. Os que estavam aproveitando seus cinqüenta anos e faziam previsões otimistas para a vida eram aqueles cuja capacidade de brincar permanecia relativamente intacta com o passar dos anos. Eles guardavam um estoque bem preservado de atividades lúdicas, tinham uma boa idéia de como divertir-se e continuavam usando grande parte de suas faculdades físicas, musicais, lingüísticas ou artísticas.

Em geral, sua infância tinha sido rica de experiências divertidas e de brincadeiras e, além disso, *mesmo depois* da adolescência e dos vinte e poucos anos, sempre priorizaram as atividades de lazer.[24]

Impressionou-me também o fato de ser mais fácil para os homens manter as oportunidades de brincar e a atitude lúdica frente à vida. A vida desses homens proporcionava mais chances de brincar que a dessas mulheres, cujo tempo livre era tomado com freqüência pelas tarefas domésticas. Obviamente, o choque da aposentadoria era sempre maior para os homens, gerando a perda da própria estrutura que ajudara a fazer da diversão um objetivo real. Mesmo assim, no mesmo grupo de amostragem, uma quantidade muito maior de homens do que de mulheres demonstrou ter algum *hobby* ou interesse. No caso das mulheres, o espaço liberado pela saída dos filhos de casa foi rapidamente preenchido pelos netos. Apesar de todas as mulheres que ajudavam a cuidar dos filhos de seus filhos terem afirmado sentir prazer em fazê-lo, isto representava uma continuidade impressionante das responsabilidades de criar e cuidar que sempre tinham tido. O trabalho de casa também continuava a tiranizar, e só com a viuvez ou nos casos em que os parceiros auxiliavam de maneira incomum é que as mulheres que entrevistei conseguiam aproveitar as oportunidades crescentes de diversão na terceira idade.

Os indivíduos — homens ou mulheres — que *tinham* conseguido preservar o espaço para a brincadeira na meia-idade apesar das pressões do trabalho e da família foram os que chegaram aos quase sessenta anos apresentando melhor saúde mental e atitude mais positiva com relação ao envelhecimento. Ainda conseguiam ter uma ampla variedade de atividades agradáveis e uma atitude de expectativa positiva quanto aos anos vindouros. Na verdade, suas vidas não tinham sido mais fáceis ou mais difíceis que as das outras pessoas: eles também tiveram seu quinhão de sofrimentos e aborrecimentos. A diferença era que eles tinham alimentado e desenvolvido a habilidade de brincar ao longo de suas vidas, e isso, por sua vez, os ajudou. Isto é verdadeiro também para indivíduos com setenta, oitenta e até noventa anos de idade: Paul Thompson, Catherine Itzin e Michele Abendstern entrevistaram 55 homens e mulheres a partir dos sessenta anos de idade para seu livro *I Don't Feel Old: The Experiences of Later Life* (*Não me sinto velho: as experiências da terceira idade*), e suas conclusões indicam o papel benéfico da brincadeira na fase da terceira idade:

> Descobrimos, num extremo, que um quarto dos indivíduos que nos descreveram suas vidas tinham muito poucos objetivos de lazer. Nenhum deles era feliz, e nesse grupo incluíam-se alguns dos mais descontentes. No outro extremo encontramos aqueles que tinham desenvolvido novas habilidades de lazer na terceira idade, tais como construir brinquedos, fazer arranjos de flores e aprender dança de salão: atividades que proporcionaram intenso prazer e um sentido para suas vidas.[25]

Parece, portanto, que o que determina a adaptação à velhice e a alegria de viver nessa fase da vida não é o total combinado de acontecimentos bons e ruins na vida do indivíduo, mas seu modo de ser, sua capacidade de aproveitar os recursos, sua adaptabilidade, sua capacidade para desenvolver várias atividades. As oportunidades de brincar e divertir-se de modo geral, não só adotadas na velhice, mas desenvolvidas e apreciadas ao longo da vida, asseguram realmente uma terceira idade gratificante.

A capacidade de brincar parece que literalmente nos ajuda a permanecer vivos. Ela é a corrente de vivacidade que nos conduz através de todas as transformações da vida: infância, maturidade, paternidade, luto, amor, saúde, prosperidade, doença e pobreza. Em sua palestra na conferência "Cinqüentonas", que marcou o Dia Internacional da Mulher em 1993, a jornalista Gillian Reynolds, de 57 anos, proclamou sabiamente: "Quando entramos na fase da terceira idade, devemos continuar o jogo da aventura."

Brincar bem

A necessidade de continuar brincando ao longo da vida é demonstrada com clareza na ligação entre o brincar e a boa saúde mental e física. Partindo de vários posicionamentos, as pesquisas mostram um vínculo claro entre o lazer de boa qualidade e o bem-estar psicológico. Leo Hendry e seus companheiros conduziram uma pesquisa no final da década de 1980 para examinar a ligação entre a saúde e as atividades de lazer numa amostra extensa de adolescentes escoceses. O estudo revelou que, quando as oportunidades de lazer real eram limitadas ou frustradas, a saúde psicológica sofria. Uma proporção significativa de mulheres jovens demonstrou maior probabilidade de sofrer de depressão vinculada à falta de tempo para lazer que os homens jovens. Dentre os indivíduos com saúde mental em pior estado encontravam-se mulheres jovens que se achavam "muito ocupadas fazendo trabalho doméstico para ter tempo de lazer".²⁶ Hendry e seus companheiros descobriram que a *quantidade* de lazer não era a única variável a determinar a saúde mental dessas pessoas; sua *atitude* frente ao seu próprio lazer também influenciava muito: os adolescentes com melhor saúde mental eram aqueles "que percebiam a capacidade de lazer como um meio de trazer sentido para suas vidas futuras".²⁷

Os excêntricos, que em geral são extremamente lúdicos na aparência e na conduta, têm uma probabilidade vinte vezes menor de fazer visitas ao médico do que as outras pessoas. O psicólogo clínico David Weeks empreendeu um estudo de mais de 1.000 excêntricos na Inglaterra e nos Estados Unidos e descobriu que a excentricidade está correlacionada à criatividade, à inteligência acima da média e à felicidade. Observou também que é comum aos excêntricos manter a qualidade da juventude à medida que ficam mais velhos e apreciar a saúde física e mental mais do que a média das pessoas. Sua explicação para os auspiciosos recordes de saúde dos integrantes desse grupo está no fato de serem menos preocupados em amoldar-se que o restante da população e, em conseqüência, sofrerem menos com o estresse e as ansiedades associadas ao conformismo. Weeks observa que, enquanto os indivíduos com personalidades neuróticas são geralmente mais sérios que o normal das pessoas e tendem a ser extremamente conformados, tornando-se vulneráveis à ansiedade e à depressão, os excêntricos divertem-se com seu não-conformismo e quase nunca sofrem de depressão. Em geral não são "loucos", por mais que tenham comportamentos incomuns; na verdade, Weeks encontrou alguma evidência de que os excêntricos podem ter taxas menores de traços psiquiátricos associados à esquizofrenia do que a população geral.²⁸

Weeks define o verdadeiro excêntrico como curioso, criativo, não-conformista, confiante nas suas opiniões e possuidor de um senso de humor bem desenvolvido. É essa combinação de qualidades que predispõe muitos excêntricos ao ludismo ou o que Weeks denomina o "fator de riso". Considerando as pressões sobre as mulheres para amoldarem-se às expectativas e necessidades dos outros, bem como suas dificuldades em encontrar espaço para seu *self* lúdico, é interessante Weeks ter constatado que, na Inglaterra, na maioria dos grupos de idade, a quantidade de homens excêntricos sobrepõe-se muito à de mulheres excêntricas. A quantidade de mulheres excêntricas só começa a crescer na terceira idade, após terem cumprido suas responsabilidades de família. As mulheres sem obstáculos financeiros, como as das classes sociais altas inglesas e as americanas ricas, ou as mulheres que cresceram em culturas que encorajam o pensamento livre demonstraram maior probabilidade de se tornar excêntricas mais cedo do que as outras mulheres.[29] Obviamente, os excêntricos ocupam um lugar especial no espectro dos tipos de personalidade humana. Não são muitas as pessoas que gostariam de passar a ser estranhas só para ter mais diversão em suas vidas, porém uma dose suave desse elixir poderia nos fazer algum bem. Como Weeks conclui: "Certos tipos de comportamento de desvio podem ser saudáveis e melhorar a qualidade de vida. A condição básica dos excêntricos é a liberdade; eles não querem saber do hábito sufocante da obediência. Numa era em que o ser humano parece cada vez mais prisioneiro de sua cultura e de seus genes, os excêntricos são um lembrete animador da singularidade intrínseca de cada indivíduo."[30]

Se o humor é um componente central do tônico de vida dos excêntricos, não deveríamos nos surpreender com mais exemplos dos possíveis benefícios à saúde do simples ato de rir. O Dr. Lee Berk, na Universidade de Loma Linda, na Califórnia, defende que "rir leva ao bem-estar do mesmo modo que o exercício físico e a alimentação correta".[31] O Dr. Berk demonstrou que rir aumenta o suprimento de citocinas do corpo, que são os hormônios do sistema imunológico, e insiste que "a disposição mental positiva e a felicidade têm efeitos benéficos na fisiologia". O riso, que tão freqüentemente acompanha a brincadeira, não é apenas um exercício físico eficaz (100 a 200 risadas por dia equivalem a 10 minutos de *jogging*, segundo o fisiólogo americano Dr. William Fry).[32] Ele ajuda as pessoas a relaxar, torna a respiração mais profunda, melhora a circulação e libera analgésicos naturais para o corpo. O sistema imunológico pode ser afetado negativamente pelo estresse e positivamente pelo riso. Alguns hospitais estão reconhecendo suas potencialidades benéficas e introduzindo a Terapia do Riso nos tratamentos que oferecem. No Hospital para Crianças Doentes da Great Ormond Street, em Londres, palhaços vão às salas para fazer rir os pacientes, um reflexo do reconhecimento do hospital do efeito terapêutico do riso. O *humorologista* Dr. Kiku e o *risologista* Dr. Leon pretendem induzir as crianças gravemente doentes ao riso como parte do programa formal de brincadeira do hospital. Na Suíça, "doutores palhaços" são considerados parte do tratamento na maioria dos hospitais infantis. Em Nova York há palhaços em oito dos hospitais da cidade. Um dos indivíduos excêntricos pesquisados no estudo do Dr. David Week é um médico interno no Instituto Gesundheit do condado de Pocahontas, na Virgínia Ocidental, onde se veste de palhaço para tratar as pessoas por acreditar no poder curativo do humor.

Adotar uma atitude lúdica na vida facilita ver o lado engraçado das situações de tensão; isto ajuda o indivíduo a melhorar sua visão dos acontecimentos e evita os efeitos nocivos do estresse na saúde mental e física. Com o reconhecimento da possibilidade de haver uma ligação casual entre a brincadeira e o bem-estar, médicos de Staffordshire, utilizando um sistema pioneiro criado pelo Conselho do Distrito de Lichfield, estão prescrevendo para seus pacientes uma dose de brincadeira para curar uma série de problemas que vão da hiperatividade à depressão. Em vez dos tradicionais tranqüilizantes ou tratamentos psicoterápicos, as famílias dos pacientes são orientadas a sair em passeios de dia inteiro a parques de diversões ou recebem entradas gratuitas para espetáculos e outros eventos locais.[33]

O trabalho lúdico também parece ter um efeito bastante positivo na saúde. Os artistas geralmente vivem até uma idade avançada. Isto pode estar relacionado com sua tendência a pensar e ver as coisas de maneiras não convencionais e com as oportunidades que o trabalho artístico oferece para a expressão criativa. Os cientistas, cujo trabalho tende a ser altamente criativo e divertido, têm uma expectativa de vida maior do que os não cientistas, segundo levantamento recente.[34] Konrad Lorenz, na década de 1970, afirmou que "todo o conhecimento científico (…) surgiu de atividades lúdicas desenvolvidas num campo livre inteiramente voltado para elas".[35] O físico americano Richard Feynman, em sua autobiografia, descreve como a descoberta que lhe renderia o prêmio Nobel surgiu de "brincar com um prato oscilante".[36] Corroborando essa associação entre brincadeira e criatividade no contexto do trabalho, David Weeks constatou que os excêntricos de sua amostra agrupavam-se em algumas ocupações, em particular na ciência e nas artes.

Por outro lado, a falta da brincadeira pode levar à falta de saúde. A falta de saúde não ocorre somente quando as necessidades físicas não são atendidas mas também quando as necessidades psicológicas e espirituais não são satisfeitas. A doença pode ser uma conseqüência de necessidades não respondidas ou uma manifestação dessas necessidades. Em vez de se permitir descansar, um indivíduo pode, inconscientemente, "escolher" ficar doente. Desta forma, a doença pode expressar o modo como nos sentimos: a dor nas costas pode ser uma maneira de dizer aos outros que estamos sobrecarregados; infecções do trato urinário podem servir para mostrar que estamos aborrecidos.[37] Não é incomum, por exemplo, pessoas arruinadas machucarem-se inadvertidamente. Machucados, cortes e até mesmo membros fraturados, no caso de pessoas que sofreram uma perda, podem expressar a sensação de não estar mais em controle de seu mundo, além de mostrar sua dor interior de uma maneira que outras pessoas podem facilmente reconhecer. "A doença é um meio de preencher necessidades que a pessoa não é capaz de satisfazer de outra forma. Essas necessidades podem ser de mais espaço ou tempo para si mesmo ou de liberação dos deveres, responsabilidades ou relacionamentos", escreve Helen Graham, autora de *The Magic Shop (A loja mágica)*, um estudo do significado simbólico da doença.[38]

Enquanto a doença pode ser uma manifestação de necessidades não satisfeitas e de emoções reprimidas, a brincadeira tem ligação com o reconhecimento do *self* e a valorização das necessidades individuais.[39] Ao permitir uma via de acesso entre o consciente e inconsciente, a brincadeira torna-se um fator importante de boa saúde. Muitas técnicas utilizadas em tratamentos alternativos, como relaxamento, meditação, fantasia orientada e visualização são, na realidade, formas de brincadeira imaginativa que nos permitem acessar o nosso inconsciente.

Deparei recentemente com um relatório sobre uma comunidade africana que se transformou através da brincadeira. Ao chegaram ao vilarejo, os agentes de desenvolvimento comunitário perceberam que o moral estava muito baixo. Os moradores tinham vários problemas de saúde (diversos tipos de vermes, malária, esquistossomose), nenhuma clínica e absolutamente nenhuma escola. Contudo, quando questionados sobre o que sentiam que precisavam, insistiram que sua prioridade máxima era fazer um campo de futebol. Um dos agentes espantou-se com a resposta, mas o oficial de desenvolvimento comunitário encorajou o grupo a ir adiante. Os moradores fizeram seu campo de futebol, começaram a reunir-se para jogar, organizaram um time e entraram em competições com outras vilas. "O campo de futebol foi o ponto de mutação na vida do vilarejo", disse a agente comunitária Anne Hope. "Eles adquiriram autoconfiança, uma estrutura de comunicação entre as pessoas e a sensação de serem capazes de mudar as coisas. Mais tarde, iniciaram vários outros projetos 'mais importantes'. Mas seriam estes mais importantes mesmo? Será que sua intuição da necessidade de alguma coisa que pudesse proporcionar-lhes a sensação de comunidade e sua confiança em conseguir alcançar seus objetivos não eram muito mais importantes do que uma prioridade de um estranho que achava que o que eles precisavam era de uma clínica?"[40]

Não é preciso ir tão longe como o Zimbábue para encontrar evidências desse tipo de transformação na auto-estima de um indivíduo ou grupo como resultado da brincadeira. Cath Lloyd, assistente social, trabalha com jovens carentes em Oxford. Ela e seus colegas utilizam a brincadeira como uma forma importante de elevar o moral. "Levamos os jovens para soltar pipa nos montes Brill ou para patinar. As oportunidades de brincar são um aspecto essencial de nosso trabalho com essas crianças. Ajuda-os a pensar de uma maneira positiva e criativa sobre o tipo de vida que pretendem levar."

Aprendendo a brincar, aprendendo a viver

Quando pensamos em brincadeira, as imagens que nos surgem à mente tendem a ser de *crianças* brincando. Para muitos de nós, a brincadeira está inextricavelmente vinculada ao mundo despreocupado da infância, enquanto a importância da brincadeira na fase adulta é negligenciada. Um importante sociólogo britânico, Anthony Giddens, escreveu sobre "a importância mais limitada da brincadeira na fase adulta", aparentemente sem ter refletido se, na verdade, a brincadeira nessa fase tem ou não uma importância mais limitada.[41] Nesta afirmação, Giddens subentende que uma diminuição da brincadeira é aceitável e concomitante ao crescimento. Ainda assim, ele escreve no mesmo artigo, mais adiante, que a brincadeira "tem funções importantes na transmissão da cultura e no desenvolvimento da personalidade". Giddens não esclarece, todavia, que essas "funções importantes" são justamente tão necessárias aos setenta como aos sete anos de idade. Essa crença errada de que a brincadeira pertence à infância tem raízes na suposição de muitos de que a fase adulta é um ponto fixo, alcançado num momento claramente definido e após o qual toda aprendizagem, experimentação, desenvolvimento e autodescoberta são redundantes: a maturação está completa. Na realidade, o processo de crescimento é um empreendimento que dura a vida inteira. Ao longo de nossas vidas, estamos constantemente encontrando novas situações que demandam novas habilidades. Como as crianças, os adultos enfrentam melhor os desafios da vida quando têm oportunidades adequadas para desenvolver-se através da brincadeira. Com a idade, podemos ter menos tempo para brincar, mas não menos necessidade.

No filme *Capitão Gancho* de Steven Spielberg, a eterna criança Peter Pan cresceu. É um executivo assoberbado de trabalho que vive com seu telefone celular e não tem tempo ou inclinação para brincar. No início do filme, Peter Pan e sua família estão de viagem para a Inglaterra para passar o Natal (é significativo que Peter Pan, ao crescer, tenha esquecido de como voar e desenvolvido um medo terrível de voar). Tão logo chegam a Londres, seus filhos são seqüestrados pelo capitão Gancho e levados para a Terra do Nunca. Para vencer seu velho inimigo e salvar seus filhos, Peter Pan precisa reaprender a brincar. Só poderá chegar à Terra do Nunca quando lembrar de sua infância esquecida. Ele precisa encontrar a criança lúdica num *self* adulto e reaprender, literal e metaforicamente, como voar. O ponto de mutação do filme é quando Peter Pan entra numa tremenda luta de mentira com os Meninos Perdidos: de repente, suas inibições adultas caem por terra e ele está brincando outra vez; daquele momento em diante, a platéia sabe que aproveitará a vida. O filme de Spielberg é um divertimento familiar com uma mensagem séria: a brincadeira não é apenas um aspecto natural da infância, algo que vem às crianças facilmente, ela é também necessária na fase adulta, e sem ela não podemos enfrentar os desafios da vida.

O seriado popular de televisão *A feiticeira*, transmitido pela primeira vez nos Estados Unidos em 1964, um dos maiores sucessos da rede ABC de TV nos oito anos seguintes, oferecia uma mensagem semelhante. A heroína do seriado, Samantha, é uma dona-de-casa americana como qualquer outra, exceto por um detalhe: ela é uma feiticeira. As tarefas domésticas são efetuadas com uma mexidinha especial do nariz, deixando Samantha livre para se divertir. No livro *Where the Girls Are* (*Aonde as garotas estão*), Susan Douglas explica o sucesso da série com base no modelo de papel que oferece: Samantha era uma esposa e mãe dedicada cujo poder e influência estendiam-se muito além da cozinha. Tratava-se de uma personagem com quem as donas-de-casa americanas podiam identificar-se na realidade e na fantasia: era submissa e obsequiosa, mas também subversiva e cheia de aspirações. Como Douglas define, "O programa tocava a juventude feminina, proporcionando e procurando harmonizar imagens de igualdade feminina... e de subordinação feminina".⁴² Mas o programa atraía também por seu espírito incrivelmente brincalhão e por confirmar e aprovar esse espírito como um aspecto importante da vida adulta. Samantha usava com freqüência suas habilidades mágicas para afastar problemas de outras pessoas, evitar perigos ou desastres, restabelecer a felicidade e a harmonia. Num dos episódios, ela expôs um político desonesto, em outro salvou seu marido da desonra profissional. É incrível como o trabalho doméstico toma relativamente pouco tempo, pois sua maior parte é feita (e não é só "como se fosse") por mágica.

Oportunidades regulares de diversão são tão importantes na fase adulta quanto na infância. A brincadeira cria uma sensação de equilíbrio na vida e ajuda-nos a manter as coisas em perspectiva; ela "evita levarmos a vida por demais a sério e ajuda-nos a aproveitar seus absurdos".⁴³ Longe de diminuir com a idade, nossa necessidade de brincar parece *crescer* à medida que envelhecemos. A brincadeira suaviza a transição para a terceira idade, em geral desconfortável, e ajuda as pessoas mais idosas a manter uma sensação de sentido e alegria em suas vidas, apesar dos inevitáveis desconfortos e dificuldades que surgem com a idade. Nessa fase, precisamos ser mais capazes, não menos, de brincar no jogo da vida.

Num *workshop* organizado por uma instituição inglesa de caridade infantil para seus administradores, pediu-se aos participantes que analisassem a função da brincadeira na educação pré-escolar. Muitos dos presentes acharam que a brincadeira era um meio de treinar para a vida adulta, um ensaio para a vida real. Os dirigentes do *workshop* levantaram a questão das crianças severamente incapacitadas com uma expectativa de vida de pouca probabilidade de atingir a vida adulta. Essas crianças não teriam necessidade de brincar, ou teriam um direito especial a isto? Essa linha de questionamento deixou vários participantes do grupo indecisos por desafiar suas crenças sobre o papel da brincadeira. Em vez de considerar a brincadeira como uma ferramenta preparatória, começaram a perceber que ela poderia ter um papel vital no sentido de valorizar e melhorar a existência do indivíduo no presente. As implicações dessa percepção para os adultos e crianças são importantes. Um membro do grupo comentou depois: "Pude perceber como os adultos enfatizam o *fazer*. Mas nós somos *seres* humanos, não *fazeres* humanos, e precisamos de instrumentos que valorizem este aspecto do nosso eu."⁴⁴

Por que as mulheres precisam brincar

Quando brincamos, saímos dos fatos relativos dos nossos afazeres e celebramos o fato absoluto do nosso ser. Por isso, a brincadeira tem benefícios para ambos os sexos, e ninguém pode prescindir dela ao longo da vida. Ao nos aproximarmos do fim do século XX, porém, parece que as mulheres têm uma necessidade específica dos benefícios da brincadeira. Um dos indícios mais claros dessa necessidade é o registro de saúde mental das mulheres na sociedade contemporânea, de modo geral não muito bom. As mulheres vão ao médico com mais freqüência que os homens, recebem mais receitas de remédios, consomem mais tranqüilizantes e mais antidepressivos. Em geral, as mulheres estão menos satisfeitas consigo mesmas do que os homens e sentem-se com menos controle sobre suas vidas.[45] Essas diferenças entre a saúde mental dos homens e das mulheres explicam-se, em parte, pelas normas e expectativas sociais. Parece ser mais aceitável para as mulheres reconhecer seus sintomas de saúde fraca e informar sobre seu estado de depressão. Entretanto, com o cálculo de quase 80% das 5,6 milhões de receitas de remédios aviadas para antidepressivos no Reino Unido em 1995 serem destinadas a mulheres, seria surpreendente se as normas sociais fossem a única explicação para o problema. Além disso, ao examinarmos mais de perto os tipos de doença de que as mulheres tipicamente sofrem, verificamos uma relação com sua ausência de diversão.

Nos idos de 1943, um grupo de pesquisadores desenvolveu um estudo sobre o efeito da frustração sistemática do desejo de brincar nas crianças.[46] As 30 crianças nesse experimento tinham idade de 25 a 61 meses. Foram-lhes apresentados vários brinquedos atraentes cujo acesso tinha sido previamente permitido mas, depois que foram retirados de seu alcance. Os resultados do experimento foram impressionantes: 22 das 30 regrediram em conseqüência da frustração e foram menos construtivos na brincadeira subseqüente.

Poder-se-ia dizer que os adultos não experimentam sentimentos semelhantes de frustração quando privados da brincadeira? A mulher que constantemente vê seus filhos e seu companheiro brincarem sem ela própria nunca poder fazê-lo, devido a uma série de empecilhos sociais e práticos, pode ter uma reação de fúria quando o marido volta tarde para casa após um jogo de *squash* ou um drinque com os amigos. Sua raiva pode ser um protesto ao direito fácil do marido de se divertir e também uma demonstração de comportamento regressivo causado pelo dia atarefado que passou e que não lhe permitiu nenhum momento equivalente de diversão. Sua raiva pode ser interpretada como inveja ou ressentimento acoplado a uma sensação profunda de injustiça — "Como ele ousa brincar enquanto eu trabalho?", "Como ele ousa preferir a companhia deles à minha?", "Como ele ousa sair enquanto estou presa em casa?"

Quando os sentimentos de frustração são sistematicamente reprimidos, o resultado costuma ser a depressão. Não é por acaso que a depressão nas mulheres seja um problema considerável na sociedade contemporânea.[47] Estima-se que uma em cinco mulheres jovens ficam deprimidas em algum período da vida e que 10% pensam em suicídio. Quase 600 pessoas abaixo de 25 anos cometeram suicídio em 1990, e chegam a 50 vezes esse número as tentativas de suicídio. Apesar de 80% dos suicídios levados a termo tenham sido de homens jovens, 80% das *tentativas* de suicídio foram de mulheres jovens. Como se esta não fosse uma estatística suficientemente sombria, há também evidências que sugerem que as mulheres tornam-se menos felizes quando envelhecem, pioram e depois melhoram, sendo que as mulheres na idade de 30-40 anos parecem ter a saúde mental em pior estado.[48]

Como vimos, é muito mais provável a mulher ser tratada de depressão que o homem. Formas mais severas de depressão aparecem igualmente nos dois sexos, mas a mulher parece mais vulnerável à depressão suave ou moderada que o homem. A depressão severa tem mais probabilidade de ter origem biológica (isto é, de ser ligada a fatores genéticos e químicos) e a depressão suave a moderada tem mais probabilidade de ter origem psicológica (em outras palavras, ela tende a ser vinculada a eventos externos que são estressantes e que por isso aumentam a vulnerabilidade à depressão).[49] Isto, por sua vez, indica que uma proporção significativa de mulheres são deprimidas em função de fatores externos. O casamento ou a coabitação, por exemplo, aumenta a susceptibilidade da mulher à depressão. Além de ser provável que a mulher casada se deprima mais do que a mulher solteira, ela também apresenta sempre uma saúde mental pior que a do homem casado, um fato geralmente explicado pela probabilidade de a mulher casada ter filhos pequenos, o que tende a ser estressante e um fator de isolamento social. Em situação de maior risco de saúde mental precária encontra-se a mulher da classe trabalhadora que tem crianças pequenas, não trabalha fora de casa e tem um parceiro que não lhe dá apoio. Em geral, a dona-de-casa de todas as classes sociais que não trabalha tende a ter saúde mental em pior estado e a apresentar mais sintomas de estresse e depressão que a mulher casada que trabalha ou a mulher solteira, em parte devido à natureza não gratificante do trabalho doméstico em si, mas também devido à falta de reconhecimento que esse tipo de trabalho recebe e ao isolamento social que geralmente o acompanha.[50] A depressão, portanto, é uma forma de doença à qual a mulher parece particularmente propensa e que parece estar intimamente ligada às circunstâncias sociais nas quais ela comumente se encontra e aos papéis sociais que se espera que preencha, sendo que esses dois fatores a privam da diversão ou brincadeira.

Se a privação da brincadeira resulta em trauma psicológico, como demonstrou o experimento com as crianças de creche anos atrás, muitos dos sintomas de trauma psicológico tão comuns na mulher podem ter algumas raízes na ausência da brincadeira e, mais ainda, nas oportunidades restritas de desenvolver seu espírito lúdico. Sintomas como depressão, insônia, ansiedade, dores de cabeça, letargia e baixa auto-estima podem ser manifestações de privação da brincadeira. Isto não tira a extrema relevância para o bem-estar feminino de fatores como recursos financeiros, saúde física, vínculos sociais e apoio emocional, mas sugere que talvez tenhamos negligenciado inteiramente um fator igualmente importante.

É quase certo que a falta de brincadeira seja um fator de trauma psicológico. É impossível provar porque ninguém jamais pensou em estudar esses vínculos diretamente, portanto não há evidência empírica que suporte a afirmativa. Mas quando observamos a evidência indireta atentos à importância da brincadeira, a ligação entre a sua falta e a falta de saúde salta aos olhos. Essa ligação funciona de duas maneiras: primeiro, a falta de brincadeira aumenta a vulnerabilidade da mulher ao estresse que, por sua vez, aumenta seu risco de sofrer de depressão, ansiedade e outros sintomas de distúrbio psicológico. Um exemplo deste ciclo é Joanne, uma mãe solteira na casa dos vinte anos, que trabalha como secretária num jornal regional. Ela vivia muito pressionada pelo tempo, dinheiro ou energia para divertir-se, desgastada pelo trabalho exaustivo de cuidar de seu filho pequeno tendo que manter seu emprego e pagar as contas. "Minha visão da vida era tudo menos lúdica", diz ela. "Nunca tinha tempo de folga. Eu vivia tensa o tempo todo. Sam estava constantemente doente. Eu não podia ficar tirando folgas no trabalho, mas a creche não ficava com ele e só havia eu." A falta de brincadeira na vida de Joanne significava que ela nunca tinha qualquer chance de recarregar suas baterias.

Seriamente estressada, quase não foi capaz de resistir quando sua mãe faleceu. "Eu não tinha nada ou ninguém em quem me apoiar. Sem realmente perceber na ocasião, fiquei muito deprimida e, com o tempo, simplesmente desmoronei." O colapso de Joanne acabou sendo sua salvação. Uma amiga a persuadiu a ir a um médico; ele recomendou um mês de licença do trabalho e, além de receitar antidepressivos, encorajou-a a entrar para uma terapia de grupo. A pausa do trabalho combinada à participação no grupo proporcionou-lhe a oportunidade de repensar toda a sua atitude perante a vida. "Eu não podia produzir um companheiro por mágica ou fazer Sam parar de ficar doente, mas percebi que era possível ter uma abordagem diferente das coisas, começar a me valorizar um pouco mais." Na prática, essa abordagem significou permitir-se sair à noite uma vez a cada quinze dias para nadar ou ir ao cinema; não trabalhar na hora do intervalo do almoço e sair para caminhar, ler um livro ou encontrar um amigo. "Aos poucos, passei a introduzir um pouco de diversão em minha vida. Comecei a dar valor a isto em vez de só pensar 'Sou uma mãe solteira, que direito tenho eu de me divertir?' Atualmente eu realmente me divirto. Nada mais é que uma atitude. A diversão não paga o aluguel, infelizmente, mas ajuda-me a conviver com o fato de ter de pagá-lo."

A falta de brincadeira também pode levar à doença de uma forma mais direta. Com as oportunidades reduzidas de expressar frustrações, de ser criativa, de gastar a energia física e tudo o mais, a falta de brincadeira pode causar trauma psicológico em vez de apenas tornar a pessoa mais vulnerável a esse trauma. A introdução de oportunidades para brincar, por sua vez, pode aumentar a resistência à doença física e psicológica. Duas semanas após dar à luz seu segundo filho, Fran iniciou um curso de pintura em vidro. "Não era razoável nem prático, e todos acharam que eu estava louca", disse ela, "mas foi o que me manteve sã. Pude ser criativa e me envolver com uma coisa diferente num período em que a vida estava me oprimindo completamente. Todas as semanas eu pensava, 'Oh, Deus, como poderei sair esta noite?' Mas eu ia e voltava completamente revitalizada. Não estou fazendo piada, aquele curso foi responsável pela minha sanidade."

Os fatores externos levam à falta de diversão; a falta de diversão leva à depressão; a depressão inibe a capacidade de brincar; a incapacidade de brincar torna a pessoa mais vulnerável aos fatores externos que inibem a brincadeira. O problema transforma-se num círculo vicioso.

Contudo, assim como os sintomas do trauma psicológico podem ser causados pela falta de brincadeira, eles também podem ser curados através da brincadeira. Os números são encorajadores porque indicam que as mulheres querem brincar. Elas querem encontrar meios de expressar e realizar aspectos de si mesmas que não tenham relação com o fato de serem filhas, parceiras, esposas ou mães. Uma pesquisa recente descobriu que quase metade das mulheres entrevistadas queria destinar mais tempo a elas mesmas. Constatou-se que 23% das mães queriam passar menos tempo em casa com suas famílias. Este número foi 32% mais elevado entre as mães que não trabalham do mesmo grupo de amostra.[51] Em suma, a mulher está despertando para sua necessidade de brincar.

O psicanalista Erik Erikson desenvolveu a teoria freudiana de que a psicologia reflete a fisiologia. Durante os idos da década de 1930, Erikson conduziu seu estudo clássico de crianças pré-adolescentes em atividades de brincadeira e observou que, ao receberem um grupo de brinquedos, as meninas tendiam a fazer cenários cercados, enquanto que os meninos tendiam a construir torres. Num trabalho posterior, Erikson ampliou a idéia de que a topografia do corpo fica gravada na mente, afirmando que a psique feminina envolve a sensação de um "espaço interior" que reflete o espaço interior fisiológico do útero. Isto levou Erikson a rejeitar o conceito freudiano de "inveja do pênis" e defender, inversamente, que é o homem quem experimenta a falta do útero. Erikson viu o "espaço interior" como uma fonte de força e escreveu que "na experiência feminina, um 'espaço interior' está no centro até mesmo do desespero, como está no centro do potencial de realização pessoal".[52] Implícita nas palavras de Erikson está a sugestão de que nos realizamos preenchendo nosso espaço interior com uma nova vida, o embrião crescendo, mas talvez possamos igualmente chegar a esse preenchimento não só pela criação de um outro *self*, mas pela recriação do nosso próprio, o *self* lúdico, localizando-o bem no âmago do nosso ser. Através da brincadeira, podemos começar a preencher o espaço interior com algo mais que a frustração, insatisfação e desespero de tantas mulheres hoje em dia.

Parece estar claro não ser possível negar o *self* lúdico sem danificar outros aspectos do nosso *self* durante o processo. Acima de tudo, as mulheres, cujo tempo é tomado pelo trabalho e cuja energia é absorvida pelas necessidades dos outros, não deveriam ter dúvidas quanto a estar no caminho certo quando começam a valorizar a brincadeira. Elas tendem a desabrochar quando trazem a brincadeira de volta às suas vidas; como os excêntricos do estudo de David Weeks, quando ousam viver de uma forma lúdica.

4
Um breve histórico da brincadeira

"A brincadeira é mais antiga e mais primitiva que a civilização."
(Johan Huizinga, *Homo Ludens*)

A brincadeira nem sempre foi considerada a prima pobre do trabalho, como é a tendência atual. Na realidade, este é um fenômeno bastante recente. Um exame das raízes históricas de nossa obsessão pelo trabalho revela como a supervalorização do trabalho, de um lado, e a desvalorização da brincadeira, de outro, aconteceram de uma forma gradativa.

A brincadeira não é uma entidade fixa na cultura; ao contrário, nosso entendimento de brincadeira modificou-se através da história, refletindo as preocupações prevalecentes em cada era. Em alguns períodos a brincadeira foi respeitada, em outros, menosprezada. Como a literatura sobre os temas mulher e brincadeira é relativamente precária, não é possível precisar o *status* da brincadeira quatrocentos anos atrás, que dirá mil anos antes. Não podemos saber ao certo como a diversão da mulher encontrou expressão nos séculos VIII, XII ou XIV. Grande parte das evidências sobre a vida da mulher chegaram até nós sob a forma de biografias pessoais, cartas, poemas e, mais recentemente, romances. Trata-se de um tipo de comprovação já filtrada pela instrução, sendo que quem sabia ler e escrever não constituía uma amostra representativa da população feminina, pois, até o século XIX, o analfabetismo era a norma para a grande maioria. Restos arqueológicos auxiliaram os historiadores na reconstrução da vida da mulher comum. Nos últimos trinta anos, tem-se procurado corrigir a tendência masculina na reconstituição da história. Um passo inicial significativo foi a inclusão da vida das mulheres na reconstituição do passado. Pelo que conhecemos da história, podemos tecer algumas deduções a respeito de como a brincadeira fez parte da vida em diferentes momentos do passado. Como resultado do trabalho de historiadores recentes, podemos também tirar certas conclusões sobre a brincadeira das mulheres. É muito provável que as mulheres *sempre* tenham tido menos oportunidades de brincar que os homens. Com toda certeza, a vida antes da penicilina, da refrigeração e da eletricidade deve ter sido "desagradável, cruel e curta" para a maioria. Contudo, apesar de todo o sofrimento, pobreza e doença, em certos momentos do passado a sociedade parece ter sido mais receptiva ao conceito de brincar do que hoje em dia, o que deve ter beneficiado a todos. Apesar do conhecimento que hoje temos de seus muitos efeitos positivos, a brincadeira deixou de ser um pressuposto em nossas vidas como o era para quem viveu na Idade Média, na Renascença, ou no Iluminismo. A partir de meados do século XVIII, quando a nação inglesa se industrializou, o mesmo acontecendo com os indivíduos que a integravam, o espírito da brincadeira passou a sofrer ataque constante do espírito do capitalismo.

Todas as grandes civilizações do mundo colocaram a brincadeira num pedestal, reconhecendo seu valor cultural; ela tem uma posição central nos ritos religiosos, na arte e na literatura e, até mesmo, nas complexas regras e estratagemas da arte de guerra. No *Mahabharata*, o poema épico indiano que data do século VI a.C., a concepção do mundo tem a forma de um jogo de dados, sendo as estações representadas por jogadores, e a ação principal gira em torno de um jogo. Os egípcios antigos revelaram seu espírito lúdico visual na pintura dos tetos de suas tumbas com vinhas de uvas saborosas e pássaros canoros; seu gosto pela ornamentação sobrevive na forma de jóias da mais rara beleza. Eles nos legaram também a Esfinge, o enigma supremo e símbolo perene do poder da palavra brincadeira.

Na Grécia antiga, a brincadeira alcançou seu apogeu nas formas artísticas do teatro, da dança, da pintura e da filosofia. Nas palavras de Homero, Platão, Aristóteles e Eurípides, encontramos o melhor do teatro criativo. O filósofo grego Platão é responsável por algumas das análises mais precisas da brincadeira na história da literatura ocidental, e seus pensamentos sobre a matéria ainda hoje têm muita ressonância. No século IV a.C., Platão descreveu o ser humano como "os brinquedos de Deus" (*paignion*) e afirmou que, além de isto ser "o que há de mais precioso" a nosso respeito, "todos nós, homens e mulheres, deveríamos assumir esse papel e passar nossas vidas representando este que é o mais nobre dos papéis".[1] Por viver a vida como uma representação, em sua obra *A república* Platão afirma que podemos nos elevar acima das frustrações, limitações e restrições da condição humana; podemos ajustar-nos aos propósitos divinos e, com isso, aspirar aos aspectos divinos de nossa própria natureza.[2] Em outra de suas obras, Platão dá a entender que os aspectos contrastantes da atividade humana — lazer e trabalho, paz e guerra — são ligados entre si, de maneira articulada, através da brincadeira.[3]

Na Roma antiga, a vida dos romanos livres girava em torno de oportunidades de brincar, incorporadas nas estruturas arquitetônicas do Fórum, dos banhos e do anfiteatro. A civilização romana oferece-nos o grande espetáculo da brincadeira física, os *ludi*, ou Jogos, assim como a brincadeira literária de poetas como Ovídio e Catulo. Numa carta poética escrita no exílio para o imperador Augusto, Ovídio descreveu Catulo como "lascivo", um termo que pode significar "sensual, libidinoso, lúbrico, desregrado" ou, simplesmente, "brincalhão, travesso". Uma nova tradução da poesia de Catulo feita em 1990 foi elogiada numa resenha por recriar com êxito, dentre outras coisas, "a habilidade, a exaltação lírica, o espírito lúdico" do original.[4] Não que esse espírito lúdico tenha sempre sido apreciado: a obra *Art of love* (*Arte de amar*), de Ovídio, que consiste num tratamento sábio e de um ludismo perfeitamente adequado ao jogo do amor, teve um fim nada lúdico: fez com que suas obras fossem retiradas das bibliotecas públicas de Roma e foi, segundo o próprio poeta, uma das razões de seu banimento pelo imperador Augusto no ano VIII a.C.

Igualmente para romanos e gregos, havia acima de tudo o Olimpo, onde os deuses e as deusas que controlavam o destino e a sorte dos homens ficavam, eles próprios, sempre brincando. Na *Ilíada*, Homero descreve como os deuses festejavam e riam, num estado de "frivolidade sublime", enquanto a humanidade brigava e lutava. *A metamorfose*, de Ovídio, é um monumento poético à diversão espontânea e incontida dos deuses, cujas excentricidades têm conseqüências desastrosas para os mortais com quem freqüentemente se divertem. Na *Odisséia*, a deusa Atena, que protege e orienta Ulisses, é descrita como brincalhona em várias passagens, e existe algo claramente jocoso com relação à sinuosa jornada de nosso herói em direção ao lar, com seus muitos reveses, quase perdas e venturosas paradas para descanso. Atena é contrabalançada pela distinta seriedade da virtuosa Penélope, esposa de Ulisses, que tece uma tapeçaria enquanto imagina quando verá seu marido outra vez. Mas até mesmo no conto de Penélope há um elemento travesso: ela avisa aos seus vários pretendentes que desposará um deles quando terminar a tapeçaria, mas passa todas as noites desfazendo os pontos que teceu durante o dia. Quando Ulisses finalmente chega em casa, ela se disfarça, e é impossível não perceber que tira pleno proveito da experiência, divertindo-se a mais não poder, caçoando dele até que, num certo momento, revela sua verdadeira identidade.

Não devemos exagerar o grau de brincadeira que a vida permitiu ao homem comum na antigüidade. Para todos aqueles que não integravam a elite, que é a origem da maior parte de nossas evidências, a vida há de ter consistido em trabalho intenso e árduo. Em geral, a mulher era cidadã de segunda classe qualquer que fosse sua posição no espectro social. No início da antigüidade, esperava-se que as mulheres, da realeza ou escravas, costurassem roupas, fiassem, tecessem, cuidassem da roupa suja, lavassem e ungissem os homens.[5] Suas tarefas podiam incluir ainda triturar milho, cuidar da colheita e buscar água. Aparentemente, no século VII a.C. as mulheres espartanas tiveram uma liberdade sexual e social maior do que era usual devido às ausências prolongadas dos homens em luta externa.[6] Com os violentos acidentes na arte da guerra, o papel de dar à luz uma criança era muito valorizado. Para sua preparação, as jovens cidadãs espartanas eram encorajadas a desenvolver uma boa forma física e tinham aulas de ginástica e música, além das habilidades femininas tradicionais.[7] Sabe-se, por reminiscências dos escritos de Safo e outros, que, no início da antigüidade, as mulheres escreviam poesia, compunham canções, cantavam e tocavam. Até o início do século V, na sua grande maioria as mulheres atenienses passavam a maior parte de seu tempo e sua vida reclusas em casa, com as crianças e os escravos.[8] As mulheres mais pobres eram as únicas a sair para trabalhar, e as oportunidades para brincar eram muito provavelmente reduzidas pelas condições sombrias e sem saneamento da maioria dos quarteirões de moradia, bem como pelas limitadas oportunidades que tinham de encontrar-se umas com as outras. No aspecto mais positivo, os rituais e cerimônias religiosas, de suma importância na cultura grega, forneciam às mulheres oportunidades de dançar, cantar e tocar instrumentos. Uma xícara que data de um período em torno de 490 a.C. retrata um ritual dionisíaco no qual um círculo giratório de mulheres dança com muita energia e evidente prazer.[9] Muitos rituais públicos envolvem papéis importantes para meninas e mulheres, sendo que em alguns festivais, tais como a Adonia, eles eram exclusivamente femininos.[10] Para as mulheres romanas ricas do século II a.C., cantar, dançar, tocar instrumentos musicais e escrever poesias, bem como o envolvimento na política e outras formas de vida pública, eram atividades aceitáveis e até desejáveis.[11]

Apesar das restrições às atividades femininas — e havia muitas — essas grandes civilizações forneceram à cultura européia um modelo no qual a brincadeira sem dúvida tinha um papel importante e uma herança da qual muitos se beneficiaram durante vários séculos. Algumas avaliações da Idade Média a descrevem como um período de um ludismo exuberante. Foi a era das pragas e da caça às bruxas, mas também dos torneios e das representações teatrais, dos trovadores, dos bobos da corte e da defesa do amor idealizado embora ilícito; uma era de extraordinária vitalidade terrena, mas também de ideais de honra, de bravura e de fé. Os escritos de Boccaccio e Chaucer abrem uma janela para um mundo cruel, em muitos aspectos, mas que parece ter sido também, como diz o historiador Johan Huizinga em sua famosa frase, "absolutamente repleto de brincadeira". No *Decamerão*, (c. 1351) de Boccaccio, dez jovens nobres dos sexos masculino e feminino fogem da praga em Florença e refugiam-se no interior, onde se divertem contando-se histórias uns aos outros, cada dia um conta uma história. Muitos dos cem contos que se sucedem são de natureza obscena e quase todos têm uma rica veia cômica. Os *Contos de Canterbury*, de Chaucer (c. 1387), são igualmente rocambolescos, com a melodia dos passarinhos no topo das árvores no Prólogo, e Harry Bailly, um jovial hospedeiro dos peregrinos, e as personagens irreprimíveis que personificam os contos. Essas duas obras retratam as mulheres como participantes do jogo da vida, realizadas, narrando histórias das brincadeiras de outras pessoas, e elas próprias capazes de brincar. Talvez o exemplo mais famoso seja a Esposa de Bath, de Chaucer, mas certamente não é o único.

As mulheres participavam das celebrações dos casamentos, nascimentos e batismos. Trabalhavam nos campos e é muito provável que bebessem nas cervejarias. Mulheres finas podiam visitar-se umas às outras, cantar, dançar, assistir a representações teatrais e ir a feiras de amostras. Ilustrações da época representam mulheres brincando de cabra-cega e jogando xadrez, bem como divertindo-se com os jogos de amor característicos da vida elegante medieval. Esperava-se das mulheres aristocráticas que patrocinassem artistas e escritores, o que lhes outorgava a entrada num mundo cultural e intelectual estimulante. Matilda, esposa de Henrique I (1100-1135), desempenhou seu papel de patronesse com entusiasmo e firmeza, causando no marido certa ansiedade por sua generosidade financeira. Eleanor de

Aquitânia e a rainha Ana exerceram, ambas, considerável influência sobre o gosto artístico de sua época.[12] Até mesmo as mulheres que faziam votos religiosos não abandonavam necessariamente todas as oportunidades de brincar e divertir-se. A vida monástica, em muitos casos, libertava a mulher do fardo e do medo da responsabilidade constante de dar à luz e criar filhos e permitia-lhes dedicar tempo à leitura, escrita, composição e arte. A vida monástica também não era sinônimo de solidão, já que amizades íntimas podiam florescer dentro dos muros de uma ordem religiosa. Na vida medieval, onde era menos provável, havia um espírito de muita diversão e brincadeira: nas histórias das questões religiosas, nas margens de manuscritos sagrados, nas criaturas esculpidas em pedra nos vãos das portas e nos tetos das igrejas.

O Renascimento também forneceu momentos abundantes de diversão. Huizinga defende que "a atitude mental do Renascimento foi toda lúdica",[13] e podemos ver sua manifestação na riqueza de sua produção artística e na prosperidade da atividade comercial e empresarial desse período. As Américas estavam sendo exploradas e colonizadas. A música florescia sob patrocínio da realeza. Leonardo da Vinci e Miguel Ângelo produziam obras-primas plásticas, Shakespeare e John Donne, literárias. Neste rico clima cultural, as mulheres também podiam deleitar-se na expressão artística. Algumas mulheres produziram obras plásticas e literárias de grande qualidade nesse período: a escritora e cortesã francesa Christine de Pizan (1365-1430); Marguerite de Navarro (1402-1549), que escreveu poemas de amor, versos religiosos e a coleção de contos *Heptameron*; Francesca Caccini (1587-1640), cantora e compositora da corte de Médici; a pintora de retratos de origem italiana Sofinisba Anguissola (1527-1625); e Luisa Roldan (1656-1704), escultora da corte do rei Carlos II. Quem não pintava ou escrevia, ainda assim integrava a platéia que se aprazia com as artes visuais e teatrais.[14] Fora da sociedade de elite, as mulheres comuns participavam de feiras e festivais locais que aconteciam em todo o país.

O negócio é brincar

Na fase anterior à industrialização, a vida certamente tinha suas dificuldades, e a idéia da Merrie England é obviamente pouco mais que um mito. Contudo, a diversão — não importa em que consistisse, onde acontecesse e quem a protagonizasse — não parece ter sido considerada inferior ao trabalho como é atualmente. Não havia necessariamente mais oportunidades para divertimento do que existem hoje em dia. Muitas vezes as horas de trabalho eram longas e as condições de trabalho árduas, mas o valor do brincar não era questionado. Quando as oportunidades realmente surgiam, as pessoas agarravam-nas e aproveitavam-nas da melhor maneira possível.

Até o fim do século XVIII, a maioria das pessoas na Europa dependia da terra para sobreviver. Conseqüentemente, para a maior parte dos indivíduos, o ano era programado segundo as estações que determinavam as atividades agrícolas que aconteceriam em cada lugar. Havia um forte elo entre as atividades agrícolas e as celebrações locais: o início da estação do nascimento dos carneiros, a tosquia das ovelhas, a colheita, todas eram ocasiões para festividades, independentemente da idade ou classe social. O calendário religioso também fornecia oportunidades regulares ao longo do ano para uma série de celebrações locais e regionais, como havia no mundo romano. O Natal, a Noite de Reis e a Quarta-Feira de Cinzas eram marcados por entretenimentos ritualísticos; no dia da Candelária batia-se as matracas, na Terça-Feira Gorda havia concursos de panquecas, na Sexta-Feira Santa havia o concurso de rolar ovos ribanceira abaixo, em Pentecostes havia a dança folclórica e as representações dos mascarados, e o domingo de Páscoa era sinônimo de estar bem vestido. O nascimento de um bebê era marcado por um *"apadrinhamento"*, numa celebração semelhante ao batismo de hoje.[15] O domingo era conhecido como o "dia da folia", que era passado dançando ou jogando boliche, futebol ou dados. Em 1571, um padre descontente reclamou, durante o sermão, das "surras nos touros e nos ursos, do boliche, dos jogos de dados e de cartas, das músicas no entardecer, da embriaguez e da prostituição" que aconteciam regularmente aos domingos.[16] Feiras campestres, festas paroquiais, procissões municipais, eventos desportivos, encontros musicais, representações teatrais e danças eram característicos da vida rural até o fim do século XVIII.[17] Para quem trabalhava por empreitada, era comum a semana de quatro dias, tirando a folga da Santa Segunda-Feira. Feriados semanais, mensais e anuais eram um aspecto importante e regular todos os anos.

É verdade que a brincadeira das mulheres deve ter sido limitada pelas regras sociais do que seria um comportamento feminino aceitável, além da responsabilidade de parir e criar os filhos e de administrar a casa. Apesar de mais ou menos um terço dos lares ter pelo menos um serviçal,[18] o dia de trabalho para a maioria das mulheres era extenso e árduo. Por outro lado, as pessoas possuíam poucos haveres e as casas eram muito menores, portanto o "trabalho doméstico" não consumia tanto tempo quanto a partir do século XIX. Ter cozinha era um luxo, e muitas pessoas deviam levar para seus lares refeições prontas de lojas especializadas.[19] Ao longo de todo esse período, as mulheres estavam envolvidas numa variedade de empregos que iam do trabalho na agricultura e na tecelagem à confecção de túnica e à ourivesaria. Eram responsáveis por remendar roupas, alimentar e cuidar das crianças e dos doentes. Um manual do bom trabalho doméstico datado de 1580 oferece uma lista exata das atividades matinais das mulheres, que incluía limpar o chão, fiar e cardar lã, preparar ingredientes para cozinhar e para fazer a cerveja, preparar o café da manhã, alimentar o gado, ferver a cerveja, assar e cozer, fazer os derivados do leite, cuidar da roupa, colocar o malte na cerveja, preparar o jantar. É provável que suas tardes fossem preenchidas com um catálogo de obrigações semelhantes. Recomendava-se que elas acordassem às quatro ou cinco da manhã e fossem dormir entre nove e dez da noite.[20]

Quando surgiam oportunidades para brincar e divertir-se, como nos dias de festas e nas celebrações locais, as mulheres preparavam e participavam. Corridas de saco e danças em torno do mastro de fitas eram algumas das várias atividades especificamente associadas às mulheres. As tabernas eram um local regularmente utilizado para celebrações de casamentos e batismos, além de servirem como um lugar para passar o tempo quando não se estava trabalhando.[21] Evidências oriundas de casos na justiça demonstram que as tabernas eram freqüentadas pelas mulheres, em geral com o esposo ou um amigo, às vezes sozinhas; uma vez lá, divertiam-se encontrando amigos, falando, cantando e bebendo.[22]

Sem dúvida, entre os séculos XII e XVI, a vida teve seus reveses — a família medieval comum tinha uma familiaridade grande com a pobreza, fome, doença e morte. A família no século XVI não ficava atrás — mas, ao que parece, havia também uma integridade que permitia oportunidades para trabalho e diversão; os dois caminhavam juntos numa dança própria ao longo do ano: o trabalho era pontuado pela brincadeira, e o propósito e o produto do trabalho, por sua vez, eram festejados com várias formas de recreação. "O fim dos jejuns era comemorado com patuscadas, e as solenidades com esportes", segundo o historiador Roy Porter.[23] A diversão ocupava, assim, uma posição central na vida diária, companheira e contraparte da exaustiva carga de trabalho que a maioria dos homens e mulheres enfrentava. Para as pessoas de todas as classes e posições, a diversão tinha um lugar de respeito ao lado do trabalho, em vez de ser inteiramente subordinada a uma cultura do trabalho como é o caso hoje.

A diversão pode ter sido esquecida em tempos de carestia ou das grandes pragas que devastavam a população, mas eram sempre ajustes temporários. No século XVII, todavia, pela primeira vez a diversão foi seriamente atacada num nível cultural, muito em conseqüência da ascensão dos puritanos que a consideravam violenta e sem limites, algo próximo do pecado, e que não contiveram esforços no sentido de suprimir as ocasiões de tamanho mal. Fecharam-se teatros, censuraram-se peças e, no governo de Cromwell, os jogos de futebol e de críquete, em suas várias formas, foram proibidos por algum tempo. Em 1642, os puritanos chegaram ao ponto de condenar o Natal.[24] A Páscoa também sucumbiu à pressão puritana por um período. Sendo um tempo de celebração desde a Idade Média, ela indicava o fim dos dias sombrios da Quaresma. Era o momento em que a luz era reintroduzida na igreja e na vida das pessoas; no Domingo de Páscoa esperava-se que o padre entretivesse sua congregação de modo que a igreja se enchesse de sons de alegria e de riso. Os reformistas puritanos adotaram uma posição de exceção àquela frivolidade e confirmaram uma abordagem mais sóbria da Páscoa que, até certo ponto, perdura até hoje.

Apesar das objeções, a capacidade para a diversão sobreviveu firme. Na música, na literatura e nas artes visuais, o estilo barroco — chamejante, extravagante, divertido — serviu para contrabalançar o puritanismo. Praga, a cidade do requinte barroco, é um monumento à brincadeira arquitetônica com seus prédios e ruas curvas. Na Inglaterra, muitos dos costumes tradicionais que, durante gerações, facilitaram as oportunidades regulares de diversão, ainda eram desfrutados no século XVIII. Uma economia próspera nos meados desse século encorajou, em muitos sentidos, a inclinação natural para a brincadeira. Sociedades musicais, clubes de jardinagem, jardins de prazer, galerias de arte públicas, tudo isto floresceu durante esse período. Os livros ficaram disponíveis para um número maior de pessoas. A melhoria das estradas facilitou, para os mais ricos, a visita a outras localidades. Os romances de Jane Austen retratam as pressões ao lazer feminino que existiam no fim do século XVIII, mas trazem também as oportunidades que eram permitidas às mulheres, com festas em suas casas que incluíam uma variedade de jogos de cartas, dramatizações amadoras, tocar, cantar e dançar. Para os menos favorecidos, havia os prazeres menos delicados como o boxe, apostas, um esporte de açular cães contra touros, lutas de galos, teatros de fantoches, apresentações de lanterna mágica e trabalhos em cera. Uma nova igualdade surgiu com a introdução do pagamento de ingressos, e pessoas de todas as classes viam-se brincando e divertindo-se lado a lado. Horace Walpole reclamava da rotunda de Ranelagh: "A convivência é universal: de Sua Alteza de Grafton às crianças do Hospital da Infância Abandonada — da Sra. Townshend ao gatinho."[25]

Com o passar do século, escritores influentes como Rousseau defenderam a idéia da brincadeira como símbolo da natureza não corrompida do homem, devendo ser altamente valorizada. Para o poeta e filósofo alemão Friedrich Schiller, contemporâneo de Rousseau, a brincadeira era a atividade humana suprema.[26] Schiller acreditava no profundo potencial transformador da brincadeira como um meio para se atingir o crescimento moral e espiritual. Através da brincadeira, segundo ele, o indivíduo pode "combinar a maior plenitude da existência com a mais elevada autonomia e liberdade".[27] Schiller expôs essas idéias num tempo de grande incerteza e mudança. A velha ordem estava sendo contrariada e, com ela, a confiança complacente da era do Iluminismo: o avanço tecnológico estava transformando o perfil da sociedade inglesa; a revolução na França e o republicanismo na América enviavam ondas de choque para toda a Europa; Thomas Paine publicara *Os direitos do homem* (1791-92). Em meio a esses levantes monumentais, havia no ar ansiedade e alegria. Que sentido deveriam o homem e a mulher dar a essas mudanças? Como elas se ajustariam a esse território social e político sem planejamento? Um novo tipo de introspecção nascia. O romantismo ganhou espaço à custa do racionalismo. O idealismo representou um desafio crescente ao materialismo. O estado interior do indivíduo tornou-se fonte do fascínio da contemplação. Jane Austen, equilibrando-se na intercessão desses dois mundos, confrontou esses problemas em seus romances: deveria o indivíduo ser impetuoso como Elizabeth Bennet ou controlador como o Sr. Darcy? Sensato como Elinor Dashwood ou sensível como sua irmã Marianne? Compromisso e equilíbrio, defendia a Srta. Austen. Porém os herdeiros literários de Rousseau, Schiller e Goëthe não eram racionalistas e sim românticos: Wordsworth, Shelley, Keats e as Brontë.

A brincadeira era valorizada de uma forma explícita pelos românticos devido à sua associação com a inocência infantil (crianças brincando é um tema recorrente na poesia romântica) e por permitir ao indivíduo transcender a influência corruptora da sociedade e alcançar um patamar mais elevado de consciência, como descreveu Schiller. Nessa nova sensibilidade romântica, a intensidade da experiência era uma aspiração central, e a brincadeira, inclusive a brincadeira imaginativa, um meio aceitável para atingir esse fim.

A brincadeira no século XVIII foi descrita como "em pleno florescimento" em termos de realidades terrenas e ideais sublimes, mas algumas mudanças preocupantes estavam a caminho. Durante aquele século, a brincadeira ficou mais variada, mas também formalizou-se e comercializou-se. Cada vez mais, ela acontecia em locais específicos e em momentos específicos. Teatros, jardins e galerias serviam para isolar as áreas destinadas à brincadeira, mesmo quando elas contribuíam para tornar o "lazer" elegante. As regras do críquete e do futebol foram formalizadas nesse período, e ambos os jogos adquiriram um novo *status* como esportes de espectador, deixando de ser principalmente dos participantes e cada vez mais tornando-se uma atividade com uma assistência que pagava e, geralmente, apostava no resultado. As casas de café do século XVII foram gradativamente substituídas por clubes privados. Os clubes para homens como o White's e o Clube Literário do Dr. Johnson, o Clube Matemático de Spitalfields e as sociedades de amigos, que ostentavam 600.000 membros até 1800, eram apenas alguns dos muitos clubes que surgiam em todo o país. Também eles eram um fenômeno de duplo sentido: ao mesmo tempo que criavam locais e espaços para brincar, também definiam e regulavam com quem a pessoa jogava ou brincava, e onde. Os clubes levaram à existência de regras que governavam a participação, a vestimenta, a idade, o comportamento e a ocupação de seus sócios.

É desnecessário dizer que as mulheres eram incluídas em muito poucas dessas novas maneiras formalizadas de brincar. Contudo, havia mulheres esportivas apesar da inevitável censura e do ridículo que provocavam. As mulheres da classe trabalhadora participavam com regularidade, ainda que em número relativamente pequeno, de uma ampla variedade de atividades desportivas, incluindo corridas de saco, apostas de bebidas, corridas a pé, corridas a cavalo e lutas com premiações. Esportes raros, como viajar em balões de ar quente, atraíam algumas mulheres. Logo depois que o primeiro balão subiu de Versalhes, em 1783, algumas mulheres esportivas e destemidas já estavam subindo na cesta. Madame Thible levantou vôo de Lyon em junho de 1784; Letitia Ann Sage voou sobre Harrow em junho de 1785 e declarou-se "infinitamente mais feliz do que jamais estive com qualquer acontecimento anterior de minha vida".[28] Desde então, nos céus em que houvesse balões era também provável que estivesse uma intrépida balonista. Na verdadeira tradição da brincadeira, o balonismo dava às mulheres uma libertação e uma pausa temporária das restrições impostas pela vida normal. A mulher balonista podia, literalmente, subir acima de tudo aquilo. A atração especial desse esporte foi sumarizada mais de um século mais tarde pela Sra. Iltid Nicholl, co-fundadora do Aeroclube, num artigo para a revista *The World* escrito em 1901: "O que poderia atrair mais uma mulher", escreveu a Sra. Nicholl, "do que subir para uma temporada acima dos descontentamentos, dificuldades e ambições triviais da rotina diária, para entrar numa atmosfera de garantida beleza e serenidade que, de alguma forma, parece modificar toda a maneira de ver do indivíduo e é, portanto, maravilhosamente tranqüila e refrescante?"[29]

A importância de ser prudente

A modificação profunda na brincadeira, na nossa compreensão do que ela é e na posição que ocupa na vida diária aconteceu no final do século XVIII e no início do século XIX, quando uma cultura predominantemente agrária foi substituída por outra predominantemente industrial. Até o fim do século XVIII, a possibilidade de diversão tinha subsistido relativamente ilesa na vida da maioria das pessoas. Quando a industrialização realmente começou a ganhar espaço, da década de 1780 em diante, as antigas formas de viver e de brincar foram radicalmente alteradas. Nesse período, o romantismo enalteceu a brincadeira e glorificou, na escrita, uma forma criativa de brincar, mas tomou forma partindo de uma posição marginalizada, simbolizada pela figura solitária e mal compreendida do louco John Clare. O romantismo e a brincadeira foram colocados cada vez mais em alto-relevo contra duas forças em especial: o evangelismo e o capitalismo. Separados, esses dois elementos não teriam sido uma ameaça séria à brincadeira — desde Santo Agostinho já haviam surgido moralistas que também a desaprovavam, e longas horas de trabalho árduo e pesado sempre fizeram parte da vida da pessoa comum — mas, ao evangelismo e ao capitalismo juntos, não foi possível opor resistência: o clima moral, nas palavras de Max Weber, "virou-se com todas as suas forças contra uma coisa: o desfrutar espontâneo da vida e de tudo o que ela tinha a oferecer".[30] Ao mesmo tempo, as demandas de uma economia em industrialização permitiam pouca inclinação, energia ou oportunidade para brincar. Combinadas, essas duas forças gradativamente conseguiram afastar as pessoas do prazer. Em vez disso, alimentavam um espírito de sobriedade, autodisciplina e seriedade que, num espaço de tempo incrivelmente curto, ganhou raízes em todos os níveis da sociedade. Para os vitorianos, a palavra indústria não descrevia um tipo de emprego, ela sintetizava uma maneira de viver. Em meados do século XIX, a maioria das pessoas vivia em bairros urbanos (três quartos delas em Londres), e 30% da população trabalhava na indústria de manufatura onde homens, mulheres e crianças enfrentavam, rotineiramente, uma semana de seis dias e 70 horas. A inatividade passou a ser vista como "a origem fértil de todos os vícios".

Antes mesmo do final do século XVIII, a questão de como o tempo livre das pessoas era usado já adquirira grande importância. A inclinação para brincar, que antes era a fonte de energia na vida do homem e da mulher trabalhadora, passou a ser vista como uma tendência perigosa que necessitava de controle firme.[31] A partir de meados do século XVIII, os interesses combinados dos reformistas religiosos, radicais, donos de engenho e magistrados convergiram todos nessa questão e originaram medidas nacionais para restringir as recreações populares. Os feriados locais e os passatempos populares tradicionais foram suprimidos ou reduzidos. Durante os oitenta anos seguintes, o número de feriados bancários foi diminuído de dezessete para apenas quatro.[32] Os espaços e gramados públicos — onde antes as pessoas encontravam-se para jogar futebol ou críquete, dançar ou conversar com amigos — foram vendidos como terrenos particulares.[33] Sugeriu-se, inclusive, que certas formas de recreação, tais como os concertos, o teatro, as competições de críquete e a corrida de cavalo deveriam pagar um imposto, com fundamento na concepção de que essas atividades tornavam as pessoas "pródigas, exuberantes e preguiçosas".[34] Foi proposto que qualquer indivíduo envolvido no negócio de entretenimento também deveria estar sujeito ao imposto, incluindo os ilusionistas, trovadores e atores.

Para os donos das fábricas e os patrões, o problema era basicamente de ordem prática: como ajustar as classes trabalhadoras. Pela primeira vez na história, não era mais a energia da mulher que precisava ser refreada e direcionada. A qualidade informal e sem limites do lazer tradicional era absolutamente incompatível com as demandas da indústria mecanizada que necessitava de seres humanos que se assemelhassem o mais possível com as máquinas que eles operavam. Agora, toda uma tendência da sociedade tinha de ser literalmente colocada na linha. O trabalhador ideal era sóbrio, sombrio, previsível e incansável. Liberdade e tempo livre eram vistos, na melhor das hipóteses, como inconvenientes e, na pior, como contraproducentes. As pessoas nos mais variados tipos de emprego eram sujeitas ao que o historiador E.P. Thompson denominou "a propaganda da economia de tempo".³⁵ Argumentos financeiros sobre o gasto das festividades locais eram usados para apoiar as necessidades dos empregadores que queriam uma força de trabalho obediente, submissa e confiável. As atividades de lazer não eram vistas como complementares ao trabalho das pessoas e, sim, como uma interferência a ele. "Esse tipo de relaxamento freqüente demais do Povo enerva a Indústria", escreveu um jornalista em 1757,³⁶ enquanto o *Bristol Journal* exortava os magistrados a "reduzir a quantidade de diversões calculadas para retardar o trabalho de empregados produtivos".³⁷ Reformistas sociais defendiam a manutenção dos salários baixos e dos preços altos para que o padrão de vida do povo fosse reduzido e, com isso, sua necessidade de trabalho começasse a superar o desejo de brincar; dessa forma, como afirmou um reformista da época, "o trabalho constante poderá tornar-se um hábito".³⁸

Os evangélicos e outros grupos religiosos não-conformistas fundamentavam seus argumentos na necessidade moral: o fogo do inferno estava queimando ardentemente, e era melhor as pessoas melhorarem seu modo de ser. John Wesley (1703-91), fundador do metodismo, condenou explicitamente a brincadeira, defendendo que crianças e adultos deviam utilizar seu tempo em atividades sóbrias como, aliás, cada vez mais pessoas estavam fazendo. A maior de todas as forças nessa cruzada moral era de longe a dos evangélicos. Sua senha era "seriedade", seu caminho era o dever. Sua causa ardente era aniquilar a irreligiosidade onde quer que ela estivesse na sociedade e levar os indivíduos a uma noção adequada de sua condição inata de pecadores. As atividades mais inocentes podiam ser interpretadas como oportunidades para o diabo.³⁹ A intensidade de sentimento era associada à ausência de religiosidade, o lazer ao pecado. "O dia da diversão da alma é sempre o dia de trabalho do diabo", proclamava um pastor do século XVIII. Todas as formas de frivolidade e vitalidade eram desencorajadas.

Os evangélicos eram uma bênção mista para a sociedade inglesa. Sem dúvida, eles faziam muito para melhorar as condições de vida das classes trabalhadoras. Foram responsáveis por reformas importantes, como extinguir o recrutamento forçado de órfãos para os engenhos de algodão em 1802 e banir o trabalho de meninos como varredores de chaminés em 1834. Fizeram campanha contra o comércio de escravos; promoveram guerra ao emprego de mulheres e de crianças menores de dez anos nas minas de carvão e lutaram por melhores condições nos asilos de dementes. Foram os grandes proponentes do trabalho de caridade, e a maioria das organizações voluntárias que surgiram no início do século XIX foram criadas por evangélicos. Eles fundaram escolas dominicais e espalharam escolas por todo o país, ajudando assim a diminuir as taxas de analfabetismo; forneceram abrigos noturnos para os desabrigados, tratamento médico para as prostitutas e vestimenta básica para as crianças pobres. Em 1867, foi fundada a Sociedade do Jantar das Crianças Desamparadas para fornecer alimentação livre a estudantes pobres. Evangélicos importantes como lorde Shaftesbury, William Wilberforce e Henry Thornton trabalharam incansavelmente e foram generosos com donativos em prol da melhoria das condições de vida dos pobres do país. No final do século XIX, a reputação da caridade generosa da Inglaterra era reconhecida em toda a Europa.

Contudo, os evangélicos eram igualmente eficazes fazendo outras coisas nada positivas. Em termos de diversão, seu impacto foi altamente prejudicial. Ao mesmo tempo em que advogavam uma vida de responsabilidade, dever e trabalho, sua cruzada contra o pecado era tão abrangente que não deixava espaço para o divertimento. Um pastor declarou, em 1805, que "os verdadeiros cristãos, que, com dedicação e zelo, cumprem os deveres de seus cargos e conscientemente ocupam seu lugar em suas famílias, em suas vocações e na igreja encontrarão muito poucas oportunidades para divertimento".[40] Os evangélicos foram responsáveis pelo expurgo dos livros de Shakespeare, retirando muitos dos trocadilhos e insinuações que divertiram as platéias do século XVI (a reação da era augustana a Shakespeare tinha sido mais séria, ainda que impulsionada por idéias contemporâneas de decoro literário em vez do puritanismo moral). A censura rigorosa ao teatro e à imprensa no século XIX também se deve à atuação dos evangélicos. Eles conseguiram encerrar as atividades de várias feiras de rua em Londres, fechar as portas de salões de dança e teatros privados e, tendo o monopólio das livrarias das estações de trens e administrando a maior biblioteca móvel vitoriana, tiveram enorme influência nos hábitos de leitura das pessoas.[41]

A base da missão evangélica era reivindicar o domingo como um dia de estrita prática religiosa. Para este fim, eles impuseram o fechamento, aos domingos, da Galeria Nacional e do Museu Britânico. Colocaram um fim nas bandas militares que se apresentavam nas tardes de domingo nos parques em todo o país e eliminaram até a entrega e coleta do correio aos domingos. Charles Dickens resumiu a situação no romance *Little Dorrit* (*A Pequena Dorrit*), datado de 1855, ao descrever o domingo como um dia em que não havia "nada para o trabalhador cansado fazer, exceto comparar a monotonia dos seus seis dias com a monotonia do sétimo".[42]

Quanto às mulheres, o clima moral determinava que elas fossem governadas pelo imperativo da inocência e da religiosidade. O movimento para pôr fim ao emprego de mulheres nas minas de carvão foi motivado pela proteção à sua segurança física e pela preocupação com seu bem-estar moral. Gravuras desse período mostram mulheres nas minas com roupas rasgadas e corpo exposto. As insinuações eróticas dessas ilustrações incentivavam mais ainda o fervor pela reforma.[43] No trabalho e no lazer, as mulheres deviam ser sóbrias, honradas, econômicas e dedicadas. Hannah More, membro da Seita Clapham e uma das mais entusiastas reformistas, declarou que era preciso ensinar aos jovens "uma repressão interior habitual, um comando precoce das afeições e um autocontrole sobre essas inclinações tiranizadoras e sua tendência natural de escravizar o coração humano". Em seu livro sobre a educação da mulher, defendeu que as mulheres deviam aprender "paciência, zelo, perseverança silenciosa e incansável, dedicação, regularidade e economia de tempo".[44] Em suma, a brincadeira e qualquer coisa ligada a ela estavam fora.

É bem verdade que a Igreja forneceu várias alternativas para substituir as atividades recreativas que a industrialização e a reforma religiosa haviam erradicado. Durante o século XIX, floresceram bazares de igreja, passeios agradáveis nas tardes de domingo, coros de igreja e escolas dominicais. Fundaram-se clubes culturais onde eram oferecidas palestras, debates e conferências para mulheres. Muitos desses eventos eram intelectual e socialmente estimulantes e, sem dúvida, ofereciam às mulheres uma válvula de escape muito apreciada das tarefas domésticas e uma chance rara de dar vazão à sua energia física.[45] Participar de campanhas e do trabalho caritativo também proporcionava às mulheres da classe média um meio legítimo de ser socialmente ativa fora dos limites do parlatório e da sala de visitas. Apesar disso, os princípios básicos subjacentes a essas atividades eram ajudar os outros, servir a Deus e fazer o bem. Um elemento de brincadeira podia estar presente, mas era permitido somente no contexto de muito trabalho (não remunerado) que, na realidade, tendia mais a reprimir a remuneração do que a promovê-la. Era um trabalho de imenso valor financeiro: nos fins do século XIX, a construção de muitas capelas foi financiada pelos lucros desses bazares e festas promovidos utilizando o tempo "livre" das mulheres.

Os evangélicos não foram os únicos responsáveis pela desvalorização da brincadeira e a supervalorização do trabalho, mas, sem dúvida, moldaram o espírito da época: sombrio, sério, obediente, muito trabalhador. Sua influência direta no espírito lúdico podia ser reconhecida até mesmo fora dos limites do Império Britânico. Quando os missionários cristãos chegaram em Samoa, na década de 1830, encontraram uma cultura em que a capacidade para brincar ainda era universal e valorizada: a dança, os jogos e os esportes eram desfrutados por todas as idades e classes sociais: nadar, mergulhar, andar de canoa, velejar, surfar, andar de tartaruga, escorregar, patinar, pescar, esconder e pegar, brincar de cabo-de-guerra, apostar corrida, fazer mágica, andar de tobogã, lutar boxe, praticar luta-livre, lutar com porrete e caçar pombos eram apenas algumas das atividades que tomavam "uma parte considerável do tempo" na vida dos samoanos. Elas tinham um papel importante na sua cultura social e espiritual. Os missionários, contudo, considerando muitas dessas atividades imorais e incompatíveis com o estilo de vida cristão, empenharam-se em persuadir os habitantes da ilha a renunciar a elas. A antropóloga Helen Dunlap explica:

> Isto aconteceu principalmente com a dança, em parte devido à sua natureza erótica e, em parte, porque os primeiros missionários tendiam a considerar todas as danças imorais. Eles também reprovavam o banho e a natação aos domingos porque eram atividades que tomavam um tempo que deveria ser destinado às obrigações religiosas. As expedições de caça aos pombos também eram desencorajadas pois acreditava-se que levavam a práticas imorais.[46]

Já em 1939, um visitante na ilha observou que "suas danças e outros divertimentos foram em grande parte abolidos". As viagens para participar de cerimônias e eventos desportivos foram restringidas pelas autoridades do governo e, no final do século, muitas danças tradicionais samoanas tinham sido abolidas.

A repressão à brincadeira aconteceu em Samoa à imagem e semelhança do que estava acontecendo em casa, e pelas mesmas razões. Não se tratava apenas de um produto do zelo evangélico mas de uma conjunção oportuna de um ponto de vista moral específico, uma confiança suprema na reforma social e um fervor capitalista. O que os reformistas sociais e os industrialistas tinham feito na Inglaterra, restringindo a recreação das classes trabalhadoras, os missionários e os funcionários do governo estavam repetindo com os samoanos, não porque "os funcionários objetassem às diversões dos samoanos, mas pelo tempo que essas atividades consumiam. Eles achavam que, se os habitantes da ilha ficassem em casa mais tempo, poderiam ser levados a desenvolver métodos mais sistemáticos na agricultura".[47] Como na Inglaterra, as necessidades econômicas reforçaram a filosofia moral.

Um mundo de trabalho

Durante o século XIX, o processo de formalização e regulamentação da recreação que tivera início no século XVIII ganhou força. Cada vez mais, os mundos do trabalho e da brincadeira se assemelhavam, caracterizando-se pelo espírito de dedicação e zelo. Enquanto os reformadores religiosos e os empregadores atacavam a inclinação e capacidade para o divertimento, as circunstâncias físicas restritas e sem saneamento da vida urbana desgastavam mais ainda o caráter informal do lazer pré-industrial. A falta de espaço físico nos lares da classe trabalhadora levou as pessoas às ruas, às casas públicas e aos salões de música, espaços cada vez mais sujeitos à "limpeza" evangélica já descrita. Enquanto isso, a classe média escolhia atividades de lazer que se adequassem à atmosfera moral, preferindo os passeios tranquilos a pé e o trabalho caritativo aos passatempos mais exuberantes de seus avós. Até mesmo a diversão da classe alta parece ter sido um pouco silenciada no século XIX. Segundo o historiador Ian Bradley, "a libertinagem extravagante dos janotas da Regência representou o último ataque ao puritanismo insípido que chegava a todos os lugares para se estabelecer".[48]

À medida que o trabalho e o lar assemelhavam-se cada vez mais por serem governados por um código de zelo e dedicação, num outro sentido foram pela primeira vez polarizados em esferas de existência inteiramente distintas. O trabalho exigia um grupo de atividades e pessoas; o lar envolvia um grupo totalmente diferente. O público e o privado eram noções fundamentais para os vitorianos. A brincadeira, nesse contexto, era exclusiva do tempo fora do trabalho. Até certo ponto, essa polarização criou novas oportunidades, pois o tempo fora do trabalho precisava ser suprido de alguma forma. Em muitas cidades foram instituídos banhos de natação municipais; foram construídos campos de esportes e salas de concerto; viagens de trem a preços accessíveis representaram pela primeira vez, para a classe trabalhadora, a possibilidade de sair em férias; enquanto a classe média já freqüentava há muito as cidades de Bath, Brighton e Weymouth, o final do século XIX presenciou o crescimento meteórico de estações praianas como Blackpool e Scarborough. Essas oportunidades, contudo, representavam intervalos muito breves para a extensa vida de trabalho das pessoas. Para a maioria dos vitorianos, a segregação do trabalho e do lar constituiu também a separação do trabalho e da diversão, com o monopólio do primeiro corroendo muito rapidamente a posição até então segura do segundo. "As grandes correntes de pensamento [do século XIX], por qualquer ângulo que se observe, eram todas avessas à diversão na vida social", segundo o historiador Johan Huizinga. "Nem o liberalismo nem o socialismo a alimentaram de nenhum modo. A ciência experimental e analítica, a filosofia, o reformismo, a Igreja, o Estado e a economia eram todos exercidos com uma seriedade assustadora no século XIX... Jamais uma era se tomara de seriedade tão extraordinária."[49]

Não estamos nos divertindo

A separação entre trabalho e brincadeira que acompanhou a industrialização levou à melhoria das facilidades de lazer para os homens. As mulheres, contudo, não se beneficiaram no mesmo nível. Fazer apostas e disputar jogos de azar, que foram mania nacional desde o século XVIII, eram censurados para as mulheres; os esportes eram jogados e assistidos predominantemente por homens; os muitos clubes e sociedades que surgiram eram invariavelmente só para homens. As mulheres das classes média e alta, ao longo do século XIX, envolviam-se em atividades de caça, tiro, patinação e arco e flecha, mas a imprensa as condenava, assim como zombava das "amazonas modernas":[50] a Sra. Thornton, que competia e vencia os melhores jóqueis nas corridas, era conhecida como "a louca de Yorkshire", e os jornalistas prestavam tanta atenção às suas roupas ousadas e à sua moral quanto às suas habilidades de cavaleira.[51]

Em geral, todavia, muito poucas das novas formas de lazer eram desfrutadas pelas mulheres. O mundo da brincadeira institucionalizada era predominantemente voltado para o homem e a ele disponível; a preocupação com as necessidades da mulher era pouca.⁵² Essa mudança surgiu acoplada ao que pode ser denominado a masculinização do ambiente de trabalho. À medida que os avanços tecnológicos do século XVIII começaram a transformar os sistemas e as estruturas das fábricas, o valor do trabalho da mulher e de seu divertimento foi sendo gradativamente obscurecido. A mulher foi pressionada a não trabalhar por dinheiro e a contentar-se com o lar, seu ambiente "natural". As inúmeras mulheres para quem isto não foi possível tiveram de suportar uma considerável hostilidade, pois as mulheres trabalhadoras ficaram cada vez mais sujeitas a críticas à sua moral devassa e negligência das responsabilidades domésticas. Enquanto um século antes as mulheres eram elogiadas pela habilidade de combinar o trabalho de cuidar dos filhos e do lar com a necessidade de ganhar dinheiro, as mulheres que trabalhavam fora de casa no século XIX eram cada vez mais castigadas. Seu trabalho foi se tornando mais árduo, mais desgastante, menos compatível com as outras demandas de seu tempo e energia, além de ser desvalorizado, passando a ser causa de condenação. De fato, aos poucos, o trabalho das mulheres foi sendo empurrado para o domínio privado, doméstico, oculto e não-remunerado. Sua igualdade com os homens, em termos do valor de sua produtividade, chegava ao fim. E, acompanhando a desvalorização da sua produtividade, veio inevitavelmente a da sua diversão e brincadeira.

É uma coincidência reveladora que o século XIX tenha provocado um declínio marcante nas oportunidades de brincar das mulheres e tenha também testemunhado um alto crescimento da doença mental entre elas.⁵³ Até a década de 1850, os registros mostram que havia mais homens nos asilos de loucos que mulheres, mas a partir dessa década, o número de ocupantes mulheres começou a superar o dos homens. Apesar de haver aproximadamente o mesmo número de homens e mulheres na população geral, em 1872, 54% dos loucos reconhecidos na Inglaterra e no País de Gales eram mulheres, e este número continuou crescendo.⁵⁴ A anorexia nervosa foi primeiro identificada como uma síndrome clínica em 1873, e houve também um crescimento intenso no registro de outros distúrbios de compor-tamento, como a depressão e a histeria. Os médicos vitorianos estavam muito intrigados com a tendência das mulheres à "histeria"(um ou dois fizeram uma fortuna com isso), mas geralmente atribuíam o fenômeno a causas físicas em vez de culturais. Uns poucos médicos iluminados vincularam a histeria nas meninas adolescentes à passividade e dependência forçadas: o neurologista Horatio Bryan

Donkin, por exemplo, apontou as "barreiras ao 'jogo livre do poder'" como uma causa central da instabilidade mental e emocional das mulheres jovens.[55] Mas o tratamento usual para a histeria deliberadamente não levava em conta os fatores sociais ou psicológicos. Variava do repouso no leito e reclusão, nas melhores hipóteses, à remoção do útero, ovários ou clitóris, nas piores.

Quando a Grande Exposição de 1851 celebrava as conquistas inglesas, os escritores, poetas e artistas da rainha Vitória escreviam sobre um tema menos otimista: o da insanidade feminina, um símbolo poderoso da incerteza que existia por detrás da fachada confiante. A Sra. Rochester na obra *Jane Eyre*, de Charlotte Brontë (1847), a "Ophelia" de John Everett Millais (1852), a Srta. Havisham de *Great Expectations (Grandes esperanças)* (1861), *The Woman in White (A mulher de branco)* de Wilkie Collins (1860), Bathsheba em *Far From the Madding Crowd (Longe da multidão enlouquecedora)* de Hardy (1874) são todas mulheres aprisionadas de algum modo, física e emocionalmente: no sótão, na dor, no casamento sem amor. Seus desejos e impulsos perigosos ameaçam a ordem e a estabilidade daqueles à sua volta. Na vida real, Elizabeth Barrett Browning, na década de 1840, e Florence Nightingale, na década de 1850, foram duas mulheres vitorianas notáveis que adoeceram pela falta de oportunidade para dar vazão à sua energia criativa. Num romance autobiográfico, Florence Nightingale escreve sobre as restrições sufocantes que incidiam sobre as mulheres e adota a *persona* de Cassandra, a princesa troiana da mitologia grega, que é amaldiçoada com o presente de uma profecia em que ninguém acreditará. Cassandra é levada à loucura pela recusa daqueles à sua volta em ouvir o que ela tem a dizer. O mesmo poderia ser dito de inúmeras mulheres vitorianas, cujos apelos velados para "o uso livre de seus poderes" também foram consistentemente ignorados ou mal entendidos.

Fora da brincadeira

A brincadeira em si foi atacada no século XIX de uma forma jamais vista. Ela sempre foi mais possível e abundante para alguns segmentos da sociedade do que para outros, e, em cada segmento em qualquer sociedade, em geral os homens sempre tinham acesso mais fácil do que as mulheres a ela. No século XIX, porém, uma coisa nova estava acontecendo, algo de que nós, no fim do século XX, ainda precisamos nos recuperar. O século XIX representou um desafio numa escala inteiramente nova, bem diferente, digamos, dos desafios existenciais da vida medieval. As forças combinadas do evangelismo e do capitalismo significaram que, pela primeira vez, o ataque à brincadeira era sentido por toda a sociedade. Ele deixou de ser simplesmente um meio eficaz de controlar e oprimir certos grupos de indivíduos dentro da população geral e passou a ser um fenômeno que tomou a cultura como um todo e que causou uma mudança de base na posição da brincadeira em nossa determinação cultural.

No decurso do século XX, continuaram sendo criados diversos tipos de "lazer", em substituição ao velho espírito do "brincar", marcados pelo crescimento da recreação organizada e das atividades de lazer formal. Não foi um processo totalmente negativo: no período inicial do século XX, o movimento das Bandeirantes ajudou a libertar as amarras da idéia vitoriana de que o exercício não era adequado às mulheres e passou a ser aceitável que as meninas fossem fisicamente enérgicas e expressivas. As heroínas vigorosas de D.H. Lawrence, com sua inclinação para mergulhar em rios gelados, refletem essa maior possibilidade de expressão física permitida às mulheres; as contorções frenéticas do *charleston* teriam horrorizado vinte anos antes.

Apesar da mudança positiva nessas áreas, a tendência geral não tem sido tão encorajadora. Nos anos recentes, mesmo com o surgimento de um extenso mercado para suprir nosso tempo livre, as oportunidades de brincadeira genuína foram eliminadas de nossas vidas. O lazer passou a ser uma mercadoria. Nenhuma cidade está completa sem ter seu quinhão de lojas que vendem malhas de ginástica atraentes, *trainers* supermodernos, varas de pesca, vídeos, jogos de computador e aparelhos de som. As livrarias estão abarrotadas de manuais de todas as formas concebíveis de lazer, como jardinagem, bordado, asa-delta e pescaria. Aos domingos, em todo o país, as pessoas dirigem-se a esses lugares: as lojas de produtos do tipo "faça-você-mesmo" e os centros de jardinagem, monumentos nacionais da comercialização do lazer.

Paradoxalmente, na tentativa de tornar o lazer o mais diferente possível do trabalho, ele acabou ficando mais parecido. Como acontece com o trabalho, é comum o lazer exigir um uniforme, um local específico, um período de treinamento e habilidades específicas; geralmente, ele imita o trabalho na sua tendência a ter objetivos, regras, competições e recompensas. O lazer, desta forma, "busca reintroduzir-se no mundo do trabalho do qual deveria oferecer alívio".[56] Como o trabalho, o lazer tornou-se um produto e um indicador de economia: ele divide o tempo das pessoas em partes organizadas e produtivas e as separa por classe e sexo. Com base nas atividades de lazer do indivíduo, podemos — e os pesquisadores de mercado constantemente utilizam esta possibilidade — fazer suposições e tirar conclusões sobre sua classe social, idade, sexo e ocupação. Inversamente, o tipo de trabalho de um indivíduo também fornece um indicador razoavelmente confiável das atividades de lazer que tende a apreciar.

Tudo isso está muito distante da brincadeira genuína.

Grande parte das oportunidades masculinas de tempo para brincar e divertir-se foram formalizadas e institucionalizadas. As mulheres podem compartilhar — e cada vez mais o fazem — esses tipos de brincadeira formal, ou suas próprias versões delas, tais como a bola ao cesto e o hóquei. Mas o *valor* do espírito lúdico da mulher continua desprezado. Ainda que ela realmente encontre meios de brincar, já não é vista, nem por ela própria nem por ninguém mais, como tendo o mesmo *direito* a brincar que os homens. O campo de futebol e o *pub* tornaram-se símbolos do direito dos homens ao tempo livre, contrapondo-se às demandas cada vez maiores do trabalho, mas onde estão os espaços equivalentes para as mulheres? Até certo ponto, estão no saguão da igreja da década de 1890, no cinema da década de 1940, nas manhãs de café da década de 1950 ou nas aulas de aeróbica da década de 1980. Nos últimos vinte anos, um número crescente de mulheres também buscou seu espaço, com determinação, nos espaços de brincadeira tradicionalmente masculinos: os campos de futebol, as pistas de corrida, os circuitos de barco a vela. Mas, no caso das mulheres, as oportunidades de brincar sempre foram e ainda são circunscritas pelas responsabilidades domésticas e dependência financeira.

William Blake, ao escrever seu poema visionário às vésperas da industrialização, com a revolução ribombando no continente, entreviu um mundo em que "as vozes das crianças são ouvidas no jardim e os risos são ouvidos nos morros", mas Blake também ouviu e previu com incrível clareza um mundo de "prazer aprisionado na noite" e "algemas forjadas pela mente". É a última visão de Blake que permanece relevante na atualidade e que se aplica às mulheres mais do que a qualquer outro grupo social. Muitas afirmativas e opiniões do século XIX contra o lazer ainda se aplicam, hoje, ao lazer feminino; a dedicação e o zelo continuam caracterizando-o, limitando as chances de tornar a atividade pelo menos um pouquinho divertida. No final do século XX, a mulher continua sendo a trabalhadora que deve ser mantida na linha. A inclinação para brincar está lá, mas ela é solapada, desvalorizada e pressionada. A capacidade de brincar existe, mas recebeu uma posição marginal em nossa vida.

O objetivo deste capítulo foi descrever a desvalorização cultural da brincadeira, mas esta não foi a única mudança ocorrida desde a industrialização. Nos últimos cem anos, outras modificações tiveram lugar e alteraram profundamente a posição da mulher na sociedade. Elas tornam menos aceitável ainda que a mulher continue a sentir-se tão sem direito à diversão e continue tão em desvantagem nessa área tão importante. O desafio agora é identificar os meios que podem dar à brincadeira o lugar que lhe pertence e lhe é próprio. Talvez daqui a outros duzentos anos nossa obsessão atual com o trabalho venha a parecer uma singularidade histórica, um hiato; enquanto isso, é tempo de dar o passo para um progresso verdadeiro na vida da mulher, anunciando uma nova era do *self* lúdico.

PARTE DOIS

5

O mito do lazer

"Atualmente, quanto às mulheres, supõe-se que elas podem divertir-se ou viver sem diversão."
(Anthony Trollope, The Last Chronicle of Barset)

Antes que uma nova era do *self* lúdico possa começar, é preciso cuidar das restrições ao espírito lúdico da mulher. Uma das razões principais para a diversão não ser tão presente na vida das mulheres é que simplesmente elas não têm tempo disponível para dar-lhe esse lugar. O velho ditado de que o trabalho da mulher nunca termina continua valendo para muitas de nós. Grande parte do tempo da mulher é tomado pelo trabalho de um tipo ou de outro. Mesmo quando não está trabalhando, seu tempo de lazer é, com muita freqüência, absurdamente ocupado. A combinação de trabalho árduo e lazer ocupado deixa pouco espaço para a diversão e a brincadeira.

O lazer sob pressão

A grande maioria das mulheres trabalha duro, e um número crescente de mulheres empregadas fora de seus lares trabalha especialmente muito. Segundo o Humphrey Institute of Public Affairs, as mulheres constituem metade da população mundial, mas são responsáveis por dois terços do trabalho mundial. O Levantamento da Força de Trabalho de 1989 mostrou que 66% das mulheres inglesas em idade de trabalhar tinham empregos remunerados, e, desde o final da década de 1980, a tendência tem sido no sentido de elevar esse número.[1] Uma proporção crescente de mulheres está empregada e uma proporção crescente da força de trabalho é feminina. As mulheres atualmente representam 45% da força de trabalho na Inglaterra, e números oficiais demonstram que, até mesmo no grupo em que a probabilidade de a mulher trabalhar era tradicionalmente menor — o das mulheres com crianças muito pequenas — cresce o número de mulheres trabalhando.² Até o final da década de 1980, 40% das mães com filhos abaixo dos cinco anos de idade tinham algum tipo de emprego remunerado.³ O número de mulheres que trabalham em meio expediente subiu mais de um quinto desde 1984, e, até 1994, 86% dos empregos de meio expediente na Inglaterra eram de mulheres.⁴ Atualmente, as mulheres representam 25% dos empregos autônomos. Um levantamento efetuado pelo Income Data Services (Serviços de dados sobre a renda e o salário) em 1993 revelou que, em algumas regiões da Inglaterra, há mais mulheres com empregos remunerados do que homens.⁵

Com a probabilidade cada vez maior de trabalhar fora do lar, as mulheres continuam com a carga do trabalho do lar sob seus ombros. Elas continuam com a maior parte das responsabilidades da criação e do cuidado com os filhos e dos problemas e tarefas a eles relativos, tenham elas um parceiro ou não, estejam elas ou seus parceiros empregados ou não. A Conferência Mundial para a Década da Mulher das Nações Unidas afirmou que, quando o trabalho doméstico é considerado, "as mulheres do mundo inteiro acabam trabalhando duas vezes mais horas do que os homens". Um levantamento do National Council of Women of Great Britain (Conselho Nacional de Mulheres da Grã-Bretanha) verificou que, mesmo entre as mulheres com empregos de tempo integral fora do lar, um quinto afirmou que ainda gasta mais energia nos assuntos domésticos.⁶ A tendência é a mesma em toda a Europa, segundo um levantamento efetuado pelo Henley Centre for Forecasting (Centro Henley de Previsões). Apesar das condições das mulheres inglesas serem melhores que as de suas contrapartes na Alemanha e na Itália, elas ainda passam mais do dobro do tempo nas obrigações domésticas que os homens, e, no que se refere a filhos e alimentação, o diferencial é ainda maior.⁷ A maioria das pessoas concorda, em princípio, que as tarefas domésticas devem ser partilhadas. Na realidade, contudo, uma análise feita com dados de 1993 do National Child Development Study (Estudo nacional sobre o desenvolvimento infantil) constatou que 85% das tarefas de lavar e passar roupa são desempenhadas pelas mulheres, 77% das tarefas de cozinha, 75% da limpeza e 66% das compras.⁸ Além disso, as mulheres geralmente têm responsabilidades não-remuneradas com pessoas que não são de sua família direta, cuidados com idosos, doentes e incapacitados.

Quando se soma a quantidade de tempo que a mulher aplica, em média, no emprego remunerado fora do lar e a quantidade de tempo que ela aplica nas tarefas domésticas não-remuneradas, o total de seu tempo de trabalho é assustador.

Esta situação não é novidade: como vimos no capítulo anterior, mesmo quando o espírito lúdico era mais evidente do que hoje, as mulheres sempre trabalharam muito. A amplitude e a extensão de seu trabalho pode não ter sido sempre documentada, mas existe evidência bem sustentada de que o dia de trabalho da mulher começava cedo e terminava tarde. A historiadora Rosalind Miles estimou que, nas sociedades pré-históricas, as mulheres faziam cinco coisas quando os homens faziam uma: "As tarefas da mulher primitiva eram exigentes, incessantes, variadas e árduas." Este padrão repete-se ao longo da história. As mulheres na Inglaterra medieval combinavam o trabalho no campo e a confecção de artigos para venda no mercado, como roupas e mantas, com cuidar dos filhos, cozinhar e limpar. Até o fim do século XVIII, fiar, tecer, fazer velas, trabalhar em minas e fazer cerveja eram trabalhos tradicionalmente executados pelas mulheres, em acréscimo ao cuidado dos filhos e ao trabalho doméstico. Nas fábricas que nasciam na Inglaterra do século XIX, as mulheres eram indispensáveis pelas longas horas que trabalhavam por um salário baixo — como ainda o são. Muitos dos sindicatos criados durante o século XIX para proteger e defender os direitos do trabalhador recusavam a entrada de mulheres como membros, deixando-as vulneráveis a uma exploração ainda maior.[9] Em 1900, só em Lancashire havia um quarto de milhão de mulheres trabalhando em moinhos de algodão. Os salários eram baixos e as horas de trabalho longas, todavia as mulheres continuavam, como antes, responsáveis pelo cuidado dos filhos e pelo preparo do alimento. Na avaliação do crescimento do movimento a favor do voto feminino no norte da Inglaterra, Jill Liddington e Jill Norris revelam um mundo muito distante do mito vitoriano do "anjo da casa", um mundo em que, durante décadas, as mulheres trabalharam fora de seus lares, em fábricas e moinhos de Yorkshire e Lancashire. Essas mulheres conheciam a fundo a "dupla jornada". Uma das entrevistadas mais idosas recordou que "nenhuma causa pode ser ganha entre o jantar e o chá, e a maioria das mulheres que eram casadas tinham que trabalhar com uma mão amarrada nas costas".[10]

Betty Boothroyd, a primeira mulher a ser presidente do Parlamento inglês, também cresceu no norte industrial. Recorda-se claramente de como a vida era dura para sua mãe e para muitas outras mulheres em igual situação que, durante a década de 1930, trabalhavam longas horas nas fábricas têxteis do oeste de Yorkshire e retornavam ao lar para o reinício do trabalho:

> As mulheres tinham uma vida muito, muito difícil. Nas noites de segunda-feira, quando minha mãe chegava em casa, meu pai ligava o aquecimento para a lavagem das coisas. As noites de terça-feira eram dedicadas a passar roupa; as de quarta-feira aos quartos que precisavam ser limpos e arrumados; as de quinta-feira ao resto da casa; as de sexta-feira a assar e cozer para o fim de semana. Era realmente um trabalho de tempo integral o das mulheres. Elas trabalhavam duro mesmo. Muitas eram as únicas a prover o sustento de toda a família. Quando eu era criança, meu pai passou longo tempo desempregado. Minha mãe costumava me dizer: "Sabe, não é porque sou atraente que estou empregada, é porque meu nível de salário é mais baixo que o de seu pai. Esta é a única razão.[11]

A maioria das mulheres, especialmente quando têm filhos, ainda hoje cumpre essa "dupla jornada" que Betty Boothroyd testemunhou durante sua infância. Liz, uma jornalista de 36 anos e mãe de duas crianças, fala por muitas mulheres da atualidade quando diz: "Brincar? Meu dia não tem tempo suficiente para isso. Quando termino todas as coisas que tenho para fazer, é hora de ir para a cama. Acho que não me divirto há anos." Quando se começa a perguntar às pessoas como é a vida delas, como era a dos seus pais e avós, logo fica claro que a visão tradicional do trabalho remunerado como sendo do homem, e o da família como sendo da mulher, é totalmente incorreta: enquanto os homens podem ter tido relativamente pouco a ver com a família, as mulheres sempre tiveram muito a ver com o trabalho.

Em vista da quantidade de funções e tarefas que desempenham, não é de surpreender que as mulheres tenham sempre menos tempo de lazer que os homens. Até mesmo nas áreas onde o desemprego masculino é elevado, e mesmo quando as mulheres são as principais responsáveis pela renda familiar, os homens ainda têm mais tempo de lazer semanal do que suas contrapartes femininas. Em média, as mulheres têm menos 15 horas por semana de tempo de lazer do que os homens.[12] Segundo um levantamento do Henley Centre for Forecasting, o homem médio com emprego de horário integral tem 4,8 horas de tempo de lazer em cada dia da semana, enquanto a mulher média com emprego de tempo integral tem somente 3,3 horas. Nos fins de semana, ele tem 11,4 horas de tempo de lazer enquanto ela tem 9,2 horas.[13] No trabalho de meio expediente aumenta a quantidade de tempo de lazer dos homens e das mulheres, mas não na mesma proporção: as estatísticas oficiais mostram que o homem médio trabalhando meio expediente tem 7,8 horas de tempo de lazer por dia durante a semana e 10,8 horas de tempo de lazer nos fins de semana, enquanto a mulher média trabalhando meio expediente tem apenas 4,7 horas de tempo de lazer por dia durante a semana e 8,6 horas de folga nos fins de semana.[14] Mesmo a esposa e dona-de-casa tempo integral, que é citada como tendo sete horas de tempo de lazer a cada dia da semana, ainda tem no mínimo duas horas menos de tempo de lazer nos fins de semana que o homem médio. Uma análise detalhada efetuada por Richard Layte da Universidade de Oxford sobre como 387 casais usam seu tempo revelou que apesar de, em teoria, os fins de semana oferecerem aos homens e mulheres oportunidades iguais de lazer, na prática, os homens têm mais tempo de lazer que as mulheres, independentemente da condição empregatícia.[15]

Por mais alarmantes que sejam esses números, eles não mostram todo o quadro, já que a questão fundamental do que constitui "tempo de lazer" é muito questionável. Os métodos usuais de medir o lazer geralmente baseiam-se na suposição de que existe uma demarcação nítida entre o lazer e o trabalho, mas o lazer feminino, como todas as mulheres sabem, raramente é tão bem organizado. Um relatório de autoria de Mintel revela que 98% dos homens e mulheres assistem à televisão e ao vídeo no tempo livre, mas não informa quantos indivíduos de cada sexo passam roupa ao mesmo tempo. As mulheres de todas as idades, classes sociais e ocupações executam muito mais este tipo de atividade dobrada do que os homens. A análise de Richard Layte constatou que as mulheres com emprego de tempo integral passavam muito mais que o dobro do tempo dos homens fazendo tarefas domésticas durante o tempo de lazer, enquanto as mulheres com empregos de meio expediente e as mulheres desempregadas têm uma probabilidade *três vezes* maior que os homens de estarem trabalhando quando estão, aparentemente, descansando.[16] Além desta tendência oculta, o prazer oriundo de cada tipo de atividade varia segundo o sexo da pessoa envolvida. Uma atividade aparentemente neutra em termos do sexo da pessoa que a executa, como tomar banho e vestir-se ao acordar, numa sociedade que tem padrões muito mais marcados sobre a aparência feminina, pode ser um empreendimento carregado de mais ansiedade para a mulher do que para o homem. Pode ser que o tempo de lazer do homem e da mulher simplesmente não seja comparável em termos quantitativos, e os estudos que procuram fazer comparações quantitativas, sem levar em consideração essas diferenças qualitativas, estarão arriscados a fornecer uma visão distorcida da verdadeira situação.

O fardo crescente do trabalho

Um fato constantemente negligenciado, causa de grande preocupação, é que *a proporção do tempo que as mulheres passam trabalhando está aumentando*. Não só um número crescente de mulheres em emprego remunerado tem menos tempo de lazer que os homens, como também elas estão passando muito mais de seu tempo de lazer executando tarefas domésticas. Um levantamento britânico em 1993 verificou que somente um homem em cada cem faz uma quantidade de trabalho doméstico igual à das mulheres. Um estudo recente sobre casais recém-casados verificou que a maioria das esposas jovens entrevistadas tinha a expectativa de fazer a maior parte do trabalho doméstico, apesar de a maioria ter empregos de tempo integral. Além disso, sentiam que a limpeza deveria atrapalhar o menos possível a vida do casal, de modo que elas faziam o impossível para conciliar as tarefas de casa com seus empregos, sem perturbar seu tempo de lazer com os maridos. Sentiam-se culpadas quando os maridos ajudavam um pouco mais e aceitavam o fato de precisarem fazer o trabalho doméstico mesmo quando o parceiro usava seu tempo "livre" equivalente em alguma atividade de lazer.[17] Apesar de não ser recém-casada nem especialmente jovem, reconheço essa síndrome na minha própria vida: se meu marido está lendo o jornal enquanto estou lavando a louça, fico ressentida; se estou lendo o jornal enquanto ele está lavando a louça, sinto-me culpada.

Apesar dos dispositivos de economia de trabalho, apesar de mais mulheres escolherem trabalhar fora de seus lares em empregos remunerados, apesar das mudanças nas atitudes masculinas com relação às tarefas domésticas e ao cuidado dos filhos, a quantidade de tempo que a mulher média gasta trabalhando está crescendo. Esta tendência está surgindo nos últimos 40 ou 50 anos. Em 1952, uma mulher com emprego nos EUA passava uma média de quatro horas e seis minutos por dia em tarefas domésticas; em 1968 ela já estava passando mais de cinco horas nas tarefas domésticas. Esse mesmo período, de 1952 a 1968, testemunhou a diminuição da defasagem entre a quantidade de tempo gasto nas tarefas domésticas pela mulher empregada e pela mulher dona-de-casa. Em outras palavras, a teoria de que sair para trabalhar alivia as mulheres das algemas domésticas não foi colocada em prática. Os números no Reino Unido revelam a mesma tendência. A socióloga britânica Carolyn Vogler constatou que, até mesmo em lares onde o homem e a mulher tinham emprego de horário integral, a mulher ainda era a responsável pelo trabalho doméstico em 85% dos casos.[18] Somente nos casos em que o homem estava desempregado e a mulher tinha um emprego de horário integral é que ela começava a abandonar algumas responsabilidades. Mesmo assim, em metade dos lares com essa situação empregatícia, ela ainda era responsável pelo trabalho doméstico.[19] Apesar de as mulheres que trabalham fora dedicarem menos horas às tarefas domésticas em geral do que as mulheres desempregadas ou as donas-de-casa por opção, na verdade a situação muda muito pouco quando se analisa o trabalho doméstico que desempenham em proporção ao tempo *disponível*. O emprego remunerado pode proporcionar às mulheres algumas das coisas de que necessitam — companhia, dinheiro e variedade, por exemplo — mas não parece liberá-las do tempo dedicado ao trabalho doméstico. Um levantamento empreendido pela revista *She*, em 1992, verificou que 90% de 1.000 mulheres pesquisadas sentiam que seu trabalho não remunerado não era suficientemente reconhecido. Este trabalho, mal remunerado e desvalorizado tal qual é, na verdade é de um valor enorme para a sociedade. Naomi Wolf, em *The Beauty Myth (O mito da beleza)* escreve: "A economia dos países industrializados entraria em colapso se as mulheres deixassem de fazer o trabalho que executam de graça."

A classe social já foi um fator determinante da quantidade de tempo que as mulheres despendiam em tarefas domésticas, mas deixou de ser. Na década de 1930, as donas-de-casa da classe média faziam metade do trabalho doméstico das donas-de-casa da classe trabalhadora; em 1961, a diferença entre os dois grupos já era insignificante, e as mulheres da classe média estavam fazendo muito mais do que anteriormente.[20] Isto se explica, em parte, pelo declínio da classe serviçal durante e após a Segunda Guerra Mundial, o que levou muitas mulheres da classe média a desempenharem, pela primeira vez, seu próprio trabalho doméstico. Apesar das alegações dos anunciantes e da grande esperança das donas-de-casa, os dispositivos para economia de trabalho, que se tornaram artigos de uso doméstico nos anos 50 e 60, como a máquina de lavar roupa e o aspirador de pó, na verdade reduziram muito pouco o tempo gasto no trabalho doméstico. Em meados da década de 1970, os homens despendiam mais ou menos um quinto do total de seu tempo de trabalho em tarefas domésticas, enquanto as mulheres utilizavam mais ou menos metade do total de seu tempo de trabalho.[21] No final da década de 1980, as mulheres eram responsáveis por mais de dois terços do tempo que um casal consumia em trabalho doméstico, independentemente de sua condição empregatícia.[22] Nos Estados Unidos, a carga de trabalho das mães empregadas cresceu 165% nos últimos 25 anos.[23]

Os filhos, evidentemente, exacerbam o problema. Hoje, na Inglaterra, uma em cada cinco mulheres com filhos dependentes trabalha tempo integral, e duas vezes esse número tem emprego de meio expediente.[24] Ainda assim, a pesquisa mostra, com dados conclusivos que, uma vez que a mulher tenha filhos, a quantidade de trabalho não-remunerado que ela desempenha cresce abruptamente enquanto permanece imutável para o homem, com óbvias implicações negativas para o tempo de lazer feminino.[25] Em 1975, um casal inglês médio, sem filhos, com ambos os cônjuges em empregos de horário integral, executava, aproximadamente, a mesma quantidade total de trabalho remunerado e não-remunerado: por volta de oito horas por dia. Quando os filhos surgiam no cenário, o quadro modificava-se drasticamente: o tempo do homem relativamente não era afetado: seu total de trabalho não-remunerado diminuía muito pouco, cinco minutos, e seu trabalho remunerado aumentava muito pouco, oito minutos. Já o trabalho não-remunerado da mulher aumentava vertiginosamente, mais de uma hora por dia, enquanto seu total de trabalho remunerado caía só 35 minutos.[26] A situação piorou nos últimos vinte anos. Hoje, os homens têm uma probabilidade de experimentar uma queda de 37% de seu tempo livre quando se tornam pais, de 50,1 horas para 31,6 horas por semana, mas o tempo livre das mulheres cai 52% quando se tornam mães, de 46,6 horas para apenas 22,5 por semana.[27]

Por que gastamos tanto do nosso precioso tempo livre no trabalho doméstico? Nossas casas estão maiores? Mais limpas? *O que* está acontecendo? A resposta pode estar numa situação paralela que surgiu na década de 1960, quando as mudanças no mundo da moda coincidiram com o crescimento fenomenal da indústria da dieta. Diz-se que, quando as roupas muito apertadas pelos espartilhos e cintas deixaram de restringir fisicamente o corpo feminino, a pressão cultural levou as mulheres a "amoldarem" seus corpos à forma da moda. O tipo esguio e magro da década de 1960 exigia um corpo magérrimo sem o auxílio do corpete firme. A tirania física que a moda exerceu durante vários séculos sobre as mulheres foi finalmente exposta como a maior tirania cultural que sempre foi. Da mesma forma, talvez a tirania do trabalho doméstico seja uma faceta de como o tempo e a energia das mulheres foram sempre manipulados e refreados. Agora, contudo, com quantidades crescentes de mulheres em empregos remunerados e quantidades decrescentes de mulheres cuja "função" é fazer o trabalho doméstico, a tirania do trabalho doméstico se fez evidente. O trabalho remunerado retira a capa e revela o trabalho doméstico pelo que ele é: algo que as mulheres fazem porque ninguém mais quer fazer. Quando a moda não mais nos limitou com os ossos e os espartilhos, curvamo-nos aos seus rigores de outras maneiras; quando a ausência de um trabalho remunerado deixou de ser a justificativa para a carga de trabalho doméstico, nós o assumimos do mesmo modo, além do trabalho remunerado que desempenhamos. Assim como muitas mulheres ainda não se sentem com direito a escolher o tipo físico que desejamos ter, parece que também não se sentem, ainda, com direito a escolher o trabalho que desejamos fazer. Queimamos nossos sutiãs — metaforicamente pelo menos —, mas descobrimos outras maneiras para controlar nossa forma física; rejeitamos cada vez mais o papel de esposa, dona-de-casa e mãe em tempo integral (quase ninguém pára de trabalhar quando casa hoje em dia), mas ainda nos responsabilizamos pelo trabalho doméstico e pela criação dos filhos como antes.

A mulher industrial

A quantidade de tempo que as mulheres consomem hoje em dia trabalhando, sem dúvida restringe seu tempo disponível para o lazer. Mas o lazer feminino é, *em si*, parte do problema. Ainda que o tempo de lazer seja, em potencial, uma oportunidade importante para a brincadeira e a diversão, na realidade o lazer das mulheres raramente é divertido.

Além de os homens desfrutarem mais tempo de lazer que as mulheres, eles também fazem uma variedade maior de coisas durante seu lazer. Em geral, praticam mais esportes, vão mais a bares e restaurantes e ouvem mais música que as mulheres. Em contraste, o lazer das mulheres apresenta um panorama desanimador: longe do lar, uma grande proporção das mulheres passa seu tempo fazendo compras ou executando trabalho de caridade (não muito divertido), enquanto, em casa, elas seriam encontradas tricotando, costurando e vendo televisão (este último ainda menos).[28] Está explicado, então, por que as mulheres, que almejam ardentemente ter tempo livre, quando o conseguem sentem-se insatisfeitas.

Katherine, de 37 anos, é montadora de filmes para uma companhia de produção independente. Tem um grande círculo de amigos que encontra regularmente e, em muitos aspectos, tem uma vida profissional e social realizada. Apesar disso, foi ao Dia da Brincadeira devido a uma "sensação de insatisfação com sua vida". Katherine resumiu o problema de muitas mulheres ao descrever seus sentimentos sobre o tempo de lazer:

> Quero descobrir meios de relaxar em vez de desmoronar, mas é difícil usar adequadamente o tempo livre. Quando percebo, minha mente está rodando, precisando liberar-se com alguma coisa, ser completamente absorvida por alguma coisa. Mas é muito difícil relaxar e realmente me soltar, com tantas coisas que precisam ser feitas num dia. Tenho um sonho de uma vida numa casa de campo mágica, fazendo uma porção de coisas maravilhosas e o dia só começando. Mas por que não posso fazer essas coisas no aqui e agora, por que elas precisam acontecer num mundo imaginário? De vez em quando tenho lances de brincadeira na minha vida, mas não o suficiente. Quero descobrir meios de concentrar-me em alguma coisa que não me canse só pelo fato de estar concentrada nela! Acho que é a diferença entre nadar distâncias medidas na piscina e construir um castelo de areia na praia.

Nadar distâncias na piscina é um exemplo típico da maior parte do que passa por lazer na vida das mulheres. Uma tarde, um ano ou dois atrás, eu estava nadando, aplicada, para lá e para cá na piscina do bairro, quando um grupo barulhento e exuberante de estudantes estrangeiros mergulhou e ficou espalhando água para todos os lados com muita alegria e uma total desconsideração pelos divisores de raia ou pela tranquilidade organizada dos nadadores. Mas eram eles que estavam brincando, não eu. Houve um tempo em que eu não teria sonhado em ir nadar distâncias, mas lá estava eu para um exercício sério. Agradável até certo ponto, pois permitia-me tempo para pensar, relaxar, esticar os músculos cansados, revigorar uma circulação lenta, e porque realmente me sentia melhor depois. Mas *divertido*? Não.

As mulheres vivem sob constante pressão para se ocuparem e usarem seu tempo de modo produtivo. Isto inevitavelmente influencia a maneira como elas passam o tempo, com implicações diretas e mutiladoras para sua capacidade de brincar. Em vez de fazerem as coisas pelo simples prazer de fazê-las, há uma tendência avassaladora entre as mulheres a só fazerem alguma coisa se, antes, puderem encontrar "uma boa razão". Os castelos de areia que secretamente desejamos construir seriam levados pela próxima onda do mar, mas nadar distâncias desenvolve uma boa forma física, enrijece os músculos, queima algumas calorias indesejadas. Não importa que nadar distâncias seja maçante até não mais poder, nem que o prazer de construir castelos sobreviva à mudança da maré.

Através da história, a mulher dedicada e zelosa tem sido exaltada como virtuosa, enquanto a mulher que negligencia os deveres em favor do prazer tem sido censurada. A literatura oferece em fartos exemplos, da paciente Griselda à Esposa de Bath que busca o prazer, da submissa Elaine à adúltera Guinevere, da obediente Pequena Dorrit à voluntariosa Emma Bovary. A indolência na mulher foi retratada como pior até mesmo do que a tagarelice: a heroína Emma, de Jane Austen, com sua mente confusa, volta-se contra a tagarela Srta. Bates, e fica evidente qual das duas mais merece censura. Emma é retratada como uma mulher jovem, sem um emprego adequado, cuja conseqüência é ocupar-se com assuntos inadequados — promover casamentos românticos —, mas logo percebe que perdeu o controle da situação. O dia é salvo pelo sério e trabalhador Sr. Knightley. Em absoluto contraste com Emma está Pamela, a heroína epônima do romance de Samuel Richardson (cujo subtítulo é *Virtue Rewarded* — *Virtude recompensada*), tão comprometida com fazer o que é correto e bom que pareceria absurda a um leitor moderno. Mas quando o romance foi publicado pela primeira vez, em 1740, logo alcançou um sucesso estrondoso, e Pamela foi anunciada como o ideal da retidão moral. O romance traça a história de uma serviçal bela, inocente e trabalhadora chamada Pamela, cuja vida fica tumultuada quando sua gentil ama falece e o Sr. B., seu filho, passa a ser o cabeça da casa. O Sr. B. não consegue pensar em quase nada além de seu desejo por Pamela, e parece não ter muito mais a fazer, além de inventar meios de satisfazer seus sentimentos. Pamela, contudo, resiste às suas investidas com persistência e determinação. Furioso e desesperado, o Sr. B a seqüestra e aprisiona, tenta violá-la e chega a armar uma cerimônia de um falso casamento para induzi-la à submissão. Tudo em vão. Mais tarde, a firmeza de Pamela é recompensada pela transformação do desejo egoísta do Sr. B. em amor genuíno e numa proposta de casamento (verdadeiro). Ao longo do livro, a virtude de Pamela é salientada por sua atividade e dedicação: estar desempregada é, para ela, tão intolerável quanto as investidas indesejadas de seu amo. Durante seu aprisionamento, ela se permite a "diversão" de ler e escrever, mas só porque "não tem nenhuma tarefa por fazer". Com os livros que, relutante, se permite ler, ela espera, contudo, "aprimorar-se, além de divertir-se".[29]

Em meados do século XIX, uma mulher que não fosse ocupada e zelosa arriscava-se à censura moral. A pressão sobre as mulheres para usar seu tempo de maneira produtiva e virtuosa era extrema. Um artigo no *Saturday Review*, em 1868, atacou as mulheres jovens "cuja única idéia da vida [era] muita diversão e luxo".[30] As prostitutas eram demônios, e as endemoninhadas da sociedade vitoriana eram insultadas, não só por sua imoralidade mas também por sua rejeição aos modelos contemporâneos aceitáveis de comportamento feminino. O ideal de esposa e mãe era tão poderoso e difundido que as mulheres não casadas eram vistas como um problema social e causa de considerável preocupação.[31] Não importavam suas realizações; as mulheres solteiras eram vistas como "supérfluas". Os jornais traziam artigos sobre o tema, comentaristas sociais o analisavam: qual seria a melhor forma de ocupação para essas mulheres, na ausência de marido e filhos? Segundo a historiadora Martha Vicinus, "se a prostituta simbolizava os extremos da paixão desenfreada e do mal na mulher, à solteirona era impingida uma absoluta pureza e bondade. Esperava-se que ela permanecesse virginal e completamente abnegada para todos os que dela necessitassem".[32]

Esse foi o legado que herdamos e aceitamos amplamente. Um espírito de zelo e dedicação imbui a forma como muitas mulheres passam seu tempo. A mulher industrial é compelida a um estado de ocupação crônica que, além de diminuir o tempo de lazer verdadeiro, é contrário ao próprio espírito lúdico.

Amaldiçoada com o espírito prático

Alison, uma editora de mais ou menos trinta anos de idade, casada e com um filho, participou do *workshop* do Dia da Brincadeira de 1991. Não tinha dificuldades em identificar em si mesma o fenômeno da mulher industrial.

> Minha mesa no trabalho é cheia de pequenos lembretes como "Levar os sapatos para mudar o salto", "Enviar cartão de aniversário para fulano", "Comprar pão, leite e queijo". Preciso pensar nestas coisas e nas outras dez que estou tentando fazer no trabalho. A mulher pode ser melhor que o homem na habilidade de guardar seis coisas na cabeça ao mesmo tempo, mas isso não é bom para ela, é terrível e muito cansativo. A cabeça da mulher tem todas essas coisas que a do homem não tem. Elas se amontoam sem nenhuma ordem na mente, e se a mente fica desordenada com toda essa confusão, fica difícil concentrar-se em qualquer aspecto da sua vida. Isto vai contra a capacidade de se soltar na brincadeira.

O famoso "talento" feminino para administrar as coisas práticas da vida é, na verdade, uma maldição. Aprendemos a ser muito organizadas para enfrentar as incontáveis tarefas que enchem nossos dias; em troca, somos elogiadas por nossa capacidade organizacional e nossa habilidade de pensar em várias coisas ao mesmo tempo. Mas existirá um preço a pagar por essa genialidade prática? Não estaremos procurando chamar a necessidade de virtude, quando ela nos serve de vício? A simples quantidade de trabalho das mulheres obriga-nos a ser eficientes, práticas e ocupadas, mas não deveríamos estar preocupadas com o grau em que aceitamos essa pressão de nos ocuparmos com coisas úteis, internalizando isto como um tipo de quintessência feminina? Não seria esse talento utilitário simplesmente uma estratégia para conseguirmos resolver as coisas que as mulheres tiveram de aprender e que os homens cuidadosamente ignoraram e passaram adiante? Isso não nos limitaria mais ainda por nos distinguir como admiráveis? Vera Brittain observou muito bem que "a maioria das potenciais filósofas mulheres não puderam encontrar tempo ou energia para os problemas abstratos porque tiveram de fazer face às milhares de soluções que as esperavam no âmbito do concreto." Será mesmo tão digna de elogios essa habilidade prática? Não estaremos mais semelhantes aos gansos alimentados a força cujos órgãos rompidos transformam-se na guloseima *foie gras* — valorizada por nossa capacidade de deformação?

A filha de 38 anos de um escultor famoso relatou que, quando seu pai morreu, ela encontrou seu estúdio cheio de pequenas esculturas inacabadas. Muito do que ele fez, disse ela, estava inacabado, talvez nunca tenha tencionado terminá-las. Parte de sua criatividade estava na capacidade de esquecer a idéia de produto acabado e ficar plenamente envolvido no processo de criar. "Quando pinto ou esculpo", disse ela, "por mais que procure desfrutar o processo, estou sempre consciente de querer terminar alguma coisa. Sou prática demais para ser realmente lúdica e criativa. O mesmo acontece com a costura ou o tricô: sou muito orientada pelo objetivo para conseguir estar inteira me divertindo com a atividade; minha mente está sempre fixada no produto final, e eu muito interessada em chegar lá. Acho que é por isso que poucas mulheres são artistas plásticas. As mulheres acham difícil brincar porque estão acostumadas demais a pensar em termos da utilidade de suas atividades. Degas nunca pensou em nada como sendo acabado."[33]

A criatividade e a diversão têm pouco a ver com a utilidade, mas nossas mentes úteis contêm pouco espaço livre para a criação. Quando Virginia Woolf, em 1930, escreveu "não entra na minha cabeça que alguma mulher com família consiga escrever alguma coisa: sempre a campainha toca ou o padeiro telefona", lamentava que as tarefas práticas invadissem constantemente o espaço e a energia criativos da mulher. Quando um homem diz, com um sorriso charmoso de desculpas, "sinto muito, esqueci-me totalmente de recolher a roupa da secadora/pendurar a roupa lavada/alimentar o gato/esterilizar as mamadeiras do bebê (suspiro). Você é tão melhor do que eu em lembrar todas essas coisas, querida, não sei como você consegue", não se engane: ele está protegendo o direito dele ao seu espaço mental, emocional, de lazer, de brincar. Está se recusando a ser oprimido pelas coisinhas mundanas do dia-a-dia. Se nós, mulheres, pretendemos saborear os frutos da diversão verdadeira, precisamos começar a nos recusar também.

A síndrome da superatarefada

Alguns anos atrás, uma conhecida revista feminina publicou um artigo intitulado "Tempo Para Mim". Começava com uma recomendação promissora: "Repense suas prioridades e aprenderá que passar a roupa pode esperar, mas que o tempo para cuidar de você mesma é agora."³⁴ O artigo descrevia "um ciclo traiçoeiro de privações", no qual as mulheres estão tão ocupadas satisfazendo as necessidades de todo o mundo mais que se esquecem delas próprias. Acrescentava que as mulheres sentem-se culpadas quando tiram tempo para elas: "Com uma pilha de roupa suja num canto e um parceiro querendo companhia no outro, a mulher precisa ter um ego forte para anunciar que, em vez disso, vai aplicar uma máscara no rosto." A partir daí o artigo encorajava as mulheres a tratar suas necessidades com seriedade e a tentar reservar um horário na semana para si.

Os problemas que o artigo citava são verdadeiros, mas ele oferecia poucas soluções além de sugerir um fim de semana de vez em quando numa fazenda do gênero *spa* e citar uma mulher que tinha encontrado "Tempo Para Mim" pagando uma esteticista para ter regularmente um tratamento de beleza em casa. Mais perturbador é o texto acrescentado ao final do artigo que dava o seguinte conselho: "Uma vez por semana, entre no banheiro, tranque a porta e presenteie-se com uma dose de tempo privado (...) Encha a banheira de água morna e acrescente um óleo aromático relaxante e calmante (...) Arranje um tempinho também para cuidar rapidamente dos pés." Justo quando a leitora pensava que ia poder agir segundo uma dessas 1.500 palavras de sabedoria, sendo persuadida a esquecer todas aquelas coisas que ela *deveria* estar fazendo e a ter um tempo para fazer o que ela *quer*, percebia-se de volta no mundo dos imperativos: "Sempre cuide dos pés logo após o banho quando maciez da pele e das unhas é maior"; "Retire a pele dura dos calcanhares com uma pedra-pome natural, depois passe um pouco de óleo de amêndoa"; "Corte as unhas dos pés bem rentes usando um cortador especial, nunca a tesoura"; "Não deixe de esfregar cada unha com loção removedora para eliminar o óleo." E isso era para ser tempo livre! Sem falar nas horas de almoço perdidas procurando o óleo aromático, a pedra-pome, o cortador de unhas e a loção removedora. Tranque a porta do banheiro, mas leve suas obrigações com você.

Esse artigo é um exemplo especialmente exagerado, apesar de nem um pouco excepcional, de como, mesmo quando as mulheres parecem estar tirando tempo para si, estão sob pressão para usá-lo em alguma coisa útil, nesse caso amaciando a pele e embelezando os pés. Justo quando aquela mudança importante, uma saída que nos permitiria brincar, começava a parecer uma possibilidade, ela era arrebatada para longe de nosso alcance outra vez. A mensagem subliminar e muito familiar do artigo é a de que o Tempo Para Mim só é justificável quando usado produtivamente. No caso do artigo, o produto é a própria mulher.

A busca da beleza física devora o tempo, dinheiro e energia da mulher, como descreveu muito bem Naomi Wolf em *The Beauty Myth (O mito da beleza).*[35] Milhões de libras são gastas a cada ano em alimentos dietéticos, revistas e livros sobre dietas. Outros milhões mais são consumidos em cosméticos. Loções de limpeza são vendidas como poções de cura modernas; a água, ingrediente principal na maioria desses produtos, é tão santa hoje quanto o era para os peregrinos cristãos na Idade Média. A busca da beleza física é uma faca de dois gumes: por um lado fornece às mulheres um meio justificável para o auto-afago e uma pausa necessária das exigências da vida diária; num outro nível, volta-se para o auto-aprimoramento em vez da auto gratificação. Em todas as cidades do país há mulheres pulando em aulas de aeróbica, não se divertindo, mas trabalhando duro; depois, no vestiário, elas podem ser vistas, umas magras como um palito, outras gordas de dar dó, as faces tensas, nem um pouco relaxadas. "Melhorando minha aparência", quase dá para ouvir seus pensamentos, "me sentirei melhor e, me sentindo melhor, enfrentarei melhor". Aulas de ginástica, ginásios com aparelhos e piscinas são parte do extenso arsenal utilizado por muitas mulheres na batalha contra sua forma ou peso. Exercitar-se é um outro item na lista de Deveres das mulheres e Diversão verdadeira o último em sua mente.

Uma legião de Deveres atravessa o tempo de lazer das mulheres, e as revistas femininas reforçam isso constantemente. Ao mesmo tempo que se apresentam como as melhores amigas das mulheres, suas confidentes, confessoras e conselheiras, passam mensagens poderosas que as consomem, depreciam e desvalorizam. Um artigo destinado a ajudar a mulher a amar seu próprio corpo é acompanhado de uma foto ou anúncio de uma modelo cujo corpo muito provavelmente levará a leitora a odiar o seu próprio. Um artigo com o objetivo de ajudá-la a se preparar para o Natal é cheio de "dicas úteis" que só podem levá-la a sentir-se oprimida por sua ineficiência e falta de planejamento. As revistas femininas são um fenômeno paradoxal: oferecem-nos uma cenoura para nos açoitarmos; ao mesmo tempo enchem-nos de esperanças e com elas nos punem. "Quer se sentir bem?", murmuram-nos das estantes. "É claro que quer. Apenas compre-me, leia-me, e eu direi como. Mas antes devo lembrar-lhe o quanto você é imperfeita..." Apesar de evocarem a imagem da leitora relaxada em seu lar tranqüilo e arrumado, passam-nos uma mensagem de urgência: "Não fique aí sentada, você precisa entrar em forma, ficar magra, conseguir ser levada para a cama."

A tensão presente na essência das revistas femininas retrata a tensão que existe na leitora. Este conflito interior entre o que somos, o que sonhamos ser e o que tememos vir a ser é encapsulado nas páginas das revistas que lemos: elas ao mesmo tempo refletem a realidade e oferecem soluções e escapes temporários. "Acredite em si mesma!", proclamam os artigos, enquanto os anúncios laterais acrescentam "mas só se comer isto, usar aquilo, parecer aquilo outro." Ler revistas é um luxo admissível porque, pelo preço de uma revista, você recebe receitas, modelos de tricô, idéias para presentes de aniversário, dicas sobre cuidados com as crianças, sem mencionar os conselhos sobre seu penteado e sua vida sexual. Ler revistas é um luxo admissível porque promete ajudar as mulheres a enfrentar suas obrigações incessantes para com os outros. Ler revistas é um luxo admissível porque, ainda que pareça lazer, na verdade é uma forma de trabalho.

Mereça pelo trabalho ou rejeite

A pressão para ocupar-se influi na maneira como as mulheres utilizam a maior parte de seu tempo, tanto o de trabalho quanto o de lazer. Ficou tão poderosa e difundida que muitas pessoas hoje em dia sentem que a alegria deve ser merecida através de algum tipo de trabalho. Há muito esquecemos a máxima de Tomás de Aquino que diz: "Nem tudo que é mais difícil é necessariamente mais meritório."[36]

Merecer pelo trabalho pode adotar a forma de correr dez quilômetros antes de permitir-se o prazer de um prato delicioso, ou lavar a roupa antes de sentir-se com direito a sentar para ler um livro. "Desobediente mas simpático" foi um dos *slogans* de propaganda de maior sucesso de todos os tempos, e a agência que o criou realmente conseguiu o que queria. A essência do sucesso da campanha era o modo como ela negociava o entendimento implícito de que devemos merecer o prazer. "Continue, gratifique-se" era a mensagem poderosa do *slogan* que só poderia dar certo numa cultura que em geral impõe às pessoas o exato oposto: resistir aos instintos, impulsos e desejos.

Em nossa cultura, a culpa do prazer só é inteiramente aliviada pelo trabalho. Isto se aplica até mesmo às crianças: recentemente, a diretora de uma escola pública em Londres anunciou orgulhosa: "Não falamos em brincadeira. Sempre usamos a palavra trabalho." As 29 crianças de sua escola ainda não têm cinco anos de idade mas já aprenderam muito sobre a ética prevalecente em nossa cultura.[37] Sem merecermos o lazer através do trabalho — e muitas vezes apesar de o termos mais do que merecido — sentimo-nos "culpadas", "egoístas", "desobedientes" ou "preguiçosas" quando nos permitimos algum tempo livre.

Isso cria sérios problemas para as mulheres desempregadas. Como merecer o lazer na falta do contexto do trabalho que o promove e legitima? A caricatura familiar da dona-de-casa de subúrbio que, com toda a calma, passa sua manhã de um café para outro, tirando um pouquinho de pó aqui e ali nos intervalos, está muito distante da realidade. *The Women's Room (O aposento da mulher)*, de Marilyn French, foi *best-seller* nos anos 70 porque deu voz à frustração que muitas mulheres sentiam quando se defrontavam com a monotonia repetitiva das tarefas domésticas e o restrito tempo livre para ver as vizinhas. O estudo sociológico de Hannah Gavron, *The Captive Wife (A esposa prisioneira)*, publicado pela primeira vez em 1966, também destruiu o mito da dona-de-casa feliz revelando a angústia, solidão e depressão de que sofriam muitas mulheres nessa posição.

As mulheres desempregadas, mais do que qualquer uma de nós, necessitam comprovar, através de seu trabalho não-remunerado, que qualquer lazer que tenham é muito bem merecido. Mas isto não é fácil quando a própria natureza do trabalho doméstico não-remunerado é ser interminável. O trabalho de uma mulher nunca está pronto, em parte porque o trabalho doméstico nunca termina. Uma complicação adicional é o fato de, para muitas mulheres, trabalho e lazer precisarem acontecer no mesmo espaço físico, o lar. O refúgio tradicional do lazer do homem, o quarto de ferramentas do jardim, é geográfica e simbolicamente separado da casa. O lazer da dona-de-casa — na verdade, de qualquer pessoa com a responsabilidade do trabalho doméstico, isto é, a maioria das mulheres — não tem demarcações externas. O trabalho remunerado tem seus problemas, mas realmente fornece uma estrutura útil, algumas normas para o tempo livre legítimo (apesar de mesmo o "tempo livre" em geral estar repleto da consciência da própria atividade da qual estamos tirando o tempo livre).

A pressão para merecer o lazer afeta todas as mulheres, tenham elas um emprego remunerado fora do lar ou não. Uma maneira de tentarmos escapar deste conflito de interesses é adotar *hobbies* que envolvem um elemento de trabalho. Na suposição de que mudar é tão bom quanto descansar, muitas mulheres usam certos tipos de trabalho, remunerado ou não, para justificar tirar tempo livre de outros tipos de trabalho. A igreja e a caridade são exemplos óbvios, mas são um tipo de lazer que aparece com muitos disfarces: a hora do almoço será provavelmente utilizada na procura de uma fazenda para novas cortinas em vez de um passeio pelo parque sentindo o aroma das flores; é muito mais provável que as mulheres matriculem-se numa aula noturna de culinária ou corte e costura do que de macramé ou pulo de trampolim. Na Faculdade de Educação Continuada de Oxford, a matrícula para 1996 indica essa tendência: três dos cursos mais populares entre as mulheres foram corte e costura, comunicação positiva e introdução ao aconselhamento. Por outro lado, somente quatro mulheres inscreveram-se para gravura em madeira. Mesmo no nosso tempo de lazer, tendemos a fazer as coisas porque são úteis em vez de pelo puro prazer de fazê-las. Algumas vezes, porém, os dois podem vir juntos. No Dia da Brincadeira, Caitlin insistiu que, para ela, ir às compras *era* verdadeiramente prazeroso: "Eu não vou para comprar, só para olhar. Adoro perambular pelas grandes lojas de departamentos, ver todas as coisas diferentes que oferecem, especialmente aquelas lindas fazendas empilhadas e os botões e carretéis coloridos. Sempre me sinto como uma menininha numa fantástica loja de brinquedos, boquiaberta, maravilhada com tudo!"

Talvez mais típica seja Penny, de 29 anos, que decidiu adotar um *hobby* para contrabalançar as pressões de seu emprego. "Resolvi aprender violão, uma coisa que sempre quis fazer. Mas, apesar de querer tocar por prazer, achei difícil desfrutar. Acho que minha abordagem foi errada, e acabei tratando aquilo como um segundo emprego. Ficava muito preocupada em praticar e tocar bem. Ficou sendo uma obrigação nada relaxante e certamente nem um pouco divertida. Depois de uns dois meses desisti porque estava muito estressante!"

A pressão para merecer o lazer através de alguma espécie de trabalho é sentida pelos homens e mulheres em nossa cultura, mas, dado o significado especialmente complexo do emprego feminino, não é de surpreender que precisar merecer o lazer crie problemas especiais para as mulheres. Qual é o ponto em que suficiente é suficiente? Quando exatamente a pessoa tem permissão de parar? Acrescente-se a isto a ênfase no serviço auto-sacrificante das mulheres (que será desenvolvido no Capítulo 6), e fica evidente que o trabalho da mulher é um empreendimento de tempo integral que deixa muito pouco espaço para a diversão. A pressão para empregar o tempo utilmente até mesmo durante o lazer é um zumbido constante no fundo de nossas mentes e sufoca as vozes interiores que nos chamam a brincar. Mesmo quando realmente começamos a brincar, aquele mesmo zumbido está sempre lá, ameaçando se sobrepor, subjugar, e muitas vezes conseguindo.

Destruindo o mito do lazer

Segundo o mito do lazer, o lazer é livre e igualmente disponível a todos; as mulheres que não possuem emprego remunerado não estão trabalhando e portanto estão em lazer; o lazer é uma entidade clara que existe no tempo que não está tomado pelo trabalho. De qualquer perspectiva que se escolha para ver a questão de como as mulheres passam seu tempo, isto é, do ponto de vista do trabalho ou do lazer, aparecem as mulheres como uma classe profundamente sem lazer na sociedade moderna. Como uma flor lutando para desabrochar sob uma tonelada de cimento, o lazer das mulheres vive sob pressão. De onde quer que venham as restrições e as expectativas, seja dos filhos, pais, parceiros, amigos ou delas próprias, a evidência sugere que, de modo geral, é muito difícil para as mulheres dar prioridade às suas próprias necessidades individuais de lazer. Como o lazer é um contexto-chave para a diversão e a brincadeira, o lazer sob pressão também é diversão sob pressão. É difícil as mulheres serem verdadeira e regularmente lúdicas quando suas vidas só oferecem oportunidades ocasionais e restritas de brincar.

A ética do trabalho está florescendo no trabalho das mulheres e nas atividades de lazer femininos. O lazer útil é superior. Seja na forma de tricotar na frente da TV, fazer *chutney* para a festa da igreja ou queimar calorias numa academia, o lazer das mulheres está muito prejudicado pelo conceito da utilidade. A utilidade e a ocupação caracterizam muito o lazer feminino e, como resultado, aniquilam muitas oportunidades de diversão e brincadeira da mulher. A preocupação com o exercício e a dieta é apenas parcialmente uma reação à pressão cultural para estar numa forma física específica, de estar magra, em boa forma ou musculosa; ela é também o produto de um pré-requisito muito mais profundo, o de que as mulheres não devem estar confortavelmente descansando. Elas raramente estão descansando, nem são encorajadas a tal, pois a sociedade é muito melhor servida por mulheres que estão num estado perpétuo de ocupação; por mulheres que aceitaram que seu trabalho nunca está terminado; por mulheres que se esqueceram do que é brincar e ser lúdica, e que, mesmo quando se lembram, nunca têm tempo para fazer alguma coisa nesse sentido.

6
O imperativo de servir

*"Ela sucumbiu ao seu pedido — abandonou
As brincadeiras da sua vida
Para assumir a honra do trabalho
De mulher e de esposa."*
(Emily Dickinson, Select Poems)

Observe uma criança pequena feliz, olhando à sua volta, incorporando as formas, cores e barulhos dos objetos e pessoas ao seu redor, o tempo todo vigilante e questionadora; essa criança está centrada em seu mundo, todas as coisas emanam de onde ela está; a brincadeira é possível precisamente porque ela ocupa aquele lugar central. A história da brincadeira na vida das mulheres é, com muita constância, uma história de *deslocamento*, de perda de si mesmas como seres no centro de sua existência.

Uma das principais causas desse deslocamento é a tendência a colocarmos outras pessoas em primeiro lugar, a deixarmos que outros ocupem o espaço central enquanto orbitamos à sua volta. Essa tendência é, em si, o resultado das pressões culturais que insistem que devemos encontrar realização e sentido de vida através da felicidade dos outros e que, mesmo não conseguindo, ainda assim devemos continuar valorizando as necessidades alheias em detrimento das nossas. "Egoísmo" é uma palavra com conotações muito diferentes quando aplicadas aos homens e às mulheres. Chame um homem de "egoísta" e, num certo sentido, estará afirmando sua masculinidade: o adjetivo implica determinação, franqueza, ambição — não de todo bom, mas tampouco de todo mau. Chame uma mulher de "egoísta" e estará fazendo um comentário francamente depreciativo sobre ela: o mesmo adjetivo agora subentende maldade, algo fora do natural, abandono do dever. O egoísmo pode ser uma confirmação da masculinidade para o homem mas, para a mulher, só indica falta de feminilidade. Ele tem lugar na vida do homem mas nenhum na da mulher. Na mulher, qualquer ato de arrogância ou de afirmação de seus direitos e deveres, por menor que seja, traz consigo o risco de censura. Não que sejamos todas santas como a madre Teresa (nem seria o desejo da maioria), mas o parâmetro para julgamento dos nossos pensamentos e ações ainda é o da auto-abnegação. E se decidimos não atingir este objetivo estamos, na realidade, reforçando o ideal que deveríamos estar almejando. A inescapável sensação de falha e culpa quando realmente colocamos nossas necessidades à frente das dos outros cria uma espécie de confusão mental que solapa os benefícios da ação: quando sentamos com um livro em vez de tirar a mesa; quando aparecemos na casa de um amigo e deixamos as crianças chegarem numa casa sem ninguém; quando ficamos na cama numa manhã de domingo e deixamos outra pessoa pendurar a roupa lavada, estamos fazendo uma coisa boa ou ruim?

O treinamento em autoconfiança, muito popular nos anos 80, foi um interessante produto desse dilema, criado para erradicar o "ruído surdo" de nossa confusão, assegurando-nos que tínhamos o direito de ter e satisfazer nossas necessidades. Mas apesar dos inúmeros livros e cursos sobre o tema, que fornecem um vocabulário e um conjunto de técnicas para isso, muitas mulheres ainda sentem um desconforto residual quando resistem à tentação ou pressão de colocar as outras pessoas em primeiro lugar. Ros Coward, no livro *Our Treacherous Hearts (Nossos corações traiçoeiros)*, diz que muitas mulheres na década de 1980 tentaram resolver o dilema tentando satisfazer suas próprias necessidades *e*, ao mesmo tempo, preencher o papel tradicional de satisfazer as necessidades de todo o mundo mais. Como conseqüência dos sentimentos ambivalentes, para não dizer da exaustão oriunda do esforço monumental que isso exigia, várias mulheres entrevistadas por Coward estavam se recolhendo para o mundo privado do lar e da família — isto é, retornando ao mundo velho e simples dos "outros em primeiro lugar".

A pressão de valorizar as necessidades alheias mais que as nossas é uma das principais razões de muitas mulheres terem uma dificuldade imensa para identificar suas inclinações ou as oportunidades de possível diversão. Susie Orbach chamou a isto de o "imperativo de servir". Num artigo recente de jornal, Orbach escreveu que "uma das exigências que enfraquecem a feminilidade contemporânea, qualquer que seja a classe social da mulher ou sua posição no mapa cultural, é o imperativo de servir, dar, partejar, fazer para os outros. Ao agirmos assim, entendemos que o preço psicológico de enfocar as necessidades dos outros poderia produzir um desconforto pelo reconhecimento das nossas próprias."[1]

O imperativo de servir vai diretamente de encontro ao impulso para brincar. Como outros aspectos da socialização feminina, condiciona e contamina nossa diversão desde tenra idade, fazendo com que, com o passar dos anos, torne-se cada vez mais difícil brincar. O romancista russo Vladimir Nabokov relata o caso de um macaco que, coagido por um cientista durante meses, finalmente produziu o primeiro quadro jamais desenhado por um animal: o desenho mostrava as barras de sua cela. O imperativo de servir é, igualmente, uma prisão cujas barras dominam nosso campo de visão, mas nos acostumamos a ela e achamos que é certo; quase não conseguimos imaginar uma vida sem essa prisão e essas barras. Se temos a pretensão de sair deste estado de captura e reclamar nosso direito à brincadeira e à liberdade que dela provém, é preciso entender como viemos a ser trancadas assim. Devemos entender como as partes que compõem o imperativo de servir inibem a brincadeira e como, de modo geral, o imperativo de servir transformou muitas de nós em adultas profundamente *não* divertidas.

Açúcar e canela temperam a vida

Um pilar central do imperativo de servir é a forte pressão cultural que é feita sobre as meninas para agradar os outros. Pouco mudou desde que Rousseau declarou, no século XVIII, que "a mulher é explicitamente formada para agradar o homem: se a obrigação é recíproca e o homem também deve agradar em troca, não é uma necessidade tão imediata".[2] Mary Wollstonecraft condenou a afirmação e chamou-a de "a filosofia da sensualidade",[3] mas é um hábito que se mostrou difícil de quebrar e que continua a ser a origem de grande parte do comportamento feminino atual. Agradar os outros, contudo, pode muitas vezes afetar negativamente nossa capacidade de agradar a nós mesmas.

Um estudo de crianças estudantes realizado por Jane White em 1989 revelou que as meninas tinham uma tendência muito maior que os meninos a sentar-se quietas, comportar-se e procurar agradar o professor, seguindo suas instruções o melhor possível.[4] Os meninos, por outro lado, tendiam a movimentar-se e não prestar atenção. Falavam mais e eram mais ativos que as meninas, que eram passivas e reativas. Além disso, os professores sempre encorajavam as meninas a comportar-se dessa forma, elogiando-as por sua obediência e polidez. White também observou que o prazer que as meninas sentiam em receber a aprovação do professor tinha um preço, pois envolvia a constante repressão da resposta aos seus próprios impulsos internos individuais. O "bom" comportamento concedia-lhes aprovação social mas parecia inibir sua liberdade de pensamento e ação. Outros estudos descobriram que um nível de comportamento "ruim" é tolerado como normal nos meninos, enquanto as meninas são mais rápida e severamente castigadas por se comportarem da mesma maneira.

Não ser "boa", aprendem as meninas, provoca desconforto nas outras pessoas, e isto, segundo o que nos é dito, deve ser evitado a todo custo. Desagradar a alguém por deixar de levar em consideração suas necessidades ou sentimentos ou, pior ainda, por levá-las em consideração e depois descartá-las é cometer a ofensa feminina cardinal do egoísmo. Em vez disso, aprendemos a nos adaptar de diversas formas às necessidades e exigências dos outros.

A gravação de conversas entre adolescentes revelou que, em grupos do mesmo sexo, meninos e meninas conversam de uma maneira muito diferente, mas em grupos mistos as meninas tendem a modificar seu modo de falar e seu assunto para se adaptar aos meninos.[5] Este, aparentemente, é o padrão para a vida toda. A lingüista americana Deborah Tannen passou muitos anos analisando como os homens e as mulheres tomam ou cedem espaço na conversação. Ela concluiu que os homens e as mulheres possuem estilos diferentes de conversação, mas o estilo dos homens praticamente não é afetado pela pessoa com quem eles estão falando, enquanto as mulheres, em grupos mistos, modificam seu estilo de conversa para adequar-se aos homens presentes. Como resultado, as mulheres tendem a falar muito menos nos grupos mistos e, quando o fazem, é por períodos de tempo menores.[6] Este fenômeno pode ser observado todos os dias da semana nas câmaras do Parlamento britânico. A baronesa Ewart-Biggs, uma nobre da Câmara do Trabalho, numa entrevista poucos anos antes de sua morte, reclamou, rindo, do fôlego de seus companheiros do sexo masculino na Câmara dos Lordes. Desde o primeiro dia em que tomou assento naquela câmara, impressionou-a o tempo que usavam para falar e o pouco que pareciam preocupar-se com o interesse da platéia. As mulheres, por outro lado, tinham muito cuidado e esforçavam-se para ser relevantes e sucintas.[7]

Nós também nos acomodamos aos outros de formas não-verbais, como constatou Elizabeth Aries em sua comparação das posturas corporais de homens e mulheres jovens. Aries verificou que, independentemente da companhia, os homens tendiam a usar um espaço físico maior em relação ao seu tamanho que as mulheres. Suas posturas corporais não eram afetadas por estarem num grupo do mesmo sexo ou misto. As mulheres, por outro lado, tendiam a sentar-se relaxadas e com membros mais estendidos quando estavam sozinhas ou com outras mulheres mas, num grupo misto, confinavam suas posturas físicas a espaços pequenos, limpos e arrumados.[8]

Quando as mulheres não se curvam à pressão de acomodar-se aos outros, arriscam-se a críticas de serem "abusadas", "mandonas", "barulhentas" — em suma, não femininas. Um estudo com adolescentes efetuado numa escola londrina pela psicóloga Sue Lees e companheiros mostrou que essa pressão sobre as meninas para dar espaço aos meninos funcionava até mesmo com relação a quem conseguia a mesa de pingue-pongue durante a hora de almoço. A maioria das meninas retraía-se e permitia que os garotos monopolizassem a mesa, mas algumas não deixavam. Estas meninas mais positivas eram tidas como criadoras de caso por seus colegas.[9] Aprendendo a acomodar-se física e verbalmente aos outros, as meninas aprendem também a relegar suas necessidades de brincar a um segundo plano.

A intolerância ao comportamento voltado para si das meninas possui repercussões preocupantes. Uma pesquisa nos EUA examinou a maneira como as crianças lidam com o conflito que surge durante a brincadeira e constatou que os meninos tendem a resolver o problema e depois continuar brincando, enquanto as meninas tendem a parar a brincadeira no minuto em que deparam com a situação de conflito. Se a brincadeira é uma forma de aprender a como lidar com sentimentos de agressão e hostilidade dos outros, quais são as conseqüências para as meninas quando, em suas brincadeiras, esses sentimentos não são tolerados? A brincadeira das meninas fornece poucas oportunidades de aprender sobre essas emoções "ruins", nos outros ou nelas próprias, e menos ainda de expressá-las.

Com base em seu estudo sobre mulheres profissionais, Jane McLoughlin, autora de *Up and Running: Women Mean Business* (Alerta: mulheres trabalhando seriamente), afirma que, mais tarde, essa tendência a evitar conflitos em vez de aprender a resolvê-los retrai as mulheres no ambiente de trabalho. "Em nosso papel doméstico tradicional, 'boas' mulheres não competiam entre si", diz McLoughlin. "A sobrevivência das mulheres dependia de sua atitude de promover e manter a paz. Elas atuavam numa posição de fraqueza física e econômica e, naturalmente, percebiam a competição neste contexto como um ataque à sua segurança (...) O mesmo medo de conflito ainda influencia as atitudes de muitas mulheres adultas com relação às outras mulheres no trabalho. A maioria das mulheres bem-sucedidas acima de 35 anos de idade ainda acha mais fácil competir com os homens do que com outras mulheres."[10]

Se a brincadeira é um meio valioso de aprender como resolver conflitos e agressões, devemos fazer uma pausa aqui para perguntar por que, quando a brincadeira dos meninos permite-lhes mais oportunidades de aprender precisamente isto, eles ficam ainda mais inclinados ao comportamento violento, agressivo e em desacordo com os padrões sociais do que as meninas. A resposta pode estar em parte nos diferenciais de sexo no que se refere aos hormônios e químicas ligados a esses comportamentos — em outras palavras, os meninos já começam predispostos a ser mais agressivos que as meninas. Porém pode haver também uma explicação nos aspectos do *self* que a brincadeira dos meninos não ensina, como empatia, cooperação e comunicação verbal. Meninos e meninas podem talvez sofrer, nas suas brincadeiras, do mesmo tipo de predisposição ou tendência relativa ao sexo a que pertencem. Com a brincadeira como alimento, uma dieta não balanceada é nociva para todos nós.

A conseqüência principal da insistência em enfatizar a cooperação e a fuga do conflito na brincadeira das meninas é que ela deixa de encorajar a construção de limites entre si e o outro. O indivíduo — assim aprendem as meninas — deve curvar-se à comunidade. A pesquisa sobre a brincadeira na infância e na adolescência mostra claramente a importância de inovar, explorar, ser independente e correr riscos, mas tudo isso é contrário à atitude de cooperação que as meninas são orientadas a apresentar e pelas quais são elogiadas em suas brincadeiras. Isto cria uma espécie de "competição negativa" em que as meninas se unem para solapar e excluir aquelas que não seguem os interesses dos outros em favor dos seus próprios (uma tendência que se origina na intensidade violenta das amizades das meninas).

As mulheres também competem como grupo contra as que parecem ameaçá-lo.[11] No contexto da brincadeira, uma mulher que escolha valorizar suas necessidades individuais acima das dos outros arrisca-se à censura dos homens e das outras mulheres. Torna-se muito difícil para uma mulher, portanto, preencher suas necessidades de diversão quando, a vida inteira, recebeu a mensagem de que ser mulher significa cuidar e agradar os outros.

A *pop star* Madonna é um caso interessante e excepcional de uma mulher que se tornou um fenômeno de sucesso por violar as noções tradicionais aceitáveis de comportamento feminino. Na verdade, ela encontrou meios cada vez mais extremos de rejeitar essas normas, como exibir sua roupa íntima ou mostrar que não a estava usando — uma atitude *nada própria* a uma mulher educada! Madonna explora a filosofia da sensualidade, expondo a hipocrisia da dicotomia virgem/prostituta, onde algumas mulheres precisam agradar os homens renunciando à sua sexualidade, enquanto outras precisam agradá-los exagerando-a. Todavia, apesar de Madonna anunciar que desafia as convenções e derruba mitos, é questionável até que ponto consegue realmente escapar, ela própria, às repressões que ridiculariza. O paradoxo do sucesso de Madonna é que ela parodia o dilema "boa moça/má moça" e seu sucesso depende de agradar os outros: pode agradar as mulheres oferecendo-lhes um modelo de "mau" comportamento aceitável, mas sua atração, pelo menos no que se refere aos homens, vem do antigo fascínio da excitação.

A pequena ajudante da mamãe

Um outro pilar que sustenta o imperativo de servir é a pressão para ser útil, cuja manifestação mais evidente talvez seja a crença de que as meninas ajudarão nas tarefas domésticas. Um recente estudo canadense constatou que, em 85% dos casos das meninas pesquisadas, a expectativa familiar era de que efetuassem tarefas domésticas, sendo que metade delas já possuía responsabilidades importantes no trabalho doméstico.[12] O mesmo ocorre na Inglaterra, onde as tarefas domésticas tomam o tempo do lazer feminino desde cedo. Na adolescência, o trabalho doméstico pode tomar até dezesseis horas por semana do tempo livre de uma menina, enquanto raramente reduz o tempo de lazer dos meninos.[13] Um menino pode precisar arrumar seu quarto de vez em quando, mas de uma menina espera-se que dedique um tempo regular ao trabalho geral da casa. Há evidências de que os meninos atualmente precisam ajudar mais com o trabalho doméstico do que antes, mas nunca tanto quanto as meninas de sua faixa etária e classe social.[14] Um estudo de 50 meninas adolescentes efetuado em Yorkshire por Vivienne Griffiths revelou que a maioria delas tinha tarefas diárias, incluindo cuidar de crianças, lavar, cozinhar e limpar.[15] Em geral, as meninas nesses estudos aceitavam as responsabilidades domésticas como uma realidade da vida, mesmo quando reclamavam dele, e até mesmo quando tinham consciência de que seus irmãos não recebiam incumbências semelhantes. "Essa experiência era a preparação para o trabalho doméstico não remunerado e para as responsabilidades maternais", concluiu Griffiths. "Elas já estavam aprendendo a sacrificar seu próprio tempo e seus interesses em favor das necessidades dos outros."[16]

A exigência de estarmos disponíveis para ajudar, independentemente do que tenhamos planejado, faz com que seja cada vez mais difícil direcionar nossas atividades para nós mesmas. Nosso tempo não é nosso, na teoria ou na prática; é para ser usado pelos outros. Conscientes de que algo não está muito certo, mas incertas sobre o que fazer quanto a isso, nós nos retraímos num frustrado consentimento. Eliza, uma aluna de Letras na Universidade de Sheffield, contou como estava irritada com o hábito de prestatividade já enraizado em sua mãe: "Adoro quando estamos sozinhas juntas e podemos sentar, falar e ser nós mesmas. Mas, no momento em que meu pai chega ou um dos meus irmãos entra pela sala, ela começa: 'Oh, querido, posso preparar-lhe um drinque? O que você gostaria? Está com fome?' Isto me deixa louca. Nosso tempo, nosso prazer, tudo *pode sempre* ser interrompido." A insatisfação de Eliza reflete, em parte, seu reconhecimento de que, ajudando os outros, sua mãe nega a si própria e nega a ela também. A autonomia e o prazer auto-suficiente das duas é obliterado pela chegada dos membros da família cujas exigências estão em primeiro lugar. Eliza ressente-se claramente do rebaixamento, e deveria. Pois como podemos nos levar a sério, quando demonstramos tão pouco respeito por nós mesmas? Como podemos descobrir e desenvolver as coisas que tornam a vida agradável, quando nosso prazer tem tão pouco valor?

O hábito da prestatividade contamina nosso sentido de *self* por sempre tirar-nos do equilíbrio e exigir que estejamos disponíveis e abertas aos outros. Somos como as garrafas do boliche: nunca conseguimos ficar paradas por mais que alguns momentos por vez e, tão logo nos aprumamos, as necessidades dos familiares, amigos e colegas dispersam-nos em todas as direções novamente. O dano causado à nossa auto-estima e autoconfiança prejudica nossa noção do direito a brincar e, finalmente, nossa capacidade básica de brincar. Talvez seja possível ser útil *e* lúdica — ludicamente útil, talvez, ou utilmente lúdica. Para muitas de nós, contudo, nenhuma dessas possibilidades surge muito facilmente, e o hábito cumulativo de uma vida inteira, o hábito de ser útil, continua a empurrar nosso *self* lúdico cada vez mais para baixo.

Nasci para cuidar

Cuidar dos outros é um aspecto-chave do imperativo de servir e uma extensão da atitude de ajuda que se espera das meninas e mulheres. O papel de cuidar foi atribuído às mulheres por tanto tempo que define, em grande parte, o que é considerado comportamento feminino apropriado. As mulheres, hoje, representam uma porção importante das pessoas que têm a função de cuidar dos outros na Inglaterra. Em 1990, havia um total de 3,5 milhões de mulheres com esta função, e 40% das mulheres acima da idade de 45 anos trabalhavam cuidando de alguém de alguma forma.[17] Com toda probabilidade, os números reais são muito mais altos do que esses, pois as mulheres, tipicamente, não informam sobre esse tipo de responsabilidade (o caso de adotar como normais aquelas barras da prisão). As mulheres superam em muito os homens nas profissões consideradas de "cuidar" e na enorme gama de atividades voluntárias que oferecem o cuidado ao próximo. Há 25.000 voluntários administrando as lojas Oxfam por todo o país, sendo 90% mulheres. Os números são semelhantes na Refeições sobre Rodas, na Cruz Vermelha britânica, nos Samaritanos e em várias outras organizações de caridade. Um estudo constatou que 48% das mulheres da classe profissional estão envolvidas nesse tipo de trabalho voluntário.[18] A sociedade depende financeiramente do trabalho que esse exército de mulheres faz de graça: cuidar dos idosos, dos incapacitados, dos doentes e dos netos. Não que o trabalho caritativo e outras formas de trabalho não-remunerado não sejam uma fonte de prazer verdadeiro para as pessoas que o desempenham, mas as atividades de lazer que são tão nitidamente abnegadas em vez de egoístas, e cheias de cuidado em vez de sem cuidado, raramente são fonte de diversão genuína. O tempo de lazer, no caso de muitas mulheres, é uma extensão e não um intervalo da tarefa de cuidar que desempenham o dia inteiro, todos os dias.

Através da história, as mulheres foram as responsáveis pelo cuidado e proteção na sociedade. Elas foram persuadidas a este papel por uma combinação de considerações práticas, pressões econômicas, exigências políticas ou por puro fanatismo. Em seu catálogo exaustivo dos erros das mulheres, Semônides, um filósofo poeta do século VII a.C., associou os vários tipos de mulheres a diferentes animais. A única mulher merecedora de elogio era a que parecia um abelhão em seu interminável cuidado com os outros:

> *A ela somente nenhuma culpa se vincula*
> *Mas a vida floresce e prospera sob seus cuidados.*
> *Ela envelhece estimando um marido que a estima,*
> *Desde que pariu seus adoráveis e honrados filhos.*
> *Dentre todas as mulheres sua excelência resplandece*
> *E uma graça divina dela emana e a envolve.*[19]

Uns dois mil anos mais tarde, o tom era mais complacente, mas a mensagem permanecia imutável. "Tudo que a mulher deve fazer neste mundo está contido nos deveres de filha, irmã, esposa e mãe", assegurou o dramaturgo e ensaísta do século XVIII Richard Steele. No século XIX, o ponto de vista sintetizado por Steele já havia sido superficialmente reformulado pelas noções sentimentais do que é ser "natural". W.R. Greg, um influente jornalista da época, expressou a opinião da maioria quando descreveu o papel natural da mulher como sendo o de "completar, adoçar e embelezar a existência dos outros".[20] Recentemente, em 1963, a função de cuidar foi valorizada nas recomendações da política oficial. O Relatório Newsom afirmou o seguinte sobre a educação das meninas: "Além de suas necessidades como indivíduos, nossas meninas devem ser educadas em termos de sua principal função social — proporcionar a elas mesmas, a seus filhos e a seus maridos, um lar seguro e confortável, e ser mães."[21] Por mais que seja improvável um relatório do governo ter sucesso hoje em dia com a frase "principal função social", não é certo que a atitude subjacente tenha desaparecido por completo.

Apesar de retórica sugerir que as mulheres se sentem "naturalmente" preenchidas cuidando dos outros, o papel de cuidar não tem por objetivo liberar ou maximizar a energia e o talento femininos, e sim contê-los. Sempre que o papel de cuidar trouxe consigo um grau significativo de poder ou autonomia para as mulheres, foi-lhes arrancado das mãos ou redefinido de tal forma que lhes conferisse, uma vez mais, um *status* social inferior. A parteira tinha uma posição de respeito e influência nas civilizações antigas porém, com o passar do tempo, foi sendo gradativamente marginalizada e estigmatizada. No século XV, já era uma profissão desprezada e precária, basicamente das mulheres pobres e analfabetas, idosas e sem nenhum outro meio de sustento. No início do século XIX, as tarefas executadas pelas parteiras eram limitadas de forma a assegurar que os médicos do sexo masculino, não as parteiras, fossem vistos como as verdadeiras autoridades em parto de crianças, uma situação que continuou no século XX. Em sua obra *Woman as Healer (A mulher como agente da cura)*, Jeanne Acheterberg defende que a arte de curar sempre foi associada às mulheres, e que sua presença nas profissões que envolvem o cuidado dos outros é antiga. Com o passar dos séculos, mudou o prestígio vinculado às atividades das mulheres nesta esfera específica. Somente nos últimos trinta anos, com o crescimento do movimento pelo parto natural, a profissão de parteira voltou a ser novamente considerada importante, envolvendo habilidades específicas.[22] O trabalho social é outra profissão em que o cuidado das mulheres foi rebaixado, paradoxalmente, quando atingiu um *status* mais elevado. Até a Segunda Guerra Mundial, era comum as mulheres das classes média e alta desenvolverem trabalho social informal e não-remunerado. Elas visitavam escolas, lares e hospitais fornecendo assistência financeira e prática. No fim do século XIX, 200.000 pessoas, sendo a maior parte do sexo feminino, faziam visitas distritais. Em 1946, com a criação do Serviço Nacional de Saúde, o trabalho social estabeleceu-se como uma carreira específica, com uma hierarquia profissional, escala salarial e *status* social; nos vinte anos seguintes, as mulheres que antes lideravam esse imenso exército humanitário desapareceram nas tropas enquanto as posições mais elevadas foram distribuídas aos homens. Helen Brook, fundadora dos Centros de Aconselhamento Brook e uma líder na campanha pelo direito da mulher à livre contracepção, recorda, com certa indignação, a rapidez com que esse processo de marginalização ocorreu na esfera do planejamento familiar: "[Antes] a medicina era exercida por mulheres que não podiam praticar em tempo integral por serem casadas. Os médicos homens realmente desprezavam os planejadores familiares. Achavam que era uma forma para as mulheres médicas ganharem um dinheiro para seus alfinetes. Quando, na década de 1960, viram que aquela atividade trazia dinheiro, era uma carreira e dava algum prestígio, começaram a querer participar e tirar vantagem de sua popularidade. E, é claro, começaram a nos dar ordens!"[23] As mudanças no governo local na década de 1970 trouxeram a mesma marginalização às mulheres na área de administração de casa, outra profissão que se desenvolvera a partir do cuidado feminino e que originalmente fora dirigida por mulheres, na condição de trabalho voluntário ou de baixa remuneração.[24]

Quando as mulheres opõem resistência ao papel de cuidar, são punidas e castigadas. Várias mulheres foram queimadas como feiticeiras durante os séculos XV e XVI por terem desafiado a convenção social, permanecendo solteiras, e, conseqüentemente, de certa forma independentes. Elas não se escondiam como as outras mulheres na infindável tarefa de cuidar dos maridos e filhos e, ainda que talvez isto tenha lhes custado sua pobreza e solidão, possuíam um grau de autonomia inexistente na vida das outras mulheres. Sua resistência à função de cuidar que a sociedade lhes determinara, contudo, levou-as a ser rotuladas de excêntricas, sendo que, no ápice da caça às bruxas, a mais branda excentricidade já indicava bruxaria. Uma mulher sozinha nas ruas após o crepúsculo tinha ido encontrar o diabo; uma mulher mexendo um caldeirão tarde da noite preparava um feitiço. Qualquer azar ou infortúnio podia facilmente ser-lhe atribuído, e, sem marido, filho ou pais para servirem de álibi, quem poderia defendê-la contra tais acusações? Uma mulher respeitável, mas um pouco solitária e independente, podia ser transformada no bode expiatório das queixas triviais da comunidade. O fenômeno extraordinário da caça às bruxas pode ser visto, desta perspectiva, como uma punição social coletiva às mulheres que se recusavam ao conformismo sendo que, em muitos casos, tinha origem nas outras mulheres.

Na sociedade contemporânea, o papel de cuidar dos outros que é atribuído às mulheres desde cedo determina, em grande parte, como elas usam seu tempo e direciona-as para certos tipos de trabalho e lazer. A habilidade de anular os ditames de si próprio em favor das exigências dos outros é um pré-requisito fundamental da função de cuidar. Desde cedo encoraja-se nas meninas — mas não nos meninos — um padrão de consciência e resposta às insinuações externas, combinado à repressão das internas. Enquanto os meninos tendem a disputar jogos que desenvolvem habilidades motoras e organizacionais e envolvem competitividade, as meninas tendem a participar de jogos onde praticam a sensibilidade, consideração e empatia. Aos três anos de idade, essas diferenças são percebidas com clareza, pois os meninos brincam com jogos ativos e agressivos que incluem ações de bater e empurrar, enquanto as meninas brincam de festinhas, lanches e chás, escovam os cabelos umas das outras, brincam de boneca e vestem-se chiques.[25] Segundo Nancy Chadorow, "em qualquer sociedade, a definição da personalidade feminina tem mais base nas outras pessoas do que a identidade masculina".[26] Este padrão ou tendência foi denominado "outração".

Contrasta diretamente com a brincadeira, que tem como fundamento responder aos impulsos e instintos individuais em vez de negá-los.

Elizabeth, de cinqüenta e poucos anos de idade, é dona-de-casa em tempo integral e compareceu ao Dia da Brincadeira porque buscava meios de libertar-se da atividade de cuidar dos outros que caracterizara sua vida inteira.

> Casei-me jovem e tive minha família muito cedo. Desde então nunca fiz nada para mim. Sempre fiz o que meu marido ou meus três filhos queriam. Mesmo agora, com os filhos crescidos, ainda deixo tudo de lado quando precisam de mim. Imediatamente me coloco de lado para ajudá-los. Demorei 56 anos para sentir que mereço ter algum direito a alguma coisa e ainda não consigo realmente me voltar para mim mesma, antes de cuidar de todo mundo mais. As melhores horas do dia continuam sendo aquelas em que mais ninguém poderia precisar de mim — à meia-noite ou de manhã bem cedo. Mas estou mudando, agora luto pelo meu tempo. Estou me levando seriamente em consideração, o suficiente para brincar. Na segunda-feira, por exemplo, tirei o dia de folga e passei-o com uma amiga. Uma novidade! Outro dia, estava falando com uma amiga ao telefone, e meu marido entrou e disse: "Estou esperando um telefonema muito importante, você poderia sair do telefone?" "Não", respondi. "Tenho uma vida muito importante para levar neste aparelho, portanto você vai ter que esperar."

A brincadeira começa com o *self* e valoriza o *self*. Preparadas para cuidar, às mulheres vem sendo negado o acesso ao brincar; como resultado dessa atividade de cuidado dos outros, elas estão perdendo — em muitos casos, já *perderam* — a capacidade de brincar e todos os benefícios a ela inerentes.

Meninas responsáveis e meninos grandes e fortes

No âmago do imperativo de servir está o hábito de assumir responsabilidades, introduzido aos poucos nas meninas, desde cedo, muito antes da adolescência. Sem um sentido de responsabilidade muito desenvolvido, as mulheres seriam menos inclinadas a assumir as funções de agradar, ajudar e cuidar que adotaram para si; da forma como as coisas acontecem, agradar, ajudar e cuidar são meios socialmente aceitáveis de expressar esse hábito subjacente da responsabilidade. Mais uma vez, porém, trata-se de uma "habilidade" que refreia o impulso para brincar e torna as mulheres exageradamente sensíveis às exigências das pessoas à sua volta e menos inclinadas a responder às suas próprias necessidades e interesses.

Um dos temas recorrentes de minha própria infância era o apelo da professora por "meninas responsáveis" e "meninos grandes e fortes". Por que, pensava eu, eram sempre os meninos que deviam mudar as mesas e cadeiras de lugar, enquanto as meninas eram enviadas à sala dos professores levando bilhetes muito bem dobrados entre seus dedos cuidadosos? Mudar móveis parecia muito mais divertido e fazia muito mais barulho; levar mensagens era maçante. O mesmo acontecia com as bandeirantes: as meninas ganhavam distintivos por levar uma xícara de chá para a mãe na cama no domingo de manhã, ou por passar a ferro as toalhas do chá. Os escoteiros aprendiam o código Morse e faziam fogueiras de acampamento — ou assim me parecia —, e eu tinha a minha preferência.

Em retrospecto, percebo como o tempo gasto cobrindo as meninas de responsabilidades não foi em vão. Por mais leves que fossem as cargas de nossa infância, estávamos sendo treinadas para coisas maiores — a responsabilidade com os filhos, os maridos, os pais idosos, os vizinhos solitários. Muito antes de assumirmos as verdadeiras responsabilidades, estávamos sendo treinadas para ter um *sentido* de responsabilidade. Estávamos aprendendo a avaliar as necessidades dos outros, a ter o senso de valor pessoal através da ajuda aos outros. Aprendíamos essas coisas não só de nossos pais e professores, mas de uma rede complexa e penetrante de mensagens claras e ocultas, endereçadas a nós todas em todos os lugares.

Quando a psicóloga americana Carol Gilligan e seus companheiros entrevistaram meninas adolescentes na Escola Emma Willard nos Estados Unidos, no início da década de 1980, a palavra "responsável" apareceu muitas vezes. Questionadas sobre o tipo de mulher que admiravam e gostariam de ser, todas as trinta meninas entrevistadas por Janet Mendelsohn incluíram "responsável" na sua lista de atributos essenciais.[27] Além da responsabilidade por si próprias, as meninas anteviam que uma de suas responsabilidades futuras seria combinar família e trabalho. Tornar-se e ser responsável tinha um vínculo complexo com o que essas meninas percebiam como ser mulher. Elas não vinculavam a responsabilidade à repressão de suas próprias necessidades, mas à aquisição de influência pessoal. A responsabilidade não era vista como uma carga mas como "o que mantém os aspectos agradáveis de uma união".[28] Muitos dos pesquisadores do projeto Emma Willard enfatizaram a interpretação positiva das meninas da noção da responsabilidade pelos outros. Contudo, no contexto das outras qualidades que as meninas valorizavam e a que aspiravam, isto mais parecia tapar o sol com a peneira, já que, ao lado da responsabilidade, as meninas enfatizaram autocontrole, independência e auto-suficiência como sendo atributos importantes e admiráveis. Tornar-se mulher era visto por essas meninas como um processo de ter o controle de suas necessidades e ao mesmo tempo procurar abranger as necessidades das outras pessoas.

Enquanto lia os vários artigos publicados sobre o projeto de pesquisa de Gilligan, impressionava-me cada vez mais o quanto essas meninas — todas de classe média, protegidas e privilegiadas — esperavam de si próprias. A maioria parecia aceitar ou, pelo menos, não prever nenhuma dificuldade com relação à expectativa de entrar na sociedade adulta que pouco supriria suas necessidades individuais. Muito poucas pareciam imaginar-se *tendo* alguma necessidade individual específica, e combinavam esta impressionante omissão com uma inocência considerável quanto ao que, na verdade, "ser responsável" englobaria. Apenas uma minoria das meninas verbalizou conscientemente ansiedades relativas ao que poderia significar para elas, pessoalmente, tornar-se mulher. Na sua grande maioria, com uma atitude cuidadosa, ansiosa e nada crítica, elas estavam se preparando para o papel de supermulher: aquela que iria entender, prever e preencher as necessidades de todo mundo, sem ter nenhuma necessidade ela própria. Em Londres, as meninas adolescentes entrevistadas pela psicóloga Sue Lees foram mais realistas: também previam um futuro que permitiria pouco espaço para suas próprias necessidades mas eram capazes de antever que isto poderia ser um problema. Muitas mencionaram o desejo de "viver sua própria vida" antes de casar-se e ter filhos.[29]

Enquanto as responsabilidades *reais* tomam um tempo que poderia estar disponível para a diversão, a *noção* de responsabilidade que as mulheres sentem de uma forma tão aguda produz um estado mental que é intrinsecamente adverso à brincadeira. A responsabilidade é essencialmente um referencial, mas a brincadeira é um ato de justificação e celebração da existência do indivíduo *sem* referência a outras pessoas. Ela pode envolver outras pessoas, como no caso de um time de esporte ou um jogo, mas, em essência, não é sobre essas outras pessoas, ela é sobre *você*. Os outros são apenas co-participantes que facilitam o seu prazer, *não* o inverso. Tocar numa orquestra pode ser uma atividade profundamente prazerosa, mesmo quando o músico tem pouco em comum, em termos pessoais, com os outros músicos. Angela, uma mulher de 30 anos de idade que descreve a dança de salão como sua forma favorita de diversão, não possui relação de amizade com nenhuma das pessoas com quem dança muitas horas por semana — "nós não temos absolutamente nada em comum além da dança de salão" — mas seu imenso prazer não é nem um pouco diminuído por isso.

Angela é solteira e não tem filhos; suas responsabilidades são poucas, em termos comparativos, e ela consegue facilmente listar várias maneiras com que se diverte: dançando, andando, indo ao cinema. Para mulheres que têm parceiros, em especial as que têm filhos, as responsabilidades diárias com os outros, combinadas ao hábito enraizado de sentir-se responsável, cria obstáculos práticos e psicológicos à diversão. Reconhecer que esse hábito da responsabilidade nos rouba a capacidade e a oportunidade de brincar é um dos passos fundamentais em direção à recuperação de algum tempo de diversão para nós mesmas.

Você foi feita para me amar, gata

O hábito de tomar a si responsabilidades materializa-se, em especial, nos relacionamentos pessoais das mulheres. É muito comum que as necessidades e expectativas dos filhos, parceiros e pais limitem a diversão na vida da mulher. Quase sem pensar, assumimos a tarefa de administrar o dia-a-dia das pessoas que amamos. Você sabe onde a carteira de dinheiro dele está, mesmo quando ele não sabe (e ele confia no fato de você saber); você garante que a caixa de jogos de sua filha esteja limpa na manhã de quarta-feira e que o gravador de seu filho esteja na mochila da escola na sexta-feira. "Quase não posso sair de casa sem deixar com meu companheiro uma lista de instruções que englobe tudo, como de quantas dormidas e mamadeiras o bebê vai precisar, ou a que horas o homem que vem medir o relógio da eletricidade vai chegar", diz Jenny, a mãe aflita do bebê Freddie, de um ano e dois meses.

Responsabilidades iguais na criação dos filhos continua sendo um ideal em vez de uma realidade. Em todos os níveis da sociedade, os filhos ainda são vistos como sendo essencialmente responsabilidade da mulher. Mesmo quando ela tem recursos financeiros para empregar alguém mais (invariavelmente outra mulher) para fazer este serviço, a responsabilidade continua sendo sua.[30] Nas famílias da classe alta, a escolha e supervisão das babás sempre foi vista como sendo parte das obrigações domésticas da esposa. Nos casais da classe média, mesmo quando o homem e a mulher têm empregos remunerados, o cuidado com as crianças pode ser partilhado até certo ponto, mas a responsabilidade quase sempre continua sendo da mulher; é ela quem coloca os anúncios, telefona para as agências, entrevista as candidatas à função de babá, investiga as creches e maternais. E, quando esses arranjos falham, como acontece muito, geralmente é a mulher quem tira tempo de seu trabalho para preencher a falta.[31]

Até mesmo o tempo das mulheres que não têm responsabilidades com filhos é sacrificado por responsabilidades com os outros. Com respeito a isto, homens crescidos podem ser tão limitadores quanto crianças pequenas. Uma mulher, refletindo sobre o tema, descreveu como os ocasionais dias livres de sua mãe não deixavam de estar comprometidos com responsabilidades: "A única ocasião em que ela realmente consegue algum tempo para si é quando meu pai sai para jogar golfe o dia inteiro. Ainda assim, precisa levantar bem cedo para preparar seu café da manhã e o almoço que vai levar. E precisa estar em casa quando ele chega de volta para preparar seu banho e fazer seu jantar. E ainda tem todas aquelas roupas dele para lavar. Não é muito divertido para ela." Um homem aposentado que entrevistei alguns anos atrás reclamou, com amargura, de seus parentes idosos estarem hospedados em sua casa para o Natal. Ele próprio admitiu que sua esposa tirava folgas do trabalho para cuidar deles mas, apesar disso, a reclamação era relativa ao seu feriado que estava sendo atrapalhado. Não pude evitar pensar no quanto devia ser mais pesada a carga sobre sua esposa, que parecia destinada a não ter feriado algum.

Para a mulher, sempre que há outras pessoas à sua volta, com necessidades que se opõem às dela própria, é difícil tirar tempo para si. "Estou enlouquecendo", disse uma mulher cujo marido, contador, se aposentara recentemente. "Costumo comer um sanduíche qualquer na hora do almoço e continuar o que quer que eu esteja fazendo. Agora Peter se aposentou e tenho que preparar uma refeição completa. Ele desce para a cozinha com cara de quem está esperando e fica lá até eu preparar alguma coisa. Ele foi estragado durante quarenta anos com bufês no almoço e, agora, está me deixando louca. Perco um tempo enorme. Nem tenho fome nessa hora do dia, mas na hora em ponto, lá está ele!"

Helen, de 22 anos, uma estudante de Letras em Glasgow, sente-se culpada por não colocar sua própria diversão em primeiro lugar e exasperase com sua incapacidade de fazê-lo. "Quase sempre espero meu namorado decidir primeiro o que deseja fazer à noite para resolver o que vou fazer. É uma coisa já muito arraigada. Quando ele sai com os amigos, posso fazer alguma coisa com minhas amigas, mas quase nunca faço um programa quando ele fica em casa sozinho."

Sheila, uma professora escolar aposentada de cinqüenta e poucos anos, descreve como seu lazer foi afetado pelo fato de seu marido ter sido considerado supérfluo no emprego:

> Quando nos casamos, ele saía todos os dias, de modo que eu tinha tempo de fazer minhas coisas. Desde que foi considerado supérfluo no emprego, fora o golfe, ele está por perto, se você sabe o que quero dizer. Não é legal eu dizer uma coisa destas porque adoro fazer coisas com ele, mas significa que preciso planejar o que quero fazer em torno do que ele está fazendo, porque é assim que é certo. Às vezes temos problemas por causa da quantidade de tempo que passo no [hospício local] ou ajudando nas várias atividades que me agradam na igreja. Tenho muitas amigas e gosto de encontrá-las mas, como eu disse, não vou à casa delas nem as convido para um café ou almoço. Se ele não estivesse em casa o tempo todo, talvez o fizesse.[32]

A situação de Sheila é típica em muitos aspectos: seu marido torna difícil ela convidar as amigas para sua casa e também a desencoraja de sair para onde poderia encontrá-las. Não se trata de um casamento infeliz. Ela não é uma mulher submissa demais, nem ele um marido pouco gentil ou arrogante. Apesar disso, de várias formas sutis e não tão sutis, ele deixa claro para ela que sua responsabilidade principal é para com ele. Particularmente reveladora é sua observação "porque é assim que é certo". Pode ser normal para as mulheres ajustar seu lazer à vida das outras pessoas. Mas é tudo menos certo.

Também assumimos a responsabilidade do relacionamento das pessoas que amamos com as pessoas que *eles* amam. Quem se lembra do aniversário de casamento da mãe dele, do aniversário da irmã dele, da entrevista importante de trabalho do amigo dele? Um levantamento efetuado pelo Conselho Nacional de Mulheres da Grã-Bretanha em 1992 constatou que 88% das mulheres assumem a responsabilidade principal de manter contato com a família, os amigos e os vizinhos.[33] Em muitos segmentos da sociedade, ainda é a mulher quem deve escrever os cartões de agradecimento e, até mesmo nos casais mais instruídos, em geral a mulher é a secretária social informal, responsável por desenvolver e alimentar as amizades e os relacionamentos. Emily, de 41 anos, ressente-se mas aceita esta responsabilidade. "Sou eu quem lembra Adrian de telefonar para sua mãe. Sou eu quem sugere que ele encontre seus amigos. Se as pessoas querem nos visitar ou telefonam para convidar-nos a sair, Adrian simplesmente me passa o fone ou avisa que vou telefonar quando chegar em casa. Nós temos um diário único, mas sou eu quem sempre verifica o que está escrito e quem escreve nele. Honestamente, acho que se eu não me encarregasse de marcar os encontros com os amigos e parentes, nós nunca veríamos ninguém."

Como se tudo isso não bastasse, também adotamos a responsabilidade do *bem-estar* dos nossos relacionamentos. É comum o tempo com as amigas ser visto pelas mulheres como uma chance de pensar sobre os problemas dos seus relacionamentos com os homens; os homens, por outro lado, tendem a ver o tempo com os amigos como "tempo livre" de seus relacionamentos, tempo para conversar sobre tudo, menos dificuldades pessoais. A concepção masculina de responsabilidade com o relacionamento é muito diferente da de sua companheira: é mais relativa ao que eles trazem para o relacionamento do que ao que dedicam; ao que eles tiram do que ao que dão.[34]

O estudo de Pauline Naber sobre a mulher da classe trabalhadora na Inglaterra constatou que o tempo utilizado "divertindo-se" com amigos cai vertiginosamente após o casamento ou a decisão de coabitar com um companheiro. As amizades reduzem-se com muita rapidez a saídas para compras ou conversas ao telefone, sendo que muito deste tempo é gasto falando sobre os problemas de seus relacionamentos em vez de ser propriamente diversão.[35] Esta é uma tendência que perpassa todas as classes sociais. Maria, uma advogada de 35 anos, é casada e tem um filho de três anos.

> No último fim de semana, minha melhor amiga e eu decidimos que queríamos ter um tempo juntas sozinhas, só passeando pelas lojas e nos divertindo. Deixamos as crianças com nossos maridos e partimos mas, o tempo todo que ficamos fora, falamos dos filhos e dos maridos. Foi ridículo. Apesar de não estarmos com eles, pensávamos neles, nos seus problemas na escola, no trabalho. Toda vez que mudávamos a conversa para outras coisas, retornávamos depois para os mesmos assuntos. Quando voltamos, não fiquei nada contente de ver John ou Alex, só me senti irritada por terem dominado minha preciosa manhã livre.

De olho no prazer das outras pessoas, as mulheres estão sempre desviadas do seu próprio. Da fase da adolescência em diante, elas tendem a fazer com que suas necessidades de lazer se adaptem às de seus companheiros, e modificam e adaptam suas preferências às deles. Muitas vezes isto significa usar o tempo livre fazendo coisas que, para elas, não são tão agradáveis. É muito difícil abandonar essa noção de responsabilidade. Além de ninguém estar fazendo nenhum movimento para livrar-nos dessas obrigações — como os dados sobre quem faz o que na casa tornam muito claro —, o tempo de lazer em si não é visto, de modo geral, como um direito da mulher, e sim como algo que ela deve adaptar às suas responsabilidades com os outros. Para poder tirar seu tempo de diversão, ela precisa fazer por merecê-lo, qualquer que seja ele. Muitas vezes, precisa negociar para tê-lo, o que pode provocar hostilidades e desaprovação por parte dos filhos, do companheiro, das outras mulheres e, até mesmo, de sua própria mãe. Além de tudo isso, ela precisa lutar contra suas vozes interiores de desaprovação. Tenho uma amiga que cuida do filho o dia inteiro, exceto uma manhã por semana em que contrata uma babá para poder sair para nadar um pouco e, depois, sentar-se num café para ler o jornal de cabo a rabo. Ela tira esse tempo para si mas ainda sente-se um pouco culpada quando o faz. Uma manhã por semana! E, para muitas mulheres, até mesmo isto pareceria uma recompensa impossível. E, para outras tantas, *seria mesmo* uma recompensa impossível.

Além do terreno do servir

Na realidade, de todas as formas possíveis, nós *tendemos* ao imperativo de servir. Gostemos ou não, não temos a opção de deitar numa praia lendo um bom livro quando o filho de três anos está andando em direção às ondas do mar; não podemos adiar as compras até amanhã, se com isto nossa mãe idosa, que não sai de casa, não terá nada para comer à noite. Não podemos virar nossas costas para os que necessitam e têm o direito de esperar nossa ajuda, por força de sua pouca ou muita idade, ou de sua situação de desamparo. Não podemos, na verdade, divertir-nos quando e como desejamos. Mas também não deveríamos aceitar o papel de servir, prover e cuidar sem questionamentos. Em vez disso, podemos adotar a meta de termos uma atitude lúdica que nos permita, pelo menos, aproveitar as oportunidades de diversão e brincadeira que aparecem. E, na melhor das hipóteses, esta atitude lúdica pode mostrar-nos quantas oportunidades de diversão realmente existem no meio das nossas responsabilidades com os outros.

O imperativo de servir torna difícil para a mulher tratar suas próprias necessidades com seriedade suficiente para pô-las à frente das necessidades dos outros. Isto se aplica a qualquer de nossas necessidades, como uma educação decente, oportunidades iguais de trabalho, realização sexual, lazer adequado e diversão genuína. As mulheres sabem que estão perdendo em algum ponto, mas a tendência a ignorar nossas próprias vontades para satisfazer as dos outros é tão enraizada que muitas de nós ainda toleram um extraordinário desequilíbrio neste aspecto.

O tempo todo trazemos conosco o imperativo de servir e o vestimos como uma segunda pele. Apesar de cada vez mais conscientes das limitações que nos impõe, sentimo-nos estranhamente levianas, desconfortáveis e até mesmo culpadas quando, por um momento, ousamos desprezá-lo. As implicações do imperativo de servir sobre o divertimento são de amplo alcance: como podemos satisfazer nossas necessidades quando estamos tão sintonizadas com as necessidades das pessoas à nossa volta? Como podemos achar tempo para satisfazer nossas necessidades quando não sobrou nenhum tempo real para isto? Como podemos ignorar as vozes de censura e crítica que fomos sempre treinadas a ouvir? Quando desejamos sinceramente reconhecer nossas necessidades individuais, quase não sabemos quais elas são, tal nosso envolvimento com as necessidades alheias. Quando realmente começamos a satisfazer nossas necessidades, temos obstáculos internos consideráveis de incerteza e culpa a ser superados.

O imperativo de servir é como o muro de contenção de uma represa que retém as águas de nossas necessidades; por detrás de sua força rígida, um conflito interior se constrói. Orbach e outros identificaram esse conflito interior em seu trabalho sobre o significado das desordens da alimentação que, segundo ele, revelam "uma luta interna entre a repressão e o direito; o desejo e a recusa; o apetite e a negação; a aspiração e a restrição; o querer e a inibição; a liberdade e a escravidão; o privado e o público".[36] Seria ingênuo pretender evitar por completo as complexidades e ambigüidades da fase adulta. O compromisso faz parte do pacote. Nós inevitavelmente aprendemos, com o envelhecimento, que a vida não consiste em escolher entre o preto e o branco, mas em distinguir entre diferentes nuances do cinza. Ela consiste em aprender a navegar uma rota através de entidades irreconciliáveis do mundo à nossa volta e do mundo que existe dentro de nós. No caso das mulheres, contudo, o "compromisso" muitas vezes significa capitulação, e a "luta interna" descrita por Orbach muitas vezes leva ao auto-sacrifício.

O problema não é, de modo algum, insignificante.

O imperativo de servir impõe um esforço considerável às mulheres; a acomodação aos outros e o ajustamento verbal, físico ou emocional constante às suas necessidades *está* levando as mulheres a cobrarem seus direitos. "Eu só quero algum tempo para mim", "Eu gostaria de ter dez minutos no meu dia sem ter que pensar em ninguém mais", "Às vezes eu me tranco no banheiro, só para ter alguma paz e tranqüilidade", "Eu gostaria de ter um cômodo, algum canto da casa, onde eu soubesse que ninguém viria me perturbar" — frases como estas aparecem a todo momento nas conversas entre mulheres de qualquer classe ou idade, expondo uma necessidade profunda e não preenchida de um espaço e tempo sagrados, algum lugar onde se possa mergulhar em si mesma, perder por um momento essa consciência exigente dos outros, que parece ser a condição inescapável da existência da mulher, e experimentar, outra vez, o prazer de estar absorta em si mesma, de ser auto-suficiente, de se realizar. A diversão (ou brincadeira) poderia, de um só golpe, satisfazer essas necessidades não preenchidas e aliviar essa insatisfação abertamente verbalizada.

A diversão fornece um meio essencial para eliminar a defasagem entre os estados polarizados do ser. Através do brincar, podemos experimentar os prazeres do *self*, explorar e redefinir nossos limites, provar o fruto proibido sem medo de repreenda, redescobrir o deleite de estar absorta em si mesma. A diversão (ou brincadeira), de um modo sem igual, oferece-nos uma dimensão em que a realidade pode ser testada, reorganizada, até rejeitada de forma segura; ela nos afasta da realidade e nos devolve a ela. Ela oferece precisamente a experiência do *self* (diferente do egoísmo ou da ausência de self) que muitas de nós desejam e necessitam. Privadas do brincar por códigos internos ou externos de comportamento, vemo-nos privadas de uma forma valiosa de conciliar aspectos dissonantes do nosso eu, deixados com escolhas frágeis.

A diversão (ou brincadeira) situa o sujeito no centro do universo. É um meio de dizer "Eu existo! Tenho o direito de aproveitar a sensação de existir! Sou inteiro no mundo e do mundo! Tenho o direito de estar aqui!" Para as mulheres, cuja noção do direito de existir é muito obscurecida pela relevância atribuída à vida dos outros, a diversão oferece uma importante fonte de auto-afirmação e um meio de melhorar o equilíbrio de suas vidas. Existe, sem dúvida, um elemento de egocentrismo na diversão que pode fazer qualquer um de nós sentir-se desconfortável por ir contra a origem do nosso condicionamento mas, por isto mesmo, tem a capacidade de abrandar os efeitos malignos desse nosso condicionamento.

Até agora, o "progresso", para as mulheres, ampliou suas responsabilidades em vez de reduzi-las. Nossa aceitação desta situação talvez se explique como sendo o preço que, de algum modo, devemos pagar por um pouco de independência, algum dinheiro no bolso, o direito a comprarmos uma casa, o direito de não sermos estupradas por nossos maridos; talvez expie um pouco a culpa que podemos sentir, ainda que inconscientemente, quando voltamos as costas para milhares de anos de tradição. Mas a tradição muitas vezes é a institucionalização do privilégio de um indivíduo à custa da liberdade de outro — como os haréns turcos, o comércio de escravos negros, o trabalho infantil nas minas de carvão. Por mais que se mascare como "natural" ou "inevitável", a tradição que determina a mulher como responsável pelas pessoas à sua volta é o endeusamento do privilégio dos outros ao preço de sua liberdade, e uma das mais significativas liberdades que isto lhe rouba é a liberdade de brincar, de divertir-se. Se desejamos com seriedade progredir, contrariar tradições antiquadas e nocivas e melhorar nossa qualidade de vida, devemos ser igualmente sérias quanto ao nosso direito a ser lúdicas.

A responsabilidade verdadeira não inclui apenas a responsabilidade com os outros; refere-se também a assumirmos a responsabilidade por nós mesmas. Tendemos a esquecer disto quando nos permitimos ser envolvidas pelos desejos e necessidades dos filhos, companheiros, pais, até amigos. Talvez por ser mais fácil. Ser firme contra a grande corrente das necessidades das outras pessoas, a poderosa expectativa social e as normas culturais custa muito esforço e determinação. Ainda assim, aceitar essa regra é abdicar da nossa responsabilidade por nós mesmas. Lembrar que é crucial tomar a iniciativa de nossa própria felicidade é o passo principal em direção à redescoberta do nosso *self* lúdico.

7
O legado de Eva

*"Os homens olham para as mulheres
as mulheres observam-se
sendo olhadas."*
(John Berger, *Ways of Seeing*)

Quando Eva sucumbiu à sua curiosidade e pegou a maçã da Árvore do Bem e do Mal, jamais poderia imaginar o alto custo que aquele ato teria. Segundo o Livro do Gênesis, no momento exato de comer a maçã, ela e Adão ficaram subitamente envergonhados de sua nudez e logo fizeram tangas de folhas de parreira para cobrir-se. Deus, que estava fazendo um passeio vespertino pelo Jardim, encontrou-os à espreita atrás dos arbustos, nervosos, e percebeu o que tinha acontecido. Em desgraça, o casal foi prontamente expulso do Éden. Fizeram uma pequena pausa, apenas para receber algumas maldições e uns agasalhos, e foram banidos do paraíso terrestre para sempre.

O preço que Eva pagou por entregar-se por um momento à sua curiosidade foi uma vida de autoconsciência social; um preço que as mulheres do mundo inteiro estão pagando desde então. Adão também se afligiu com sua autoconsciência social após comer a maçã, mas esta foi a última notícia que tivemos; no que se refere às filhas de Eva, porém, a autoconsciência social passou a ser uma condição de existência. Séculos de misoginia reforçaram a mensagem de que as mulheres são fracas e facilmente tentáveis, e que devem cuidar-se e ser cuidadosamente vigiadas para que não sigam o caminho de sua antepassada. São Clemente de Alexandria, em 190 d.C., afirmou que "toda mulher devia ter muita vergonha pelo pensamento de ser mulher". Santo Ignácio de Loyola, fundador da Ordem Jesuíta, declarou, em 1548: "A orientação espiritual de três mulheres é uma tarefa mais árdua do que a administração de uma Ordem inteira." E, enquanto as mulheres vêm atraindo atenção crítica para suas falhas espirituais, seu corpo tem sido objeto de inspeção ainda mais acirrada.

Quando a beleza estética das mulheres é elogiada, a corrente subjacente de sentimentos sobre sua condição física tem sido hostil. As atitudes quanto à menstruação e o parto contrastam radicalmente com a glorificação das mulheres na poesia e na arte. Tradicionalmente, as dores do parto eram consideradas uma punição que as mulheres deviam suportar pela transgressão de Eva. A menstruação também passou a ser um meio de lembrar todas as mulheres, com regularidade, seu estado pecador e contaminado. Uma infinidade de restrições sobre o que as mulheres menstruadas devem ou não devem fazer trouxe, a cada mês, uma autoconsciência social dolorosa a muitas gerações.[1] Na Roma Antiga, acreditava-se que o contato com o sangue da menstruação avinagrava o vinho, destruía colheitas, enlouquecia cachorros e matava abelhas.[2] O Velho Testamento especifica que uma mulher menstruada está "impura" e aconselha os homens a não ter sexo neste período do mês, proibição ainda hoje obedecida pelos judeus ortodoxos. Na Europa ocidental do século XVI, muitos achavam que as crianças concebidas quando a mulher estava menstruada nasceriam deformadas. Um poema do fim daquele século, de autoria do poeta francês Quillet, refere-se ao fluxo menstrual como a "poluição nociva" que causava tais defeitos de nascença.[3] O fato de que os homens não estariam aí não fosse pelo corpo das mulheres não enfraqueceu a onda de vilipendiação. Talvez tenha aumentado sua força.

Se as mulheres são descritas de uma maneira favorável, sua presença ainda é vista como perturbadora. Plínio, no ano 50 d.C., mencionou em seus escritos uma médica brilhante, tão bonita que precisava dar aulas por detrás de uma cortina para não distrair seus alunos; uma outra precisava vestir-se de homem, pois, ocultando seu sexo, conseguiria continuar trabalhando sem embaraços.[4] Em 1990, o rabino Jonathan Sacks, na Rádio BBC-4, explicou que as mulheres não podiam sentar-se com os homens na sinagoga e precisavam ficar separadas numa galeria superior para não os desviarem de suas orações.[5] Chega a ser um milagre que os homens consigam fazer alguma coisa, com todas essas mulheres em volta distraindo-os.

E quanto às mulheres no lado receptivo de toda essa atenção? Para a noção de *self*, qual a conseqüência de ser constantemente inspecionada? Como pode ser possível atingir o estado de auto-absorção necessário à brincadeira, quando se é objeto de constante atenção das outras pessoas e de si própria? Amanda Lear, conhecida principalmente por seu romance com Salvador Dalí durante 18 anos e pelos boatos de sua transexualidade, descreveu recentemente, numa entrevista para um jornal, o tipo de objetificação que, até certo ponto, é familiar à maioria das mulheres. Questionada sobre sua idade, replicou: "Hoje me sinto com mais ou menos 45 anos, ontem me senti com 60. Depende de como percebo o olhar dos outros sobre mim. Se vejo desejo nos olhos dos homens quando saio à rua, sinto-me jovem. É como um espelho." Estamos tão acostumadas a ser olhadas que muitas de nós nos definimos segundo nossa aparência, e nossa aparência determina como nos sentimos. Um assobio conquistador dos rapazes no canteiro de obras pode ser uma intrusão ofensiva, mas também é uma confirmação de algo que não gostamos de admitir para nós mesmas: que freqüentemente nos baseamos nas reações dos outros para reforçar nossa noção de *self*. Gostemos ou não, é fato que muitas de nós temos uma autoconsciência social crônica e constante.

Este é o legado de Eva: a maldição da autoconsciência social. Ligada ao imperativo de servir, está em conflito direto com o espírito lúdico e é um fator-chave no desaparecimento da brincadeira da vida das mulheres. Com a inibição da espontaneidade e a solicitação de um alto grau de autovigilância, a autoconsciência social diminui a capacidade e a inclinação para brincar.

Estou sendo olhada

As mulheres estão acostumadas a ser olhadas. Estão acostumadas a ser avaliadas com base na aparência. Estão acostumadas à contínua consciência da inspeção dos outros, mas não *tão* acostumadas assim que não se aborreçam com isso.

Tomemos o caso da Mulher Solteira no Exterior. Ao acordar em seu quarto de hotel na primeira manhã de férias, ela vê pela janela o céu azul sobre o mar e tem uma sensação agradável. Veste-se e desce para o café. No restaurante, é a única pessoa sozinha. Quer olhar à sua volta e ver os outros hóspedes, mas não deseja passar a "mensagem errada", por isto mantém os olhos no prato. Ainda assim, percebe que o homem de meia-idade no outro lado do salão a observa. Quando isto começa a deixá-la desconfortável, termina seu café correndo e volta para o quarto. De qualquer modo, pensa, não quer atrasar-se nem um pouco para a praia. Passeia pela calçada um pouco mais tarde, tem novamente a sensação de liberdade e felicidade que experimentara de manhã cedo. Está ansiosa por um dia de descanso, tomando sol e nadando, sem pensar nas tensões do dia-a-dia que deixou para trás. Está aqui para divertir-se. Descobre um bom lugar, não tão perto das outras pessoas, mas também não tão longe, e começa a arrumar suas coisas: toalha, livro, óculos de sol, chapéu, loção de bronzear. Tira os *shorts* e a camiseta e está pronta para uma manhã tranqüila. *Mmmm*, isto é bom, pensa quando o sol aquece sua pele e logo a brisa do mar a refresca. Começa a cochilar. Dez minutos mais tarde, a Mulher Solteira no Exterior abre os olhos, sentindo que alguém se move em sua direção. Um estranho tinha estendido sua toalha paralela à dela, a poucos metros de distância. Está mais perto do que ela gostaria, mas não pode dizer-lhe. Ele olha para ela. Felizmente ela está usando os óculos de sol, assim ele não pode distinguir a direção de seu olhar. Irritada, fecha os olhos e tenta dormir outra vez, mas pode sentir o estranho a observá-la. O sol está ficando quente e é preciso passar mais loção. Senta-se, começa a passar o creme nas pernas e na barriga. O homem a examina.

A maioria das mulheres conhece bem a cena. Quantas mulheres já não experimentaram a frustração de ser abordadas ou inspecionadas por homens "simpáticos" enquanto tentavam tomar um banho de sol na praia ou ler um livro no parque? Às vezes isso pode ser apreciado; geralmente é sentido como uma intromissão irritante e estranhamente desmoralizadora. Quando as mulheres saem com uma amiga ou um grupo de amigas, a liberdade social e sexual que poderiam, teoricamente, desfrutar, é reduzida por esse tipo de atenção indesejada — para não dizer molestamento — por parte de estranhos (geralmente do sexo masculino) que interpretam o fato de uma mulher ou grupo de mulheres estar sem um acompanhante masculino como um indicador de disponibilidade sexual.

As mulheres observam-se entre si também. Sempre atentas à nossa aparência pessoal, inspecionamos as outras mulheres para ver a aparência *delas*, examinar seus sapatos, pernas, corpo, penteado. Estamos constantemente nos monitorando e fazendo o mesmo com a aparência das outras mulheres para ver quem está bem ou mal.[6] "Eu nunca julgo como as outras pessoas se vestem", afirmou recentemente a atriz Joan Collins para a *Hello!*. "Se Michelle Pfeiffer e Jodie Foster quiserem sair vestindo um saco, a decisão é delas."

Joan Collins não é a única a entender claramente que a aparência importa. Imagens por todos os lados nos dizem como deve ser nossa aparência, nosso comportamento e nossa reação. Para cada revista pornográfica com sua mensagem de que nós não somos suficientemente sensuais (do contrário, por que os homens precisariam ler essas revistas?), existe uma revista de dieta que nos afirma que não somos suficientemente magras. Modelos perfeitas fitam-nos dos *outdoors*, das revistas e dos anúncios de TV, apresentando-nos um ideal de físico que tudo nos encoraja a aspirar; os pôsteres das mulheres atraentes da página três apresentam uma imagem diferente mas também poderosa para tentarmos experimentar e copiar. E nós tentamos *mesmo*, ah, como tentamos! Milhares de mulheres em todo o mundo ocidental são escravas de dietas milagrosas, decoram obsessivamente as contagens de calorias, monitoram de perto seu peso e sua forma, ficam felicíssimas com perdas de peso irrelevantes e sentem-se infelizes com ganhos ínfimos. Segundo nossa estimativa, metade das mulheres adultas nos EUA fazem dieta em algum período da vida. No Reino Unido, um estudo recente constatou que uma em quatro mulheres com idade entre 16 e 35 anos está em dietas rígidas, enquanto 50% das mulheres exercitam-se regularmente para controlar o peso ou a forma física; 7% têm um distúrbio de alimentação significativo, como bulimia ou anorexia.[7]

Desde a infância, as meninas aprendem que devem prestar atenção na alimentação parcimoniosa, nas roupas bonitas e no cabelo. A menina tem mais probabilidade de ser elogiada por sua aparência do que o menino e, em alguns países, há competições de beleza para meninas de três ou quatro anos de idade.[8] Quando atingem a adolescência, as meninas são mais críticas com seu próprio corpo que os meninos e tendem a achar-se mais gordas: um estudo americano descobriu que, até a idade de 13 anos, 80% das meninas já tentaram perder peso, comparadas a 10% dos meninos.[9]

Milhões de mulheres adultas sentem-se ansiosas, envergonhadas e desesperadas com seu corpo, apesar de as modelos famosas representarem uma percentagem bem pequena da população feminina. Entre num vestiário de qualquer banho público ou loja de roupas da Inglaterra e a realidade do físico das mulheres quase choca pelo pouco que se assemelha às imagens de feminilidade presentes em toda a parte. Os quadris, seios, coxas e barrigas fazem coisas que ninguém imaginaria vendo um mês de revistas de mulheres; eles pulam para fora, despencam para baixo, são pesados, salientes e parecem brotar — é *assim* que são os corpos das mulheres reais. Mas nós esquecemos.

Até as mulheres sem "problema de peso" poucas vezes estão totalmente livres do fardo da consciência do seu físico. O modo como nos vestimos, penteamos o cabelo, nos maquiamos (ou não), todas estas decisões particulares transformam-nos em propriedade pública. Além do mais, são tratadas como temas de discussão pública: "Por que você não usa salto alto?", "Eu prefiro você com o cabelo solto", "Essa cor não cai nada bem em você". Quando as mulheres rejeitam seguir a tendência geral e se livram dos cremes depilatórios, jogam no lixo as balanças de banheiro e passam a vestir-se confortavelmente, atraem mais atenção ainda, das mulheres maliciosas do Greenham Common até as ensacadas (com roupas Armani) Pfeiffer e Foster.

Espelho mágico, espelho meu

Em *Branca de Neve e os sete anões*, a beleza inconsciente de Branca de Neve — tão bela que não precisa pensar nisso — vai de encontro à auto-observação obsessiva da Rainha Malvada. Ao vê-la se olhando no espelho sabemos que, por mais bonita que possa parecer, nunca será realmente bela, pois sua maldade lhe confere a feiúra moral. Esta associação de feiúra e maldade é o padrão sempre presente nos contos de fada, trazendo a mensagem de que o alívio do tormento da autoconsciência social só acontece com o bem. Enquanto isso, nós outras só devemos esperar que, se formos boas o suficiente, poderemos nos tornar belas também. A maioria de nós, como a Rainha Malvada, somos presas das ansiedades da aparência, procuramos legitimar nossas imagens de nós mesmas, sabemos o que é vivenciar a experiência de si de fora para dentro, em vez de de dentro para fora. Nós somos observadas e nos observamos.

O requisito da autoconsciência social dificulta que as mulheres se sintam à vontade no seu próprio espaço físico, seja uma toalha na praia, uma mesa de restaurante ou seu próprio corpo. No Dia da Brincadeira, o problema da autoconsciência social apareceu muito. As pessoas falavam com nostalgia do tempo em que se perdiam na brincadeira, esquecendo-se de si, totalmente absortas. Segundo Beth, de 38 anos, "a brincadeira é uma combinação de espontaneidade e falta de autoconsciência social. É correr riscos. É preciso acreditar que vai conseguir, não ter medo de errar e deixar-se ficar plenamente envolvida". Lembrando a absorção profunda de sua brincadeira quando criança, Elizabeth, de 56 anos, comentou: "Eu conseguia entrar rápido no meu mundo de fantasia. Naquela época eu não era inibida." Ella também mencionou a inibição como sendo um bloqueio para a atitude lúdica: "Ser capaz de brincar requer confiança e falta de inibição. Eu ficava muito inibida com o julgamento dos outros, e passou a ser difícil brincar."

Nossa aparência e nosso comportamento estão sujeitos a uma crítica constante, apesar de nem sempre transparente. O poeta romano Ovídio aconselhou as jovens de sua época:

> *Não abram muito a boca, controlem essas covinhas, mantenham*
> *Seus dentes escondidos atrás dos lábios.*
> *Não se dobrem com risos intermináveis, ao contrário*
> *Riam com controle, como uma dama —*
> *Algumas mulheres deturpam suas formas*
> *Com risadas que as inclinam para um lado,*
> *Algumas ficam tão vesgas com sua jovialidade*
> *Que se poderia jurar que estão chorando.*
> *Outras fazem um barulho desarmônico, feio,*
> *Um zurro, como uma mula amarrada ao moinho.*
>
> (The Art of Love, Livro 3, 1. 280-290)

Muito antes do lamento irônico de Fats Waller, "não posso te amar porque teus pés são muito grandes", o conto de Cinderela já transmitia a mensagem de que uma menina sem passos leves e pés delicados teria poucas chances de amor, felicidade e casamento. Quando as irmãs de criação horrendas não conseguem comprimir seus pés enormes na pequenina sandália de cristal de Cinderela, sua maldade é simbolicamente revelada ao lado de sua inadequabilidade como esposas.[10]

Em geral, atividades sem controle, barulhentas, extravagantes e tumultuosas são desencorajadas para as mulheres, seja qual for o contexto. Atualmente, nas aulas de parto participativo em toda a Inglaterra, as mulheres precisam aprender a fazer o que, em tempos idos, devia surgir naturalmente. Tantos anos de treinamento para o oposto, e agora precisam *aprender* que é CERTO esticar as pernas, grunhir, suar e gritar. Precisam desaprender as aulas físicas de uma vida inteira. Coisa difícil e assustadora. Não é para menos que tantas optam por desnecessárias anestesias peridurais e cesarianas. "A idéia de ficar tão fora de controle me deu medo e assustou", contou uma mulher. "Além do mais, eu não queria que meu marido me visse daquele jeito."

Ao longo de nossas vidas, ao longo da história, aprendemos que não devemos gritar, berrar, discutir, roncar, expelir gases, arrotar, dar soco na mesa ou bater o pé; não devemos movimentar o corpo de modo desleixado ou exagerar no barulho das gargalhadas, do choro ou da raiva; devemos comer, andar, falar e atingir o orgasmo quietas e, depois, dormir quietas também. Devemos, acima de tudo, *brincar* quietas. Dançar balé é reputado como melhor que lutar; aulas de desenho com modelo vivo são mais aceitáveis do que matricular-se num time de rúgbi feminino; conversas tranqüilas são preferíveis a debates calorosos e barulhentos.

Não é que as mulheres sempre se conformem a esses valores normativos. Um número cada vez maior de mulheres, cansadas das restrições de peso, barulho e forma, está sendo atraído para aulas e cursos de *flamenco*, *salsa* e dança árabe. No esporte, a moda recente de a mulher ser a timoneira do barco com oito remadores dá a ela a oportunidade de gritar com toda a força; a luta de boxe e o levantamento de peso também estão sendo adotados por mulheres, apesar de o número ser muito reduzido. A platéia feminina nos jogos de futebol também está crescendo: elas agora representam um oitavo da torcida, e, em cada quatro espectadores nos jogos da Primeira Divisão, uma é mulher.[11] Em 1996, Football Cindy chegou às prateleiras numas riscas sensacionalistas rosa e limão, bem a tempo de pegar os campeonatos de futebol europeus, sendo um forte indício do grau de interesse pelo futebol da geração atual de meninas. Nas escolas de Swansea, as jogadoras meninas equivalem em número aos jogadores meninos.[12]

São sinais encorajadores, mas ainda representam as exceções que comprovam a regra. Quando as mulheres encontram realmente meios de expressar-se de maneira largada e barulhenta, em geral são vistas com olho torto. A festa de Ann Summers e a saída para assistir as Chipendales podem ser muito mais divertidas pela curiosidade crítica que desperta nos outros. Falando de modo geral, se as mulheres querem se acalmar, ainda é mais provável elas tomarem um banho do que usarem um vibrador; se querem aumentar o tom da voz, ainda é mais fácil participarem de um coral do que tornarem-se timoneiras. No escritório, na cozinha ou no quarto, somos seguidas pelo que Elaine Showalter denomina o "espírito de perseguição", "uma crítica contínua à [nossa] aparência e atuação",[13] que dificulta que sejamos verdadeiramente guiadas pelos nossos impulsos e instintos, quer estejamos nos vestindo, transando, dando à luz ou simplesmente divertindo-nos.

Não é para menos que, para muitas mulheres, deixar-se absorver plenamente e entrar de corpo e alma na brincadeira verdadeira é um objetivo ilusório. Não é para menos que as mulheres tenham dificuldade em divertir-se de verdade na companhia de outras pessoas, quando é tão difícil esquecer a autoconsciência social. Também não é de espantar que, enquanto os homens tendem a divertir-se em grupos, as mulheres tendem a preferir formas mais solitárias de diversão. Se elas optam pela diversão em grupo, é provável que tenha havido um acordo, explícito ou implícito, no sentido de esquecerem ou passarem por cima da autoconsciência social. A alegria de um grupo de meninas adolescentes que sai na noite de sábado para a farra tem raízes na sua noção de desafio: elas saíram para divertir-se nos seus termos. As mulheres mais velhas também apreciam o prazer de "uma noitada com as amigas" para um drinque ou um jantar, e, neste caso também, o prazer deriva em parte da sensação de despreocupação das opiniões dos outros e de poderem dizer e fazer o que quiserem. Contudo, se o grupo pode permitir uma certa falta de autoconsciência social, a probabilidade de fazer exatamente o oposto e controlar o comportamento, assegurando que os limites aceitáveis não sejam transgredidos, é a mesma. Ainda é comum o momento solitário ser o único em que podemos esquecer de nós mesmas.

O toque de recolher informal

A sensação de estar sendo observada cria em muitas de nós um sentimento de vulnerabilidade física. É comum mulheres sentirem-se expostas e terem medo, inclusive em espaços especialmente projetados para uso público seguro. Um estudo demonstrou que dois terços dos usuários de parques são homens; as mulheres acham-se muito vulneráveis para ir aos parques sozinhas.[14] Passeios solitários, de dia ou de noite, são uma extravagância que poucas mulheres ousam permitir-se, mesmo que, para elas em especial, essa disponibilidade de tempo e espaço para si seja muito rara e preciosa. Reportagens sensacionalistas sobre alguns incidentes trágicos, como o assassinato em Wimbledon Common de Rachel Nickell ou a matança selvagem da adolescente Naomi Smith, cujo corpo foi encontrado em pedaços por sua melhor amiga num ambiente de recreação de um bairro em Northamptonshire, aumentaram a ansiedade feminina quanto à segurança pessoal, sendo que nenhuma medida foi adotada no sentido de aliviar essas preocupações. Quando, em 1995, o secretário de Estado para o Meio Ambiente John Gummer anunciou um plano de Caminhadas pela Cidade de Londres, com o objetivo de encorajar as pessoas a caminhar na cidade, não pareceu levar em conta o medo que impede milhares de mulheres de andar pelas ruas mais calmas de suas cidades.[15] Ainda que esses medos sejam em grande parte infundados, e que a probabilidade de ser atacada por um estranho na rua seja muito menor do que a de ser atacada pelo marido, namorado ou companheiro na privacidade de seu próprio lar, a ameaça de violência às mulheres ainda é percebida como real e prende muitas mulheres em casa após o anoitecer.[16]

O sentimento de vulnerabilidade e o medo do ataque físico são as faces obscuras da autoconsciência social que todas nós vivenciamos diariamente. Conheço, por mim mesma, a profunda frustração de ficar em casa nas noites de novembro, querendo sair para pegar um ar, aliviar minha cabeça, ficar sozinha por um momento. Um amigo meu, de seus quarenta anos, relatou-me recentemente sobre uma noite em que não conseguia dormir e, depois de ouvir por uns vinte minutos, inquieto, o coro do dia que raiava do lado de fora, decidiu levantar e passear pela margem do rio perto de sua casa. O reflexo do céu sobre a água estava maravilhoso, o canto dos pássaros enchia o ar, a grama pesava do orvalho. Enquanto estava ali, imóvel, à beira do rio, absorvendo a tranqüilidade do amanhecer, um casal de cisnes passou voando e uma raposa cinza surgiu do arbusto próximo e passou por ele. Compartilhei seu prazer, mas foi difícil deixar de ter também uma ponta de inveja, ao pensar que aquela experiência me era vetada por milhões de mensagens, diretas ou indiretas, que dizem que uma mulher sozinha está em risco. Por mais que eu me oponha às mensagens afirmando para mim mesma que o maior risco vem do meu próprio medo, que os jovens brancos do sexo masculino têm mais chance de ser fisicamente atacados do que mulheres da minha idade, que a mídia distorce a superioridade de ataques às mulheres com sua cobertura desproporcional, ainda assim sou amarrada pela minha cultura, por sua preocupação e vilipendiação da mulher que se recusa a ficar em casa. Na Idade Média, as mulheres que andavam, moravam, ou procuravam o prazer sozinhas eram queimadas como feiticeiras. Hoje, elas "pediram que isso acontecesse", "merecem o que receberam", "só podem culpar a si mesmas".

Ficamos chocados quando os soldados israelenses impõem o toque de recolher nas vilas palestinas, ou quando os governos sul-africanos fazem o mesmo nos vilarejos negros. No entanto, a grande maioria das mulheres em países ocidentais aparentemente civilizados vive cada segundo de suas vidas sob um toque de recolher informal. Ele influencia sua vida no trabalho (o desaparecimento de Susie Lamplugh enquanto trabalhava parece ter enfatizado os perigos potenciais de ignorar o toque de recolher); ele intensifica os problemas de ordem prática que as mulheres já enfrentam administrando sua vida (quem vai economizar trinta minutos usando o atalho para chegar em casa, quando uma mulher foi assassinada num lugar semelhante na semana passada?); igualmente importante, ele se soma ao policiamento da liberdade das mulheres para se divertir. O medo de ficar em pé no ponto do ônibus às onze horas da noite; o medo de andar do ponto do ônibus até a casa às onze e meia; o medo de voltar para o carro num estacionamento sem iluminação e ermo — estas considerações são muito reais para as mulheres, que podem concluir que é mais fácil ficar em casa e adiantar a roupa a ser passada.

A autoconsciência social reduz nossa capacidade de brincar, fazendo com que vários lugares sejam considerados fora dos limites. O toque de recolher informal determina que devemos nos divertir nas horas e nos lugares considerados "seguros". Em igrejas, cinemas e piscinas, pode; em discotecas, bares, num bosque calmo ou numa esquina de rua, não pode. Estas restrições prevalecem da adolescência em diante. Os meninos podem ficar pelas ruas impunemente, porém as meninas tendem a ser censuradas, rotuladas de "barra-pesada" ou de "puta", e seu comportamento tende a ser interpretado como uma indicação de disponibilidade sexual. Do mesmo modo, enquanto os clubes e bares são vistos como o espaço dos rapazes, as garotas precisam ter cuidado ao escolher seu ponto de encontro e sua companhia.[17] Num estudo desenvolvido sobre as atividades de lazer das adolescentes, Vivianne Griffiths constatou que até mesmo os clubes de jovens são vistos por alguns pais como muito "violentos" para suas filhas.[18] Mesmo estes clubes de jovens que as garotas podem freqüentar tendem a favorecer as atividades preferidas pelos rapazes, como o futebol, sinuca, fliperama e tênis de mesa; as garotas, normalmente, ficam assistindo à brincadeira dos rapazes. Griffiths descreve o fenômeno do "lazer ajustado à estação do ano", em que, durante o verão, as adolescentes podem ficar pelas ruas como os rapazes, porém, durante todos os meses do inverno não têm permissão para sair.[19]

Uma razão para o bingo continuar sendo uma atividade muito popular entre as mulheres é ser considerado "seguro": os homens sabem onde suas esposas estão e o que estão "aprontando". Eles também sabem que elas estarão em companhia de várias outras mulheres, o que elimina o "risco" sexual de estarem sozinhas e garante testemunhas para qualquer comportamento diferente. Enquanto isso, as mulheres podem aproveitar uma noite fora sem que sejam atormentadas pela desconfiança e ansiedade dos maridos. Quando as jovens de uma comunidade da classe trabalhadora em Leeds começaram a rejeitar o bingo precisamente devido à sua "segurança", defrontaram-se com as amarras duplas do toque de recolher informal. Ao perceberem isso e se ressentirem do elemento de controle nas atividades que lhes eram oferecidas, preferiram trocá-las por idas a discotecas ou a bares, que ofereceriam um grau maior de liberdade. Mas havia um senão: precisamente porque estas atividades proporcionavam mais liberdade, também eram malvistas por seus pais.[20] Três milhões de pessoas jogam bingo regularmente, sendo 80% do sexo feminino. Este número reflete a necessidade e as restrições que incidem sobre a diversão das mulheres.

Vivenciar diariamente essas restrições à nossa liberdade física, como ocorre com muitas mulheres, implica a redução da possibilidade de brincar, na separação do nosso *self* lúdico. Quando muitas opções são automaticamente descartadas, ficamos obrigadas a abordar a brincadeira não no sentido de suas possibilidades expansivas, mas preocupadas com as severas limitações de seu contexto. Na infância, a capacidade de brincar das meninas dispara constantemente sinais de alerta: brincar com as ciganas no bosque não pode; sujar a roupa não pode; ficar no parque sozinha não pode; sair depois do crepúsculo não pode. Na fase adulta, as mensagens têm uma modulação diferente, mas com o mesmo tom melancólico: sair se alguém precisa de você em casa não deve; sair depois que os outros chegaram não deve; passear sozinha na rua depois do anoitecer não deve; sair sem antes verificar se todo mundo concorda não deve. As mulheres que buscam o prazer fora do que é determinado pela cultura são vistas como ultrapassando os limites, e a sociedade não se responsabiliza pelas conseqüências. Por mais que as regras sejam expressas de uma forma amorosa, por vozes internas ou externas, o resultado é o mesmo: nós e nossa diversão estamos sob vigilância.

Os frutos proibidos

A punição de Eva por comer o fruto proibido da Árvore do Bem e do Mal tem dois lados: ela recebeu o fardo da autoconsciência social e aprendeu o terrível preço da curiosidade. O legado de Eva tem igualmente duas faces: as mulheres, desde então, foram infestadas com a autoconsciência social e aprenderam a conter sua curiosidade. Pandora trouxe o mal ao mundo por não controlar sua curiosidade; a esposa de Lot foi transformada numa estátua de sal por dar vazão à sua curiosidade sobre o destino de Sodoma; as esposas do Barba Azul foram assassinadas por desejarem descobrir o conteúdo da misteriosa sala trancada que não tinham permissão de explorar (e cujo conteúdo, no final das contas, era sua própria punição pela curiosidade). Inúmeros limites são impostos à diversão das meninas, e ensinam-nos que não cabe a nós pensar sobre suas razões. Desde cedo, aprendemos a reprimir nosso desejo de explorar, a duvidar de nossa capacidade de arriscar, a sufocar nossos desejos de ter mais, a temer nosso deleite no apetite e a matar nosso impulso de conquistar. Em vez disso, aprendemos a observar nossos atos e a reparar nas reações das outras pessoas.

Uma das realidades mais trágicas das primeiras experiências de brincadeira feminina é que, muitas vezes, ela é o meio pelo qual as mulheres aprendem como *não* brincar e não se divertir. Os meninos aprendem através da brincadeira que o mundo dos sentimentos e do relacionamento é fechado a eles, e a lição das meninas é que o mundo da exploração e da invenção está fora de seus limites. Através da brincadeira, aprendemos sobre nós mesmas e sobre nosso mundo, e a usar a própria brincadeira para legitimar o que aprendemos. Ela é ao mesmo tempo um professor e um reflexo dessa aprendizagem. A mensagem simples e devastadora que as mulheres aprendem e legitimam, desde a infância, é que a autoconsciência social é encorajada e a curiosidade é desencorajada.

Aprendendo a ser diferente

Numa manhã ensolarada de primavera, alguns anos atrás, no anfiteatro de Tlos que remonta ao século II a.C., na Turquia ocidental rural, meu marido e eu deparamos com um grupo de trinta estudantes recebendo uma aula de história. Sentados em cinco fileiras organizadas nos assentos da pedra antiga, com seus uniformes formando um bloco azul brilhante contra o cinza da pedra, ouviam atentos as palavras do professor. Quando a aula terminou, o professor deixou as crianças brincarem por meia hora enquanto ia até o vilarejo próximo para beber alguma coisa. Instantes após seu afastamento, o bloco azul arrumado estava disperso, e as crianças desceram correndo para o círculo no centro do anfiteatro. Logo formaram dois grupos distintos: os meninos corriam de um modo anárquico, lutando uns contra os outros no chão; as meninas deram-se as mãos, formando um círculo e começaram a dançar e a cantar. Uma das meninas, mais ousada, dirigiu-se para o meio do círculo e efetuou uma seqüência organizada e bem-comportada, imitando uma dança que talvez tenha visto em mulheres mais velhas. Olhava-nos o tempo todo. As outras, claramente achando-a corajosa, com suas risadinhas escondidas pelas mãos, também nos olhavam para ver nossa reação. Estavam todas muito conscientes da platéia, desviando o olhar para nós a todo momento e sorrindo envergonhadas. Os meninos, num contraste impressionante, não perceberam nossa presença ou de qualquer outra pessoa, esquecidos de tudo exceto de seu rival do momento.

Meninos e meninas comportam-se de maneira diferente desde a infância. Os bebês do sexo feminino comem menos e choram menos, sorriem mais e dormem mais;[21] à idade de três anos, elas são menos enérgicas fisicamente e fazem menos barulho que os meninos;[22] quando chegam à idade de ir para o maternal, as meninas esforçam-se mais para cooperar, obedecer e agradar que os meninos;[23] aos sete anos de idade, os meninos são "mais egoístas, empreendedores, competitivos, agressivos e ousados" do que as meninas.[24] Mas existe realmente uma defasagem no desenvolvimento infantil. As meninas aprendem a comportar-se de modo diverso porque, desde tenra idade, recebem um *tratamento* diferente. São tratadas de um modo mais gentil, cada mamada dura menos, desmamam mais cedo, param de usar fralda mais cedo, são mais desencorajadas a brincar com a comida e mais encorajadas a comer sem bagunça e sem sujar-se.[25]

As meninas pequenas também são *percebidas* de maneira diferente. Em 1975, um grupo de psicólogos ingleses conduziu uma experiência, hoje famosa, que revelou como os adultos transportam suas supostas "verdades" para suas interações com as crianças.[26] Um grupo de adultos recebeu um bebê de três meses para brincar durante três minutos, enquanto era observado através de um espelho de dupla face. O bebê estava vestido com um macacão amarelo. Um terço dos adultos foi informado de que ele era do sexo feminino; outro terço, do sexo masculino; e o outro terço não foi informado de nada. As diferenças foram notórias. Os adultos que acreditavam estar brincando com uma "menina" tenderam a dar uma boneca ao bebê, e os que achavam estar brincando com um "menino" tenderam a dar-lhe um trem. Quando o sexo do bebê não era conhecido, os adultos tenderam a adivinhar com base no aperto da mão: forte de menino, suave de menina. O bebê era uma menina.

Grávida pela primeira vez enquanto escrevia este livro, impressionou-me a regularidade com que me perguntavam: "E você já sabe o que é?" Não, eu não sabia e não queria saber, estava muito menos preocupada com o sexo do que com a saúde e a perfeição física do bebê. Porém assustei-me com a necessidade dos outros de saber. Era sempre a primeira pergunta e a mais freqüente. Todos sentiam necessidade de vincular um sexo ao bebê, mesmo *antes* do seu nascimento. Sem aquele rótulo, as suposições e os preconceitos não podiam acontecer. Se o sexo fosse sabido, cada chute mais forte seria interpretado como um sinal de seu glorioso futuro de jogador de rúgbi, cada movimento suave como a confirmação de seu futuro como bailarina. Comecei a sentir que, além de proporcionar um ambiente físico seguro para o bebê, meu ventre estava proporcionando também uma zona preciosa, livre de sexo, onde, pela única vez na vida, essa criança poderia estar sem os grilhões de sua identidade sexual.[27]

Os estereótipos do sexo são reforçados pelos brinquedos que damos às crianças, as roupas com que as vestimos, os cortes de cabelo que escolhemos para elas e a maneira que reagimos aos diferentes tipos de comportamento. Tipicamente, o comportamento que é considerado "apropriado" para o sexo da criança é percebido, encorajado e elogiado, enquanto o comportamento que contraria a convenção é ignorado, desencorajado e até mesmo punido. Os meninos são encorajados a mostrar curiosidade, agressividade e tenacidade, mas desencorajados a comportar-se de formas que são tidas como "femininas"; as meninas são encorajadas a ser condescendentes, gentis e alegres.[28] Se meninos e meninas comportam-se da *mesma* forma, nós interpretamos diferentemente. Charlotte, uma professora de inglês de trinta e poucos anos, certa manhã ouviu sua filha de três anos, Lily, brincar em seu quarto e preocupou-se com o que estava acontecendo: "Não consegui acreditar no que ouvia! Ela estava dizendo para sua boneca: 'Se você não parar agora vou te dar uma palmada, sua boneca malcriada!' Nós nunca batemos nela ou dissemos qualquer coisa sobre dar palmada, e não consigo imaginar de onde ela tirou essa idéia. Pensando bem, ela é muito agressiva com sua boneca. Finge que vai afogá-la e puxa seus cabelos."

O embaraço de Charlotte em admitir o tratamento severo de sua filha com a boneca reflete o ponto de vista geral de que este é um comportamento que, de algum modo, *não é natural* para uma menina. Ninguém se preocupa quando um menino joga seu Action Man pelo corrimão ou o atira num lago, mas se ele começa a fingir dar-lhe de mamar, acariciá-lo ou cantar para ele, a reação é bem diferente. O desconforto de Charlotte revela a força de nossos preconceitos socialmente condicionados do que é comportamento apropriado para meninas e meninos. Quando o filho de quatro anos de amigos meus anunciou que queria de Natal uma fantasia de bailarina como sua melhor amiga Alice, viram-se numa encruzilhada entre suas crenças liberais e a força de seu próprio condicionamento. "No fim das contas, nós simplesmente não conseguimos fazer aquilo", admitiu Sian. "Fiquei preocupada com o que as outras crianças poderiam dizer a ele. Por fim, entramos num acordo e compramos uma fantasia de abelhão."

Não foi esclarecido se existem diferenças psicológicas entre meninos e meninas, ou se elas surgem como resultado da socialização.[29] Apesar disso, enquanto não há casos definitivos de origem inata ou de criação, as crenças sobre como as crianças devem se comportar e ser tratadas ainda baseiam-se em convicções profundamente arraigadas sobre as diferenças entre homens e mulheres. Meninas e meninos *são* tratados de forma diferente desde tenra idade, e uma faceta cruel desta diferenciação é que as crianças são direcionadas para brincadeiras diferentes, independentemente de suas preferências inatas. O poder e a profundidade dos estereótipos de sexo é tal que, desde cedo, eles moldam nossa forma de brincar.[30] Antes de ser inibido, o impulso das meninas para brincar é cuidadosamente canalizado e direcionado.[31] Crianças de três anos de idade demonstram preferências por papéis sexualmente estereotipados em jogos de dramatização, as meninas fazendo o papel de esposas, mães e noivas, e os meninos brincando de pais, filhos e irmãos. Algumas meninas resistem aos papéis convencionais de seu sexo, mas os meninos quase nunca o fazem: eles *querem* os papéis masculinos![32]

Esse tipo de brincadeira diferenciada por sexo aparenta ser comum a diversas culturas. Janie Hampton, uma profissional de saúde, passou doze semanas observando mais de cem crianças brincando em comunidades rurais no Zimbábue. Acima da idade de seis anos, os meninos eram explicitamente desencorajados de brincar de jogos "de meninas" e de assumir papéis femininos nas brincadeiras de representação: uma menina poderia representar a parte do noivo num casamento de brincadeira, mas os meninos nunca teriam o papel da noiva. Hampton também constatou que as brincadeiras dos meninos e das meninas eram de *tipos* muito diferentes. As meninas brincavam muito de cozinhar, dar de comer, cuidar de criança e outras atividades domésticas, enquanto os meninos eram mais exploradores. Desde pequenos, eles construíam veículos complexos e engenhosos com pedaços de madeira, arame, lata, barbante, papelão e qualquer outro material à mão. Seus jogos os distanciavam mais de casa e envolviam um grau de inventividade e criatividade que estava muito ausente dos jogos das meninas, mais fundamentados na imitação de suas mães. Tanto meninos como meninas brincavam de bola, porém as meninas eram menos ativas e menos competitivas que os meninos; as meninas brincavam de jogos de bola que encorajavam a cooperação e a coordenação, e os jogos de bola dos meninos tendiam a encorajar a velocidade, a força e a competitividade. Hampton também descobriu que os meninos apreciavam uma *variedade* maior de atividades de brincadeira que as meninas. Como no Ocidente, a valorização de características nas brincadeiras das meninas e dos meninos era diferente: os pais elogiavam a criatividade nos meninos e premiavam as habilidades de imitação nas meninas. As mães, em particular, assumiam as brincadeiras de suas filhas como óbvias, considerando-as como treinamento vocacional. "Brincar de bonecas ajuda a ser boa mãe", disse uma; "Brincar ajuda as crianças no futuro, especialmente as meninas com a cozinha", disse outra. Talvez a característica mais assustadora dessas diferenças de sexo na brincadeira infantil tenha sido que, desde a idade de quatro anos, as brincadeiras das meninas continham muito trabalho, fingido ou real, como cozinhar, limpar e cuidar de criança. Por exemplo, em três horas de "brincadeira", Sweetie, uma menina de cinco anos, passou 73% de seu tempo fingindo cozinhar, fingindo lavar e varrendo de verdade. Em contraste, as atividades dos meninos continham mais elementos que pudessem ser realmente denominados "brincadeira".[33]

Como conseqüência direta dos tipos de brincadeira em que nos envolvemos quando crianças, desenvolvemos habilidades, inclusive mentais, e certos aspectos de nossa personalidade passam a frente de outros. Nas meninas, a brincadeira geralmente desenvolve a autoconsciência social, a autolimitação, a cooperação, a obediência e a passividade.[34] Num estudo de crianças de uma escola maternal, conduzido por Corinne Hutt, um grupo de crianças de 3-5 anos foi observado enquanto brincava com um objeto desconhecido. Com base em sua reação, as crianças foram classificadas em três grupos: *não exploradores*, que olhavam para o objeto mas não o inspecionavam ou investigavam; *exploradores*, que olhavam para o objeto e o investigavam, mas não iam além disso; e *exploradores inventivos*, que, após investigarem o objeto, utilizavam-no de diversas maneiras. As meninas foram super-representadas na primeira categoria de não-exploradores, numa razão de três para um, enquanto os meninos foram super-representados na terceira categoria de exploradores inventivos, numa razão de quatro para um. Alguns anos mais tarde, os pesquisadores entrevistaram novamente as mesmas crianças, já nas idades de 7-10 anos. Descobriram que, apesar da defasagem do sexo ter diminuído, ainda havia duas vezes mais meninas na categoria de não-exploradores que meninos, e duas vezes mais meninos na categoria de exploradores inventivos que meninas. Os pesquisadores também descobriram que "a brincadeira inventiva estava associada de maneira positiva ao pensamento criativo e divergente, mas isto acontecia particularmente nos meninos". Das cinco meninas classificadas na categoria de explorador inventivo, duas tinham um comportamento considerado por seus pais e professores como "indesejável": em outras palavras, não-conformista.[35]

As crianças que são encorajadas pelos pais a ir um pouco mais além, a testar sua força física, sua noção de equilíbrio ou a capacidade de seus pulmões, estão recebendo a permissão de influenciar, mudar o mundo. Através da brincadeira, elas são capazes de explorar e descobrir a natureza e a extensão de sua influência. A criança que é repetidamente reprimida e freada em suas tentativas de exploração, aos poucos perde a fé na sua capacidade e a noção do direito a ter uma participação ativa no mundo à sua volta. Desencorajadas de experimentar o mundo em primeira mão, as meninas são orientadas no sentido de experimentá-lo através dos outros: deste modo, elas são direcionadas às necessidades alheias. Assim, o requisito da autoconsciência social e o imperativo de servir, mais cedo ou mais tarde, unem forças na psique feminina. Frear a curiosidade numa base contínua leva inevitavelmente a um empobrecimento da capacidade do indivíduo de se divertir, o que, por sua vez, limita sua liberdade para a autodescoberta e auto-expressão criativas. É quase trágico que a vontade de explorar e a relutância à exploração constituam uma das diferenças mais evidentes entre as brincadeiras de meninos e meninas.

Sem dúvida, os meninos *também* são limitados pelo sexo na brincadeira. Contudo, as conseqüências para as meninas são particularmente restritivas, em última instância destrutivas, já que as alegrias da exploração e da curiosidade do saber são, aos poucos, retiradas da brincadeira das meninas, sendo substituídas por uma ênfase global na aparência, na obediência, no relacionamento e no servir. A exploração, que é um aspecto fundamental da brincadeira, gradativamente desaparece da experiência feminina. A autoconsciência social, talvez o maior fator de inibição da brincadeira, cada vez se torna mais presente.

Os anos de linha divisória

Se a nossa brincadeira, desde a infância, baseia-se nas noções de feminilidade, na adolescência o cinto aperta ainda mais, e aprendemos que, além da feminilidade, devemos estar à altura da noção de ser mulher. Para muitas mulheres, a adolescência é um marco de crise, um período em que a riqueza da brincadeira infantil é ofuscada pela consciência forçada de três itens: Meninos, Seios e Sangue. Quando a média das meninas chega à puberdade, elas já internalizaram as regras básicas da infância sobre os tipos de brincadeira que são apropriados e os que não são. Até a adolescência, essas regras direcionam a brincadeira das meninas mas não violam sua noção do direito de brincar. Seu *self* lúdico, nesse estágio, ainda está relativamente intacto. Na adolescência, contudo, quando as meninas enfrentam todas as complexidades e contradições do que a fase adulta irá significar para elas, esse conhecimento internalizado de qual comportamento é permitido e qual não o é começa a ter um efeito cada vez mais negativo sobre sua capacidade de brincar, além de limitar drasticamente suas oportunidades nesse sentido. É uma grande ironia que justamente a atividade que poderia oferecer liberdade das restrições impostas pelo sexo passe a ser, ao contrário, um outro meio de reforçar o comportamento sexual.

Para algumas adolescentes, as sensações ambivalentes quanto à fase adulta são demonstradas com gestos simbólicos de repugnância ou revolta. A gravidez "indesejada" pode ser uma forma de acelerar a passagem pelas dificuldades da adolescência; a anorexia pode ser um meio de retardar o momento ameaçador da entrada na fase adulta; a bulimia pode ser simplesmente um meio de dizer que a coisa toda em si lhe é desagradável. Para a maioria das adolescentes, os sintomas de tensão são menos dramáticos mas visíveis. Uma quantidade substancial de pesquisa indica que as meninas tendem a desenvolver problemas psicológicos na adolescência; elas têm mais probabilidade que os meninos de ter depressão; seus comentários sobre si são mais controlados do que os dos meninos da mesma idade, e sua auto-imagem é mais distorcida. As meninas adolescentes constantemente prefaciam suas respostas com "eu não sei", segundo Gilligan, um indicador da diminuição da sensação de certeza sobre *si mesmas*: "As meninas adolescentes em geral parecem presas num dilema: é melhor agradar os outros e abandonar a si mesmas, ou agradar a si mesmas e abandonar os outros? A desesperança da pergunta marcou um impasse no desenvolvimento feminino."[36] Gilligan defende que a adolescência, para as meninas, marca uma crise da percepção de estar entre duas verdades conflitantes, "a verdade psicológica de que o relacionamento subentende a presença do eu e do outro, e a verdade social de que cuidar dos outros requer recursos mas está associada à desvantagem econômica".[37] Um levantamento realizado em 1991 com autorização da Associação Americana de Mulheres Universitárias (AAUW) constatou que, enquanto a maioria das meninas de nove anos eram confiantes, firmes e tinham auto-estima, menos de um terço sentia-se da mesma maneira quando chegava ao ensino secundário.[38] A psicóloga Margo Maine descreveu este fenômeno como a mudança "da confiança para a confusão, e da auto-afirmação para a autonegação".[39]

Uma outra feminista americana, Christina Hoff Sommers, em seu livro *Who Stole Feminism (Quem roubou o feminismo)* contestou, com veemência, as descobertas do levantamento AAUW. Ela questiona as conclusões da AAUW com base nos próprios dados do levantamento e tece críticas severas à sua base conceitual e metodológica. Sommers também questiona a confiabilidade da pesquisa de Carol Gilligan, apontando sua natureza "anedótica" e a falta de dados tabulados que fundamentem suas descobertas.[40] O caso Sommers contra Gilligan e a AAUW é irrefutável e convincente, porém Sommers não fornece dados alternativos suficientes para sustentar a hipótese de que, na adolescência, *não* existe o corte de relações entre as meninas. Em vista das pesquisas existentes sobre diferenças de sexo e níveis de depressão, desordens de alimentação, autocrítica e auto-imagem, é provável que o trabalho de Gilligan, anedótico ou não, contenha uma verdade geral importante sobre a experiência da adolescência nas meninas.

É na adolescência, portanto, que o *self* lúdico sofre um ataque geral na vida das mulheres. Mais uma vez, vemos os efeitos combinados do imperativo de servir e o requisito da autoconsciência social. A autoconsciência social aguda da adolescência retira das meninas uma grande parte da liberdade de brincar, além de eliminar muitas formas de brincar até então apreciadas. Ann, uma dona-de-casa de cinqüenta e poucos anos, descreveu-me vividamente a transição da brincadeira alegre e despreocupada de sua infância para a escassez de brincadeira da adolescência:

> Quando eu era criança, costumávamos sair para piqueniques e construir cavernas com galhos de árvores. Eu subia nas árvores, rasgava meu vestido, caía no rio, todo esse tipo de coisas. Desde que estivéssemos de volta para o almoço, ninguém parecia preocupar-se muito. As restrições começaram a aparecer na adolescência, quando eu tinha de chegar a uma certa hora. Durante a semana, eu não saía muito. Não tinha nenhum meio de transporte, e o ônibus público não me levava aonde eu queria ir. Nas noites de sábado, nós dançávamos no Regal, em Alderly Edge, mas meus pais me levavam e me buscavam. Durante o verão, eu jogava tênis no clube, também íamos ao cinema, mas, na verdade, não havia muito o que fazer.[41]

Comparada à fluência e exuberância com que Ann recordou sua brincadeira da infância, a hesitação na sua descrição das atividades da adolescência é assustadora. O mesmo se sente do contraste entre a vida ao ar livre, sem limites, de sua infância e os espaços fechados em que os divertimentos da adolescência aconteciam: o salão de dança, o clube de tênis, o cinema.

No Dia da Brincadeira, muitas mulheres referiram-se ao período da adolescência como uma linha divisória, em que a capacidade de brincar foi esmagada pela consciência crescente da seriedade e, para algumas, pela presença ameaçadora e iminente do ser mulher. Elas falaram saudosas de "um tempo anterior". Alison, de 38 anos, resumiu as experiências de muitas ao descrever o que aconteceu com sua capacidade de brincar durante seus anos de adolescência:

> No período da puberdade, as coisas definitivamente mudaram para mim. Todo mundo começou a falar de menstruação, meninos e sutiãs, e toda a diversão acabou. De repente, não tínhamos o que fazer. Éramos muito novas para sair com os garotos e não tínhamos mais nada. Um vazio. E aquele vazio era a autoconsciência social. Lembro-me de estar parada no pátio, aos 11 anos de idade, e de repente ter plena consciência do que eu representava. As meninas eram muito competitivas quanto às mudanças

sexuais. A menstruação era um símbolo de *status* para quem ficava menstruada cedo. Chegaram a escrever no quadro-negro: "Fulana e Beltrana ficaram!" Mas a idéia de tornar-se mulher assustava. O que é uma mulher? Uma mãe? Uma pessoa responsável e sóbria? De todos os lados havia mensagens de que tínhamos de ser umas damas e nos comportarmos diferente de antes. Até as mensagens silenciosas dos olhares desaprovadores eram muito claras.

Rejeitar a brincadeira não é um sintoma universal da adolescência. No caso dos meninos, as alterações são de forma e não de quantidade ou qualidade: eles podem trocar os conjuntos de Mecanô por motores de carros, ou as figurinhas de futebol por coleções de CD, mas mantêm, basicamente, a noção do *direito* de brincar. A brincadeira das meninas adolescentes, contudo, sucumbe de uma tal forma que simplesmente não tem equivalente entre os meninos da mesma idade, raça ou classe social. Leo Hendry e companheiros, em seu estudo sobre o lazer dos adolescentes escoceses, concluíram que, na fase intermediária da adolescência, "os estilos de vida encontrados nos meninos e nas meninas eram, mais ou menos, comparáveis. Na fase final da adolescência, contudo, nossos resultados sugerem uma diferenciação muito maior de padrões de estilo de vida entre os sexos".[42] Enquanto os rapazes mantêm certo grau de continuidade da brincadeira infantil, a adolescência para as meninas, de modo geral, marca o seu fim. O fato de as meninas pararem de brincar com brinquedos antes dos meninos ilustra isso. Hendry constatou que, entre os 9-10 anos de idade, meninos e meninas, igualmente, brincavam com brinquedos, porém entre 11-12 anos, as meninas tinham uma tendência significativamente menor a brincar com brinquedos.[43]

Ao avaliar sua adolescência, a historiadora Sheila Rowbotham recordou "o meu lado que chorava porque eu não conseguia jogar futebol, que ficava menstruada e olhava o pôr-do-sol; que queria voltar no tempo para o período antes da puberdade, em que eu chafurdava nas poças de lama e fazia estrela no parque, quando os homens ainda não olhavam as minhas calcinhas."[44]

As tremendas mudanças físicas da puberdade resultam no crescimento da autoconsciência social para *ambos* os sexos, sendo que algumas pesquisas demonstram, de modo geral, a tendência dos rapazes a colocar *mais* ênfase que as garotas na forma física e na "aparência".[45] A autoconsciência social na adolescência, no entanto, tem significados muito diferentes para meninos e meninas. Para a média das meninas adolescentes, ela tende a ser associada a um conjunto de emoções negativas que vão da ambivalência suave à vergonha intensa. Pouco tem a ver com a sensação de mais poder físico, maior possibilidade sexual ou mais autonomia, como é o caso dos meninos. Já os meninos, apesar de também guardarem dúvidas sobre si mesmos e ansiedades sobre sua aparência em mutação, não precisam combater a sensação de estranheza física, restrição sexual e diminuição da liberdade como as meninas. A menina adolescente tem a dolorosa consciência de que os seios balançam quando ela corre, de que seu absorvente higiênico pode aparecer quando ela se inclina para a frente, de que as outras pessoas podem sentir o odor de sua menstruação, de que seu corpo está atraindo atenção sexual. E os meninos adolescentes geralmente exacerbam a autoconsciência social feminina com comentários pejorativos, piadas e insinuações sobre a menstruação, o sexo e a aparência geral das meninas.[46]

Mesmo quando os meninos não estão presentes, as meninas ainda são altamente conscientes de si e de sua aparência em relação às outras meninas, e comentam com freqüência, geralmente num tom crítico, essas mesmas características nas outras.[47] Na escola mista de West Yorkshire que freqüentei durante dois anos, as demonstrações de autoconsciência social mais penosas aconteciam no vestiário feminino em seguida às aulas de educação física: executávamos proezas de contorcionismo em nossas tentativas de despir a roupa, tomar uma chuveirada, secar o corpo com a toalha e vestir a roupa por detrás dos insuficientes escudos de proteção que as toalhas formavam. Tudo, menos ser vistas nuas. O fascínio e o pudor davam-se as mãos.

A *necessidade* de brincar não diminui na adolescência nos meninos nem nas meninas, mas a *prevalência* da brincadeira, no caso das meninas, parece decrescer. A autoconsciência social é a principal responsável. Na brincadeira dos meninos, há uma ausência de autoconsciência social que continua após a infância, ao longo da adolescência, e entra pela fase adulta. O mesmo não acontece no caso das meninas.[48] Enquanto as preocupações e ansiedades da adolescência dificultam cada vez mais a diversão genuína das meninas, a diminuição simultânea da inclinação e da oportunidade de brincar exacerba a crise de confiança e auto-estima que muitas enfrentam. O grau de autopoliciamento exigido das meninas de todas as raças e classes sociais torna difícil, ou impossível, a diversão desinibida. O esforço para acomodar as exigências conflitantes dos pais, professores, amigos e namorados deixa muitas adolescentes sem muito tempo ou espaço para satisfazer suas próprias necessidades. A psicóloga Sue Lees afirma que "meninas e meninos vêem mais vantagens em ser menino devido à sua maior autonomia e ausência de responsabilidades e à inexistência de um padrão duplo de moralidade".[49] Lees enfatiza que "o próprio conceito de adolescência, na forma que existe na sociedade atual, é um *constructo* masculino em desacordo com a feminilidade. As meninas não podem comportar-se como adolescentes típicas — com mudanças de humor, descuidadas, egoístas e rebeldes — sem infringir os ditames da feminilidade".[50] Até mesmo quando elas se conformam a esses ditames, ainda passíveis de críticas por ser antiquadas, maçantes ou por não conter preocupações sexuais. Não é para menos que a brincadeira das meninas tenda a ser oculta neste estágio. Com tantos espaços e atividades considerados fora dos limites permitidos, as adolescentes passam uma porção cada vez maior de seu tempo livre dentro de casa. Visitar amigas e ser visitada passa a ser muito importante nas suas atividades de lazer (como acontece na fase adulta com as mães, em casa, com filhos pequenos). A socióloga britânica Angela McRobbie chamou este fenômeno de "cultura do quarto", da qual meninos, adultos e as meninas indesejadas são excluídos.[51] Esta "cultura do quarto" constitui um meio pelo qual as meninas podem criar uma poderosa alternativa à cultura dominante, que é muito debilitante. Em outras palavras, é um espaço em que elas podem ser o que gostam e como gostam.

Apesar disso, na maior parte do tempo, a pressão para comportar-se de uma maneira específica, conformar-se a uma aparência específica e satisfazer as necessidades e os desejos dos outros combina-se para restringir o grau de brincadeira genuína na vida da maioria das meninas. Para muitas, a adolescência é um processo de desaprendizagem, desconhecimento e de apagar os aspectos pessoais que parecem cada vez mais inconvenientes, desconfortáveis e inadequados. É muito comum que a capacidade e o impulso para brincar sejam a fruta que vai para o lixo com as cascas.

Reconquistando o jardim

Aprendemos, com nossas experiências de brincar, que os meninos são aqueles que têm permissão para explorar, testar, sair dos limites e fazer coisas novas das coisas velhas, enquanto as meninas são aquelas que respeitam os limites, mantêm a ordem, mantêm o *status quo*. Na fase adulta, vemos essas lições consagradas, pois o lar, símbolo de segurança (na teoria, pelo menos), ainda é a responsabilidade principal das mulheres, enquanto a exploração, invenção e genialidade continuam sendo departamento masculino. As mulheres mantêm, os homens desafiam. Porém raramente manter é um papel divertido. A manutenção é motivada pelo cuidado e recompensada pelo autocontrole; ela é séria, tem raízes no dia-a-dia, constrói-se sobre as necessidades alheias.

A autoconsciência social nem sempre é a antítese da brincadeira: o artista a possui, a adolescente que passeia também. Ela pode ser uma porta para a auto-afirmação e o auto-reconhecimento, ou para a prisão da autonegação, do autocontrole e da auto-repressão. Pode ser um aspecto do brincar, como qualquer um que já teve o prazer de se vestir com elegância bem sabe, mas pode também torná-lo impossível. A maior parte das mulheres, quando atinge a fase adulta, já aprendeu a viver na sociedade com a autonegação, o autocontrole e a auto-repressão. Em outras palavras, formas que nos distanciam da brincadeira. Aprendemos e fomos encorajadas a ter uma visão de nós mesmas como mulheres que é incompatível com a noção de nós mesmas como sujeitos da brincadeira. Aprendemos que devemos inibir nosso impulso e nossa necessidade de brincar, como aprendemos a inibir outros impulsos e necessidades tidos como inadequados. Aprendemos que devemos ser, principalmente, as facilitadoras da brincadeira das outras pessoas. Desde a infância, do momento do nascimento, o imperativo de servir e o requisito da autoconsciência social causam um grande dano à nossa capacidade de brincar, empreendendo uma guerra ao *self* lúdico em todas as circunstâncias. Esses dois elementos enraízam-se e florescem no cerne da identidade feminina, em detrimento da brincadeira genuína. A adolescência pode ser o momento em que o nosso brincar atinge o ponto de crise, mas as sementes desta crise foram plantadas muito antes, no final da pré-puberdade. Como na trepadeira, esses dois aspectos da socialização feminina vão tomando conta, pouco a pouco, e quando chegamos na fase de ser mulher, suas hastes grossas e folhas expandidas já se apropriaram de nós. Sufocam o que é verdadeiramente criativo e são tão insidiosamente penetrantes que foram consagrados pela cultura como os sinais identificadores da feminilidade. Para que a brincadeira genuína possa germinar, precisamos arrancar as raízes desses elementos que crescem no nosso interior e que nos ameaçam e tomam conta de nós. Somente então estaremos numa posição de podermos atacar as pressões e expectativas externas que fazem da brincadeira um aspecto tão ilusório e indefinido de nossas vidas.

8
A brincadeira feita pelo homem

"Uma metade do mundo não consegue entender os prazeres da outra metade."
(Jane Austen, *Emma*)

O *self* lúdico, como vimos, está em desacordo com as condições sociais e econômicas que muitas de nós vivenciamos atualmente. Além disso, é preciso combater um processo de socialização que leva as mulheres a um estado psicológico que dificulta o brincar. Porém existe um outro obstáculo à brincadeira na própria linguagem que usamos, nas palavras e nas maneiras como essas palavras moldam nossa percepção do que representam. Antes de podermos examinar algumas soluções para o nosso problema da falta do brincar, é preciso examinar este impedimento lingüístico, já que a linguagem é um instrumento importante de desvalorização do *self* lúdico e, ao mesmo tempo, de reintrodução do brincar em nossa vida.

  A brincadeira tem sido objeto de questionamento há mais de dois mil anos. Realmente, todos os grandes escritores e pensadores da tradição cultural ocidental de algum modo examinaram o tema: Platão, Erasmo, Montaigne, Shakespeare, Schiller, Rousseau, Blake, Bentham, Dickens, Nietzsche, Freud, Jung, Winnicott — a lista é longa e impressionante, além de assustadoramente *masculina*. Com poucas exceções, a brincadeira foi analisada e definida por homens. Ao longo da história, ela chegou até nós cifrada por mentes masculinas, pintada com as nuances da percepção masculina, trazendo as formas da experiência masculina e transmitida por intermédio de uma linguagem masculina. Em outras palavras, ela foi criada por homens. Obviamente, os homens inventam a brincadeira à sua própria imagem e visando suas próprias finalidades, porém as experiências femininas podem ser muito diferentes. Não podemos nem *devemos* presumir que elas são iguais às masculinas. Na primeira parte deste capítulo, veremos como a palavra "brincadeira" foi associada a atividades masculinas em vez de femininas; como a linguagem feita pelo homem nos inclina a pensar "masculino" quando pensamos "brincadeira", e como é comum a linguagem ser utilizada como um meio de desvalorizar a brincadeira das mulheres e valorizar a dos homens. É claro que a linguagem não é um sistema destinado exclusivamente a designar a brincadeira; ela própria é também uma fonte de brincadeira — o charadista, o bobo, o contador de histórias, todos brincam com a linguagem. Assim, na segunda parte do capítulo, analisaremos como a linguagem, enquanto material lúdico, é geralmente determinada pelo homem, e como as mulheres, ao longo de gerações, sempre receberam sinais explícitos do tipo "mantenham-se afastadas" no que se refere a brincar com a linguagem. Por outro lado, também veremos que as mulheres sempre descobrem meios de contornar essas proibições para defender seus direitos à brincadeira verbal.

Dando forma à linguagem, dando forma à brincadeira

Acima da negligência generalizada quanto ao conceito de brincadeira na sociedade contemporânea, apresentada no Capítulo 4, vem ocorrendo uma mudança na maneira de utilizar a palavra em si, e no como e para quem ela é aplicada.

Uma das coisas que vem restringindo a vivência feminina do brincar é a dissociação gradativa da linguagem da "brincadeira" das atividades femininas. Apesar de suas inúmeras aplicações na cultura contemporânea ocidental, a palavra inglesa *play* (que, dentre outras coisas, significa "brincadeira", "diversão" ou "jogo" no português) deixou aos poucos de ser imediatamente associada às mulheres como o é aos homens. O *Oxford English Dictionary* (OEDI) chega a dez páginas de definições da palavra *play*, e sua leitura é reveladora. Primeiro, ele mostra que houve um distanciamento gradativo das aplicações da palavra *"play"* que não eram vinculadas ao sexo do indivíduo.[1] Até o século XV, por exemplo, *play* poderia significar "alegria; prazer; contentamento; deleite", uma utilização de gênero neutro hoje obsoleta.[2]

Segundo, muitos dos usos correntes da palavra *play* são ligados a atividades tradicionalmente masculinas, e muito poucos têm relação com atividades tipicamente femininas. *Play* pode ser aplicado a esportes (como em *"to play a game/match/shot"* — jogar um jogo/partida/jogada); a corrida e caçada (como em "*to make play*" — [correr/caçar] por diversão); a pesca (como em "*to give play to a fish*" — manter um peixe fisgado se movendo); a batalha ou combate (como em "*to play a round of ammunition*" — descarregar um revólver); a produzir música (como em "*to play an instrument*" — tocar um instrumento), ou a fazer negócios (como em "*to play the market*" — jogar na Bolsa). Embora todas estas expressões sejam aplicáveis também às mulheres, são mais comumente associadas às atividades masculinas. Um dos poucos usos da palavra *play*, segundo o *OEDI*, especificamente aplicado às mulheres, é na frase "*to play the harlot/strumpet*" — agir como/fingir-se de prostituta. A conotação negativa fala por si.

A palavra *play* ajusta-se melhor às atividades masculinas que às femininas. Ninguém jamais fala de "*playing knitting*" (tricotar) ou "*playing talking*" (conversar). Mas por que razão a atividade de correr num campo enlameado a temperaturas abaixo de zero deve ser "*playing*", enquanto a de sentar numa sala, numa conversa cordial, rindo com amigas, é rebaixada a "fofocar"? Afinal, o futebol, na sua essência, não é mais divertido do que a conversa; a diferença está no valor atribuído a cada um. Todavia, o futebol apropriou-se de mais de 300 milhões de metros quadrados de terra na Inglaterra, enquanto a conversa não tem nenhum terreno; esta precisa acontecer onde dá — ao telefone, no portão da escola, perto da máquina de café, por cima da cerca do jardim.[3] Há 38.571 quadras de esportes na Inglaterra, sendo mais de 75% de futebol e outros jogos predominantemente masculinos. Os esportes que têm uma probabilidade maior de ser jogados por meninas e mulheres, que são o *lacrosse*,* o hóquei e o *rounders*,** correspondem a 25% das quadras de jogos, sendo que são jogados por homens também.[4] Menos de 6% dos espaços destinados a esportes nos jornais da Inglaterra referem-se a eventos femininos.[5] Quando as mulheres praticam exatamente *o mesmo* esporte que os homens, a atividade é avaliada segundo o sexo do desportista. Em 1994, quando a campeã de *windsurf* do Reino Unido, Christine Spreiter, marcou seu melhor resultado nos cinco anos de campeonato mundial, não saiu nenhuma reportagem. Ela conquistou o segundo lugar em sua divisão, como Nik Bader, seu equivalente masculino. O su-

---

* O *lacrosse* é um jogo de bola em que os jogadores utilizam uma vara comprida que tem uma extremidade triangular com uma bolsa de malha solta para pegar e carregar a bola. (*N. da T.*)

** O *rounders* é um jogo de origem inglesa, jogado com uma bola e um bastão, e que se assemelha, às vezes, ao beisebol. (*N. da T.*)

cesso dele foi festejado pela imprensa, o dela não foi mencionado.[6] Estes exemplos demonstram a desproporção do espaço físico destinado às brincadeiras masculina e feminina. Essas discrepâncias, por sua vez, determinam os valores relativos vinculados a tais atividades. A socióloga inglesa Jennifer Hargreaves apontou: "As relações de gênero no esporte, bem como na escrita e na teorização desportivas, exemplificam o padrão social geral das relações entre os homens e as mulheres."[7]

A feminista australiana Dale Spender cunhou a frase "linguagem feita pelo homem" para descrever a maneira pela qual as palavras e frases que normalmente utilizamos adotam a experiência masculina como norma e tendem a desvalorizar a experiência feminina. Até bem recentemente, a humanidade como um todo era designada pela palavra "homem". Num nível, podemos entender que o significado de "homem" neste contexto é de fato "o ser humano", mas num outro nível realmente percebemos *homens*. Spender apontou que o grau em que nós "pensamos masculino" quando utilizamos palavras masculinas com esse sentido geral pode ser facilmente percebido ao substituirmos a palavra "mulher" pela palavra "homem" em frases que, então, passam a ser culturalmente inaceitáveis ou absurdas. Por exemplo, "o homem é um dos poucos animais a amamentar sua prole". O uso de um substantivo masculino efetivamente oblitera o que ele descreve que não seja masculino. Portanto, a linguagem que usamos tende a estabelecer uma perspectiva masculina da realidade como norma; a perspectiva feminina, quando diferente, é considerada anormal.[8]

Quando usamos palavras que evocam imagens mentais masculinas, estamos empregando uma linguagem que nega uma realidade feminina independente ou distinta.[9] Isto se aplica quando estamos falando sobre a experiência da mulher de trabalho, sexo, fome, ou mesmo brincadeira. Quando um homem escreve ou fala sobre brincadeira, tende a presumir que a pessoa que está brincando é um *homem*; o sujeito da brincadeira cujo autor é um homem é invariavelmente *masculino* (segundo o filósofo alemão Friedrich Nietzsche, o sujeito da brincadeira é sempre masculino, pois as mulheres, sendo o *brinquedo*, são necessariamente os objetos da brincadeira masculina).[10] Quando uma mulher lê sobre uma brincadeira em que o sujeito é masculino, a sensação de uma certa desqualificação para a atividade descrita é inevitável: identificar-se com o sujeito é muito mais difícil para ela do que para um leitor homem. Mais uma vez, um bom exemplo vem do mundo do esporte, onde a idéia de jogar futebol, rúgbi ou críquete não traz problemas, desde que os jogadores sejam meninos e homens; porém, quando mulheres e meninas começam a transpor os limites desses espaços masculinos, surge um mal-estar considerável, pois elas não correspondem à imagem preconcebida do jogador (masculino) inerente a essas atividades. A qualidade de um jogo de futebol feminino tende a ser ignorada pelos espectadores que não conseguem esquecer que as jogadoras são mulheres. Os comentaristas também podem ter dificuldade em concentrar-se no jogo e, muitas vezes, focalizam esse mesmo aspecto.

Por sempre se falar da brincadeira do homem ou dos homens, a experiência feminina nesta área tende a ser desvalorizada. A brincadeira da mulher é relegada ao "espaço semântico negativo" que Spender descreve. Isto não surpreende: a história, afinal, foi interpretada, em grande parte, através dos olhos masculinos, partindo da experiência masculina e para a valorização do homem. Tentativas recentes de estudar a realidade da história com base na vivência das mulheres demonstram que a visão do passado centrada no homem é incompleta. Assim é com a brincadeira: apesar de se considerar que o que foi pensado e escrito sobre o tema engloba a experiência feminina, sua tendência fundamentalmente masculina, tanto lingüística quanto histórica, fez com que o papel específico das mulheres na brincadeira fosse negligenciado. As mulheres não têm imagens mentais de si mesmas brincando.

As imagens visuais de homens e mulheres brincando invariavelmente seguem as lições da linguagem, já que as "lemos" da mesma forma que "lemos" as mensagens da palavra escrita ou falada. Os filmes e os anúncios reforçam a invisibilidade da brincadeira feminina, ou então retratam-na como inadequada ou irrelevante. Dito isto, saliento que *há* filmes que celebram o lúdico na mulher. *Tudo pela vida* e *Tomates verdes fritos*, ambos de autoria e temática femininas, mostram com muita leveza a decisão gradativa de uma mulher se liberar, abandonar sua atitude de sempre agradar os outros e começar a fazer coisas que lhe dão prazer. Esses dois filmes são passados em comunidades pequenas e isoladas; suas heroínas estão fisicamente distantes do mundo dos homens; seu enfoque principal é o mundo interno das mulheres e de suas relações entre si. No filme *O piano*, Jane Campion leva isto ao extremo: sua heroína, completamente isolada por sua incapacidade de falar, é geograficamente aprisionada nos pântanos das matas da Nova Zelândia (os troncos negros das árvores evocam de uma forma dramática as barras de uma jaula). Seu silêncio ao mesmo tempo a liberta e a aprisiona, e, como que para escapar desta contradição e resolvê-la, ela toca o piano furiosamente, apaixonadamente, articulando experiências e sentimentos que a linguagem feita pelo homem não poderia expressar. *O piano* pode ser interpretado como uma metáfora da brincadeira e da sexualidade reprimidas. Quando o marido a descobre com outro homem, desafoga sua raiva cortando-lhe um dedo fora. Ele ataca direta e simbolicamente a capacidade e o direito da mulher de brincar — física, sexual e emocionalmente.

Enquanto vários filmes, como os três acima descritos, questionam de uma forma implícita a apropriação masculina da brincadeira, a cultura popular em geral tende a enfatizar, em vez de desafiar, a idéia de que a brincadeira, para a mulher, não faz parte do ordinário e tende a provocar problemas. Os filmes que retratam mulheres brincando geralmente trazem uma mensagem de aviso para a assistência feminina. *Amigas para sempre* registra a mudança na amizade entre duas mulheres. A heroína, representada por Bette Midler, apresenta um comportamento lúdico: faz piadas e ri dos outros, dança na praia, faz caretas. É interpretada como egoísta e ambiciosa. Seu compromisso consigo mesma como indivíduo vai de encontro à sua lealdade para com a melhor amiga, representada por Barbara Hershey. Quando a melhor amiga descobre que está morrendo de câncer, as exigências conflitantes das duas são confrontadas. Sua transformação, no fim do filme, na abnegada mãe substituta da filha de sua melhor amiga é pungente, precisamente por ser perigosamente apresentada ao lado de sua dedicação ao seu brincar. *Almas gêmeas*, baseado numa história verdadeira, é um filme sobre duas meninas cuja brincadeira sai de controle quando elas liberam suas fantasias mortíferas. Novamente, a mensagem geral é ambígua. Por um lado, vemos que meninas não se resumem a "açúcar e tempero", sendo capazes de maldade e destruição; por outro, assistimos às conseqüências apavorantes quando a brincadeira das meninas as liberta das convenções que normalmente limitam o comportamento feminino. Em *Somente elas*, três mulheres atravessam os Estados Unidos juntas. No início do filme, sua atitude lúdica é permitida, mas o cenário gradativamente as transporta em direção à angústia, tristeza e morte. No grande sucesso *Thelma e Louise*, o resultado do brincar das mulheres é devastador e trágico; elas ainda conseguem afastar as restrições de suas vidas, mas no fim o preço da liberdade é a morte. É como se precisássemos sempre receber permissão para esquecermos que as mulheres existem para cuidar, suportar, apoiar; por mais que elas tentem afastar estes papéis e soltar-se, a vida em si conspira para trazê-las de volta à terra. A partir de *Thelma e Louise*, apareceram vários anúncios mostrando jovens que saem para se divertir. É interessante que quase todos são anúncios de carros, o símbolo tradicional do poder e da liberdade *masculinos*. Como nos filmes, a mensagem é dupla: as meninas entram no carro, divertem-se, mas sempre pagam um preço, geralmente um namorado abandonado, um marido humilhado ou um pretendente estupefato. Quando liberadas, *a diversão feminina* é apresentada como sendo mortal.

A depreciação da brincadeira das mulheres

A linguagem feita pelo homem, além de sua familiaridade com as formas masculinas de brincar e da escuridão lingüística a que relega a brincadeira feminina, também qualifica a brincadeira das mulheres como negativa, vinculando-a a vários epítetos punitivos. Este ataque verbal à brincadeira feminina visa especialmente as mulheres que brincam em grupos. Em competições de dardos ou em clubes masculinos, as oportunidades para os homens se reunirem em grupos para brincar fazem parte da sociedade contemporânea. Para as mulheres, em grupos grandes ou pequenos, essa possibilidade ainda dá margem à indignação e desaprovação. Acontecimentos só para mulheres geralmente são depreciados, ridicularizados e criticados.[11] Eventos desportivos femininos são alvos especialmente fáceis, tratados por muitos jornalistas (e espectadores) como se fossem piada: em 1994, numa reportagem sobre as Sarracenas WRFC, o time de rúgbi feminino campeão da Inglaterra, saíram no *Daily Telegraph* comentários masculinos jocosos, do tipo "quando não estava ocupada pisoteando os oponentes com o pezinho feminino" e "o único jogador desmiolado jamais visto com uma bolsinha Gucci".[12] Ao lado deste artigo, havia um outro sobre Denise Annett, uma das melhores jogadoras mundiais de críquete, que destinava cinco linhas aos seus feitos desportivos e 42 ao seu problema com o Conselho Australiano de Críquete Feminino relativo à sua orientação sexual.[13] A cobertura no jornal *The Times* sobre Tracey Edwards e seu grupo só de mulheres de *Maiden* também enfocou as dificuldades e diferenças pessoais das mulheres, procurando confirmar o mito de que as mulheres são "reclamonas", "rancorosas" e inadequadas para qualquer tipo de trabalho cooperativo.[14] Ironicamente, na esfera do trabalho, o mito oposto é evocado: que as mulheres são *melhores* cooperadoras do que os homens, evidência que é prontamente abraçada como justificativa para transferi-las para posições em que passem a encarregar-se da gerência de seres humanos, em vez das posições onde seriam responsáveis pelo raciocínio e planejamento criativo. No mundo do trabalho, o elemento lúdico também é visto como território masculino, a ser reservado aos homens. O crescimento da participação das mulheres no esporte indica que elas estão ousando ultrapassar esse território de brincadeira masculina, uma atitude que constitui um desafio real ao sexismo implícito — ou nem tão implícito. Na vanguarda deste movimento estão as Doncaster Belles, o principal time de futebol feminino da Inglaterra. O livro de Pete Davies sobre elas, *I Lost My Heart to the Belles (Entreguei meu coração às Belles)*, não traz os usuais apartes debochados e depreciativos sobre mulheres desportistas: Davies as trata com a mesma seriedade que elas demonstram e prova que merecem este tratamento. O mundo que Davies descreve não é sem espinhos mas, paralela ao registro de músculos doloridos, ligamentos arrebentados, oportunidades perdidas e uma determinação feroz, há uma sensação de que essas mulheres defendem seu direito de *brincar*. Ele definiu uma das jogadoras: "Ela tinha um emprego, dinheiro, relacionamentos, a parede dos fundos de seu banheiro tão tomada pela umidade que estava despencando para o jardim, um caminhão de problemas a cada semana — e os noventa minutos no domingo, quando não precisava pensar nessas coisas, quando era excelente no que fazia, quando ninguém a superava, quando aquilo era tudo o que realmente lhe importava no mundo. Como ela disse, 'não penso nos meus problemas. O que quer que aconteça na minha vida, eu tenho noventa minutos maravilhosos toda semana'."[15]

Apesar desses desafios promissores, qualquer grupo feminino especialmente voltado para a possibilidade de brincar ainda tende a ser tratado com desconfiança, menosprezo e até desrespeito, sendo geralmente a linguagem o veículo mais eficaz para essas reações hostis ou desrespeitosas. Inúmeras atividades que as mulheres experimentam como brincadeira são rebaixadas através da própria linguagem associada a essas atividades. Em 1970, grupos de conscientização eram recebidos com hostilidade por homens irritados, que reagiam com palavras iradas ou um silêncio ressentido; na década de 1990, muitas das mulheres que se concentravam para ver as Chippendales recebiam a censura verbal de seus parceiros; até mesmo os inofensivos encontros de Tupperware têm sido objeto de ironia.

Antes de começarem a se divertir, as mulheres de todas as idades e origens que estejam iniciando qualquer tipo de atividade, desde um curso noturno de pintura em seda a um fim de semana fora com amigas, são obrigadas a superar, resistir e ignorar várias mensagens, às vezes extremamente sutis, de oposição à sua brincadeira. Algumas vezes as mensagens são menos sutis. Na obra de Gilda O'Neill *One Night With the Girls* (*Uma noite com as garotas*), há um relato engraçado e comovente de uma mulher sobre a descoberta embaraçosa de seu filho de que ela era dançarina do ventre nas horas livres e, pior ainda, planejava ser fotografada dançando para o jornal local. A mulher, que descrevia a dança do ventre como "minha primeira boa diversão em séculos", deixou seus planos de lado por um tempo, devido à desaprovação veemente do filho. Por fim, resolveu desistir da fotografia mas resistiu aos apelos filiais para largar a dança.[16] Palavras negativas sempre tendem a ser vinculadas ao prazer feminino. Passar o tempo cuidando de si é considerado "vaidade", "exagero", "egoísmo" e "capricho". Jogar um esporte é "coisa de sapatão", "nada feminino", "agressivo". Nenhuma dessas palavras é aplicada quando se trata de homens.

Conversa de mulher

Em nenhum lugar o ataque lingüístico ao brincar feminino é tão evidente quanto no caso de mulheres que apreciam e sentem prazer em conversar. "Fofoca", "reclamação", "conversa sem sentido", "tagarelice", "papo furado", "veneno" são apenas alguns dos termos utilizados para descrever o prazer de conversar — *da mulher*, como foi bem colocado pela poeta Liz Lochhead em seu poema *Men Talk* (*Homens conversam*):

> *Mulheres*
> *Mulheres atrapalhadas, desajeitadas*
> *Tagarelam, dão risadas*
> *As mulheres falam bobagens*
> *As mulheres são superficiais e engraçadas*
> *Os homens conversam. Os homens conversam...*
> *As mulheres fofocam Mulheres dão risadas*
> *As mulheres se ocupam com bobagens, bobagens, bobagens*
> *Os homens conversam...*

Qualificar a conversa de mulheres como "fofoca"[17] é um rebaixamento que enquadra as ocasiões em que as mulheres se reúnem para conversar na categoria perda de tempo.[18] Vários anúncios de telefone satirizam a conversa das mulheres, apesar de servirem para gerar lucro.

Com isso, além de desconsideradas na linguagem da brincadeira, as mulheres foram ativamente desencorajadas de brincar usando a linguagem. O brincar com palavras ou através de palavras pode tomar a forma de contar piadas ou fazer as pessoas rirem, trocar novidades e pontos de vista e escrever, ter idéias, ou expor o pensamento livre na escrita. A escritora Michèle Roberts, por exemplo, descreveu a escrita como uma forma de brincar. "Uma outra definição de escrever está ligada ao brincar, a que eu acreditava necessário renunciar na puberdade em troca da dedicação às necessidades dos outros. Brincadeira: fazer bagunça, moldar o barro formando tortas ou esculturas, picar papéis em pedacinhos e uni-los formando desenhos, misturar tintas e salpicá-las para todo lado, cavar à procura de um tesouro, pescar, explorar lugares desconhecidos, descobrir como as coisas funcionam, explorar os corpos das outras crianças. Adoro escrever, ainda que às vezes isto me apavore."[19]

Proibir as mulheres de brincar com palavras é um costume anterior à existência da Bíblia. Sófocles ("O silêncio confere à mulher a graça que lhe é própria"), São Paulo ("Deixemos a mulher aprender em silêncio e com toda submissão"), Shakespeare ("Sua voz era suave, gentil e baixa, o que é excelente na mulher") e outros que lhes sucederam orientaram as mulheres, ao longo de gerações, a deixar a palavra aos homens.[20] O ensinamento cristão antigo responsabilizava diretamente a fala da mulher pela perda da graça do homem, já que foi Eva quem conversou com a serpente e foi persuadida a comer da Árvore do Bem e do Mal. Na arte medieval, a serpente geralmente é representada com um rosto de mulher para enfatizar a ligação entre o mal, a fala e o feminino. Nos lares dos judeus ortodoxos, ainda é costume, nas noites de sexta-feira, o marido recitar o *Eshet Chayil* para sua esposa. É um símbolo de sua estima, porém as palavras ao mesmo tempo elogiam e advertem:

> *Uma mulher de valor quem a pode encontrar,*
> *Pois ela é mais preciosa que o rubi.*
> *Seu marido confia nela com todo seu coração*
> *E nada perde com isso.*
> *Todos os dias de sua vida*
> *Ela lhe faz o bem, não o mal...*

Quando ela fala, é com sabedoria
E suas palavras denotam a orientação do amor.
Ela cuida de seu lar com carinho,
E não perde tempo com a preguiça.

(de Provérbios 31)

Essa mulher realmente merece elogios, mas, sinceramente, quem *consegue* encontrá-la?

Durante a caça às bruxas que se estendeu por toda a Europa e partes da América do século XV ao XVII, a conversa das mulheres era citada como uma prova de bruxaria. A bíblia dos caçadores de bruxas, a *Malleus Maleficarum*, publicada em 1486 e várias vezes reimpressa ao longo dos duzentos anos que se seguiram (republicada até 1928 com um prefácio assustadoramente misógino pelo reverendo Montague Summers), especificava as "línguas viscosas" das mulheres como "a terceira razão" pela qual as bruxas eram mulheres e não homens.[21]

Na literatura, as mulheres tagarelas sempre foram ridicularizadas, e os finais felizes geralmente são atribuídos às línguas silenciosas ou controladas das mulheres. Kate, em A *megera domada*, é "transformada" de "uma pessoa briguenta e rabugenta" numa esposa condescendente e subserviente, que aconselha as outras mulheres a "servirem a seu marido" e que aprendeu que a melhor maneira de conduzir-se é concordar quieta com o que o marido diz, por mais absurdo que seja. Beatrice em *Muito barulho por nada* é uma das heroínas mais irresistíveis, articuladas e inteligentes de Shakespeare, exaltada por sua vivacidade verbal, mas até mesmo ela, no final, é silenciada por Benedick com as palavras "Paz! Eu cessarei tua boca" e um beijo. Vale mencionar que alguns dos retratos menos gentis de tagarelice na literatura são de autoria feminina: a Sra. Bennet, de Jane Austen, em *Orgulho e preconceito* e a Srta. Bates, em *Emma* logo, vêm à mente. Austen também não foi indulgente com a tagarelice masculina, nem elogiou a mulher silenciosa tanto quanto alguns autores de sua época: Elizabeth Bennet sobressai-se tanto por sua conversa inteligente como por seu "olhar vivaz". Todavia, os romances de Jane Austen transmitem a mensagem de que as palavras são poderosas e devem ser usadas com cuidado. Suas personagens femininas, inclusive suas heroínas, muitas vezes não a utilizam com a atenção devida. Nelly Dean, a narradora de Emily Brontë, é uma personagem interessante neste aspecto: suas palavras são um elemento unificador no mundo fragmentado do Morro dos Ventos Uivantes e arredores, mas Dean é retratada como imprudente e às vezes cruel; sua propensão a falar reflete e expressa sua insensibilidade perante o sofrimento que a rodeia.

Na vida real, como na literatura, as mulheres foram impedidas de brincar com a linguagem através da persistente difamação de suas palavras faladas ou escritas. Nas esferas pública e privada, as mulheres encontraram objeções e obstáculos fortes ao seu desejo e à sua habilidade de brincar através das palavras. Quando, em 1837, Charlotte Brontë enviou ao renomado poeta Robert Southey uma coleção de seus poemas, recebeu como resposta: "A literatura não pode ser o negócio da vida da mulher e nem deveria sê-lo. Quanto mais ela se engajar nas suas obrigações, menos tempo terá para isto. Essas responsabilidades ainda não lhe clamaram. Quando isto acontecer, a senhorita não mais buscará prazer na imaginação."[22] Brontë acabou seguindo seu caminho e escreveu *Jane Eyre*, porém a resposta de Southey intimidou-a de escrever por muitos anos. Ela e suas irmãs, como a contemporânea Mary Ann Evans, que escolheu ser conhecida como George Eliot, evitaram a desaprovação masculina do brincar com palavras feminino utilizando o subterfúgio dos pseudônimos masculinos na apresentação de seus romances para avaliação e publicação. Outras, como Fanny Burney, já haviam publicado anonimamente.

Cada profissão que uma mulher buscasse que incluísse o brincar com palavras era depreciada de um modo que a desvalorizava e que desencorajava outras mulheres de seguir os mesmos passos. Até pouco tempo atrás, ser atriz era sinônimo de ser prostituta; a atriz era vista como uma mulher de moral frouxa e padrões sexuais dúbios. A mulher política e a mulher filósofa são tidas como castradoras de seus colegas homens e pouco femininas. Ainda é comum estereotipar a mulher comediante como lésbica. Quando, em 1994, o programa de debates da BBC *Question Time* adotou oficialmente a política de entrevistar um maior número de convidados mulheres, a mídia reagiu muito mal, e a mensagem subliminar — aliás, nem tanto — era que as mulheres convidadas arruinariam o programa por serem superficiais, maçantes e desinformadas. Um jornal publicou uma relação de mulheres que seriam aceitáveis, uma seleção de jornalistas e políticas insolentes e mal-educadas, e listou os prós e contras de cada uma. Se, de um lado, o artigo contestava diretamente a idéia de que as mulheres arruinariam o programa, por outro, ao oferecer nomes que teriam condições de sustentar o debate masculino, não desafiou a premissa básica de que o tipo de debate do programa *Question Time* era decididamente um espaço masculino. A gritaria durou pouco e não teve conseqüências palpáveis, mas serviu para refletir a diferença do que se espera da conversa masculina e feminina. Aceita-se que mulheres falem sobre assuntos emocionais *à la* Oprah Winfrey, porém a conversa intelectual ainda tende a ser reservada aos homens.

Outra área onde o brincar com palavras é comumente "reservado" aos homens é a de contar piadas. As mulheres são pouco representadas nos programas de auditório da rádio e da televisão, em especial naqueles que se apóiam no humor dos apresentadores, característica há muito considerada uma habilidade masculina. Muitas mulheres já viveram a experiência de rir das piadas de um homem e depois ninguém rir das suas. Mesmo assim, Deborah Tannen observa que "fazer as pessoas rirem gera um breve momento de poder sobre elas". Não é mera coincidência que os homens resistam em achar as mulheres engraçadas. É uma forma de dizer: suas experiências e sua perspectiva da vida são irrelevantes. Talvez uma das razões de comediantes como Dawn French e Jennifer Saunders terem fãs tão fiéis é que elas dizem exatamente o oposto, que a experiência da mulher conta — os pneus na barriga que resultam do parto; a mudança de humor no período pré-menstrual; o vômito do filho de dois anos na linda camisola. A perspectiva da vida da mulher, segundo elas, é engraçada, é triste, é real, é relevante.

Alguns tipos de programas de rádio trazem sempre painéis só de homens, e nós, audiência, aceitamos como sendo uma coisa normal. Quase nunca percebemos o desequilíbrio por ser muito comum e retratar o que ouvimos e fazemos o tempo todo: dar espaço para que os homens brinquem com palavras e adiem ou escondam nossas oportunidades de fazer o mesmo. De vez em quando aparecem programas só de mulheres. Sempre chamam muita atenção, porém do tipo "mas quem vai querer ouvir isso?" Em 1994, quando surgiram na televisão inglesa vários *talk shows* apresentados por mulheres, o jornal *Guardian* não resistiu e criticou todos eles: "Preparem-se para uma avalanche de confissões, revelações e um esconde-esconde generalizado, agora que todas as redes nacionais e a maioria dos canais regionais estão lançando *talk shows* e programas de debates sob o comando da bondade feminina", escreveu a jornalista Jan Moir. Ela reservou sua ironia final para Germaine Greer, "que não pode estar conosco hoje porque anda muito ocupada sendo importante, mas seu produtor gostaria de salientar que *The Last Word* (A última palavra) é um programa de debates sério em que mulheres de peso falarão sobre tópicos importantes e atuais (Germaine Assassina as Pessoas que Não a Levam a Sério)."[23] É verdade que Jan Moir estava sendo lúdica, ela própria, neste artigo. O jornalismo escrito é uma das áreas em que as mulheres têm mais chance de ser donas de suas palavras. Contudo, o ludismo de Moir neste caso não deve obscurecer o fato de que ironizar apresentadoras mulheres e seus programas é uma entrada jornalística fácil e agradável, mas contribui para acentuar o preconceito a favor da conversa masculina.

As mulheres são desencorajadas de chamar atenção para si pela palavra (apesar de ser-lhes permitido fazer o mesmo com o corpo). Uma mulher que fala muito e demonstra autoconfiança é considerada dominadora, metida, agressiva ou simplesmente chata. Contudo, apesar do estereótipo da mulher tagarela, a pesquisa mostra que nós não falamos tanto quanto os homens, nem somos ouvidas com tanta freqüência quanto eles.[24] Nem em público, nem em grupos mistos, nem mesmo em nossas próprias famílias. Quando Deborah Tannen estudou as reproduções das fitas gravadas de conversas de famílias, descobriu que as meninas falavam menos e eram menos ouvidas do que os homens. Eram também mais interrompidas. Aparentemente, a maioria das meninas aprende a ouvir, não a ser ouvida. Nas reuniões de trabalho, as mulheres tendem a falar menos e a ser mais interrompidas.[25]

Todas essas formas de projeção negativa da atividade feminina de brincar com palavras levam à negação da importância da fala das mulheres como um meio de coesão social, de criação de vínculos pessoais e de apoio psicológico, sem mencionar que ocasiona prazer. Contradizendo a visão tradicional de que a conversa feminina é fútil, a antropóloga e bióloga Robin Dunbar defende que o mexerico pode ter sido um desenvolvimento essencial à evolução que permitiu ao ser humano administrar várias relações sociais, sendo que a conversa das mulheres pode ter liderado o processo.[26] Dunbar descobriu que 70% do tempo da conversa num determinado refeitório universitário era utilizado em relacionamentos sociais e experiências pessoais. Os homens falavam mais sobre seus relacionamentos e experiências pessoais, enquanto as mulheres falavam mais sobre os das outras pessoas, "dando a entender que a linguagem se desenvolveu no contexto da ligação social entre mulheres".[27]

A linguagem define e confina, demarca e restringe, pode aprisionar ou libertar. Por isto é muito importante levar a sério a própria fala e a do outro. A troca de informações, em qualquer contexto, está ligada ao poder. Uma das formas básicas de punição é impedir ou proibir a fala. A censura é uma arma política terrível, o confinamento solitário é uma forma de tortura. Para a criança e o adulto, ser separado dos outros é uma forma de sofrimento. O que as crianças dizem nos pátios, como "as pedras podem quebrar seus ossos, mas as palavras não me machucam", expressam um sentimento que na verdade é incomum às crianças — sabemos que o apelido cruel, a gozação constante, a derrubada afiada são palavras que podem machucar profundamente. As palavras são poderosas; mais ainda quando designam nomes. Os celtas antigos consideravam o nome da pessoa sinônimo da alma. Em algumas tribos de Nova Gales do Sul o pai revela ao filho seu nome no momento da iniciação, mas é mantido em sigilo. No judaísmo ortodoxo, o nome de Deus não pode e nem deve ser pronunciado.[28]

A valorização da conversa feminina é uma forma de valorizar a experiência das mulheres e sua percepção do mundo, pois a linguagem é o meio pelo qual nosso pensamento e, conseqüentemente, nosso *self* se manifestam.[29] O livre brincar com palavras e pensamentos reforça nosso conhecimento da realidade; é um meio de nos apossarmos do nosso mundo.

Reescrevendo o *script* da brincadeira

Tanto a linguagem da brincadeira como o brincar com a linguagem têm sido monopólio dos homens. A experiência feminina do brincar não foi adequadamente considerada nas palavras, imagens e atividades associadas à brincadeira, nem as mulheres tiveram igual acesso à linguagem em si como fonte de brincadeira. Definir brincadeira segundo a perspectiva *masculina* e permitir a apropriação da palavra pelos homens para descrever atividades predominantemente *masculinas* geraram um enorme preconceito cultural que favorece a brincadeira masculina e, por extensão, o poder dos homens. Na resistência arraigada que vimos existir com relação à brincadeira das mulheres em geral e ao seu brincar com palavras em particular, podemos detectar uma resistência ao poder feminino. Na própria oposição ao prazer que as mulheres sentem em compartilhar e trocar palavras está implícito o reconhecimento do poder inerente a esse prazer.

Segundo a filósofa francesa Luce Irigaray, o prazer das mulheres é "a maior ameaça ao discurso masculino", pois ele existe apesar das repressões do mundo feito pelo homem.[30] Subjacente à ansiedade que o brincar das mulheres com palavras ou ações provoca, especialmente quando em grupo, há o entendimento tácito de que brincar confere poder. Controlar a conversa, escreve Dale Spender, é controlar a realidade.[31] Controlar a *brincadeira* é ir além, é controlar também a supra-realidade, o reino da fantasia, da imaginação, da possibilidade. Em algum lugar nas profundezas do consciente masculino e feminino, este conhecimento existe.

A apropriação da brincadeira por apenas uma metade da população tem diminuído muito sua amplitude e suas possibilidades. Uma perspectiva predominantemente masculina do brincar — em que consiste, onde acontece, quem brinca — tende a ser insuficiente, pois deixa de levar em consideração a experiência *feminina*. É de suma importância analisar as implicações deste preconceito para as mulheres. Com o rebaixamento das experiências lingüísticas femininas do brincar, as próprias mulheres foram rebaixadas. Não é que elas necessariamente precisem criar uma linguagem inteiramente nova, como diriam alguns comentaristas, mas precisamos saber como o *script* da brincadeira foi escrito e quem foi responsável por escrevê-lo; precisamos nos conscientizar de como a linguagem pode nos restringir e de como podemos usá-la para advogar em favor de nossas experiências. Podemos objetar quando outras pessoas denominam nossa conversa "fofoca", ou podemos investir a palavra com conotações positivas nossas; podemos começar a transcender as imagens do homem como o sujeito da brincadeira, nas nossas mentes e nas das outras pessoas, e dizer a nós mesmas que, se quisermos jogar bola no parque, temos condições de fazê-lo; podemos começar a criar imagens mentais da mulher como sujeito da brincadeira, vincular palavras positivas a essas imagens e, depois, atuar segundo elas.

Estamos começando a reconhecer a necessidade de repensar a estrutura básica do mercado de trabalho e as condições de emprego para acomodar as necessidades das mulheres no local de trabalho, em vez de forçá-las a transformarem-se em pseudo-homens. Da mesma forma, no terreno da brincadeira, precisamos resistir às pressões de nos adaptarmos aos modelos masculinos e desafiar as suposições subjacentes sobre o que é brincadeira e quem tem direito a ela. Com a negação de suas definições de brincadeira, foi negado às mulheres o acesso ao brincar. Reconhecendo suas definições de brincadeira, as mulheres podem começar a afirmar o valor de suas próprias *experiências* de brincar, de como elas vivenciam a brincadeira. A partir daí, podem afirmar a realidade da brincadeira feminina. Podem começar a descobrir um *self* lúdico verdadeiramente alinhado com suas experiências e necessidades. Podem começar a ressuscitar um *self* lúdico genuinamente feminino.

A brincadeira dele, a brincadeira dela

Precisamos agora recriar a brincadeira, considerando as experiências *das mulheres*. Precisamos sair da luz de arco voltaico da brincadeira definida pelo homem para o terreno sombrio onde a brincadeira feminina está acontecendo. Para tanto, devemos reconhecer que a brincadeira masculina e a feminina não são necessariamente as mesmas.

Na brincadeira feita pelo homem, sobressaem algumas características: ela tende a ser compartimentalizada e regulamentada; geralmente é separada dos outros tipos de atividades e acontece de formas e em locais específicos. Também é comum envolver um elemento de competitividade. Ela segue regras preestabelecidas e acontece num espaço específico: um campo de jogo, uma quadra de *squash*, um bar. A brincadeira das mulheres, por outro lado, é mais difícil de identificar. É mais informal e acontece ao longo do dia da mulher, quando ela canta para seu bebê, dirige para o trabalho, ri com as amigas ou anda pelas lojas. É assim que as mulheres encontram tempo e espaço para si, não em espaços e tempos claramente definidos, mas nas chances que aparecem na vida diária. Geralmente não identificamos essas coisas como brincadeiras porque tendemos a endossar as definições masculinas, mas precisamos defender o valor de nossas experiências nesta área, assim como em muitas outras. Podemos encontrar muita alegria nas maneiras "masculinas" de brincar, nos jogos competitivos e nas disputas de inteligência, vontade e força, mas também precisamos redefinir a nossa brincadeira, de modo que possamos reconhecer e valorizar as fontes de prazer "de natureza mais especificamente" feminina.

Se procurarmos o setor de nossas vidas onde brincar significa ser, possivelmente nunca o encontraremos, pois a vida das mulheres não é bem dividida em compartimentos separados. Estou sentada aqui na minha mesa, escrevendo sobre brincadeira, mas também pensando no que minha filha vai comer de almoço, nos pratos que preciso pegar emprestados para a festa que temos no domingo, no dinheiro para pagar a babá, nas roupas que ainda estão na máquina de secar, na amiga com quem estou para falar há quinze dias. Não há brechas suficientes no dia da mulher para ela brincar, desvinculada das outras coisas. Na reconquista do *self* lúdico, uma abordagem dupla é necessária: precisamos defender nossa necessidade de tempo livre separado das outras atividades e responsabilidades, mas também precisamos cultivar uma atitude lúdica que nos possibilitará encontrar espaço para o *self* lúdico no centro das nossas vidas.

A maior parte das pessoas, hoje em dia, são pressionadas a compartimentalizar, racionalizar e esquematizar, porém a sociedade contemporânea falhou por não viabilizar essa forma de organização característica do nosso tempo. Com isto, as pessoas vivem uma sensação de caos, estresse e pressão, enquanto lutam para manter o controle. Voltemos nossas costas para essa loucura ocidental e industrial, e adotemos a fusão, a unidade, a coerência. Queremos o equilíbrio, vamos buscá-lo; queremos viver vidas plenas, vamos trazer a brincadeira de volta para dentro do círculo. Em vez de aceitarmos a brincadeira feita pelo homem (e ficarmos insatisfeitas porque não podemos aproveitá-la ou, quando conseguimos, não necessariamente gostamos tanto assim), precisamos defender a importância do brincar *feminino*; precisamos estabelecer uma brincadeira feita pela *mulher*. Estamos em perigo de nos transformarmos no pai bobo do conto de fadas que rejeitou a filha que disse amá-lo tanto quanto amava o sal, e só mais tarde entendeu que esse ingrediente, que ele quase não notava, era o que dava sabor à sua vida. Como ele, precisamos começar a perceber e valorizar a infinidade de oportunidades para brincar que surgem em nossas vidas — e temperá-las!

Brincando contra a maré

A linguagem masculina deu uma forma à noção de brincadeira que não leva em conta as experiências femininas como deveria, mas que não evitou totalmente que as mulheres brincassem. O efeito positivo da marginalização das oportunidades formais de brincar na vida das mulheres foi o aparecimento da sua atitude lúdica inata de outras formas. Até certo ponto, ela tem florescido a partir da negligência. Mesmo nas sociedades mais misóginas e durante os períodos mais repressivos da história, há indícios de mulheres brincando: em Akko, Israel, as mulheres palestinas totalmente reclusas do mundo remam nas margens do Mediterrâneo a todo vapor. No Ocidente, mulheres corajosas, há muitos séculos, botam o chapéu, amarram as saias e partem em busca de aventura. *Lady* Richmond Brown, questionada sobre o motivo de persistir se expondo aos perigos de viajar no estrangeiro, no início do século XX, tocou o nervo lúdico do viajante com sua resposta: "O horizonte de minha visão é amplificado e algo indefinível me impele a continuar. Alguns arriscam-se nas mesas de jogo, outros nas pistas de corrida, mas o maior de todos os riscos é vida."[32] Este é o potencial visionário do brincar: ele rompe fronteiras, evita barreiras, viabiliza o impossível.

Quando as mulheres não têm condições de sair para brincar, encontram meios de fazê-lo dentro de casa. Presas à tapeçaria, elas codificaram seu lado lúdico criando pontos revolucionários.[33] Na Turquia, durante quatrocentos anos, o Grande Serralho no Palácio de Topkapi foi uma prisão dourada em que milhares de mulheres eram aprisionadas à força no harém do sultão, vigiadas por guardas eunucos, com seus destinos garantidos segundo os planos e caprichos da *valide sultana* (mãe do sultão — uma figura poderosa no harém) e pelo *kizlar agasi* (o eunuco negro principal). Ainda assim, por detrás das paredes altas e das portas trancadas, essas mulheres desesperançadas e aprisionadas encontravam oportunidades para brincar: elas nadavam nas piscinas do palácio, jogavam nos jardins do palácio, faziam massagem no *hammam*, faziam amor entre si e, quando possível, com os guardas homens. Cantar e dançar não eram apenas deveres públicos, eram formas preciosas de prazer e alegria privada. No mundo árabe, dançar ainda é uma forma valorizada de auto-expressão e divertimento, executada pelas mulheres e para as mulheres na privacidade de seus lares.[34]

Atualmente, também no mundo externo as mulheres encontram meios de brincar contra a maré: umas jogam rúgbi; outras fazem dança de salão; outras pintam ou desenham; outras escrevem ou cantam; outras acampam; outras, ainda, voam de asa-delta ou surfam. Para algumas, é uma simples questão de separar um tempo para estar com amigos e procurar torná-lo agradável. Jeanette, de 42 anos, encontra-se com um grupo de amigas toda terça-feira à noite desde que se conheceram numas aulas de pré-natal, quinze anos atrás. Geralmente vão a um bar; às vezes organizam um passeio a Londres ou Cheltenham. Estão cientes das restrições à sua brincadeira mas descobriram meios de superá-las. "Fazemos coisas que não vão chatear ou preocupar os homens. Nada de clubes; assim eles não nos perturbam. No início da noite temos sempre quinze minutos em que podemos reclamar de nossos problemas — com os filhos, os maridos e a saúde. Chamamos de 'hora da cirurgia'. Mas só podemos usar esses quinze minutos para isso. Depois, temos que nos divertir!"

Sempre que as mulheres conseguem encontrar tempo e espaço para seu *self* lúdico, as evidências indicam que os benefícios são muitos.

O poder do brincar com a palavra

A transgressão na brincadeira das mulheres aparece mais na linguagem do que em qualquer outra coisa. Na esfera pública, as mulheres podem ser desencorajadas e impedidas de brincar com palavras ou através delas, mas na esfera privada elas sempre conheceram de perto o aspecto lúdico da linguagem e o poder a ele associado.

As mulheres *sabem* que a conversa é uma grande fonte de apoio, seja analisando a política mundial, trocando informações sobre as crianças, lembrando sobre o passado, discutindo problemas do trabalho ou pilheriando sobre a vida sexual. Várias mulheres sacrificam-se muito para poder conversar com as amigas; brincar através das palavras, além de ser um grande prazer, desenvolve a autoconfiança, e traz encorajamento e apoio. Joanna, de 24 anos, explica, "Nada é melhor que uma noite com um grupo de amigas conversando sobre tudo. Depois a gente vai para casa se sentindo ótima, feliz e leve por dentro".

Pela tradicional proximidade com as crianças, as mulheres sempre conheceram e participaram do prazer que os pequenos tiram das palavras: descobrindo-as, inventando-as, explorando suas possibilidades. Várias mulheres, no Dia da Brincadeira, recordaram com prazer o brincar com palavras de sua infância: fazer revistas, escrever histórias, inventar pistas para descobrir tesouros, representar peças para os pais. De minha própria infância, lembro-me do som do pátio com o encantamento de palavras e rimas especiais, fundamentais nos jogos de pular e bater palmas que brincávamos sem parar. Em casa, eu perturbava meus irmãos conversando com minha irmã em nossa linguagem de código inteiramente inventada, que nem nós conseguíamos entender melhor do que eles. E ainda havia meu imenso estábulo de cavalos imaginários, centenas deles, criados principalmente pelo prazer que eu sentia em dar-lhes nomes, cada um escolhido com o maior cuidado, retirado de alguma imagem complexa e encantada de minha mente. "Não há melhor material lúdico no mundo que as palavras", escreve Lucy Sprague Mitchell em sua introdução ao *Here and Now Story Book (Livro de histórias do aqui e agora).* "Elas nos envolvem, nos acompanham em nossas tarefas diárias, seus sons estão sempre em nossos ouvidos, seus ritmos em nossa língua. Por que deixamos para usar essas coisas comuns, como esse precioso material lúdico, em ocasiões especiais e com pessoas especiais? Porque crescemos e fechamos nossos ouvidos e nossos olhos para não nos distrairmos de nossa labuta!"[35]

As mulheres nunca fecharam completamente seus ouvidos para o brincar através da linguagem. Como mães, avós, enfermeiras ou babás, sempre criaram mundos mágicos com as palavras. Gerações de crianças foram amamentadas com a riqueza do brincar, utilizando as palavras das mulheres, na forma de contos de fadas e cantigas de ninar. Os melhores autores de contos de fadas na forma escrita são homens — Charles Perrault (conhecido por uma das primeiras coleções de contos de fadas, *Contes de ma Mere l'Oye* [*Contos da Mamãe Ganso*], publicado em 1697); os irmãos Grimm; Hans Christian Andersen; Oscar Wilde — porém várias de suas fontes eram mulheres. Perrault foi influenciado pelas senhoras elegantes de Paris do século XVII, muitas delas autoras de contos de fadas, notadamente Marie-Jeanne L'Heritier e Marie-Catherine D'Aulnoy. Muitas das histórias dos irmãos Grimm tiveram origem em suas amigas e relações íntimas femininas. Uma de suas fontes principais foi Dorothea Viehmann, a filha de uma estalajadeira. As histórias de Oscar Wilde foram influenciadas pelos contos que seu pai, médico, recebia dos pacientes pobres como pagamento, e que foram guardados por sua mãe Speranza Wilde. Marina Warner, em seu estudo sobre contos de fadas, *From the Beast to the Blonde (Da fera à bela)*, revela a extensão da contribuição das mulheres para os contos de fadas, indicando que, "apesar dos escritores e colecionadores do sexo masculino terem dominado a produção e disseminação dos maravilhosos contos populares, suas histórias, na grande maioria, são das mulheres, originadas em seus ambientes íntimos e domésticos".[36] É muito comum as histórias escritas por homens serem narradas por uma contadora de histórias mulher, como Xerazade nas *Mil e uma noites*, a jovem espirituosa que narrou metade das histórias do *Decamerão*, de Boccacio, e a própria *Mamãe Ganso*, sentada fiando ao lado da lareira.[37]

Através dos contos de fadas e cantigas de ninar, as mulheres apegaram-se ao prazer do brincar através das palavras, passando sua sabedoria e suas advertências a inúmeras gerações. Em muitos casos, o conteúdo dessas histórias e cantigas louva o poder que reside nas palavras das meninas e mulheres. Chapeuzinho Vermelho mantém o lobo em xeque comentando repetidamente sua aparência. Mesmo depois que ele a devora, algumas versões da história falam do som de sua voz saindo da barriga do lobo, alertando um caçador que passa pelas redondezas e que, com isso, mata o lobo e a liberta (numa versão inglesa de 1840, os gritos agudos de Chapeuzinho Vermelho atraem seu pai e outros lenhadores para a casa antes que ele consiga comê-la). Na história de *Rumplestitequim*, a rainha quebra o encanto maligno descobrindo e emitindo o nome do duende. Na de *João e Maria*, Maria passa a perna na feiticeira com a esperteza de suas palavras. No *Barba Azul*, a esposa escapa da morte conseguindo que sua irmã chame seus irmãos da torre do castelo, e eles chegam no momento de salvá-la. Em *A bela e a fera*, o encantamento da desfiguração é quebrado e a vida da Fera é salva quando Bela emite suas palavras apaixonadas de amor.

Marina Warner observou que "os contos de fadas proporcionam às mulheres uma chance de falar, mas às vezes utilizam a ausência da fala como último recurso."[38] Mesmo quando a heroína está em silêncio ou é silenciada, a trama dos contos de fadas como histórias contadas por mulheres dá força ao poder feminino que se origina do brincar através de palavras. Quando a ação dos homens nos contos produz o final feliz — o beijo do príncipe; a espada do irmão; o machado do lenhador — são as palavras das mulheres que originam o final feliz, que asseguram que a princesa consiga o príncipe, que a madrasta má seja descoberta, que o duende mau seja vencido. Através de falar, contar histórias, criar mundos imaginários ou dar forma a eventos através da narrativa, as mulheres buscaram viver. Se suas histórias refletem a realidade em vez de desafiá-la, é porque suas experiências foram sempre mais de resignação do que de insurreição.[39] As histórias, ainda que nem sempre politicamente corretas, refletem e descrevem as experiências das mulheres. A abertura e o fechamento — "era uma vez" e "felizes para sempre" — indicam ao ouvinte ou leitor que este é um mundo imaginário, no qual tudo é possível e onde coisas impossíveis acontecem.[40] O ato simbólico de criar esses mundos é mais significativo que os eventos que neles acontecem.

As mulheres encontraram consolo e prazer brincando através de palavras, contando histórias para as crianças e companheiras, estas numa troca mútua. As mulheres egípcias que moram dentro e perto das tumbas do enorme cemitério antigo no centro do Cairo, conhecido como a Cidade dos Mortos, reúnem-se quase todos os finais de tarde para trocar novidades, opiniões e contar histórias. Os encontros acontecem espontaneamente quando vai se aproximando o crepúsculo, quando terminam as tarefas do dia, mas antes dos homens chegarem para jantar. Podem ser interrompidos e suspensos a qualquer momento por acontecimentos externos mas, quando o tempo permite, a sala escura e cheia de gente em que elas se reúnem transforma-se num *playground* para os mais extraordinários jogos verbais. A antropóloga Helen Watson viveu um ano com essas mulheres, assistindo aos encontros, gravando as histórias e entrevistando as participantes sobre suas vidas. As descobertas estão reunidas em sua fantástica obra *Women of the City of the Dead (As mulheres da Cidade dos Mortos)*. Os encontros são ocasiões alegres:

> A atmosfera é cordial e íntima (...) A alegria e a folia têm um efeito cumulativo e contagiante na maioria das ocasiões (...) As mulheres trocam novidades e fofocam, semelhante ao que fazem quando se encontram normalmente em outros lugares, mas, diferentemente dos encontros à porta das casas e nas sessões comunitárias de lavagem de roupa na bomba d'água, a conversa entre as mulheres na sala cortinada é muito mais informal, livre e pura (...) As notícias e opiniões sobre eventos locais representam uma parte importante e significativa do conteúdo social dos encontros, mas o ponto alto é a hora de contar histórias. As mulheres explicam que o conto é o final perfeito para uma tarde de divertimento (...) Logo que uma contadora de histórias se apresenta, o nível de ruído no recinto cai muito e todos prestam total atenção. Apesar da conversa de fundo parar quando o conto começa, em nada se assemelha ao silêncio do respeito. Ao contrário, espera-se que a audiência participe, o que acontece com evidente prazer. As mulheres suspiram, ofegam, exclamam, riem às gargalhadas e dão respostas irônicas ou engraçadas a perguntas enfáticas.[41]

À medida que Helen Watson foi se familiarizando mais com a comunidade, começou a perceber que as histórias que ouvia nas reuniões vespertinas não eram fictícias no estrito senso da palavra; as narrativas continham detalhes das vidas das mulheres da comunidade, tanto que era comum elas serem "identificadas" num conto específico. As contadoras de histórias, geralmente as mais velhas do grupo, dramatizavam e universalizavam as experiências do dia-a-dia, as alegrias e tristezas, as fraquezas e virtudes das mulheres. Uma que não conseguia ter filhos inspirou uma história sobre um pote vazio.

Outra, cujo habitual pessimismo irritava a todas, foi personalizada numa história sobre uma abelha boba que passava o dia rodando em círculos e reclamando de sua sorte, sem perceber que a vida na verdade era boa: "A abelha virava a cabeça de um lado para outro, dizendo num tom patético: 'Pobre de mim, coitadinha de mim.' Só usava suas palavras de pena para si, nenhuma das outras criaturas jamais a ouvira dirigir-se a elas desse jeito, apesar de muitas precisarem de mais carinho e de pena do que ela." Eram histórias contadas por mulheres e para mulheres cujas histórias de vida real assemelhavam-se muito às dos contos.[42]

As mulheres na Cidade dos Mortos literalmente contavam histórias sobre elas mesmas, que extraíam de seu conhecimento íntimo da vida das companheiras. Elas iam além das regras do discurso comum, que não permite revelação e investigação desse conhecimento; trabalhavam o ordinário transformando-o no extraordinário; moldavam o pessoal convertendo-o no universal. As histórias louvam a ligação entre o específico e o geral, o individual e o comunitário; inventar e manter este vínculo está no cerne do trabalho diário das mulheres. As histórias são um meio de enaltecer as próprias mulheres. Elevando o dia-a-dia para a esfera do eterno, elas revelam o poder do brincar, especialmente do brincar através das palavras, de libertar a mulher como indivíduo, transformá-la e legitimar sua existência.

Apesar de a vida dessas mulheres parecer muito restrita e dura aos olhos ocidentais, brincando através das palavras elas mantêm viva a liberdade da imaginação. "A modéstia costumeira e as atitudes recatadas desaparecem na hora de contar histórias", escreve Watson. "Imagens sensuais e provocantes temperam as histórias. Entre elas, por detrás das cortinas fechadas, podem dizer o que querem."[43] Contar histórias é reconhecidamente um tipo elevado de entretenimento, uma forma importante de habilidade artística, na qual a realidade e a imaginação são fontes de uma interação alegre e agradável, em que palavras, idéias e imagens entrelaçam-se, crescem, atraem, seduzem, provocam e divertem. É uma brincadeira lingüística e criativa da maior sofisticação e eficácia.[44]

Esses encontros, apesar de interrompidos muitas vezes pelos homens da comunidade que os consideram uma perda de tempo, têm um papel essencial na sustentação de uma comunidade frágil; suas palavras e o brincar através delas elevam a confiança e o moral das mulheres e criam vínculos sociais e pessoais. Os encontros efetivamente criam uma comunidade e lideram seu progresso. É como se, com suas palavras, essas mulheres estivessem tecendo uma manta com as peças de suas vidas, a qual, uma vez pronta, elas então corrigem, aperfeiçoam e aumentam.

Através de romances, poesias, cartas e diários, as mulheres seguraram-se com tenacidade à liberdade que vem do brincar com as palavras. Julian de Norwich, uma mística medieval, relatou uma experiência feminina de fé cristã muito antes de aparecer no cenário a teologia feminista; a poetisa e historiadora Christine de Pisa, falecida em 1430, desafiou, com seus escritos, o modo como as mulheres eram retratadas na literatura; Emily Brontë retratou as restrições do século XIX (a sensação de anarquia que permeia *Morro dos Ventos Uivantes* ainda surpreende os leitores no fim do século XX); Angela Carter, nas décadas de 1970 e 1980, louvou a experiência feminina com seu estilo experimental e inovador de prosa; nos anos 90, romancistas famosas como Monique Wittig, Hélène Cixous e Michèle Ramond procuraram criar uma "*écriture féminine*" que opusesse resistência e contrariasse as convenções da narrativa (masculina).[45] Acima de tudo, como *leitoras* das outras mulheres, as mulheres se deleitaram e refugiaram no mundo verbal, nas marcas exatas da Editora Virago e da Women's Press, na ficção romântica de Anita Burgh ou Celia Brayfield, ou nos curtos romances oferecidos por Mills e Boon.

Apesar das imagens negativas, dos comentários depreciativos e do risco de censura, as mulheres realmente brincam usando as palavras. No âmbito privado, sempre se reuniram para conversar, rir e partilhar seus sentimentos. Em público, elas estão cada vez mais presentes como políticas, atrizes, cantoras, comediantes, entrevistadoras nos *talk shows*, apesar das convenções que precisam desafiar para chegar lá. Elas estão reclamando seu direito a brincar usando palavras, com determinação, seriedade e pela diversão. A quantidade de mulheres engraçadas na vida pública cresceu muito nos últimos dez anos. Estrelas solitárias como Mae West ("Isso aí no seu bolso é um revólver ou você só está contente de me ver?"), Marie Lloyd, Lucille Ball e Joyce Grenfell foram sucedidas por uma verdadeira constelação integrada por Dawn French, Jennifer Saunders, Joan Rivers, Roseanne Barr, Victoria Wood, Ruby Wax, Vanessa Feltz, Angie Le Mar. Rindo, contando piadas, fazendo trocadilhos, caçoando, ironizando e falando por enigmas, todas são criativas, divertidas, liberando formas de brincar com as palavras, de expandir, de testar e estender os limites. Brincando com as palavras, o indivíduo, em vez de ficar preso às coisas como são, experimenta e sugere como as coisas *poderiam* ser. Viver sempre com certezas é tão mutilador quanto viver na incerteza. Mover-se entre os dois através da brincadeira é viver a vida como algo palpável, maleável, um brinquedo, não uma opressão. Através das palavras nós inventamos o mundo; através do brincar com as palavras reinventamos o mundo e nós mesmos.

Quem brinca, vence

A brincadeira feita pelo homem é uma conseqüência da maneira como a realidade se moldou e se sustentou através da linguagem feita pelo homem. A perspectiva masculina da realidade é tida como norma; na posição contrária está a outra, a perspectiva feminina. Onde as experiências femininas diferem da norma, elas são vistas como desvios e erros. Na perspectiva masculina, a norma do comportamento feminino é as mulheres se ocuparem com coisas úteis (serem úteis aos outros) e altruístas. Segundo a realidade masculina, a brincadeira feminina não é a norma e nunca poderá ter um *status* igual à brincadeira masculina, mesmo quando a forma de brincar é idêntica. Ao invalidar o que as mulheres fazem, a linguagem do homem assegura que as próprias mulheres sejam invalidadas: suas atividades não têm valor intrínseco, só têm valor até o ponto em que servem à realidade masculina. Por isto é tão importante para as mulheres lutar pela afirmação de sua própria realidade, com seriedade, resistir à sua negação e não canalizar toda sua energia para o sucesso, quando ele ocorre na estrutura de uma realidade masculina.

Brincar é um meio de aliviar a opressão e de subvertê-la. A dança, para as mulheres das culturas árabes, é um meio de transformar as restrições às suas ações públicas e físicas numa oportunidade de, atrás das portas fechadas, confirmar e valorizar seu poder e sua condição física. Elas fazem isto com uma fé e um abandono que as mulheres ocidentais, com toda sua aparente liberdade, não possuem. Através do brincar, as mulheres podem desafiar e opor-se à "verdade" masculina, e o fazem. Apesar do filho achar que a dança do ventre não tem valor, a mãe sabe que tem. Apesar do marido chamar sua conversa de fofoca, a esposa sabe que não é. Apesar dos homens dizerem que nossas piadas não são engraçadas, sabemos que são. Através da brincadeira, as mulheres legitimam sua própria realidade e se alegram com ela.

Reivindicar o brincar através da linguagem é usar palavras para confirmar a realidade que vivenciamos, não a que fomos levadas a acreditar que devemos vivenciar. É repelir a idéia de que conversar é banal e acreditar no que no fundo sabemos, isto é, que, brincando através de palavras, as mulheres mantêm o mundo unido. Reivindicar a linguagem da brincadeira é reconhecer que a brincadeira fala, ouvir o que ela nos conta e o que diz sobre nós. "Eu posso brincar!", declarou Caitlin, feliz, no fim do Dia da Brincadeira. Reconhecer que brincou e pode brincar, como Caitlin fez, é reconhecer sua capacidade de reescrever o *script* da brincadeira, uma esfera de experiências agradáveis que, através de sua essência, declara o direito à existência e o valor da presença do indivíduo. É proclamar: "Eu estou viva."

PARTE TRÊS

9
A brincadeira da criança

> *"De noite, quando o lampião é aceso,*
> *Meus pais se sentam em volta do fogo;*
> *Sentam em casa, conversam e cantam,*
> *E não brincam de nada."*
>
> (R.L. Stevenson, *The Land of Story-Books*)

Nos dias de hoje, muitas mulheres encontram obstáculos reais à brincadeira, porém há meios de desafiá-los, superá-los e evitá-los. À medida que envelhecemos, nosso instinto de brincar depara com uma série de pressões internas e externas que restringem nossas oportunidades nesse sentido, mas temos incentivos reais para combater e resistir a essas pressões. A ausência da brincadeira é um problema que tem várias soluções possíveis. Primeiro, é fundamental lembrarmos que quase todos nós, em algum momento de nossas vidas, *vivenciamos* a experiência de brincar. No Dia da Brincadeira, Alison falou por muitas mulheres ao dizer: "Eu brincava o tempo todo quando era criança — o que aconteceu com todo esse meu lado lúdico?" Para muitas de nós, o *self* lúdico não foi sempre marginalizado. Ainda que a nossa brincadeira seguisse o que era adequado ao nosso sexo, a grande violência ao *self* lúdico aconteceu aos poucos e tomou corpo, como vimos, na adolescência. Portanto, é muito provável que todas nós tenhamos aproveitado alguns momentos de brincadeira genuína em algum período do nosso passado. Redescobrir este *self* passado que brincava é um passo inicial vital para sua reincorporação à nossa vida adulta.

A expressão "brincadeira de criança" é usada para significar que uma coisa é fácil, não requer esforço, que é tão simples quanto brincar, para uma criança. Ah! Se, ao menos, *pudéssemos*, como as crianças, brincar sem precisarmos nos esforçar! Para começarmos a reintroduzir a brincadeira em nossas vidas, antes de tudo precisamos trazer à memória o instinto irreprimível e incontrolável de brincar que possuíamos quando crianças.

De volta ao futuro

No Dia da Brincadeira, muitos exercícios tinham por objetivo cutucar a memória, para as pessoas lembrarem e vivenciarem mais uma vez a riqueza de sua brincadeira infantil. A oficina começou com um exercício a que Elinor deu o nome de "A Fotografia". No início, foi difícil perceber que relação tinha aquilo com brincadeira. Cada participante foi orientada a trazer uma fotografia sua de quando era bem pequena, de preferência bebê. O dia começou com a formação de pequenos grupos de duas ou três pessoas que passaram dez minutos falando sobre as fotos que tinham trazido, explicando o contexto e a história da foto. Aparentemente simples, este exercício mostrou-se um meio extraordinariamente poderoso para levar as pessoas a ter acesso ao mundo da brincadeira que lhes foi tão familiar no passado. Seguem-se algumas observações feitas pelas participantes:

> Alison: "Achei uma foto minha de quando eu tinha mais ou menos um ano de idade, com as mãos na cabeça, brincando. Olhar para a foto e falar sobre ela me fez sentir muitas coisas diferentes que eu ainda tenho dentro de mim, inclusive o meu lado que brincava com um ano de idade. Entrei em contato com um lado meu ao qual normalmente não me sinto ligada. Me lembrou de um tempo anterior ao estresse, à responsabilidade e à preocupação constante com a minha aparência."

> Beth: "Sempre me disseram que eu era pouco sociável quando pequena, mas encontrei uma foto de quando eu tinha cinco meses e, quando olhei bem para ela, descobri um brilho nos meus olhos. Olhando aquela foto não tive dúvidas que eu sabia brincar, eu parecia um bebezinho bem alegre."

> Ella: "Quando eu estava na adolescência, minha mãe teve um ataque de nervos e destruiu todas as fotografias do passado, portanto não tenho nenhum registro visual da minha infância. Mas recentemente descobri uma mala cheia de negativos, uns seiscentos, e mandei revelar uma porção. Dentre estes, encontrei três fotos minhas de quando era meni-

na. Conversar com as outras pessoas do grupo sobre essas fotos me trouxe lembranças muito fortes de um tempo que eu tinha esquecido completamente. Eu parecia um menino e passava a maior parte do tempo correndo e pulando, construindo casas nas árvores e brincando de índio. Sempre que penso na minha infância, minha tendência é lembrar as coisas tristes, a solidão, a doença da minha mãe, mas falar sobre a foto me possibilitou enfocar as recordações felizes. Ela trouxe de volta um período da minha vida do qual eu, antes, não tinha nenhuma sensação real."

Elizabeth: "Ontem à noite procurei nas gavetas de minha escrivaninha e encontrei uma foto minha de três anos de idade, num vestido branco, tirada na Escócia logo antes da guerra. Olhar para a foto me trouxe de volta muitas memórias. Não havia televisão e escurecia cedo no inverno. Quando começava a anoitecer, sentávamos e ficávamos bordando ou costurando; minhas tias, quando não tinha nenhum homem por perto, faziam toalhas higiênicas com algodão e gaze. Eu passava muito tempo brincando no jardim sozinha. Me lembro de fazer casas nas árvores e vestir roupas elegantes nas bonecas. Ainda consigo ver minha casa no bosque! Eu varria o chão e todos os jarros vazios eram meus; eu os transformava em chaleiras e panelas. Entrava totalmente num outro mundo, acho que para compensar as coisas que não tinha. Conseguia entrar rápido no meu mundo de fantasia. Naquela época, eu não era inibida. A fotografia trouxe tudo isso de volta aos borbotões."

Num outro exercício, cada pessoa recebeu uma cesta cheia de objetos misturados e teve que escolher apenas três itens. Depois, explicava a uma parceira o significado que aquele objeto escolhido tinha para ela. Mais uma vez, um exercício sem nenhuma importância aparente para a brincadeira infantil abriu a porta para um mundo esquecido, no qual uma coisa simples, pequena e comum, podia ser fonte de prazer e alegria.

Caitlin: "Escolhi um descanso com uma maçã em cima, que me lembrou as miniaturas de comidinhas que eu tinha na minha casa de boneca. Também selecionei uma bola de gude, porque quando era pequena eu tinha uma assim na minha caixa de recordações. Eu adorava a suavidade do vidro e o modo como a luz brilhava através dele. Passava horas examinando a minha caixa e arrumando todas as coisas nela."

Ella: "Sempre gostei das coisas naturais, e aquelas coisas da cesta ficaram como que me chamando: uma pedra, um pedaço de casco de tartaruga, uma pinha. Eu realmente gostei de sentir as diferentes texturas, o frio da pedra e a aspereza da pinha. Adorei ter tempo de olhar suas cores e formas. Era assim que eu brincava quando criança: completamente absorta, sem pensar que o tempo estava passando. Foi maravilhoso me sentir daquele jeito outra vez."

Alison: "Adorei fazer este exercício. Escolhi um botão, uma bolsinha e uma bonequinha. Me lembrou a alegria que a criança sente com miniaturas, que com o tempo a gente aprende que é um sentimentalismo inaceitável. Quando eu era criança, adorava os enfeites pequeninos de vidro, mas fui aprendendo com minha mãe que eles eram cafonas. O botão lembrou uma caixa de botões que eu tinha. Adorei enfiar minhas mãos dentro e senti-los passando pelos meus dedos. Havia uma sensualidade maravilhosa na brincadeira infantil que eu tinha esquecido."

Numa sessão avaliativa no final da manhã, todas se juntaram e fizeram um *brainstorm* com os jogos que brincavam quando crianças. Quando cada uma falava o nome de um jogo, muitas outras exclamavam "Oh, sim! Eu fiz isso!" e apresentavam os nomes de outros jogos. Era como abrir um maravilhoso baú do tesouro, do qual coisas maravilhosas pulavam desordenadas. Cada lembrança trazia mais lembranças, e a lista crescia sem parar. Teve amarelinha, pular corda, brincar de esconder, batatinha frita, brincar de pegar, jogo de gudes, escravos-de-Jó, jogos de pular e jogos de bater palmas, brincar de se vestir elegante, fazer caverna, subir em árvore, caça ao tesouro, briga de bola de neve, tobogã, *cowboy* e índio, polícia e ladrão, inventar histórias, organizar apresentações de teatros e concertos, brincar com amigos imaginários, costurar, fazer tricô, cozinhar, fazer bijuterias, colecionar coisas, jogar cartas, jogos de tabuleiro, brincar de bonecas, brincar com ursinhos... A lista continuava. As participantes estavam tontas de lembrar a riqueza e variedade das brincadeiras de sua infância, de descobrir essa memória extremamente excitante, ainda que de certa forma triste. "Lembrar as brincadeiras me deixou um pouco triste por saber que é tão difícil brincar agora", foi como Jane expressou seu sentimento.

A brincadeira da criança

No romance de Ian McEwan *The Child in Time* (*A criança no tempo*), Stephen Lewis, a personagem principal, é violentamente arrancado de sua vida de labuta quando tem a filhinha seqüestrada enquanto fazia compras uma manhã. Sucede-se uma busca desesperada que leva Stephen pelas ruas e escolas de Londres, assim como pelos destroços emocionais de sua vida. Num dado momento, ele percebe que necessita desesperadamente da filha: "Ele precisava de sua boa influência, suas lições de como ter prazer com as pequenas coisas; como preencher sua presença e ser preenchido por ela, ao ponto da identidade desvanecer até o nada." Esta é a mágica do brincar, uma mágica que a criança ensina ao adulto, não o contrário. Pouco depois, Stephen visita seu velho amigo Charles Darke, em sua casa no campo, e descobre que Darke passou por terrível transformação. Deixou de ser o sofisticado e confiante ministro do governo, ele enlouqueceu: vestido como um menino de colégio, está vivendo no mato, subindo em árvores, mascando alcaçuz e bebendo limonada feita em casa. Orgulhoso, revira os bolsos para mostrar ao horrorizado Stephen um canivete, uma lente de aumento, bolas de gude, um sapo seco, um compasso, uma pena, um pedaço de corda. Stephen fica chocado ao perceber que, além do comportamento, Charles procurou transformar-se mesmo num menino de dez anos. O único momento em que Darke perde sua *persona* de criança é quando diz a Stephen: "É uma questão de se soltar." No romance de McEwan, a habilidade de brincar como criança é vista como desejável porém patológica. O retrocesso de Charles Darke para a infância expressa sua recusa a viver no mundo real, sua incapacidade de conciliar aspectos conflitantes de suas realidades pública e privada.

Procurar viver como se fôssemos crianças poderia levar-nos ao terreno da psicose, mas manter a habilidade de lembrar a nossa brincadeira de infância é tudo menos patológico. Como mostra o quadro abaixo, para cada brincadeira que apreciamos e da qual nos beneficiamos quando crianças, podemos apreciar e nos beneficiar de uma brincadeira equivalente na fase adulta.[1]

brincadeira de criança	*brincadeira de adulto*
Usar barro, massa, areia ou água para expressar criatividade; resolver sentimentos de agressão, raiva ou medo; ser sociável sem confrontação.	Cerâmica, trabalho em madeira, fazer pão, para aliviar tensões reprimidas de um dia de trabalho, talvez com poucas chances de desenvolver a criatividade; brincar com as "mãos" para contrabalançar o trabalho da "cabeça".
Usar marionetes, telefones, espelhos, roupas elegantes para superar problemas com a linguagem e ajudar a desenvolver a brincadeira verbal.	Dramatização amadora, canto, conversa ao telefone como formas de brincar verbalmente e de superar problemas de inibição.
Separar materiais naturais e materiais fabricados pelo homem para ajudar as crianças com dificuldades de percepção e problemas de retenção.	Arrumar gavetas/guarda-louças, separar caixas de costura e latas de botões para dar uma sensação de controle, ordem e calma (a concentração neste tipo de atividade pode ser muito lúdica).
Usar livros com imagens para ajudar o desenvolvimento da linguagem e a participação no grupo; para permitir às crianças que têm medos ou ansiedades buscar apoio através de suas histórias.	Ler, ir ao teatro, freqüentar museus e galerias para arejar da vida comum através da arte, da percepção de alternativas e da possibilidade de apoio.
Usar trepa-trepa, balanço, passeios para ajudar a criança apática ou hiperativa a gastar sua energia e se cansar.	Exercício físico, esporte ou dança para contrabalançar o cansaço do trabalho sentado ou repetitivo.

O texto na coluna da esquerda do quadro fornece exemplos de formas de brincar que são utilizadas para ajudar crianças com problemas ou dificuldades específicas, enquanto o texto da coluna da direita fornece sugestões de versões adultas dessas brincadeiras. Onde existem problemas ou dificuldades na nossa vida adulta, podemos ser ajudados através da brincadeira, do mesmo modo que as crianças com problemas o são.

Recordar e recriar formas de brincar que usávamos na infância coloca-nos de novo em contato com aspectos do nosso eu para os quais, na fase adulta, temos pouco espaço: a capacidade de ficar totalmente absorta, de esquecer do tempo, de ser a pessoa curiosa, questionadora, desinibida que já fomos um dia. A força do impulso para brincar é evidente nos vários tipos de brincadeira adulta que se assemelham de perto às atividades infantis. Um exemplo são as convenções de *Jornada nas estrelas*, em que as pessoas se vestem de capitão Kirk ou Mr. Spock; as festas de descobrir o assassino, os fins de semana com jogos de guerra, *videogames*, jogos de tabuleiro e o supergarantido trenzinho elétrico. É verdade que algumas dessas formas de brincadeira adulta são um pouco excêntricas; algumas são, até mesmo, moralmente duvidosas, mas comprovam o desejo de muitos adultos de ter uma pausa para voltar um pouco aos prazeres fáceis da infância. Minha cunhada reclama de seu marido comprar brinquedos para o filho só para poder brincar com eles; ficam os dois sentados juntos no chão, igualmente atraídos pela compra da semana. Uma noite, depois que o bebê já tinha dormido, meu parceiro e eu tivemos um momento maravilhoso brincando com seus tijolinhos de madeira, vendo quem conseguia construir a torre mais alta, a mais larga, a mais estranha. Sentimo-nos muito melhor depois daquele momento revivendo nossa brincadeira da infância do que teríamos nos sentido se tivéssemos passado uma semana inteira usando meios mais adultos de relaxamento.

A nova cara da brincadeira infantil

A Unicef, de caridade internacional, afirma que a brincadeira é um dos direitos fundamentais da infância e, por mais que não saibamos exatamente qual o lugar na fase adulta, a maioria das pessoas concordaria que, ao menos na teoria, a brincadeira na infância é benéfica. Uma extensa indústria veio suprir as necessidades da brincadeira infantil, para garantir que as crianças de todas as fases e idades se ocupem de uma forma feliz. Em subúrbios de todas as grandes cidades há armazéns enormes repletos de brinquedos infantis; existem catálogos para examinar e escolher brinquedos para bebês; há andares inteiros de livrarias destinados a livros infantis (e várias prateleiras destinadas a dizer aos pais como brincar com seus filhos).

Mesmo assim, a aceitação da brincadeira infantil é um fenômeno relativamente recente. Já em pleno século XX, os pais eram desencorajados a brincar com seus filhos. A mãe de 1914 ouvia: "A regra que diz que os pais não devem brincar com o bebê parece difícil mas sem dúvida é correta."[2] A infância era considerada uma fase de evolução acelerada em que a criança passava pelos estágios correspondentes à evolução do macaco ao homem. Comparadas a pequenos animais, considerava-se que as crianças precisavam ser treinadas e reprimidas; brincar não era bom porque dava espaço aos impulsos que deviam ser erradicados e não encorajados. A atitude que prevalecia nos profissionais era de precaução e cautela. Em 1928, quando John Watson publicou seu famoso guia sobre o cuidado infantil, *Psychological Care of the Infant and the Child* (*Cuidado psicológico do recém-nascido e da criança*), escreveu orientando os pais: "Seu comportamento com seus filhos deve ser sempre objetivo, amável mas firme. Nunca os abrace e beije. Nunca os deixe sentar ao seu colo. Se necessário, beije-os uma vez na testa na hora do boa-noite. De manhã apertem-se as mãos." [3]

As mudanças de ideologia no cuidado infantil são interessantes porque geralmente incorporam as atitudes predominantes quanto aos aspectos mais abstratos do comportamento humano, como impulso e controle, seriedade e leviandade. Também podemos utilizá-las como um meio de compreender as mudanças no posicionamento da brincadeira na sociedade, pois seus fundamentos são de particular relevância para nossas preocupações atuais quanto à marginalização da brincadeira na fase adulta.

Entre a Primeira e a Segunda Guerras Mundiais, a criança foi sendo progressivamente considerada uma adulta em fase de preparação. Devia ser controlada pela mãe, submeter-se aos seus desejos e regras e desenvolver o autocontrole. Enfatizava-se o treinamento das crianças para que se tornassem cidadãos dignos, educados e obedientes. Um forte pragmatismo sublinhava as atitudes com relação à educação da criança e à brincadeira infantil. Os impulsos da criança eram vistos como exploradores, inventivos e benignos, e não maus (apesar de ainda serem treinadas "para não usar o corpo como objeto de brinquedo"), e a tarefa dos pais era educar os filhos para que dominassem esses impulsos.

Após a Segunda Guerra Mundial, os especialistas em cuidado infantil começaram a encorajar as mães a brincar com seus filhos. Na metade do século, brincar com os filhos já se tornara um dever, além de permitido era obrigatório.[4] O Birô do Departamento do Trabalho Infantil dos Estados Unidos não se furtou a comentar: "A pressa faz com que a hora do banho não seja divertida para nenhum dos dois, quando deveria ser", uma declaração sugestiva, contida na orientação aos pais de 1951.[5] De meados da década de 1940 em diante, as necessidades emocionais e psicológicas do bebê já eram consideradas tão importantes quanto suas exigências físicas e intelectuais. De repente, os pais receberam a enorme responsabilidade de garantir a proteção de seus filhos de todos os tipos possíveis de tensão psicológica. Dos anos 50 em diante, a teoria de John Bowlby sobre vínculo maternal representou uma pressão considerável no sentido de as mães estarem sempre disponíveis para seus filhos; era considerado negligência séria ao dever maternal deixar o filho aos cuidados de qualquer pessoa antes da idade de três anos no mínimo. A partir da década de 1960, o desenvolvimento intelectual também se tornou um aspecto cada vez mais importante do cuidado infantil, e a brincadeira passou a ser vista como um instrumento essencial para esse fim. Segundo Christina Hardyment, em seu estudo das mudanças nos costumes do cuidado do bebê, *Perfect Parents (Pais perfeitos)*, a forma como o trabalho de Jean Piaget foi interpretado para o público transformou os pais em "escravos do intelecto", cada criança sendo um Einstein em potencial, e cada pai tendo a responsabilidade de desenvolver ao máximo as habilidades intelectuais de seu filho.[6]

É muito significativo que as orientações do cuidado infantil hoje enfatizem constantemente a *utilidade* da brincadeira infantil, cuja maximização é *função* dos pais. Penelope Leach, em seu best-seller *Baby and Child (Bebê e criança)*, é bastante explícita sobre isso ao listar as exatas "condições de servir" que os pais devem esperar. Hugh Jolly, outro guru do cuidado infantil do final da década de 1980, orienta os pais a "[considerarem] o cuidado de seus filhos como seu emprego atual". Para filhos e pais, a brincadeira tornou-se uma forma de *trabalho*. Os brinquedos precisam ser educativos; os livros devem desenvolver habilidades visuais e verbais; as creches apresentam listas das "tarefas" da brincadeira do dia, e as crianças vão para casa com "livros de exercícios"; os pais querem saber o que seus filhos estão aprendendo, sempre temerosos de que possam estar perdendo tempo. Judith Schwartz, autora de *The Mother Puzzle (O enigma mãe)*, alerta sobre isso: "Brincar não é mais brincar (...) Quando a criança começa a andar, seus brinquedos não vêm do desejo, mas da pesquisa científica sobre o desenvolvimento infantil. Assim como a comida pronta precisa trazer seus ingredientes relacionados, os brinquedos atuais indicam seu "valor para o desenvolvimento".[7] A culpa que muitas mães sentem quando seus filhos não têm brinquedos "suficientes" é uma prova da pressão a que são submetidas. A brincadeira passou a fazer parte do pacote materno de responsabilidades, deixou de ser um intervalo dessas responsabilidades. Os brinquedos de hoje não visam apenas a divertir, eles "desenvolvem a coordenação visomotora", ou "introduzem a noção de cor", ou "estimulam habilidades motoras". Schwartz comenta: "As companhias que vendem brinquedos e material educativo para bebês e crianças pequenas têm nomes como *Right Start (Começo certo)* e *One Step Ahead (Um passo adiante)*, dando a impressão de que a infância é mais uma competição que um estágio."[8] As escolas maternais estão ocupadas procurando ganhar a corrida como todo mundo mais: recentemente, uma mãe reclamou comigo que o maternal de sua filha estava começando a ensinar as crianças a ler. "Ela só tem dois anos! Que pressa é essa? Ela não pode continuar mais um pouco sendo só um bebê?" Muitas crianças e adolescentes da classe média hoje em dia passam seu tempo "livre" correndo das aulas de balé para as aulas de música, para o campo de tênis, para as aulas de direção. Suas experiências levam pouco em conta as evidências da pesquisa que dizem: "Tempo não estruturado para fantasia e brincadeira é, em última instância, mais importante para o bem-estar da criança do que uma habilidade a mais, por mais pertinente ou impressionante que ela seja."[9]

A multimilionária indústria de brinquedos apóia-se na ansiedade dos pais quanto ao progresso do estimular de seus filhos, mas os brinquedos atuais constituem uma forma de experimento, e as crianças são como porquinhos-da-índia. Quem iria dizer que os brinquedos produzidos em massa e orientados para o desenvolvimento de habilidades impedem, de certa forma, o desenvolvimento, ao encorajarem o pensamento rígido e esquematizado, anátema à criatividade e à aprendizagem verdadeira? A pesquisa a esse respeito ainda é insuficiente, mas alguns profissionais estão começando a expressar preocupação. No ponto de vista da professora Elizabeth Newson, chefe da unidade de psicologia infantil na Nottingham University, as crianças estão sendo privadas da "sensação de fantasia". Segundo Newson, "alguma coisa foi perdida e não sei como compensar isso".[10] Para o professor Jeffrey Goldstein, psicólogo na Universidade de Utrecht e especialista em brincadeira infantil, as crianças tendem a ser influenciadas em sua brincadeira pelo que está à volta. "Quando eu era criança, a brincadeira era desafiadora: andar em cima do muro ou subir na árvore. Agora os meninos brincam alcançando uma boa marcação num *videogame* ou em alguma coisa que tenha tecnologia, porque é isto que lhes apresentamos. No final das contas, nós educamos as crianças como fomos educados."[11]

Estamos anos-luz distantes do mundo de brincadeira infantil vivido pela escritora Alison Uttley:

> Os campos eram nossas lojas de brinquedos e de balas, nossos mercados e armazéns. Fazíamos nossos brinquedos das coisas que encontrávamos nos pastos. Comíamos coisas doces e ácidas da mata selvagem. Catávamos de uma cerca à outra como no mercado, buscando as melhores provisões, e montávamos nossas lojas de coisas naturais nos cantos dos campos, ou no meio das árvores. Catávamos brotos de plantas para um jogo de "Soldados". Com um buquê de flores, escolhíamos os lutadores e desafiávamos outra flor-soldado ao combate. Quando sua cabeça caía, uma outra fresca era tirada do buquê para tomar seu lugar e continuava lutando... Os juncos verdes serviam de chicotes, trançados para a chicotada e muito bem amarrados e apertados na alça. Também viravam pulseiras com fechos de flores marrons. Deles fazíamos cintas e cordões de sapato, e colares com contas de flores. Trançados, viravam cestas redondas para ovos de galinha, chocalhos para bebês, tapetes, molduras para pequeninos quadros e muitas outras coisas e jogos que imaginávamos e inventávamos... Colhíamos bardanas gigantes e prensávamos para fazer cestas e ninhos. Também fazíamos jogos com flores, quando estourávamos a semente da grande árvore de bálsamo que disparava como um revólver mágico, e ouvíamos a giesteira atirando sua munição nos campos. Fazíamos teatrinhos de caixa de fósforo com as flores menores e mais bonitas, bonecas com as papoulas do jardim, ou um conjunto de dedos de luva com dedaleiras. Fazíamos bolas com prímulas e correntes com margaridas — não havia fim para os brinquedos que descobríamos... Perto do rio nasciam salgueiros, mas nunca brincávamos perto das águas turbulentas do riacho que galopavam mais rápido que os cavalos na estrada ao lado. Ali, a morte ficava à espreita nos buracos, correntes e margens que despencavam aos pedaços. Nós nos mantínhamos no nosso morro, no pequeno reino que era o nosso terreno, e encontrávamos o suficiente para nos divertirmos e nos entretermos durante os longos anos da infância.[12]

Em parte, a ênfase desvairada na brincadeira estruturada e direcionada da atualidade pode ser vista como um recuo à abordagem liberal da educação advogada na década de 1960, quando se pensava que, se professores e pais pudessem parar de reprimir a criatividade inata da criança, ela seria capaz de perceber seu talento especial à sua própria maneira. As mudanças fecharam um círculo com a introdução de um Currículo Nacional [na Inglaterra] e a ênfase renovada no ensino estruturado, com a aprendizagem por objetivo e a testagem padronizada.

Hoje, os anos da infância tendem a passar apressados. A sensação de urgência e ansiedade, característica tão presente no adulto na cultura ocidental contemporânea, parece ter se infiltrado também na vida de nossas crianças. O novo pai, confrontado com a desconcertante e ostensiva quantidade de brinquedos, sente uma terrível e imensa expectativa. É difícil lembrar que um bebê se contenta perfeitamente com um pendurador de papel higiênico, quando as vozes de um milhão de editores estão querendo saber o que você ensina ao seu bebê, se ao brincar ele está aprendendo algumas habilidades novas, se você está permitindo que ele maximize seu potencial intelectual. Esta corrente contrasta-se totalmente à da mãe de cem anos atrás, que era orientada a não brincar com seu bebê até que ele tivesse pelo menos seis meses de idade porque a estimulação era considerada danosa aos nervos do bebê.

O que está por detrás das correntes atuais da educação infantil é preocupante: numa cultura que valoriza o trabalho acima da brincadeira, a infância foi contaminada com o mesmo espírito de ocupação e atividade que envenena a fase adulta. Longe de seguir o ditado de Platão e viver a vida como brincadeira, abraçamos a idéia de viver a vida como trabalho. Com isto, além de reduzirmos seriamente a qualidade de vida do adulto, inculcamos o conceito de ocupação na brincadeira infantil. Conseguimos transformar a brincadeira infantil numa espécie de emprego. Uma famosa especialista em cuidado infantil comentou lamentando recentemente: "Um problema para os professores de maternal e jardim de infância e para os recreadores tem sido convencer os pais de que seus filhos estão bem ocupados 'só brincando'."[13]

Em vez de aprender com as crianças onde erramos na nossa fase adulta, estamos ocupados em moldar a infância à absurda e incessante pressa da vida adulta. Cada vez mais a vida das crianças parece ser a de pequenos adultos. As evidências sugerem que as crianças estão começando a exibir sintomas de estresse comumente associados à fase adulta, como dores de cabeça e de estômago e falta de motivação.[14] O trágico deste estado de coisas é que a brincadeira na infância, além de ser apreciável e benéfica, aumenta as chances do indivíduo de amadurecer como adulto bem equilibrado, capaz de lidar com as pressões e exigências da vida adulta. Não é preciso muito esforço para perceber que, além de prestarmos às nossas crianças um desserviço impondo nossos valores às suas brincadeiras, a longo prazo estamos enfraquecendo o bem-estar da sociedade, pois estamos criando uma geração de futuros adultos cuja capacidade de brincar pode estar cronicamente subdesenvolvida. Com isto, uma espiral descendente rapidamente se estabelece: se nós, adultos, estamos inseguros de como brincar, como podemos brincar adequadamente com nossos filhos? Se enquanto crianças nossa capacidade de brincar não for alimentada, como podemos esperar manter a brincadeira como um aspecto valioso de nossa vida adulta?

A brincadeira nas diferentes idades

Mesmo que a brincadeira infantil não seja insensível às mudanças sociais, a infância continua sendo o período que mais rapidamente associamos ao brincar. A brincadeira infantil pode estar ameaçada pelo mundo adulto, obcecado pelo trabalho. Para as meninas em especial, como vimos, pode estar dificultada por estereótipos de sexo, do que é apropriado a uma menina e um menino, mas a brincadeira infantil ainda tem muito a ensinar aos adultos sobre o *self* lúdico. A infância ainda é o período de nossas vidas em que a capacidade de brincar é menos restringida e a brincadeira é mais variada.

Sobre a criança, Rousseau escreveu: "Para ela, não há diferença se está trabalhando ou brincando; seus jogos são seu trabalho, ela não faz distinção." A um bebê pequeno, tudo interessa; sua atitude básica é lúdica. Quando minha filha nasceu, fiquei encantada de ver que a atitude lúdica é inata no ser humano e que o bebê revela cedo um senso de humor. Um recém-nascido pequenino e indefeso que ainda não anda, não fala e nem consegue comer sozinho, já é capaz de se divertir. Desde os três ou quatro meses de idade, minha filha era capaz de mostrar que gostava de brincar de esconde-esconde: ria, dava gargalhadas e mexia os braços e pernas; aos oito meses, já provocava o jogo ela mesma, cobrindo e descobrindo seu rosto com um pano; aos dez meses, já nos chamava para brincar de um jogo de perseguição: engatinhava até um pouco mais para longe, parava e, olhando por cima dos ombros com um olhar de expectativa até captura nosso olhar, caía na gargalhada e engatinhava para mais longe, na maior velocidade possível.

A variedade da imaginação na brincadeira, mesmo na criança muito pequena, é extraordinária de se ver. Desde poucos meses de idade, o bebê fica profundamente concentrado, explorando objetos que o atraem. Pode ser um brinquedo, uma tampa de jarro, uma pinha ou um cordão de bota: ele examina de todos os ângulos, passa de uma mão para a outra, vira para um lado e outro, traz à boca para sentir o sabor.[15] O bebê, quando brinca, entra no mundo físico com todo o seu pequeno ser físico, não só seus olhos, ouvidos, mãos e boca, mas geralmente com os pés e os dedos dos pés também. O corpo de quem cuida dele é uma fonte rica de brincadeira: o cabelo da mãe, as orelhas do pai — coisas interessantes acontecem quando ele belisca ou puxa com força. As mudanças de expressão, os odores familiares, os diferentes tons de voz, tudo o intriga intensamente.[16]

A brincadeira infantil tem muitas facetas, e o tipo de brincadeira adotado pelas crianças varia bastante de acordo com a idade. Para as crianças menores, a brincadeira é centrada principalmente em torno da exploração intencional de uma forma ou de outra. Um pesquisador concluiu que o recém-nascido não consegue distinguir a exploração da brincadeira, pois elas tendem a ocorrer simultaneamente.[17] É possível ver essa mesma exploração intencional em crianças um pouco mais velhas. Perante um objeto desconhecido, as crianças entre três e cinco anos de idade investigam sua forma, peso e textura, aprendem sobre sua força e flexibilidade e testam sua aplicabilidade a uma variedade de tarefas. A curiosidade incessante da brincadeira das crianças pequenas, além de prazerosa, serve a importante função de familiarizá-las com o mundo físico, seu primeiro contexto de definição. Sem esta familiaridade, elas correriam um risco considerável — e no início correm mesmo — com fenômenos tão comuns como facas e escadas, calor e água. A brincadeira exploratória é portanto diretamente vinculada ao instinto de sobrevivência. Ela tem ligação, ainda, com o desejo também aparentemente inato de dominar a situação: mesmo para o recém-nascido, a brincadeira é mesclada com um forte impulso de entender, conhecer e conquistar.

As crianças mais velhas usam a brincadeira para explorar seu mundo social e moral, além do mundo físico. A fantasia é um componente central da brincadeira, da idade de três ou quatro anos à pré-adolescência. Mundos de fantasia e amigos imaginários são soberanos; um cabo de vassoura é um cavalo, uma cortina é um manto de rainha. A capacidade de invenção da criança chega ao seu ápice na fantasia do faz-de-conta; nela, as regras são uma invenção inteiramente sua. A brincadeira do faz-de-conta permite à criança subjugar a realidade às suas exigências intelectuais e emocionais, ajudando-a assim a assimilar experiências em vez de ser oprimida por elas.[18] Quando minha irmã era criança, uma enorme avestruz imaginária a acompanhava o tempo todo; era sua maior amiga e uma criatura de índole ruim e más intenções. Foi a Avestruz quem incitou minha irmã, aos três anos, a engolir as lentes de contato de minha mãe uma tarde; e era a Avestruz que estava por trás do plano de esconder todos os sapatos da família no *freezer*. Era a Avestruz, também, a culpada das diferenças físicas que minha irmã percebeu existirem entre nossos pais e que a preocupavam, como anunciou uma noite: "A Avestruz voou para longe e levou meu pênis para Huddersfield."

Entre as idades de sete e onze anos, os jogos com regras ganham importância. Jogos de pular, de bater palmas, amarelinha, escravos-de-Jó e bolas de gudes, todos vêm com seus complicados códigos de conduta. O cuidado em estabelecer as regras de um jogo pode, em si, tornar-se um jogo, com um conjunto de regras próprias. Há várias cantigas com que as crianças selecionam os jogadores para os jogos e depois selecionam qual deles deve ser "ele". Os ritos e rituais da brincadeira infantil nessa idade são muito desenvolvidos, mas os jogadores os modificam sempre. Através da brincadeira, as crianças aprendem a se adaptar a um dado conjunto de regras e exploram até onde essas regras podem ser ajustadas, modificadas e aperfeiçoadas. Seguir as regras de um jogo e experimentá-las são atitudes permitidas porque ambas constituem uma parte essencial da brincadeira.

Todas essas formas de brincadeira de grupo, seja de duas ou de vinte pessoas, refletem a crescente conscientização da criança de seu *self* social, e a necessidade de desenvolver as habilidades necessárias para interagir neste mundo social complexo do qual ela faz parte.[19] Amizades importantes surgem nos anos intermediários da infância, daí derivando uma série de brincadeiras, como cavernas, códigos, clubes e turmas. Ainda me recordo claramente da minha própria infância, da tristeza que senti por não fazer parte de *nenhum* dos dois grupos que separavam a sociedade do pátio na minha escola. Eu queria participar de seus códigos e seus segredos, mas só me sobrava ficar observando suas intrigas maquiavélicas de longe. Ainda me lembro da imensa alegria que senti quando consegui ter minha primeira melhor amiga, mais ou menos aos sete anos — uma experiência comparável, se não preferível, à de quando consegui meu primeiro namorado, alguns anos mais tarde.

É na adolescência que as meninas começam a sentir dificuldade em brincar. Como vimos no capítulo anterior, é por volta deste período que a brincadeira, para elas, torna-se uma experiência ambígua, repleta de impulsos e significados contraditórios. Muitos elementos da brincadeira infantil são mantidos na adolescência com nova aparência, mas os riscos são maiores: voltando atrás na minha própria infância e adolescência, recordo-me que a brincadeira mudou por volta do meu 12º aniversário: meus pais me deixaram ter uma festa com música *pop*, ponche e luzes coloridas. Era uma festa mista e o sexo fazia parte da brincadeira. Flertar com os meninos; fazer experiências com roupas e maquiagem; criar fantasias sobre os *pop stars*; tudo isso eram meios de testar e explorar as fronteiras sociais e sexuais, como tínhamos feito aos sete ou oito anos, só que, na adolescência, era muito mais importante dar certo. Queríamos explorar situações em que houvesse algum componente sexual, mas não podíamos arriscar "sujar nosso nome"; queríamos sair com a saia preta curta, mas não sabíamos como lidar com a atenção que podíamos despertar; tínhamos muita energia física, mas queríamos parecer decentes e sofisticadas; estávamos prontas para açambarcar o mundo, mas as canções que decorávamos eram sobre amor e sofrimento.

Através da brincadeira, os adolescentes mantêm seu elo com a infância mas também exploram, inexperientes, sua persona adulta, "as implicações, oportunidades, demandas e restrições das demarcações sociais, seu comportamento social e seu futuro".[20] A adolescência pulsa com os hormônios, e a brincadeira orientada para o sexo tem um papel fundamental quando os adolescentes exploram e se ajustam às mudanças fisiológicas e emocionais que surgem. O esporte se torna um importante "receptáculo" de energias e habilidades, sem nenhum escape formal no mundo adulto. Não é por coincidência que, na idade em que a força física está muito mais desenvolvida do que o controle emocional, o esporte organizado passa a ser uma forma predominante de brincar, especialmente para os rapazes. O esporte fornece uma válvula de escape para a energia física e um meio de canalizar sentimentos "anti-sociais" de agressão, frustração, rivalidade e hostilidade. Isto se aplica igualmente às meninas. Segurar um bastão de hóquei e correr atrás de uma bola na quadra refreia e canaliza emoções e energias que não têm nenhum outro escoadouro, do mesmo modo que o fazem o rúgbi e o críquete. Por isto, o fato de várias meninas desistirem de jogos e esportes organizados mais ou menos neste período preocupa. "Na minha escola", contou-me uma mulher, "a gente só podia fazer esporte na quinta série se fosse muito boa naquilo, ou então meio burrinha. Já na escola dos meninos, na mesma rua, quem jogasse algum esporte era considerado um herói."

Desde que se descobriu o adolescente, na década de 1950, a cultura adolescente tem encontrado, em cada geração, novas maneiras de louvar sua independência, autonomia e peculiaridade: os *rockers*, os *teddy boys*, os *mods*, os *hippies* e os *punks* modelaram suas próprias formas de brincar. Contudo, seja andando de motocicletas ou bicicletas motorizadas, de Chevrolet ou fusca, os meninos estão sempre na direção, e as meninas na garupa ou no assento traseiro. Sua função é reconhecer, admirar, aplaudir, compor a platéia.[21] Filmes antigos de concertos dos Beatles ou dos Rolling Stones mostram fileiras de garotas gritando, perdidas em suas emoções avassaladoras, cultivadas em função dos quatro rapazes no palco. Dez anos depois, quando tentávamos entrar nos *jeans* apertados e saíamos para nos divertir nas noites com Led Zeppelin, Free e os The Who, ainda estávamos presas à rebeldia aceita: as roupas eram tão apertadas que faziam nossas mães se aborrecerem, mas nos conformávamos aos ditames da moda e às preferências dos namorados. Na década de 1990, as meninas adolescentes vão a clubes, ouvem discos (repetem mil vezes), assistem filmes, saem pela cidade, andam de patins, cavalgam, saem para compras, experimentam novos cortes de cabelo e novas maquiagens, paqueram os meninos e curtem sua ainda incipiente condição de mulher. Mas é ainda cheia de altos e baixos, e a brincadeira na adolescência reflete isto bem. A adolescente se sente poderosa e sem poder. Tudo é possível, nada é possível. Num momento o mundo se abre para ela, no outro a aprisiona. Os amigos um dia são anjos, no outro, demônios. A diversão de ontem é chata nesta manhã; a aventura de amanhã é impensável hoje. Um dia ela tem quinze, no outro, oito, no outro, vinte e cinco. É excitante, perplexo, exaustivo.

Na adolescência a brincadeira fica confusa, intensa, arriscada. É essa confusão da brincadeira adolescente que tendemos a transportar para a fase adulta, em vez da tranqüilidade da brincadeira infantil. É esse legado da nossa adolescência que tende a dar o tom da nossa atitude lúdica quando adultas: as ansiedades sobre o direito de brincar, as agonias da autoconsciência social, as necessidades conflitantes, o problema de acomodar os outros sem abnegar-se.

Em teoria, a brincadeira adulta deveria ser variada e enriquecedora, sintetizando todos os tipos diferentes de brincar que aprendemos e aproveitamos quando crianças: um meio de explorar, testar e desenvolver habilidades físicas, emocionais ou intelectuais; uma forma de arejar das responsabilidades do dia-a-dia. Deveria ser imaginativa, sexual, sensual, física ou social — o que nós *desejarmos*. A brincadeira na fase adulta tem um potencial de ser uma fonte mais rica de prazer do que em qualquer outro período, pois nesta fase temos à nossa disposição mais meios de brincar, se ao menos escolhermos usá-los. Para tanto, contudo, precisamos voltar atrás, antes do período confuso da adolescência, antes do período em que a brincadeira ficou confusa. Se desejamos ouvir a música clara de nossa brincadeira infantil, precisamos fechar todo o barulho de fundo que nos ensurdece na fase adulta e que nos impede de ouvir o impulso de brincar. A brincadeira na infância também tem seus lados sombrios; ela pode ser agressiva, ciumenta, destrutiva, mas raramente é complicada com questões de direito e exigências conflitantes. Independentemente do que os adultos possam lhes dizer, as crianças sabem, por instinto, que é certo brincar e, podendo escolher, elas brincam.

Se é nosso desejo reintroduzir a brincadeira na nossa vida adulta, devemos nos voltar para nossa infância e investigar o que aprendemos naquele tempo, através da brincadeira, sobre nós e sobre o brincar em si.

Filmes como *Vice-Versa* e *Quero ser grande* baseiam-se na saudade da infância, apresentando adultos que, de fato, são crianças. Em *Quero ser grande*, Tom Hanks faz o papel de um menino cujo desejo de crescer é satisfeito por mágica. Como parece adulto, é tratado como tal, mas por dentro ainda é criança, situação que logo o coloca em dificuldades. As coisas melhoram quando ele é empregado como consultor de uma companhia de brinquedos. Sabe muito bem o que as crianças gostam, e suas idéias para os brinquedos fazem um grande sucesso. Uma das mensagens de *Quero ser grande*, como do filme *Capitão Gancho*, de Spielberg, é que os adultos não têm a menor idéia do que é brincar e precisam que as crianças lhes mostrem o caminho. Como o Peter Pan crescido, devemos buscar este conhecimento voltando à nossa infância e nos familiarizando novamente com o nosso lado criança que era capaz de brincar e cuja vida era tão rica de brincadeira.

Desde o começo, a brincadeira do ser humano serve necessidades práticas de subsistência e aspirações metafísicas. Através do brincar, vivemos o magnífico processo de criação de nossos *selfs*, não só os *selfs* de comer, dormir e andar, mas também os de pensar, ser, tremer e movimentar-se. Como afirmou Arthur Koestler: "O ato da criação está embutido no ato de brincar."[22] Para as mulheres que têm uma vida adulta absurdamente isenta de brincadeira e cuja expressão de criatividade é quase que limitada ao terreno da reprodução física, a experiência de redescobrir a riqueza da brincadeira infantil pode ser muito excitante e profundamente liberadora, pois é um meio essencial para a reprodução do *self* lúdico, para reavê-lo do passado ao qual foi relegado. As mulheres querem e precisam brincar; se pudermos legitimar este desejo em nossa mente, teremos feito um enorme progresso na diminuição da defasagem entre nosso passado e nosso presente, entre um *self* que se sentia com direito de brincar e um *self* que tantas vezes se sente sem esse direito.

10
Tempo para brincar

"A questão não é parar o movimento da vida; a questão é preenchê-la."
(Simone de Beauvoir, A *ética da ambigüidade*)

Voltar a ter contato com nosso *self* da infância e com a sensação e o direito de brincar do passado é um grande passo para descobrirmos espaço para o nosso *self* lúdico na fase adulta. Mas se estamos nos baseando nesse novo despertar, precisamos legitimar o *tempo* para brincar na nossa vida adulta. Em nossa cultura cada vez mais obcecada pelo trabalho e orientada pelo tempo, as pessoas têm uma dificuldade enorme de permitir-se essa hora de brincar. Na vida de muitas mulheres, a luta constante contra o relógio faz com que seja difícil soltar-se o suficiente para ser verdadeiramente lúdica. A pressão do tempo é grande e não pára, e a necessidade de lidar com os diferentes papéis requer um grau de organização que uma operação militar não desvalorizaria. Uma jornalista, mãe de três filhos, comentou comigo: "Para conseguir fazer as crianças tomarem o café da manhã, se vestirem e saírem para a escola, e eu ainda chegar no meu escritório na hora certa, preciso planejar cada segundo: não há folga de tempo." O tempo *é* um problema para as mulheres. É difícil podermos tirar um tempo para nós quando temos tantas outras pressões e obrigações, e as horas do dia nunca são suficientes. No Dia da Brincadeira, esta foi a reclamação mais geral. Logo que começamos a explorar meios para a brincadeira *poder* fazer parte da vida diária, quase todas as mulheres na sala levantaram a mesma objeção, de uma maneira ou de outra: "Onde é que eu devo encontrar *tempo* para brincar?"

A resposta paradoxal a esta pergunta é: *brincando*.

A vida adulta é terrivelmente limitada pelo tempo, mas a brincadeira em si é intrinsecamente despreocupada dos limites do tempo. Quase todas as mães já viveram a frustração de tentar pegar um ônibus ou um trem com um bebê que decidiu que aquele é o momento certo para brincar com uma pedrinha fascinante que acabou de descobrir na calçada. Para um pai ou mãe que tem um horário apertado entre a creche, o escritório e o supermercado, nem sempre é fácil respeitar ou reagir positivamente ao impulso de brincar da criança. No entanto, para crianças e adultos, a brincadeira é um meio de transcender as limitações inevitáveis de tempo, sendo uma das habilidades mais valiosas que temos à disposição nesse aspecto. Diferente de tantas coisas que fazemos, a brincadeira não é definida pelo tempo e, por esta razão, trata-se de um meio particularmente eficaz de superarmos os problemas causados pela tirania do tempo. A brincadeira liberta da inexorabilidade do tempo do relógio e da restrição do contínuo do tempo de passado-presente-futuro. *Há tempo para brincar nas nossas vidas, mas só brincando o encontraremos; só brincando descobrimos que o tempo para brincar é agora.*

Brincando de acordo com o tempo

A maioria das mulheres que participaram do Dia da Brincadeira iniciou a oficina com o desejo de explorar a idéia de brincar, mas sem saber o lugar que ela deveria ter no dia-a-dia e como elas poderiam achar tempo para brincar, se ele já era muito curto mesmo. No fim do encontro, essas dúvidas haviam desvanecido: as participantes saíram certas da importância do brincar no dia-a-dia. Quem eu pude entrevistar poucas semanas após o Dia da Brincadeira afirmou estar mais consciente de introduzir ou descobrir a brincadeira em suas vidas. Ter tempo para brincar também já não parecia ser um problema.

> Penny: "Saí do encontro sentindo que minha vida tinha espaço para brincar mais e querendo fazer tempo para atividades criativas e com companhia. Tenho lido mais, me dedico mais às minhas pinturas, estou escrevendo por prazer em vez de só por uma necessidade desesperadora! Ando pensando em voltar a estudar clarinete."

> Maddie: "Tenho incluído o brincar na minha vida de várias maneiras: tirando mais tempo para lavar meu rosto e me maquilar, apreciando as fileiras de contas coloridas nas lojas de brincos e me sentindo travessa."

Caitlin: "Falar sobre brincadeira me abriu portas. Trouxe muitas lembranças. Percebi que *tenho* oportunidades de brincar na vida, mas não faço uso delas. Descubro razões para não brincar. Penso: 'Ah, estou muito cansada.' Mas, desde o Dia da Brincadeira, tiro mais prazer da vida: fico olhando as sedas na loja Liberty's, ou os chocolates na loja de chocolates belgas perto de onde moro. Tenho pensado muito mais sobre o brincar e o que eu gostaria de fazer, fantasiando e sonhando acordada. Para mim, isto também é uma forma de brincar."

Ella: "O Dia da Brincadeira me fez ver que passo muito do meu tempo brincando. Fiquei surpresa e contente quando me conscientizei disto. Acho que é bem fácil brincar, e eu brinco de várias formas: escrevendo, desenhando, fotografando, sonhando acordada. É comum meu parceiro e eu brincarmos de jogos de palavras. Pegamos um livro de poesias e escolhemos versos de poesias diferentes, misturamos e depois tentamos adivinhar a que poema pertencem. Fazemos charadas e jogamos baralho também. Percebi que ser lúdico é um estado da mente, mais que qualquer outra coisa."

Alison: "Há muito tempo dizia a mim mesma: 'Você precisa brincar mais, precisa se divertir mais.' Desde o Dia da Brincadeira, estou atenta no sentido de abrir minha mente, e já me sinto mais receptiva. É maravilhoso. Estou lendo livros da minha infância, examinando jogos infantis, e me lembrei da prontidão para aprender. Eu adorava colecionar todos os tipos de coisas — moedas antigas, figurinhas de chicletes, números de carros… Vou começar de novo, vou ter um pote para botões e colecionar bolsas de seda."

Emma: "Quando terminou o encontro saí para jantar com amigos. Como tudo ainda estava muito na minha cabeça, perguntei-lhes sobre suas brincadeiras da infância. No começo os homens falaram sobre jogos de destreza física, mas, aos poucos, começamos a falar de nossas memórias e terminamos nos conhecendo de uma forma que normalmente não aconteceria. Ainda temos uma criança lúdica dentro de nós. Partilhamos este aspecto nosso. Todos se liberaram bastante."

Elizabeth: "Só por participar do Dia da Brincadeira, por me dar de presente aquele dia, eu já estava brincando desde o início. Daquele encontro em diante, tenho uma sensação de liberdade que não tinha antes, uma sensação de ter o direito de fazer coisas. Tenho visto como brincadeira coisas que já fazia, mas agora as aproveito mais. Nadar, por exemplo: adoro nadar, mas precisava sentir que tinha merecido aquele tempo que eu tirava. Já não tenho mais essa necessidade. Adoro massagens faciais e parei de me sentir culpada com o preço e o tempo que gasto. E me sinto mais livre para fazer o que quero."

Permitindo-se tempo

Uma das mulheres no Dia da Brincadeira disse que, acima de tudo, a brincadeira tem origem num certo estado da mente. Apesar de sempre parecer que não temos tempo, ela torna-se possível no momento em que criamos esse tempo e nos permitimos brincar. Se formos esperar pelo momento em que não tenhamos nada mais para fazer, verificaremos que o tempo nunca surge, pois, como disse Simone de Beauvoir: "É contraditório querer economizar a existência que, de fato, só existe através de ser gasta (...) a questão não é parar o movimento da vida; a questão é preenchê-la."[1] A brincadeira não precisa ser desvinculada das outras coisas que fazemos. Ela pode ter o efeito de nos tirar do terreno do dia-a-dia mas, abordada desta forma, *vai* ser "uma coisa a mais com que se preocupar". A brincadeira passa a ser realmente possível quando começamos a encarar as atividades de todo dia com uma atitude lúdica.

De todas as mulheres que me falaram sobre o sentido da brincadeira em suas vidas, poucas me impressionaram como Beth, de 38 anos, pela maneira lúdica com que lida com as coisas da vida. Ela é uma verdadeira *aficcionada* pelo brincar. Diferentemente da maioria das pessoas, sempre encarou a fase adulta como um período para brincar e não para negar a brincadeira, e sempre procurou, na sua vida de adulta, maximizar as chances de brincar. Explicou como isto aconteceu.

> Lembro de quando tinha sete anos, deitada na grama olhando para o céu e dizendo alto para mim mesma: "Estou ansiosa para crescer. Isto é tão chato!" Deitada ao lado, minha irmã replicou: "Eu não quero crescer nunca." Sempre achei que quando fosse adulta teria mais oportunidades de brincar. Não haveria ninguém me chamando para jantar. Na adolescência, a situação em casa estava difícil, e na escola eu também estava muito infeliz. Tinha muita ansiedade quanto ao meu futuro e ao que me aconteceria. Aos 20 anos, desisti de muita coisa de que gostava na infância

como cantar, me vestir bem, acampar. Aos 30, decidi voltar a fazer estas coisas. Quando fiquei mais velha e passei a me conhecer melhor, tornou-se mais fácil fazer as coisas de que gosto porque sei o que me dá prazer e me permito fazer. Quando trabalhava em tempo integral, não sabia gastar meu dinheiro e meu tempo livre e não gostava dos feriados. Agora trabalho em meio expediente e, mesmo sendo mal paga, me ressentia tanto quando trabalhava tempo integral que decidi que o dinheiro ia dar e teria mais tempo para mim. Preciso estar descobrindo maneiras de brincar, mas isto é muito desafiador e criativo. Tiro tanto prazer do meu tempo que vale a pena.

Brincar é correr riscos. É preciso ter fé em que vai conseguir, não ter medo de errar. E é preciso se dar chances de brincar. Encontro oportunidades o tempo todo. Fazer as coisas com uma atitude lúdica transforma o que é monótono em excitante. Coisas inesperadas podem acontecer. Isto tem muito a ver com a maneira como a pessoa encara o tempo. Outro dia precisei ir a Rotherhithe para entregar um filme para ser revelado, mas antes tomei a decisão de fazer tudo de uma forma relaxada. No metrô indo para o trabalho, fiquei brincando sozinha, apostando comigo mesma que conseguiria um assento até a próxima parada, ou inventando histórias sobre as outras pessoas no vagão.

As restrições à brincadeira feminina são muitas e *reais*. Como vimos no capítulo anterior, uma combinação de pressões sociais, econômicas e psicológicas limita as oportunidades e a inclinação das mulheres para brincar. As atitudes da cultura com relação ao trabalho e ao lazer restringem mais ainda as possibilidades de brincar das mulheres. Porém o fenômeno da "brincadeira estar desaparecendo" não pode ser explicado somente por fatores externos. A falta do brincar na vida das mulheres também se deve à internalização de atitudes restritivas. Evitamos brincar porque aceitamos e participamos das noções sobre o que a mulher deve ou não deve fazer. Há restrições reais à nossa brincadeira, mas também há maneiras reais de podermos superar essas restrições e criar o tempo para brincar que desejamos e necessitamos.

Marion, de 54 anos, aposentou-se cedo de seu emprego como diretora de uma escola secundária feminina. Antes de deixar a função, preocupava-a o que faria com tanto tempo livre e tão pouco dinheiro — uma quarta parte de seus ganhos anteriores. "Se sempre gostei de fazer compras e gastava muito dinheiro em roupas e livros, pensei: como vou conseguir administrar esta situação? Mas agora saio, olho as lojas e não preciso mais daquelas coisas. Chego em casa perfeitamente satisfeita sem ter comprado nada. Vejo agora que fazer compras era um meio de compensar o tempo que eu passava fazendo o que não queria fazer. Agora tenho menos tempo mas faço muito mais."

Desde a aposentadoria, o elemento brincadeira tomou mais espaço na vida de Marion. "Brinco todos os dias, e é maravilhoso", disse ela. Sua brincadeira acontece de inúmeras formas: ela freqüenta aulas de apreciação de arte, de desenho de modelo vivo, de história americana e de apreciação musical; faz passeios a pé, cuida do jardim e encontra amigos; também envolveu-se num projeto de apoio à arte. Segundo ela, o custo financeiro de seu estilo de vida anterior refletia o custo emocional de seu trabalho. Apesar de agora estar mais pobre materialmente, ficou mais rica em termos de qualidade de vida. Fundamental para a alegria de viver que passou a sentir após a aposentadoria — um período em que a qualidade de vida tende a cair drasticamente para muitas pessoas — é sua capacidade de brincar que, segundo ela, sempre esteve ali, mas só floresceu agora, quando o tempo permitiu.

Na história bíblica de Maria e Marta, Maria deixa de lado o que está fazendo para sentar-se aos pés de Jesus e ouvi-lo, enquanto sua irmã Marta quer juntar-se a eles mas está muito ocupada nas tarefas domésticas. Marta se aborrece com o comportamento egoísta de Maria e diz: "Senhor, não se importa que minha irmã me tenha deixado só com o serviço da casa? Diga a ela, pois, que me ajude." E Jesus responde: "Marta, Marta, você se cansa e anda inquieta com muitas coisas. Entretanto uma só coisa é necessária. Maria escolheu a melhor parte, que não lhe será tirada."[2] Uma irmã curva-se ressentida ao imperativo do servir, a outra permite-se tempo para brincar. Podemos ser como Marta ou como Maria: adiar a brincadeira até que todas as outras coisas urgentes de nossas vidas se resolvam, quando quer que *seja*, ou decidir que o tempo de brincar é *agora*. Talvez isto implique alocar um tempo específico para algo que se aprecie; talvez signifique simplesmente sentir-se lúdica no momento de lavar o rosto de manhã, ou brincar de descobrir onde deixou a chave do carro; talvez apenas perceber os sinais lúdicos ao seu redor: o gato correndo atrás do rabo no jardim ao lado; o nome do salão de beleza que gera trocadilhos; o nabo que tem uma incrível semelhança com sua tia-avó; a gárgula com que alguém resolveu enfeitar a frente de sua casa; as flores-de-lis douradas impressas no novo papel higiênico no supermercado.

É claro que é difícil avaliar o que nossa cultura considera sem valor, fácil, inferior. A mulher que, com um emprego de tempo integral, mantém a casa limpa, as roupas sempre passadas, prepara o jantar todas as noites e se lembra de limpar o tanque do peixe antes de começar a cheirar mal parece mais aceitável do que a mulher que sai três noites por semana, fica de conversas ao telefone e prefere fazer amor do que cuidar do último fardo de roupa suja. Pertencemos a uma sociedade assustadoramente pobre de prazeres, com mais probabilidade de respeitar quem trabalha muito do que quem goza a vida. Mas quem é mais feliz? Quem tem uma qualidade de vida melhor? Dificultamos nossa vida quando procuramos ser perfeitos; depois, não entendemos por que todos os nossos esforços não nos fazem mais felizes. O estresse do empregado e a angústia do desempregado indicam que alguma coisa está faltando nas avaliações da sociedade. O tempo, citado como a razão de não podermos brincar, não é o culpado, ele é o que fazemos dele. Transforma-se num tirano quando permitimos que elimine oportunidades de brincar, e viabiliza a brincadeira, quando nos permitimos tempo para brincar.

Intervalo

Através da brincadeira, podemos sair da tirania e encontrar o descanso tão necessário da "vida pequena". Uma das características mais invejáveis da infância, na perspectiva do adulto, é a facilidade com que o tempo do relógio é esquecido. Enquanto a criança aborrecida reclama sem parar do tempo que não passa, a criança brincando passa horas feliz sem perceber a fome, a chuva ou o frio. Interrupções para as refeições são recebidas com aborrecimento ou indiferença, pois são uma imposição do tempo do adulto que tem pouco espaço na zona de tempo livre da brincadeira infantil. A expressão "o tempo voa quando a gente está se divertindo" é verdadeira e palpável. Muitas histórias clássicas infantis derivam do poder de justapor os tempos do adulto e da criança. Guarda-roupas, tapetes, amuletos, espelhos mágicos: todos simbolizam a transição do mundo adulto, em que o tempo é medido pelo relógio, para o mundo do tempo da criança, em que tudo pode acontecer e, em geral, acontece. Em *Tom's Midnight Garden (O jardim da meia-noite)*, de Phillipa Pearce, o relógio batendo representa a intrusão da realidade indesejada do adulto no mundo sem tempo do jardim da meia-noite. No fim de *The Lion, Witch and Wardrobe (O leão, a bruxa e o guarda-*

roupa), as crianças descobrem que o tempo no mundo "real" não tinha passado, enquanto eles tinham vivido uma infinidade de aventuras na terra de Narnia. Eliminando as regras do tempo do adulto, esses autores recriaram, em forma de literatura, a experiência do brincar. Eles criaram espaço para o inesperado e o fantástico, como as crianças o fazem quando estão absortas na brincadeira. Durante um tempo, pelo menos, tudo é possível.

Os adultos também podem vivenciar a liberação do tempo do relógio pela brincadeira. Podemos continuar sendo orientados pelo tempo, ou podemos seguir os exemplos das crianças e aprender a usar a brincadeira para manter o tempo no seu devido lugar. Temos mais escolha do que percebemos mas, como não percebemos, nos negamos muitos prazeres que estão à mão. Os benefícios são muitos, e superar os obstáculos é mais fácil do que pode parecer.

Se pelo menos nos permitirmos escapulir por um momento do regime incansável da nossa vida diária, não há por que não podermos também saborear a hora que passa como uma eternidade cheia de alegria, ou as cinco horas que passam com tanta suavidade como se fossem uma. Quando apressamos o bebê para sair da felicidade em que está absorto, estamos quebrando algo precioso que deveríamos tratar com reverência e cuidado. Quanto a gerenciar o tempo, é inquestionável que é a criança quem tem o que ensinar ao adulto.

Com a brincadeira, podemos também atravessar o tempo de outro modo: liberando-nos temporariamente da progressão linear e restritiva da infância à velhice, que define a maior parte das nossas experiências. Ironicamente, alguns pais não entendem por que as crianças escolhem gastar tanto tempo brincando de imitar as atividades que eles escolheriam não fazer. Fogões e tábuas de passar de brinquedo demonstram a curiosidade e o entusiasmo pelo mundo adulto que está por vir. É um fenômeno comum a todas as culturas. As crianças pigméias imitam uma série de atividades adultas na sua brincadeira.[3] No Zimbábue rural, os pais avaliam seus filhos pelo que eles aprendem das tarefas adultas nas brincadeiras, incluindo cozinhar, lavar roupa e arar os campos. Através da brincadeira, as crianças fazem as primeiras tentativas em direção ao futuro. O valor prático deste acesso ao futuro já foi discutido: num ambiente seguro e livre de pressão, as crianças adquirem habilidades necessárias à vida adulta; do mesmo modo, praticam antecipadamente alguns papéis sociais e sexuais que os esperam.

A brincadeira também possibilita às crianças aproximarem-se da realidade *imaginada* do futuro. Além de "experimentarem" os papéis que possivelmente desempenharão, como os de marido, esposa, mãe e pai, podem explorar opções mais variadas: sair das limitações da realidade infantil e ser, por uns momentos, um cirurgião, um astronauta, uma princesa ou uma cantora de ópera. Em suas memórias, Simone de Beauvoir descreve como escapava do confinamento da realidade infantil através da brincadeira imaginária:

> As brincadeiras de que eu mais gostava eram aquelas em que assumia outra personalidade. À noite, quando a calma, o peso do escuro e o tédio da nossa vida de classe média começava a invadir o corredor, eu soltava meus fantasmas; nós os materializávamos com grandes gestos e muitas falas, e, às vezes, fascinados por nossa brincadeira, conseguíamos sair da terra e deixá-la bem para trás, até que uma voz imperiosa de repente nos trazia de volta à realidade (...) Sempre fantasiei que eu era Maria Madalena e secava os pés do Cristo com meus cabelos longos (...) Às vezes era uma religiosa confinada a uma cela e confundia meu carcereiro cantando hinos e salmos. Transformei em verdadeiro desafio a passividade a que meu sexo me havia condenado.[4]

A brincadeira também permite às crianças escaparem às pressões do presente, retornando a um estágio anterior. É comum a criança bem pequena apresentada a um irmão mais novo brincar de voltar a ser bebê; do mesmo modo, crianças de oito e nove anos às vezes brincam de ser muito mais novas que sua idade, adotando a linguagem do bebê ou querendo ser abraçada e amamentada como um recém-nascido. A beleza da brincadeira é que, enquanto permite às crianças a liberdade de movimento ao longo do contínuo do tempo, sem qualquer restrição da realidade, quando se cansam da autonomia excitante do futuro ou da dependência confortável do passado, podem voltar para o mundo familiar do presente.

Esta jornada imaginativa do presente para o passado ou futuro é uma característica preciosa e peculiar à brincadeira. Não é para menos que esta habilidade de movimentar-se entre os diferentes estados do ser, baseando-se nas experiências lembradas do passado e nas experiências imaginadas do futuro, seja muitas vezes o que sustenta a criatividade do pintor, músico ou romancista. Mozart, como muitos outros gênios da criatividade, manteve, quando adulto, um grau de ludismo que contemporâneos seus interpretaram como beirando a loucura. Deleitava-se com duplos sentidos e jogos de palavras e brincava com seu nome e os dos outros. Suas cartas para a prima Anna Maria são repletas de insinuações sexuais, trocadilhos escatológicos, charadas e uma obscenidade lúdica incontrolável, "como uma enciclopédia enlouquecedora ou um frenesi pré-joyciano de fragmentos de associação livre, traduzidos numa alternância entre a comédia baixa e a retórica cômica elevada".[5] As cartas de John Keats também são cheias de trocadilhos e jogos de palavras. O físico prêmio Nobel Richard Feynman descreve, em sua autobiografia, sua singular abordagem lúdica da física: "Eu brincava com ela, fazia o que me desse vontade — minha preocupação não era sua importância para o desenvolvimento da física nuclear, e sim meu interesse e meu prazer (...) Eu inventava coisas ou brincava com as coisas para me divertir."[6] Feynman descreve um dia, durante seu período como professor, ainda jovem, na Cornell University na década de 1940, em que estava sentado no refeitório quando outro homem começou a fazer uma baderna e jogou um prato para o ar. Ele observou o prato em sua queda, oscilando, e, "por diversão", começou a calcular equações com as oscilações. "Não fazia esforço. Era fácil brincar com essas coisas. Era como desarrolhar uma garrafa: tudo fluía naturalmente (...) Não tinha importância direta para o que eu estava fazendo, mas no fundo tinha uma ligação. Os diagramas e tudo o que me rendeu o prêmio Nobel tiveram origem naquela atividade mental insignificante com o prato oscilante."[7]

A jornada imaginária para a frente e para trás ao longo do contínuo do tempo não está disponível somente às crianças e aos gênios, ainda que seja mais freqüentemente uma viagem deles. Enquanto poucas pessoas gostariam de ser tão pouco limitadas por convenções de comportamento quanto Mozart, independente do benefício artístico, poderíamos nos beneficiar bastante, como adultos, fazendo mais uso deste presente da brincadeira. Se a brincadeira é uma passagem através da qual as crianças podem ter acesso ao mundo adulto, também os adultos, através dela, podem ter acesso novamente ao mundo da infância, com toda sua fantasia, curiosidade e deleite. Da mesma forma, ela pode representar uma saída das vicissitudes do presente para um futuro mais recompensador. Um defensor da brincadeira afirmou: "Na brincadeira, acontece uma dissolução infantil (apesar de também adulta), uma reconstrução e uma reorganização de lembranças, experiências e acontecimentos."[8] Através da brincadeira, o passado e o futuro se unem num presente de absorção total; a realidade é momentaneamente transcendida. Com especial graça e clareza, T. S. Eliot apreendeu a natureza ilusória do tempo cronológico em seus famosos versos iniciais dos *Four Quartets (Quatro Quartetos)*:

> *Tempo presente e tempo passado*
> *Ambos talvez estejam presentes no tempo futuro*
> *E o tempo futuro contido no tempo passado.*

Esta é a nossa experiência de tempo quando estamos brincando.

A importância para os adultos de acessar o passado e o futuro através da brincadeira ainda não foi bem compreendida, nem suficientemente pesquisada ou considerada. Uma das poucas formas em que este processo é oficialmente aceito em nossa cultura é a procura de auxílio de um terapeuta quando uma pessoa está tensa com algum aspecto de sua existência. O mundo psicanalítico, pelo menos, reconheceu a importância de se alcançar um equilíbrio entre a experiência passada, a situação presente e a expectativa futura. Mas é triste que, em nossa cultura, as pessoas hoje em dia só possam partir para a descoberta desse equilíbrio estando antes muito infelizes; é mais triste ainda que o que tenham de pagar, literal e metaforicamente, muitas vezes a um preço alto, pelo que por direito lhes pertence. A brincadeira adulta é mais permissível se tem o formato de trabalho, como ajudar uma criança a aprender ou curar uma ferida profunda.

Uma pessoa que nega toda a realidade da experiência passada tende a ter algum nível de disfunção. Como disse o filósofo George Santayana: "Quem não consegue lembrar-se do passado está condenado a repeti-lo." Também não é saudável a recusa ou incapacidade de engajar-se imaginariamente no futuro. Colocar uma dicotomia, como Freud, entre a brincadeira e a realidade, não ajuda nada. Em vez disto, devíamos reconhecer na brincadeira uma porta que se abre entre as realidades simultâneas do passado e do presente ou, se assim desejarmos, uma que nos leve a um lugar onde o tempo, como nós o conhecemos, seja por um momento suspenso de todo.

A brincadeira está disponível a todos nós, independente de idade, classe ou raça. Ela é especialmente valiosa na vida das mulheres porque pode contrapor-se às várias pressões e demandas no tempo da mulher e adiar as restrições à maneira como ela passa aquele tempo.

Em seu fantástico poema *Whale Nation (Nação de baleias)*, Heathcote Williams apreende a qualidade da atitude lúdica natural das baleias que nós precisamos redescobrir.

As baleias brincam num paraíso amniótico.
Suas mentes leves, modeladas pela flutuação, sem restrições da gravidade,
Cambalhotam,
Como anjos, ou pássaros;
Como nossas vidas, no útero.
As baleias brincam
Três vezes mais tempo do que procuram alimento;
Jogos delicados, envolventes,
Com flutuantes penas de pássaros do mar, sopradas para o alto do céu,
E toras de madeira
Arremessadas do topo de suas cabeças;
Levadas em seus dentes
Para um jogo de pegar, alcançando todo o Pacífico.
Brincar sem objetivos.
...
E elas não trabalham para brincar.
Elas brincam para comer.

Não há de ser por sorte que dois mamíferos muito inteligentes, os golfinhos e as baleias, demonstram um sentido do brincar bem desenvolvido e passam muito tempo brincando. É possível que seja, na verdade, uma indicação de sua inteligência, em contraste conosco, os seres humanos, que tanto depreciamos o brincar; talvez uma clara indicação de nossa estupidez. Jung escreveu que uma das tarefas da vida deveria ser "reconciliar o civilizado e o primitivo em nós, redescobrir aquela intensidade de viver perdida". Pode não haver caminho melhor para a tarefa de reconciliar e redescobrir do que a brincadeira.

Na vida de muitas mulheres, a falta intensa de tempo parece uma barreira considerável à reposição do *self* lúdico em nossas vidas, mas isto não é insuperável. Em muitas ocasiões, é nosso condicionamento e não nossa situação real, que nos faz sentir que temos pouco tempo. Um minuto é um tempo muito curto para fazermos qualquer coisa útil, mas pode ser longo o bastante para termos um pensamento lúdico, ou apreciarmos a sensação de um impulso lúdico. É longo o suficiente para fazermos uma careta engraçada no reflexo do espelho, para cantarolarmos uma música, para um pequeno saltito ou gingado na rua. Enquanto precisamos começar a fazer espaços específicos de tempo para brincar, também precisamos ter formas de brincar que independem das restrições do tempo de todo dia. Se nossa atitude é suficientemente lúdica, podemos nos surpreender e descobrir que, afinal, apesar de tudo, há tempo suficiente para ser lúdicos.

11

Como brincar

*"...O mundo inteiro é um palco,
E os homens e as mulheres são meros atores:
Têm suas saídas e suas entradas;
E cada homem na sua existência desempenha muitos papéis."*
(William Shakespeare, *Assim é se lhe parece*)

Cada um de nós guarda dentro de si muitas formas diferentes de brincar. Ao recordarmos a riqueza de nossa brincadeira infantil, vimos que podemos redescobrir a criança brincalhona que já fomos um dia; desenvolvendo uma atitude lúdica, poderemos encontrar tempo para brincar mesmo quando ele parece curto; defendo neste capítulo que, reavivando o impulso para brincar, podemos descobrir, em nossa vida diária, de diversas formas, a mulher lúdica que desejamos ser. Não pode haver um tipo único de brincadeira, nem uma só forma de brincar; há muitas formas de brincar e nós, como indivíduos, devemos escolher a que melhor se adequa e segurar as oportunidades de brincar sempre que surgirem.

Examinando em detalhes quatro áreas de nossa vida, veremos como as próprias situações que nos parecem avessas ao brincar podem fornecer-nos vários meios de fazê-lo. As áreas verbal, física, sexual e mental de nossa experiência — que, juntas, englobam uma grande parte do nosso mundo diário —, oferecem oportunidades para o *self* lúdico se expressar.

Protegendo-se e causando tumulto

Antes de tudo, existe o campo da experiência oral e auditiva. Para as mulheres, ele se complica pelas associações negativas que o acompanham há gerações. Como vimos em capítulos anteriores, o silêncio ou a quietude nas mulheres são muitas vezes enaltecidos, enquanto a verbosidade, a afirmação verbal ou o pendor para debates ou discussões são condenados. De todas as formas, estamos condicionadas pela cultura a reduzir nossa fala, a não fazer piadas, a não "interromper" e não "exagerar" a conversa.

A fala não é a única área problemática para as mulheres. Além das palavras, uma lista enorme de *sons* que podem vir da boca recebem olhares de censura quando essa boca é feminina. Muitas mulheres adultas não se permitem o som da alegria, da tristeza ou da raiva. Os sons de raiva das mulheres são repudiados como sendo "histéricos" e "importunos". O choro alto e incontrolável é descrito como "feio" ou "desumano". Uma mulher que faz muito pouco barulho ao fazer amor é "frígida", e a que faz barulho demais é "libertina". Para muitas mulheres, a questão do nível de som aceitável na conversa, na discussão, no ato de fazer amor ou no parto envolve uma ansiedade considerável. Uma mulher com quem falei atribuiu seu alcoolismo às restrições à expressão feminina, no seu caso a expressão de raiva. "Eu só podia gritar e xingar quando estava bêbada. Era o único momento em que podia perder a cabeça. O resto do tempo eu me sentia amordaçada." Uma outra mulher contou que tinha passado muitos anos numa agonia de autoconsciência por acreditar que sua risada era horrível. Muitas de nós não gostamos da nossa aparência quando rimos. Aprendemos que um rosto com movimentos, contorções e caretas não é bonito. Ficamos chocadas ao ver fotografias que mostram nosso rosto em movimento. As expressões das beldades de Botticelli são serenas, compostas; as imagens dos modelos que nos fitam das páginas das revistas geralmente são estáticas, sérias ou trazem um sorriso suave; quando parecem surpreendidas numa risada, na verdade é resultado de um cuidadoso planejamento.

O trágico de tudo isso é que fazer barulho pode ser uma forma maravilhosa de brincar que está ligada à questão fundamental do direito que sentimos ou não de nos expressarmos de diferentes formas, sendo a brincadeira uma delas. O barulho é alegre, uma comprovação oral do *self* vivo perceptível. Cantar, gemer, sussurrar, assobiar e gritar são demonstrações de nossa presença e expressões do nosso sentimento naquele momento específico. Soltar a voz é auto-realizar-se. Esta premissa é usada com grande imaginação e efeito na terapia do movimento da voz. Na obra *The Singing Cure* (*A cura pelo canto*), o terapeuta da voz Paul Newham descreve o caso de uma mulher que estava sofrendo de afonia, ou perda da voz, como resultado de um casamento sem amor e sufocante que não deixava espaço para ela se expressar. Como escreveu Newham: "A afonia representa o silêncio último sendo, geralmente, a única forma de protesto disponível àqueles que não agüentam mais a opressão (...) desistir de usar a sua própria voz é, às vezes, o único meio para a pessoa poder impor-se em face da opressão."[1] Assim é o silêncio da Pequena Sereia, de Cinderela, de Anna Karenina, de Madame Bovary. É significativo que 90% das pessoas que sofrem de afonia psicossomática sejam mulheres.

Em qualquer cultura em que as mulheres são caladas, pode-se ouvir, quando se está atento, o grito abafado da frustração de não brincar. Pode-se ouvi-lo na entonação de derrota das mulheres deprimidas, na ladainha de afecções indeterminadas nos consultórios médicos, no compartilhar mágoas, meio brincando, entre amigas, na efusão angustiada em milhares de salas de terapia. Em vez da expressão confiante e alegre, existe a dúvida, a ansiedade, a incerteza e a confusão. Em *Women Who Run With the Wolves*, (*Mulheres que correm com os lobos*), a analista junguiana Clarissa Pinkola Estés visualiza um tipo diferente de grito, o uivo. Não um uivo de dor, mas uma voz que pode ligar-nos ao nosso *self* intuitivo e poderoso, a mulher selvagem arquetípica, quando ela, no fundo de seu ser, reúne forças e canta "do fundo do corpo, da mente, da alma". Pinkola Estés baseia-se no mito, nos contos de fadas, na poesia e na psicologia na sua defesa apaixonada do poder psíquico do Feminino, que para ela está incorporado no arquétipo da mulher selvagem. Descobrir nossa voz, afirma Pinkola Estés, é parte da tarefa de descobrir esse poder: "Cantar [como a mulher selvagem canta] significa usar a voz da alma. Significa dizer a verdade do poder e da necessidade de cada mulher, transmitir pelas palavras o sentimento sobre o que está afligindo ou precisando se restabelecer." Pinkola Estés finaliza seu livro com dez "Normas Gerais Para a Vida dos Lobos". A Norma Número Dez é "Uive sempre".[2]

Produzir som é um meio de levar a sério seu próprio desejo de espaço; é um meio de expressar sua necessidade de estar lá e ser percebida. Agradável e satisfatório em si, o som é uma forma essencial de auto-expressão, um meio muito direto de afirmar seu próprio *self* no universo que nos rodeia. O impulso para conquistar a linguagem e com isto ser capaz de comunicar-se verbalmente é incrivelmente poderoso: mesmo antes de ter o domínio da palavra, a criança balbucia mostrando seu desejo a todos à sua volta. Urrar, gritar, cantar, rir, berrar prolongam o *self*, jogando a vivência interior para o mundo.

Caroline, uma das participantes do Dia da Brincadeira, descreveu como descobriu que tinha um lado lúdico quando decidiu aprender italiano, aos vinte e poucos anos, e enamorou-se da língua a ponto de, a partir daí, ter se tornado uma visitante regular da Itália:

> Normalmente não sou uma pessoa muito expansiva, mas alguma coisa no som da língua italiana e no fato de ter uma expressividade muito natural teve um efeito incrível em mim. Passei a ser uma pessoa diferente: mais confiante, mais vivaz, muito mais falante! Aqueles sons adoráveis que deslizam e pulam de alguma forma liberaram alguma coisa em mim. Até minha voz muda, fica mais alta e mais forte. Acho que a língua em si é lúdica, e certamente me sinto muito mais lúdica quando a estou usando.

Também tive uma experiência de descobrir um lado lúdico meu através da voz. No meu caso não foi através do falar, mas do cantar. Quando criança, costumava cantar o tempo todo: músicas folclóricas, músicas *pop*, árias clássicas, qualquer coisa. Memorizava as letras das músicas para poder cantar. Minha irmã de criação e eu fazíamos pequenas apresentações para nossos pais e percorríamos o repertório inteiro. Quando alguém perguntava, eu dizia que queria ser cantora de ópera quando crescesse. Aos poucos, contudo, com o passar dos anos, parei de cantar. Ficou embaraçoso. Nas assembléias da escola, ninguém queria ser ouvido cantando e só fazíamos o movimento da boca. A professora de música obrigou os alunos a solarem para humilhá-los perante a turma; nessa idade, nenhum dos meninos podia cantar porque as vozes estavam mudando, e as meninas que sabiam cantar não contavam que sabiam. Desisti — não cantava nem para mim mesma. Com o desuso, minha voz cantante secou a ponto de eu ter dificuldade de cantar por não conseguir alcançar a amplitude das músicas mais simples. Até que, poucos anos atrás, quando estava grávida da minha primeira filha, matriculei-me numa aula de ioga pré-natal cuja responsável era uma mulher inspiradora de nome Kay Miller.

Kay — calma, pequena, incrivelmente flexível — costumava terminar cada sessão com um exercício de som, semelhante ao zumbido, em que todas sentávamos na sala com os olhos fechados, as mãos dobradas sobre o estômago estendido, e soltávamos um som de "aaaa", depois "uuuu", depois "mmmm", em qualquer nota. A idéia era aprofundar a respiração e soltar a tensão, expandindo a expiração. No início, todas muito conscientes de que éramos observadas, tentamos zumbir o mais discretamente possível, mas aos poucos os zumbidos começaram a ficar mais altos e mais soltos, até que os sons mais incríveis enchiam a sala: não era o tipo de som que as mulheres geralmente produzem. Estes eram baixos e terrenos, altos e etéreos, selvagens, felizes, suaves, aterrorizantes — e todos vinham juntos numa extraordinária sinfonia de vozes.

A experiência de soltar esse tipo de som foi, para mim, muito libertadora. Foi maravilhoso expressar-me novamente através do som, pela primeira vez depois de tanto tempo, e descobrir um novo tipo de voz para mim. Um mês ou dois depois nasceu minha filha, em meio a sons extraordinários de outros tipos e, nas semanas que se seguiram, peguei-me cantando outra vez, cantigas de ninar e canções inventadas sobre purê de maçã e banana amassada. Aos poucos, num processo que começou com aquele exercício de som, minha voz voltou a se abrir e, com isto, descobri novamente o prazer enorme de expressar-me através de outros sons que não a palavra falada.

Cantar é com certeza um prazer lúdico, pois o que é cantar senão uma forma de brincar com os próprios sons? Produzir som está ligado à habilidade de sentir e de ser lúdico em virtude da ligação direta com a autoexpressão. A próxima vez que estiver no chuveiro, tente cantar um *blues* religioso de purificação; quando ficar preso no tráfego, tente abrir a janela e assobiar alto uma música de sua escolha; e se estiver recolhendo as roupas de outras pessoas do chão, tente uivar. Se pelo menos pudermos livrar-nos de algumas inibições e proibições que envolvem a produção de sons, poderemos descobrir um meio muito imediato de chegarmos mais perto do nosso *self* lúdico.

Tendo a nossa parte — e aproveitando-a

Uma outra esfera em que sempre nos contemos oralmente quando podíamos ter uma atitude lúdica é no nosso relacionamento com o alimento e o apetite. O alimento é uma das fontes mais básicas e disponíveis de brincadeira. Paradoxalmente, o que poderia proporcionar prazer é, ao contrário, causa de ansiedade, medo e auto-aversão para muitas mulheres. A anorexia e a bulimia são descritas como expressões de ódio, de incerteza sexual, de baixa auto-estima e de medo da fase adulta. Ao explicar essas doenças, os especialistas enfocam o temor do indivíduo das mudanças sexuais e da identidade social. Talvez a menina adolescente não esteja relutando em deixar apenas o refúgio sexual da infância, mas também as ricas oportunidades de brincar que a acompanham. Com um rápido olhar para o abismo do brincar inerente à condição de ser mulher, por acaso espanta que ela queira evitá-la? Talvez crescer tenha um preço muito alto hoje em dia.

Para as mulheres, a idéia de permitir-se apreciar o alimento também pode ser profundamente ameaçadora: ela evoca imagens de abandono e comodismo que não têm lugar na identidade da mulher responsável e trabalhadora. Somos tão condicionadas a dar que a atitude de receber passou a ser problemática. Se nos permitirmos esse tipo de prazer, que mutilação poderá resultar? Ainda assim, comer pode ser um dos prazeres essenciais da vida. Algumas de nossas primeiras e mais felizes experiências foram os momentos de êxtase no peito materno. A concentração intensa do bebê amassando, afundando, partindo e dando forma à sua comida confirma que o alimento pode ser um dos prazeres sensuais da vida.

Partilhar o alimento é um meio de criar e manter nossos vínculos emocionais com os outros. Não é por acaso que o alimento representa um papel tão importante na fase de paquera, seja um saco de batatas fritas num bar ou acompanhando a troca de olhares entre duas pessoas num jantar à luz de velas. Todas as culturas do mundo têm rituais complexos e altamente desenvolvidos para o preparo e consumo dos alimentos; eles retratam e celebram nossa ligação com as outras pessoas.

Comer também é um meio de expressarmos a sensação de ligação com o nosso *self*, ou de desligamento dele. Nossa capacidade de nos alimentarmos adequadamente é uma necessidade física, mas também tem uma importância simbólica como uma forma de amarmos, valorizarmos e cuidarmos de nós mesmas. Temer o alimento e transformá-lo em causa de dor e desconforto é expressar um medo do *self* e uma noção de que ele é merecedor de dor e punição. Usar o alimento com esta sensação piora o problema: no início expressa autonegação, depois torna-se uma causa de autonegação e, finalmente, fornece os meios para a autonegação. O prato do dia é a privação.

Ao entrevistar mulheres sobre o sentido da dieta e da magreza, a psicóloga Jane Ogden verificou que muitas encaravam a dieta como um caminho para a felicidade. Quando perguntou em que consistia a felicidade, uma resposta muito freqüente foi "Mais tempo para mim".[3] A evidência sugere, contudo, que fazer dieta raramente leva as mulheres a atingir seus objetivos físicos e emocionais. Ao contrário, as atrai para um ciclo comportamental em que ficam cada vez mais presas a uma obsessão com comida, peso, calorias, gasto de energia, retenção de água, o tamanho das cadeiras, os pneus na barriga. Não comer toma o desejado "tempo para mim" tanto quanto comer tomava antes. Como caminho para a felicidade, a dieta e a perda de peso são singularmente malsucedidos. Enquanto isso, a esfaimada indústria multimilionária da dieta se alimenta de um ciclo de insatisfação.[4] Mesmo os livros contra a dieta, como *Fat Is a Feminist Issue* (A gordura é uma questão feminista), de Orbach, ou *Woman Size* (O tamanho da mulher), de Kim Chernin, podem ser interpretados como trazendo a mensagem de que, se a mulher supera esses desejos atormentadores, pode livrar-se da dependência da comida. A dificuldade de muitas mulheres em implementar a abordagem feminina à dieta é que ela ainda apresenta o apetite como um problema.

O apetite não é o problema. Não é a nossa *fome* que devemos combater, é a nossa sensação de *não termos direito* a essa fome. Negar o apetite pelo alimento é negar o apetite pela vida. O alimento expressa e preenche o apetite pela vida. Se desejamos ter mais tempo para nós, precisamos nos permitir as coisas que queremos, e não nos negarmos ainda mais. O relacionamento problemático de tantas mulheres com o alimento faz parte da autonegação geral de que muitas mulheres parecem sofrer. Se ao menos pudéssemos nos permitir brincar mais, poderíamos estar menos atormentadas pelo nosso apetite, pela nossa fome: o alimento em si poderia tornar-se uma fonte de brincadeira em vez de um meio de expressar nossa falta de brincadeira.

O alimento sempre aparece na literatura como uma forma ou um meio de brincar: festejo e diversão aparecem juntos nas obras de Chaucer e Shakespeare, e o brincar de comer é um tema constante nas cenas de corte e sedução, em *Tom Jones*, de Fielding, e em *Tess of the D'Urbervilles*, de Hardy. Os filmes também mostram o potencial cinematográfico do brincar de comer, como os cubos de gelo derretendo em *Nove semanas e meia de amor* e os ovos fritos chiando em *Top Gun*. *A festa de Babette*, um filme cuja ação é inteiramente centrada em torno do ato de comer, é uma brincadeira visual e suntuosa com o alimento do começo ao fim. O encantador filme latino-americano *Como água para chocolate* brinca explicitamente com os paralelos entre brincar de comer e brincar de amar, ao retratar a história de uma jovem que é proibida de qualquer contato com o homem a quem ama e seu único meio de comunicação é através das refeições que cozinha para ele. À medida que sua saudade aumenta, os pratos que prepara tornam-se cada vez mais bonitos, até que sua comida carregada de paixão causa em quem a prova um desmaio de prazer. Há um humor intenso nessas cenas: o potencial do alimento como fonte de brincadeira é explorado ao máximo.

Na vida, como na arte, o alimento tem, poderia e deveria ter uma posição central em nossa capacidade de brincar, no momento de comprá-lo, cozinhá-lo ou comê-lo. Numa estrada no Cairo, parei para observar um menino vendendo limas. Com muito cuidado, ele empilhava seus artigos formando filas de pequenas pirâmides, não por motivos práticos, mas por puro prazer. Na França e na Itália, o dia da feira, nos feriados, é mais do que um passeio às compras: é um prazer visual e sensual, um processo lúdico de ver, amassar, cheirar, apertar, escolher, negociar e finalmente comprar. Durante a minha infância, o Dia da Panqueca era sempre uma ocasião maravilhosa para brincar: minha mãe esforçava-se ao máximo para satisfazer nossos pedidos de tirar fotos das panquecas, enquanto nós, crianças, disputávamos umas com as outras, inventando idéias as mais burlescas possíveis para suas formas: um cavalo saltando por cima de um degrau, um duende com um cântaro de ouro, um leopardo perdendo suas manchas... Depois, tínhamos a diversão de preencher essas nossas criações de cor dourada: espalhar o açúcar, pingar o suco de limão, pingar o mel, enroscando-o por cima, e enrolar aquilo tudo com os dedos cada vez mais grudentos. Anos mais tarde, tínhamos tardes animadas e divertidas com amigos, em que preparávamos pratos complicados para nossos primeiros jantares de adultos, nos quais brincávamos com a comida como brincávamos de anfitriãs. Brincávamos com o comer também no amor: partilhar pipoca na escuridão do cinema no primeiro encontro, os dedos batendo no copo de papelão enquanto o herói do filme empertigava-se todo na tela; flertar com os coquetéis de champanhe, alguns anos mais tarde, num pequeno hotel em Londres no qual eu não teria condições financeiras de me hospedar.

Seja como uma experiência sensual, uma demonstração de apetite pela vida, uma fonte de prazer partilhado ou solitário, uma introdução ao amor ou um estímulo à amizade, o alimento oferece um meio essencial de sermos lúdicas. Se nos permitirmos reconhecer a oportunidade de ludismo que o alimento oferece, em vez de temê-lo ou encará-lo como uma rotina entediante, poderemos encontrar nele e através dele um espaço enorme para brincar. Se nos permitirmos soltar nosso apetite físico e sentir o prazer que dele se origina, poderemos começar a saborear as texturas e os sabores, as cores e os aromas dos diferentes alimentos; poderemos começar a ver as oportunidades de ser lúdicas que o alimento e o apetite fornecem. As crianças adoram cozinhar, elas gostam daquele derramar, virar, mexer, provar, tocar e moldar — é puro nirvana sensorial.

A *nouvelle cuisine* aproveitou a idéia dos livros de culinária infantis e passou a trazer também para os adultos ilustrações extravagantes dos alimentos. No famoso restaurante de Raymond Blanc, Le Manoir Aux Quat's Saisons, em Oxfordshire, as criações gastronômicas que chegam às mesas são recebidas com sorrisos e olhares de encanto. Fatias de abobrinha e cenoura são arrumadas no prato parecendo flores. O filé de peixe é revestido de uma criação extravagante de massa dourada. O maracujá vem dentro de uma gaiola de fios de açúcar. A musse de chocolate branco é servida numa pequena xícara de café, também feita de chocolate, da finura de uma hóstia. Assim é o casamento do alimento com o lúdico.

Mesmo as tentativas noturnas de persuadirmos nossa filha a comer podem ser divertidas quando nos lembramos de não nos exasperarmos: uma noite cheguei à cozinha e encontrei meu marido com o cabo de uma colher na boca, enquanto minha filha, gritando de alegria, tentava "pegar" a outra parte com a dela. Se chegamos a este ponto para tornarmos o alimento divertido para as crianças, por que nos esquecemos do prazer que pode representar para os adultos? Feijão na torrada não é propriamente inspirador, mas até isto pode ser divertido, se escolhermos torná-lo assim. Uma amiga contou-me que, devido à falta de romance na sua vida conjugal, ela e seu parceiro recentemente começaram a comer à luz de velas, mesmo se estiverem comendo feijão na torrada — a incompatibilidade do feijão com as velas aumenta o prazer da diversão.

Sacudindo-se e movimentando-se

Tão importante quanto descobrirmos meios de brincar oralmente com o que recebemos ou com o que damos, é descobrirmos meios de brincar através de formas de expressão *física*. Uma forma de expressão física que tende a ser eliminada de nossas vidas quando ficamos mais velhos é a dança. Apesar de denunciada pelos puritanos do século XVII como "gritos de prazer e impureza",[5] a dança é uma forma de brincadeira física que combina a alegria de fazer som com o prazer profundo da auto-expressão desinibida. A palavra "dança" vem do sânscrito *tanha*, que significa "alegria de viver", enquanto a palavra árabe para dança, *raks*, e a turca, *rakkase*, originam-se ambas de uma palavra assíria, *radalu*, que significa "celebrar".[6] Muitas religiões, antigas e modernas, valorizam a dança como sendo uma parte essencial da veneração. Na escatologia judaica, Deus, em sua majestade, celebrará a vinda do reino dos céus liderando seu povo numa dança triunfal.[7] A professora de dança Wendy Buonaventura defende que "todas as danças têm origem na vida e, em particular, na nossa necessidade de nos expressarmos e darmos sentido à nossa existência. Por sua própria natureza, é um dos meios mais poderosos de auto-intoxicação, pois desenvolve a energia no corpo e depois a libera."[8]

Na pior das hipóteses, no entanto, a dança pode ser um meio de negar o corpo e a voz. O crescimento de cabarés e clubes erotizaram a dança de tal forma que ela passou a degradar e explorar o corpo feminino em vez de valorizá-lo. Não é o elemento erótico na dança que preocupa, mas a forma pela qual esse elemento é evidenciado e exagerado. Quando isto acontece, a dança não é mais da mulher como um todo, mas de sua sexualidade. Como diz Buonaventura, "a erotização da dança universaliza sua atração, mas ignora o humor, o lúdico e o patos e, às vezes, a tristeza que também está presente".

O balé clássico condensa de muitas formas os requisitos humilhantes de graça e controle que são considerados desejados e apropriados na mulher. Quando Deborah Bull, a dançarina principal do Royal Ballet em 1992, entrou para a companhia, foi descrita por uma companheira de dança como "uma típica menina inglesa com quadris e coxas muito grandes". Ela passou os dez anos seguintes procurando dar outra forma ao seu corpo, esticando e aumentando os músculos das pernas para afinar seus quadris e coxas, reduzindo seu peso a cinqüenta quilos, transformando-se na "linda e esbelta criatura" que sua profissão exigia.[9] O balé, além de requerer um corpo feminino tão magro que chega a desafiar a física nas proezas de força que lhe são peculiares, é acima de tudo uma dança silenciosa: a dançarina deve pular no ar e cair sem barulho. Com esta contradição que lhe é inerente, o balé clássico incorpora a saída do corpo de si mesmo.

A dança pode ser, e geralmente é, expressiva e liberadora. Segundo Wendy Buonaventura:

> As mulheres no mundo árabe têm uma tranqüilidade sensual e uma consciência corporal que falta ao Ocidente. Com menos restrições externas que nos países árabes, as mulheres européias e americanas, de certa forma, criaram suas próprias restrições, manifestadas na negação do corpo e da

sensualidade, assim como num enrijecimento físico e desgosto pessoal do qual as mulheres árabes geralmente não sofrem (...) É muito agradável, nas aulas de dança árabe no Ocidente, ver a alegria das mulheres com seus quadris largos e curvos que finalmente encontraram uma dança que lhes permite orgulhar-se de seu corpo (...) Muitas mulheres que adorariam dançar foram desencorajadas pelas exigências de forma da dança ocidental, como o balé. (...) A tradição da dança árabe, com sua aceitação do corpo, qualquer que seja sua forma, e sua afirmação da sensualidade feminina, não importando a idade, oferece à mulher a chance de reavaliar sua auto-imagem, às vezes negativa, numa atmosfera de apoio e não de competição.[10]

A dança aumenta os sentidos e diminui as inibições. É isso que nos faz vibrar quando assistimos ou experimentamos os estalidos, as palmas e as batidas de pé do *flamenco*, ou os gritos, sopros e saltos da dança africana. Em vez dos corpos descarnados das bailarinas, há peitos balançando e coxas tremendo, fazendo parte da celebração da vida e da feminilidade que é a dança. Na Etiópia rural, nos dias de festa, homens e mulheres dançam juntos uma dança de grande poder erótico e lúdico. Aproximam-se e afastam-se, com as mãos nas cadeiras, gingando, balançando e lançando a pelve para a frente, mergulhando, pulando, subindo, sacudindo os ombros, lançando olhares oblíquos e soltando suspiros rítmicos, quase orgásticos; as mulheres ululam e dão aos homens seus xales para amarrarem em volta de suas cinturas e enfatizarem os movimentos de seus quadris, enquanto usam alguma coisa dos homens em torno da cabeça. À medida que os tambores soam mais rápido e mais alto, a dança se desenvolve num intoxicante crescendo.

No Douglas Bader Center, em Oxford, a New Dance Company de Debbie Macklin ensina uma aeróbica diferente. Em vez de controlar e restringir o corpo numa série de movimentos mecânicos, fechados e rígidos, onde o único som é o *dum-di-dum* da música, que é a ênfase usual, as aulas de Macklin são de um barulho esplêndido. O clima é de uma dança tribal: enérgico, pulsante, feroz; os movimentos são expansivos, as mulheres enchem o espaço. É estimulante olhar e divertido participar. As aulas não reprimem o corpo, elas demonstram e exploram seu poder. Na dança caipira, no chá-dançante, no *rock-and-roll* ou na *salsa*, a dança envolve sexo e corte, mas também inclui vestir-se bem, encontrar amigos, divertir-se e soltar-se.[11] Em suma, é uma forma magnífica de brincadeira física que as mulheres de todas as idades podem aproveitar, onde não é necessário um alto nível de habilidade para se alcançar um alto nível de prazer, em que a única exigência real é que o indivíduo se deixe soltar.

O esporte é uma outra forma de brincadeira física apreciada por muitos homens ao longo da vida mas abandonada pela maioria das mulheres antes mesmo de saírem da escola.[12] Apesar do horror que eram os jogos para quem os detestava, muitas mulheres têm boas lembranças de hóquei, frescobol, tênis, ginástica olímpica e atletismo e expressam pesar por ter-lhes sido imposto o afastamento dessas atividades. Veronica Jay, uma professora de 55 anos, relembrou: "Eu costumava jogar frescobol o tempo todo quando era mais nova. Mas depois que casei, por alguma razão o tempo nunca dava, sabe como é, aos poucos o trabalho doméstico e a decoração tomaram seu lugar."[13]

As mulheres que continuam a fazer algum tipo de esporte geralmente estão ansiosas para descrever o enorme prazer que ele lhes traz. Sarah Girling, uma advogada de uns 35 anos, era uma excelente remadora quando estudava na Cambridge University. Ela remava no segundo time da universidade e afirma que seu prazer não estava vinculado à competitividade.

> Remar, para mim, tinha muito pouco a ver com ambição. Eu não estava muito interessada em ter sucesso, vencer ou chegar primeiro. Mas adorava a sensação do barco se movendo na água e do grupo remando junto exatamente no tempo, a um bilionésimo de segundo. Não era a sensação de sucesso individual, de força ou de coordenação; era a imersão total no ritmo do grupo, quase como se eu não estivesse mais ali: a gente parava de pensar e agir como indivíduo, passava a ser inteiro uma parte do grupo. Aquela sensação de unidade era fantástica, incrivelmente extasiante.

A descrição de Sarah da absorção e da falta de autoconsciência, a sensação de ao mesmo tempo perder e engrandecer o *self*, aponta para um grande elemento da brincadeira que está presente no esporte. Muitas das mulheres entrevistadas por Gilda O'Neill para seu livro *A Night Out With the Girls* (*Uma saída noturna com as garotas*) expressaram de forma semelhante a alegria que vem do esporte e da atividade física. Uma animada jogadora e torcedora disse do futebol: "Ele nos permite fazer coisas que as mulheres tradicionalmente não podem fazer. (...) Lembro-me claramente de gostar dessa sensação de soltura física verdadeira e de perceber que era algo que a sociedade tinha tentado tirar de mim. E de repente ali estava aquele campo — literalmente — onde eu podia ser. Era uma sensação fantástica, liberadora. Eu me sentia como se estivesse voando." Uma outra das entrevistadas de O'Neill fala de sua paixão pela pesca, que ela denomina sua "hidroterapia": "Há dias em que não pesco nada, mas pescar para mim é muito mais do que capturar um peixe difícil, por mais emocionante que isso possa ser. Esteticamente é a liberdade das montanhas, o reflexo de uma lagoa, o escurecer do céu antes de uma tempestade (...), aquela maravilhosa escapada para o mundo quieto e tranqüilo de um lago isolado (...) Acho que eu não funcionaria bem sem pescar. Talvez seja a forma mais completa de relaxamento ao ar livre que conheço."[14]

Apesar de sua importância em termos sociais, psicológicos e físicos, mulheres de todas as idades fazem menos exercício que os homens. Subir e descer escadas correndo, levantar os filhos no colo e empurrar carrinho de criança pode ser cansativo mas não conta em termos de exercício físico, menos ainda em termos de brincar. Com a queda nos níveis de preparo físico, o crescimento da obesidade e o risco crescente de doenças coronárias e ataques cardíacos nas mulheres, o esporte, além de ser uma forma agradável de brincar, é necessário. A falta de exercício físico é um fator-chave nessas doenças. Ainda assim, 88% das mulheres não seguem as orientações do governo quanto a exercício para a saúde. Somente 12% fazem exercício suficiente para evitar a doença cardiovascular. Atualmente, 20% das mulheres na Inglaterra têm taxas altas em três de quatro fatores de risco para doenças coronarianas e ataques cardíacos, comparadas a 18% dos homens.[15] Segundo o Health Education Authority, apenas 9% das mulheres jovens na faixa etária de 16-24 fazem exercício suficiente para permanecer saudáveis, enquanto 50% das meninas na idade de 1-16 não alcançam o equivalente a dez minutos por semana de exercício ativo de andar.[16] O exercício insuficiente também está reduzindo de maneira significativa a qualidade de vida no outro lado da escala: somente 35% das pessoas na idade de 55-64 e 23% na idade de 65-74 fazem exercício suficiente para ser fisicamente independentes. No grupo etário de 55-74, segundo um estudo, quase *todas* as mulheres teriam dificuldade de subir uma rampa íngreme a 4,5 km por hora.[17]

As coisas podem estar mudando. Entre 1989 e 1991 houve um crescimento de 50% nas jogadoras de futebol femininas, e agora existem cerca de 9.000 mulheres jogadoras de futebol registradas na Women's Football

Association. Quase 60.000 mulheres atualmente jogam frescobol, um número que cresce a uma taxa de 6% ao ano, e há por volta de 90 times de rúgbi feminino no Reino Unido. Os esportes mais populares para as mulheres são andar, nadar, andar de bicicleta, aulas de ginástica e ioga.[18] É comum o exercício físico tornar-se uma forma de autopunição para mulheres, um meio para atingir o objetivo deprimente e geralmente ilusório de queimar calorias, enrijecer as nádegas, ou diminuir as coxas, mas não tem que ser assim. O esporte pode ser uma forma maravilhosa de brincar. É uma experiência que realiza e satisfaz por direito, plena da "agradável alegria" que "está no cerne da maioria das necessidades de brincar", segundo os sociólogos Elias e Dunning.[19]

Além de comprovar fisicamente a habilidade da mulher de defender seus direitos à brincadeira, o esporte também pode ser profundamente satisfatório num nível simbólico. Ele representa autonomia, auto-afirmação e auto-realização. Brincar através do esporte permite às mulheres elevar-se acima das restrições sociais e culturais ao comportamento feminino, sendo também um meio de superar tabus culturais às aspirações femininas; pode preencher a necessidade das mulheres de ganhar espaço, ter gestos expansivos, vigorosos e afirmativos e de celebrar a força, a agilidade, o poder e a determinação que, de outra forma, não seria preenchida. Nas palavras de uma mulher jogadora de peteca, o esporte deu-lhe a sensação de "alargar os limites".[20]

Numa pesquisa de 40 mulheres esportivas na idade de 18-47, Margaret Talbot verificou que a sensação física de mover-se livremente num espaço grande era uma fonte de grande prazer para muitas das entrevistadas. Elas também mencionaram apreciar correr ao ar livre e usar roupas e sapatos confortáveis. Essas são sensações geralmente negadas às mulheres pelos ditames da moda, pelas responsabilidades domésticas e pela expectativa social. As entrevistadas de Talbot eram exímias jogadoras de hóquei e de peteca que não participavam de nenhum clube. Todas jogavam pelo menos uma vez por semana e algumas três a quatro vezes por semana. Suas razões para jogar incluíam satisfação pessoal, forma física, socialização e tempo para si (isto é, fora de casa).[21]

Precisamos esquecer o esporte como humilhação semanal na escola e, em vez disso, abrir nossos corações e mentes para a possibilidade de expressão física; nosso *self* lúdico, é preciso dizer, haveria de gostar disto. Devemos arriscar novos esportes que não estejam maculados pelo horror do hóquei escolar ou, pior ainda, da corrida *cross-country*, como patinação, ilusionismo, asa-delta, peteca, pólo aquático. Talvez, se nos permitirmos tentar, descubramos que a brincadeira física não deve restringir-se às nossas lembranças da infância; que, ao contrário, como mulheres lúdicas, somos capazes de correr, dançar, pular e gritar tirando o melhor proveito dos esportes.

A agonia ou o êxtase

O sexo é, possivelmente, a área de nossas vidas onde melhor podemos ser lúdicos, uma das poucas em que podemos nos perder e nos encontrar. No entanto, ainda que possa, deva e às vezes *seja* a melhor área para sermos lúdicos, o sexo em geral e a sexualidade feminina em particular foram tão objetificados que nela, como nas outras, pode ser difícil brincar verdadeiramente.

"É ruim quando a amante não sabe brincar", escreveu Ovídio em sua obra *A arte de amar*. "As brincadeiras geralmente fornecem uma rápida introdução ao amor."[22] Mas Ovídio estava falando do que a mulher necessita saber para agradar seu amante, em vez do que a aprazeria. O mesmo acontece no livro *Memoirs of a Woman of Pleasure* (*Memórias de uma mulher de prazer*) de John Cleland: o romance de Cleland causou um furor quando foi publicado pela primeira vez em 1748, com sua descrição detalhada do processo pelo qual Fanny, uma serviçal que no início é pura e casta, transforma-se numa cortesã transbordante de energia e entusiasmo. Por um lado, a obra de Cleland pode ser vista como o retrato de uma vida de brincadeira sexual desinibida, uma celebração do desejo sexual feminino; por outro, a gratificação masculina é o *sine qua non* da existência da heroína, além do fato de que o autor sem dúvida escreveu para excitar o leitor homem e instigar suas fantasias sexuais. O romance de Cleland sobrevive como um clássico principalmente devido à criatividade de sua escrita e à ingenuidade de suas metáforas, mas é difícil ignorar o fato de que Fanny se assemelha muito ao estereótipo da dona-de-casa inocente, mas com muita-vontade-de-estar-disponível, presente na literatura pornográfica contemporânea.

O filme de Louis Malle de 1992, *Perdas e danos*, baseado no romance de Josephine Hart, trouxe uma mensagem de hostilidade mais aberta à sexualidade feminina. *Perdas e danos* é a história de um homem casado, respeitável, cuja vida de conforto e prosperidade é inteiramente destruída quando ele se apaixona por uma bela jovem que conhece num coquetel e que vem a ser a namorada de seu filho. Este fato não refreia seu desejo, e sucede um caso de paixão. O filme evoca um outro estereótipo da sexualidade feminina, a *femme fatale*, e mostra com muita clareza o que acontece com as mulheres que brincam sexualmente para seu próprio prazer em vez de para o prazer dos outros: elas provocam destruição, destroçam casamentos, trazem infelicidade, assassinam filhos. Se a representação queria dizer alguma coisa, elas nem parecem gostar de sexo tanto assim.

A linguagem também dá forma às nossas experiências sexuais, geralmente tomando como padrão a sexualidade e o prazer sexual masculinos. Na visão da feminista americana Barbara Mehrhof, se a sexualidade feminina fosse a norma, a palavra para coito seria "cerco", não "penetração". Do mesmo modo, a expressão "brincadeira sexual introdutória" é usada para descrever o que acontece antes do ato sexual começar propriamente, apesar de, na perspectiva feminina, ela ser geralmente tão importante quanto a hora certa e poder levar satisfatoriamente ao orgasmo sem qualquer necessidade de penetração/cerco.

Nossa capacidade de ser sexualmente lúdicas, sem a consciência de estarmos sendo observadas, é diminuída pelas inúmeras imagens que encontramos nas revistas, na televisão, nos anúncios, nos filmes e nos calendários. Como escreveu Naomi Wolf, "viver numa cultura em que é rotina despir as mulheres e não despir os homens é aprender a desigualdade de diversas formas o tempo todo".[23] As representações na mídia de mulheres num estado aparente de êxtase sexual agem como a pornografia: distanciam-nos de nossos sentimentos de dentro para fora e, em vez disso, focalizam nossa atenção em nossa aparência de fora para dentro. Quer essas mulheres extasiantes estejam sendo usadas para vender sorvete, carros rápidos ou barras de chocolate, sua sexualidade de celulóide passa a ser o barômetro visual pelo qual nós procuramos nos avaliar.

Quando a Haagen-Dazs apresentou sua campanha de anúncio contra a recessão, estava explorando uma fome que ia além do sorvete. Um casal precariamente vestido, braços e pernas entrelaçados, brilha com um suor pré-orgástico. A mulher derrama sorvete dentro da boca do homem que, voltada para cima, é uma inversão da penetração. O sorvete representa ao mesmo tempo os seios e o pênis: a mulher com esse objeto maravilhoso está todo-poderosa. Mas ela também é o objeto de seu desejo, sensual porque ele a considera assim, poderosa porque ele a torna assim. A imagem captura uma fantasia masculina de sexualidade feminina e mostra às mulheres a fantasia que elas deveriam tornar-se. Um anúncio do chocolate Flake, mais ou menos da mesma época, funcionava em base semelhante. Novamente, a metáfora sexual é enfatizada de forma burlesca. Uma mulher está deitada numa banheira, nua exceto por seu rosto maquilado de forma extravagante, como se fosse a uma festa. Seus lábios vermelhos abrem-se aos poucos para fazer espaço para o chocolate/falo que se aproxima. Sua face traz uma expressão de êxtase e prazer sexual sublime. Quando morde o chocolate, água/esperma cai sobre ela. Ela afunda na água num desmaio pós-coito, e o banho exageradamente cheio esparrama pelo chão sem nenhum cuidado. De novo, a mulher é ao mesmo tempo poderosa e sem força, totalmente abarrotada por seu êxtase erótico induzido pelo chocolate/falo. De novo, a imagem objetifica a excitação sexual feminina: a aparência é sinônima do sentimento.

Evidentemente existe um elemento jocoso nos anúncios desse gênero que, intencionalmente, levam suas mensagens a extremos e parodiam suas próprias técnicas. A intenção dos anúncios é que nós igualemos comer sorvete a prazer sensual, mas eles sabem tão bem quanto nós que é improvável que ele nos leve ao orgasmo. O espectador geralmente reage a esses anúncios satíricos com humor, e eu já vi, nos cinemas, a platéia inteira cair na gargalhada. No entanto, no contexto mais amplo da socialização das mulheres, as imagens de resposta sexual feminina que os anúncios apresentam não são positivas, pois contribuem para generalizar a noção de ser observada que faz com que seja difícil, para muitas de nós, vivenciarmos nossas vidas de dentro para fora. Não é difícil ver como nós todos, homens e mulheres, começamos a perder a autoconfiança sexual com perguntas zumbindo nas nossas cabeças: "Eu pareço daquele jeito quando me sinto daquele jeito?"; "Eu vou me sentir daquele jeito quando eu parecer daquele jeito?"; "Eu pareço como acho que deveria parecer quando me sinto como estou me sentindo?" As tiragens das revistas de mulheres são baseadas nessas ansiedades, com suas capas ornadas com avisos tentadores de "Como manter sua vida sexual a mil", "Aprenda a gostar de sexo oral", "Descubra o que o excita". Os próprios artigos apresentam o sexo como um campo de prazer recíproco, mas ajudam a criar um mundo em que a realização sexual mútua é basicamente responsabilidade da mulher. Ouvimos que devemos ser desinibidas, mas os artigos e livros que nos dizem como ser assim dificultam o próprio processo. Ao contrário, suas orientações sobre como ser sexual, ser natural e ser engraçada desenvolvem muito nossa consciência de sermos observadas.

Enquanto as mulheres lutam contra seus próprios sentimentos sobre sexualidade, também precisam estar à altura do modelo que os outros estão adotando para sua sexualidade. A atração sexual nas mulheres sempre foi sujeita aos ditames da moda: as barrigas curvas da Idade Média, as nádegas arqueadas da era eduardiana, os peitos retos dos Anos Loucos de 1920 e os quadris magros da década de 1960. Excelente para quem combina com a tendência em voga, um pesadelo para todas as outras. Na década de 1990, as mensagens sobre a sexualidade feminina são extremamente confusas: devemos ser responsáveis por nosso corpo (isto é, usar contraceptivos); devemos sentir orgulho de nosso corpo (isto é, manter uma aparência ótima para os outros); devemos estar tranqüilas com nosso corpo (isto é, não divulgar se estivermos fazendo dieta); devemos estar felizes com nossa sexualidade (isto é, saber onde fica o clitóris) e felizes com a sexualidade das outras pessoas (isto é, parar de objetar às inclinações sexuais dele).

Apesar da aparente "liberação" da sexualidade feminina nos anos recentes, a proliferação de livros, artigos, manuais e guias sobre sexo, a maioria para as mulheres, só acrescenta ao processo de dissociação da sua identidade sexual. A sexualidade feminina acontece "lá fora", na página, na tela, no quarto de outra pessoa. Ela nos é arrancada, mesmo quando aparentemente nos está sendo devolvida. Somos encorajadas a nos identificar com uma representação externa de sexualidade feminina que, em muitos casos, só nos distancia ainda mais de nossa sexualidade individual e única. A orientação real que recebemos satisfaz nossos sentimentos sexuais tanto quanto uma foto de comida satisfaria nossa fome de alimento. O que deveria ser interno, privado, pessoal, é, em vez disso, cada vez mais transferido, público, externo. Nossa sexualidade, desse modo, é um símbolo e um sintoma da visão fragmentada masculina através da qual nos vemos e tentamos entender a nós mesmas em geral.

Todos os tipos de prazer sexual um dia devem ter sido descritos como "brincadeira". O poema de Milton, *Paraíso perdido*, escrito no século XVII, dá à palavra esse sentido, quando Adão diz a Eva: "Agora vamos brincar."[24] Esta idéia de prazer sexual como uma forma de brincar sobrevive no sânscrito, onde a palavra para copulação é *kridaratnam*, que se traduz como "a jóia dos jogos". No latim, a palavra *lascivus* pode significar "livre de restrições em assuntos sexuais", mas também pode ser simplesmente "brincalhão, travesso". Num mundo ideal não deveria haver problema com o modo como esses dois significados — "livre de restrições sexuais" e "travesso" — vêm juntos; na realidade, contudo, geralmente há. Na língua inglesa, hoje em dia, a palavra *play* não descreve o prazer sexual, mas a conquista sexual, como em *playing around* (flertar), *playing hard to get* (tentar de tudo para conseguir) *e making a play for someone* (agir de modo calculado para despertar interesse). O triste dessa evolução semântica é que ela indica que o amor físico deixou de ser um *playground* para transformar-se numa batalha.

O caso do estupro no King's College de Londres, em 1993, revelou o grau de censura que as mulheres que clamam por liberdade sexual e física ainda podem sofrer. O caso envolvia um aluno da graduação acusado por uma contemporânea de estuprá-la após uma festa. O interessante sobre o caso não foi tanto se o estudante tinha forçado a jovem a ter intercurso sexual (o tribunal decidiu que ele não tinha), mas a maneira pela qual, à medida que o caso progrediu, a interpretação da mídia focalizou cada vez mais o homem como a vítima de uma mulher voraz. A imprensa concentrou-se no passado sexual da jovem, enfatizando que ela ficava com um homem a cada noite. A informação parecia levar à conclusão de que ela era perfeitamente aberta a *qualquer* avanço sexual. O que podemos concluir com certeza é que o padrão sexual duplo ainda funciona. A mulher ainda é responsabilizada pela reação sexual masculina e ainda não é livre para expressar sua sexualidade como os homens sempre expressaram a deles, pelo menos sem correr o risco de difamação moral.

As mulheres parecem cada vez mais estar procurando diversão sexual desinibida em casos amorosos. Os números para mulheres casadas que têm casos extraconjugais variam de uma pesquisa para outra, mas certamente cresceram dos 26% a que chegou Kinsey em 1953, e podem estar em torno de 41%, segundo dois levantamentos americanos.[25] Num levantamento realizado em 1992 com 1.000 mulheres inglesas, mais de um terço afirmou já ter tido ou que teria um amante por uma noite mesmo tendo o compromisso de um relacionamento.[26] Em resposta à pergunta "Qual o seu nível de satisfação com sua vida sexual?", mais da metade respondeu "razoavelmente satisfeita" (41%) ou "não muito satisfeita (17%); 7% respondeu "nada satisfeita". Menos da metade, em outras palavras, estava satisfeita.

A atração, consciente ou inconsciente, que o caso extraconjugal exerce tem explicação no espaço livre das restrições normais à sexualidade da mulher que ele fornece; como as regras já foram quebradas, não há mais por que segui-las.[27] No estudo de Dalma Heyn sobre mulheres com relacionamentos extraconjugais, muitas das entrevistadas mencionaram a presença do lúdico na relação sexual de seus casos amorosos, tanto o lúdico apreciado nos parceiros como o lúdico descoberto nelas. Contudo, muitas descreveram uma sensação de um limite de tempo na sua felicidade sexual, aceitando que, em algum momento, teriam de sofrer o fim do relacionamento, por iniciativa do amante ou sua própria, e precisariam retornar ao mundo "real". Para algumas das entrevistadas de Heyn, tinha o significado de embarcar numa missão para incorporar um novo grau de expressividade e ludismo sexual e levar para o tempo e o espaço "reais". Algumas foram bem-sucedidas, outras não.

Ainda que o término ou a descoberta do caso por seus parceiros causasse muito sofrimento e angústia, nenhuma das entrevistadas de Dalma Heyn sentia arrependimento por ter esse tipo de relacionamento; ao contrário, todas achavam que o caso amoroso fez-lhes ver alguma coisa sobre elas mesmas e lembrou-lhes de alguma coisa que haviam esquecido, por cuja lembrança estavam profundamente agradecidas, como uma delas expressou: "alguma coisa relativa ao prazer, a insistência nisso e os efeitos disso, mesmo se não está presente no casamento."

Quando usamos o homem como modelo, adaptando nossas respostas sexuais para satisfazer suas necessidades e fantasias sexuais, estamos efetivamente fechando a possibilidade de sexo lúdico na nossa vida regular. O prazer do sexo lúdico, como de qualquer outro tipo de brincadeira, é que ele nos faz sair de nós mesmas e ao mesmo tempo nos devolve a nós mesmas. Muitas mulheres que têm casos amorosos parecem experimentar uma transformação, passando da posição de quem trabalha para a posição de ser o sujeito do brincar.

Brincar é uma incorporação da pessoa na atividade, e o brincar do sexo pode ser uma das mais puras experiências nesse sentido, pois brincar é celebrar o *self* em toda a sua peculiaridade e permitir ao *self* e ao outro se fundirem. O brincar, em especial o sexual, ao mesmo tempo confirma a individualidade e fortalece o vínculo. Karl Groos viu a "alegria de ser uma causa" como um aspecto essencial da brincadeira, e isto é verdade no brincar do sexo como em qualquer outro. "Na fase adulta", disse uma mulher no

Dia da Brincadeira, "a gente tem todo esse novo campo de brincadeira que é o sexo. Definitivamente considero o sexo uma brincadeira, e falar sobre sexo também! O lúdico no sexo é muito importante, é o que impede que sejamos máquinas. Através do sexo, podemos vivenciar o estado de absorção da brincadeira, a absorção dentro de nós mesmos, mas também podemos experimentar a possibilidade de estarmos absortos com outras pessoas, o que é maravilhoso."

Através de uma capacidade saudável e sincera de ludismo sexual, podemos vivenciar a alegria de ser, simultaneamente, a causa de nosso próprio prazer e a causa do prazer do outro. A circularidade do sexo nos leva à satisfação e também à auto-realização. É um meio para chegarmos à brincadeira e uma forma de brincar que deveríamos nos permitir e na qual deveríamos insistir se, como diz Dalma Heyn, quisermos evitar que o nosso *self* expressivo, criativo e sexual se retraia.[28]

É fácil ser sexualmente lúdica num caso extraconjugal — não há responsabilidades, território predeterminado, louça para lavar... É bem mais difícil ser lúdica na vida sexual em meio às rotinas domésticas, mas não é impossível. Mais uma vez, o ponto-chave é a permissão. Enquanto não nos permitirmos ser sexualmente lúdicas, podemos ler manuais e artigos de revistas que não vai adiantar. Em vez disso, precisamos sair de nossas imagens de nós mesmas, surpreender-nos, entregar-nos, fazer, dizer ou *pensar* alguma coisa um pouco diferente. O sexo pode ser bem divertido se nos permitirmos tratá-lo com menos seriedade.

Sonhando e mudando

Há uma outra forma de brincar que vale a pena considerar mais de perto: a da nossa imaginação. De todas, esta vai ao âmago do tema deste livro: por onde começar para nos permitirmos brincar. Suportamos todos os obstáculos descritos até aqui devido à nossa ausência básica de uma noção do direito de ser lúdicas. Contudo, através da brincadeira da imaginação, as mulheres podem, por um tempo, livrar-se dos grilhões da responsabilidade com os outros e da exigência de empatia emocional e consideração pelos outros. Através da brincadeira, podemos encontrar um alívio temporário dos tabus sobre o pensamento, a imaginação, a contemplação e o questionamento.

Sonhar, fantasiar e idolatrar são formas de brincar com a imaginação através das quais, quando crianças, nós descobrimos, felizes, o brilho da vida e transcendemos nossos irmãos perturbadores, nossos pais ameaçadores ou nossas mães distraídas, nossa falta de amigos, nossas dificuldades na matemática, nossa inabilidade de fazer bem um esporte. Na falta de heroínas femininas inspiradoras, muitas meninas escolhem modelos masculinos: Robin Hood, Dick Turpin, os Três Mosqueteiros, Lancelot, Batman. Neles admiramos a coragem, a força, a atitude decidida, a compaixão, a integridade e, através de nossas fantasias, por um instante tomamos posse dessas qualidades. Mas chega um momento na vida da maioria das meninas, quando percebemos que não podemos crescer e ser um grande homem. Na busca de alternativas de alguma grande mulher com quem sonhar, um desejo de feminilidade incorpora nossos sonhos. Nesse momento de seu desenvolvimento, a menina percebe que, na prisão particular de sua casa, não há fantasias de grandeza, e aceita, é claro, a trilogia cansada e assexual: Boadicea, Joana d'Arc e Florence Nightingale.

Esse esmagamento da exuberância da fantasia, esse corte das asas do desejo, gera sentimentos ambivalentes quanto à nossa feminilidade, faz-nos desconfiar de nossas fantasias e, por extensão, de todo o campo da brincadeira imaginativa. Assim começa o medo de sonhar, a recusa auto-imposta ao sonho de grandeza, à brincadeira com os *selfs* que nós poderíamos ser se... Apesar disso, a habilidade de sonhar, fantasiar e usar nossa imaginação é um recurso importante ao longo de nossas vidas, um pré-requisito essencial da brincadeira e uma forma maravilhosa de brincar. Fantasiar é o ato narcisista de ser, de ousar fechar o mundo à nossa volta e ir para o mundo que existe dentro de nós, obscurecendo por um momento a distinção entre os dois.

Brincar através da fantasia é o que fazemos quando nos vestimos elegantes, quando nos enfeitamos com jóias ou maquiagem, quando nos deixamos sonhar acordadas. Embelezar o *self* exterior pode ser um sinal de escravidão a algum ideal cultural, mas pode ser também uma expressão de encanto pessoal interior. A diferença entre os dois está na atitude de quem se enfeita. Na infância, a caixa de enfeites e roupas elegantes é como um tesouro; na fase adulta sua função é desempenhada pelas várias salas de vestir das inúmeras lojas de roupas que existem por todo o país. "Experimentar roupas é uma forma de sair da realidade", disse Caitlin, de 32 anos. "A gente se olha no espelho e imagina o estilo de vida que acompanha as roupas: um estilo de vida de facilidade e luxo, onde nunca é preciso cozinhar ou limpar, onde não se mela os dedos e não se amassa biscoitos. Sair para comprar roupas tem muito de fantasia. A gente veste aquelas roupas maravilhosas e se imagina elegante, sensual, bem-sucedida. É claro que depois de comprá-las a fantasia acaba: voltamos à realidade no instante em que saímos da loja."

A jóia, uma forma deliberada de auto-adorno, parece ser tão antiga quanto a cultura do homem; há evidências de jóias datando de 20.000 anos atrás. Nas grutas de Lascaux foram encontrados restos de jóias feitas de fósseis e conchas, muitas das quais devem ter sido coletadas em praias nas costas do Atlântico e do Mediterrâneo e levadas à ilha. As jóias têm uma posição especial nas lendas e nos mitos: a gruta secreta sempre contém baús abarrotados de tesouros; a recompensa do príncipe valente é sempre a princesa *e* uma parte do tesouro do rei; os vilões nos contos de fadas andam grandes distâncias para roubar jóias preciosas. Esses mitos permanecem até os dias de hoje: há a história de Fagin que, com seus dedos sujos, acariciava com amor as jóias roubadas por seus filhos para ele, adornos reluzentes, certamente uma rude caricatura anti-semita, mas também uma poderosa evocação do *gelt lust* de que somos capazes. Onde estaria Aladim sem sua gruta? O que seria da Torre de Londres sem as Jóias da Coroa? Os filmes de Bond, os romances, as tragédias shakespearianas e a pantomima atestam a importância que vinculamos às jóias. Nenhuma futura noiva está completa sem um reluzente anel de noivado.

O valor financeiro das jóias e dos ornamentos não nos encanta tanto quanto sua beleza intrínseca. C.S. Lewis escreveu que "não queremos apenas ver a beleza. Queremos algo mais que quase não pode ser expresso por palavras — unificar-nos à beleza que vemos, passar por dentro dela, recebê-la dentro de nós, banhar-nos nela, tornar-nos parte dela". Ao longo de nossas vidas e através da história, nosso fascínio por jóias e roupas elegantes é, em parte, uma expressão do desejo de nos unificarmos à beleza e alcançarmos a perfeição através dela, mas também é expressão de um desejo inato do ser humano de *mais*, uma parte do ímpeto de *saber*, a aspiração de ir *além*. Como expressão de uma aquisição universal e metafísica, a transformação através do adorno tem um requinte lúdico. É uma atividade ou um desejo que precisamos resgatar dos confins da autoconsciência imposta pela sociedade para valorizar o lúdico liberador a ele inerente. Huizinga escreveu que, no século XIX, "toda a Europa vestiu a camisa da caldeira", querendo dizer que foi nesse ponto da história que assumimos a armadilha de adotar uma atitude diligente em nossas preocupações e nossa conduta.[29] Vestindo-nos com elegância — na fantasia ou na realidade — podemos nos permitir jogar fora as roupas da caldeira e nossa atitude diligente e voltarmos a ser, uma vez mais, o ator principal num drama maravilhoso criado por nós.

A brincadeira imaginativa pode adotar muitas formas além do autoadorno — fazer música, pintar, cozinhar, escrever, contar história, costurar, criar projetos. Todas começam com uma idéia de transformar alguma coisa em outra coisa: o silêncio em som, o vazio na imagem, os ingredientes em sopa... Se pudermos nos permitir este espaço mental para brincar com nossos pensamentos, sonhos, fantasias e idéias, nós teremos conseguido descobrir o *self* lúdico. Qualquer que seja sua manifestação em nossas vidas, o *self* lúdico origina-se em nossa própria cabeça, como uma atitude, um estado de mente, uma abertura, uma receptividade. A brincadeira imaginativa, portanto, é onde germinam todas as brincadeiras, é o coração do *self* lúdico.

Ludo, ergo sum

Por mais que escolhamos brincar através de nosso corpo, nossa voz, nossas palavras, nossos pensamentos ou nossos sonhos, a brincadeira é uma parte vital de nosso repertório. Ela tem um papel-chave a desempenhar em nosso bem-estar social, psicológico, emocional, físico e espiritual. Se, como Shakespeare expõe, representamos muitos papéis durante nossa existência, então a brincadeira também representa muitos papéis em nossa vida, sustentando-nos e curando-nos, relaxando-nos e aliviando-nos, encorajando-nos, protegendo-nos e unindo-nos. Acima de tudo, a brincadeira é uma prova de que temos um lugar de valor no mundo. Ela declara, afirma e celebra o fato de estarmos vivos. Ela verdadeiramente confirma a existência.

A brincadeira celebra o direito do indivíduo de existir, sua certeza de viver. Ela acontece na confiança de amar e ser amado, de saber que se é e se tem um direito incontestável de ser. Ela é o abraçar a existência em que o indivíduo é ao mesmo tempo o abraço e o abraçado. A brincadeira no seu ápice é uma celebração de plenitude e exatidão, um estado em que nos sentimos tão seguros e assegurados de nossa existência que podemos brincar com nosso lugar nessa existência. Permitir-se isto requer uma fé no próprio *self*, um comprometimento com sua própria experiência do mundo, na realidade e na fantasia, para dentro e para fora do ser. Isto pode ser difícil para as mulheres, freqüentemente desencorajadas de ter prazer na sensação do *self*, mas não é impossível. Não precisamos sonhar que estamos sendo salvas por cavaleiros de armadura branca; podemos e devemos ousar sonhar que podemos *ser* o cavaleiro dos nossos sonhos, sem deixar de ser plenas como mulheres.

Neste capítulo vimos como a vida diária nos oferece meios de brincar e muitas formas de expressarmos o *self* lúdico. Há a brincadeira oral de fazer som — cantar, gritar, sussurrar, assobiar; a brincadeira física de dançar, correr, pular, lançar; o alimento pode ser uma forma de brincar, fornecer prazer para nossos sentidos e espaço para nossa criatividade; o prazer do nosso desejo sexual também nos oferece uma forma de brincar, enquanto trazer o desejo de brincar para a relação sexual torna o sexo muito mais prazeroso; e existe ainda a brincadeira da imaginação, que encontra expressão nas idéias, nos sonhos e nas fantasias, que está no âmago do *self* lúdico e que leva a todas as outras formas de brincar.

Grandes barreiras dificultam a inclusão da brincadeira em nossas vidas, mas raramente são insuperáveis. Vimos que a brincadeira foi gradativamente marginalizada e rebaixada em nossa cultura e que isto tem conseqüências; vimos o que acontece quando as pessoas são privadas de brincar e, no aspecto positivo, o que acontece quando elas são encorajadas a brincar. Analisamos os problemas que as mulheres enfrentam quando satisfazem suas necessidades de brincar e as várias considerações práticas que as impedem de agir segundo esse instinto. Examinamos as pressões sociais, econômicas e psicológicas que debilitam a capacidade das mulheres e sua inclinação para brincar, e os processos que tão freqüentemente as distanciam de ser lúdicas. Mas também exploramos e expusemos as formas pelas quais as mulheres ainda *estão* conseguindo brincar, como seu ludismo inato está encontrando expressão, como elas estão conseguindo resistir às restrições à sua capacidade de brincar e defender esse seu direito.

A brincadeira não deve ser só de uns poucos; todas as mulheres podem dela beneficiar-se profundamente. No nível individual, todos podemos reviver nosso desejo de brincar e reafirmá-lo no centro de nossas vidas. Podemos começar por nos permitirmos brincar; por lembrarmos que o indivíduo não esquece como se brinca, assim como não esquece como se anda de bicicleta, e que todos nós, um dia, soubemos como brincar; por lembrarmos que há um tempo para brincar, e que há maneiras de brincar. Fazendo isso, adotando esses pequenos passos no sentido de cuidarmos do nosso *self* lúdico, podemos tomar posse do nosso direito de brincar e, até mesmo, florescer através dele.

12
O direito de brincar

"Nenhuma causa sobrou exceto a mais antiga de todas... a causa da liberdade versus a tirania."
(Hannah Arendt, *On Revolution*)

De todas as mulheres que entrevistei durante o período de dez anos de elaboração deste livro, as que melhor enfrentavam a vida e tiravam dela o melhor não eram aquelas que possuíam mais dinheiro, e sim as que demonstravam uma atitude mais lúdica e que se determinaram a criar oportunidades de brincar. Elas mantinham viva nelas uma coisa que estava faltando em muitas de suas contemporâneas que haviam permitido que a seriedade da vida excluísse o tempo e o espaço para brincar. Em termos objetivos, suas vidas não eram mais fáceis. Elas tiveram que combater as mesmas acusações e tragédias que todo mundo, mas pareciam lidar mais facilmente que outras mulheres com as aflições da vida, como as exigências dos filhos pequenos, o estresse do excesso forçado, a morte dos pais ou a doença física. As que melhor enfrentavam eram sempre aquelas para quem o brincar e o lúdico eram conceitos que tinham permanecido com um significado importante, não importando a idade ou estágio de vida.

Na brincadeira, como em muitas áreas de nossas vidas, o pessoal é político. Neste último capítulo, resta olhar além da posição da mulher individual e localizá-la num contexto social mais amplo. Pois se a necessidade de brincar da mulher deve ser mantida no âmbito privado, também deve ser valorizada em público. Precisamos defender nosso *self* lúdico em diversos níveis: o pessoal e o político, o público e o privado, o individual e o comunitário, o social e o econômico, o emocional e o psicológico, o físico e o espiritual. Se a brincadeira deve tornar-se uma parte valorizada e válida de nossas vidas, precisamos afiar e nutrir nosso instinto lúdico e fazer tempo e espaço para brincar. Devemos assegurar nosso direito de brincar antes dos outros, com os outros, sozinhas, com nossas palavras, nossos corpos, nossos pensamentos. Devemos começar a sustentar nosso direito de brincar como parceiras, mães, colegas, amigas e, acima de tudo, como indivíduos fazendo uso de nosso direito. Fazer uma agenda para brincar pode ajudar-nos nesse empreendimento, uma agenda que procure remover os obstáculos ao nosso ludismo e maximizar oportunidades de ser lúdicas.

Uma agenda para brincar

Um dos maiores obstáculos à brincadeira das mulheres em termos práticos, como vimos, é o volume enorme de trabalho remunerado e não-remunerado que fazemos, juntamente com o baixo valor econômico vinculado a esse trabalho. Espera-se que a força de trabalho na Inglaterra chegue a 900.000 na próxima década, sendo que 750.000 serão mulheres. A maioria dessas mulheres estarão trabalhando em meio expediente, geralmente com contratos de curto prazo, trabalhando em turnos ou por tarefas, geralmente sem os benefícios vinculados ao emprego de horário integral, como a remuneração de feriados e faltas por doenças, esquemas de pensão ou licenças-maternidade. Além disso, a quantidade de mulheres com trabalho autônomo está sempre crescendo. Entre 1979 e 1990, o número de mulheres nessa situação cresceu em 122%, de 248.000 para 774.000. O trabalho autônomo pode ter como atrativo ser flexível e portanto mais fácil de encaixar em torno das responsabilidades do cuidado dos filhos, mas, como o emprego de meio expediente e de curto prazo, tem poucas vantagens financeiras. O trabalho remunerado efetuado pelas mulheres é em grande parte de baixo *status* e mal remunerado. Apesar da Lei da Remuneração Igual de 1970, as mulheres, em média, ainda recebem proventos 30% menos que os homens. Somente 6% das mulheres recebem acima de 15.000 libras, e três milhões de mulheres na Grã-Bretanha atual recebem menos de três libras por hora. Os responsáveis pela limpeza de hospitais, na sua maioria mulheres, recebem apenas uma libra e cinqüenta por hora; as babás, responsáveis pelas crianças que irão formar a sociedade de amanhã, recebem em média apenas duas libras por hora.

As condições empregatícias das mulheres poderiam ser facilmente melhoradas pela introdução de medidas que tornariam o trabalho menos desmoralizador e valorizariam mais a contribuição das mulheres para a economia. Os políticos da esquerda ou da direita gostam de elogiar "os valores da família", mas quando irão eles de fato implementar políticas que beneficiem as pessoas que sustentam esses valores? Segundo o levantamento da Força de Trabalho de 1988, oito em dez mulheres preferem trabalhar meio expediente. Não por não desejarem trabalhar ou por pouco comprometimento com o emprego, mas porque a realidade de suas vidas faz com que o trabalho de meio expediente seja a solução mais prática, a melhor maneira de administrar a dupla jornada que a maioria delas enfrenta, dividindo-se entre o trabalho remunerado e o não-remunerado. O trabalho de meio expediente pode não trazer muita recompensa financeira e não oferecer muito em termos de promoção, benefícios ou segurança, mas pelo menos deixa algum tempo do dia livre para limpar a casa, fazer as compras, levar os filhos para a escola, pegá-los depois, lavar, passar e dobrar a roupa, cozinhar o jantar e cuidar dos parentes idosos.

Melhorar as condições e o *status* do trabalho das mulheres não deveria ser considerado como um meio para a sociedade tirar mais das mulheres, fazê-las trabalhar ainda mais árduo do que já o fazem, mas como um meio de possibilitar-lhes aproveitar mais a *vida*, permitindo-lhes assegurar seu direito de ter uma atitude lúdica assim como ter uma atitude diligente. Medidas como a instituição de um salário mínimo oficial; a manutenção do princípio da igual remuneração por trabalhos de valor equivalente; a melhoria das condições empregatícias para os trabalhadores de meio expediente; a melhoria da provisão de pensão para mulheres aumentariam o valor do trabalho remunerado das mulheres em termos absolutos e removeriam muitos dos obstáculos à brincadeira das mulheres.

Outra área igualmente importante que necessita ser atacada com alguma urgência é o fardo do trabalho não-remunerado das mulheres. Medidas projetadas para melhorar o *status* do trabalho remunerado das mulheres só irão facilitar a brincadeira das mulheres se acompanhadas de mudanças que também reconheçam a realidade do trabalho que ela executa e pelo qual não recebe nenhuma remuneração. Além de investirmos contra as desigualdades existentes no *status* e nas condições empregatícias femininas, precisamos acrescentar à nossa agenda da brincadeira uma série de mudanças estruturais e fiscais com o objetivo de diminuir a carga do trabalho doméstico das mulheres. A vida poderia ser menos exaustiva e mais gratificante com a introdução de várias medidas simples, muitas das quais já são lugar-comum em outros países europeus. Elas incluem a melhoria das condições da licença-maternidade; a introdução de licença-paternidade e da licença indiscriminada materna ou paterna; o cuidado infantil garantido com fundos públicos para todos os menores de cinco anos; a introdução de esquemas de isenção das taxas sobre os custos do cuidado infantil; a melhoria das condições do cuidado infantil no local de trabalho; a introdução de fundos públicos ou subsidiados para o cuidado infantil após o horário escolar e, mais importante que tudo, a extensão das práticas flexíveis de trabalho.

Para uma grande quantidade de mulheres, a falta aguda de provisão de cuidado infantil é um obstáculo enorme ao brincar, estejam elas cuidando de seus próprios filhos ou dos filhos de seus filhos. O fornecimento do cuidado infantil inadequado contribui consideravelmente para o estresse na vida das mulheres e na de suas famílias como um todo. A jornalista *free lance* Aine McCarthy, escrevendo no jornal *Guardian*, denunciou a falta de fornecimento formal de cuidado infantil, forçando as mulheres a confiar em redes informais de família e amigos. "Além de deixar o governo sem problemas, essas redes informais colaboram para que os homens e seus empregadores esqueçam os desafios diários que o cuidado infantil envolve", escreve McCarthy.[1] A feminista americana Gloria Steinem apresenta o problema de outra forma: "Ainda não ouvi um homem pedir conselho sobre como combinar casamento e carreira."

O fornecimento inadequado de cuidado infantil coloca pais e mães — os solteiros em particular — sob considerável pressão. Além de tomar uma boa parte da verba disponível das pessoas, coloca-as numa posição de dependência financeira, reduz sua liberdade para posicionar-se contra injustiças e desigualdades no local de trabalho e restringe muito suas oportunidades de lazer. O fornecimento inadequado de cuidado infantil também põe as crianças em risco e é uma das maiores causas de pobreza infantil.[2] As mulheres, que constituem 90% dos pais sozinhos na Inglaterra, não estão aproveitando a previdência social e sim lutando, na pobreza, para satisfazer as necessidades de seus filhos.[3] Jackie, de 26 anos, como muitas outras mães solteiras, tem grande dificuldade de combinar trabalho e família na ausência de cuidado infantil adequado que possa pagar com seus recursos. Com três filhos abaixo dos dez anos de idade, Jackie joga com seu trabalho de faxineira para encaixá-lo nas horas da escola. Durante os feriados ela é forçada a fazer arranjos para que amigos e família cuidem de seus filhos. Quando não consegue ou uma das crianças adoece, Jackie não tem outra escolha que não perder seus ganhos. A falta de cuidado infantil, além de deixar as mulheres como Jackie vulneráveis à armadilha dos benefícios por criar um grande desestímulo às mães solteiras para o trabalho remunerado, restringe suas oportunidades de estudar, envolver-se em atividades públicas e, também, de ter a merecida recreação.[4] Não é para menos que a brincadeira tenha um papel tão negligenciado na vida de muitas mulheres.

A Inglaterra está mais atrasada que muitos países da União Européia em termos de suas provisões para: licença-paternidade; licença indiscriminada materna ou paterna; incentivos de isenção ou diminuição de taxas; e condições do cuidado infantil. Atualmente a Inglaterra é um dos únicos três países da União Européia a não ter nenhuma provisão para licença indiscriminada materna ou paterna. Segundo a professora Susan McRae, da Oxford Brookes University, a Inglaterra destaca-se de outros países da Europa por recusar-se a considerar o cuidado infantil uma responsabilidade conjunta de pais e mães. "A discussão política na Inglaterra não trata de como as famílias podem conciliar trabalho e vida familiar mas de como *as mulheres* podem acomodar essas duas áreas", diz McRae.[5] A tarefa incessante e exaustiva de dividir-se entre o cuidado dos filhos, o trabalho doméstico e um emprego fora de casa atinge diretamente a inclinação e as oportunidades de brincar. Enquanto não ficar mais fácil combinar e partilhar as exigências duplas dos trabalhos remunerado e não-remunerado, a qualidade de vida para a maioria das mulheres não melhorará muito. Enquanto a responsabilidade com os filhos e o trabalho doméstico continuar predominantemente com as mulheres, também permanecerá a infiltração do trabalho na vida das mulheres.

Este último ponto é crucial.

As estruturas de emprego ainda estão organizadas em torno da noção ultrapassada de que os homens trabalham fora de casa e as mulheres cuidam dos filhos. Portanto, mudar as estruturas básicas de nossa vida de trabalho é um passo decisivo para a reintrodução do fator brincadeira em nossas vidas como um todo. A necessidade de dividir-se entre as responsabilidades de cada jornada, exigida da grande maioria das mulheres hoje em dia, poderia ser infinitamente menos onerosa em termos de tempo, finanças, saúde física e bem-estar emocional se as estruturas de emprego levassem em consideração a realidade da vida das mulheres. Esquemas de conservação do emprego, readmissão, trabalho por períodos de tempo, licença-prêmio, intervalos na carreira e sistemas de registro de tempo são medidas que estão começando a ser introduzidas em toda a Europa e nos Estados Unidos, das quais o Reino Unido também poderia beneficiar-se.

No entanto, medidas progressivas como essas pouco influirão na melhoria da qualidade de vida das mulheres enquanto forem aplicadas somente ao trabalho feminino e não ao masculino. O banco National Westminster, por exemplo, introduziu com êxito um esquema de períodos de tempo de trabalho para as funcionárias mulheres. Elas agora podem tirar folga não-remunerada mas protegida durante as férias escolares. Claramente este é um esquema que também deveria ser aplicado aos funcionários homens do Nat West. Grande parte do evidente progresso até aqui no local de trabalho conspira para a manutenção do *status quo*, em vez de desafiá-lo. O fato é que a maioria das mudanças planejadas para ajudar as pessoas a combinar trabalho remunerado e crianças são destinadas às mulheres: quantos homens trabalhando em horário flexível dividem o trabalho com outro ou tiram vantagem de folgas no serviço para cuidar de filhos pequenos? Mesmo que quisessem e tivessem condições financeiras para tal, correriam o risco de ser vistos pelos colegas e, pior, pelos empregadores, como não comprometidos o suficiente com o trabalho. Para as mulheres, o problema é o oposto: como convencer os empregadores de seu comprometimento continuado com o emprego remunerado se existe uma crença arraigada de que a única responsabilidade da mulher é com seus filhos.

Um estudo americano em 1994 descobriu que, independentemente da situação financeira familiar, os filhos tendem a ser melhor educados e mais saudáveis na proporção direta da verba doméstica ter origem no trabalho da mulher.[6] Outros estudos vincularam a responsabilidade desigual com os filhos à saúde mental fraca da mulher e demonstraram que as próprias crianças se beneficiam de várias maneiras quando as mães possuem algum tipo de emprego remunerado. Ainda assim, apesar dessas descobertas, a teoria do vínculo e suas variantes são regurgitadas em cima das mulheres quando elas mostram sinais de passar adiante um pouco que seja das responsabilidades com os filhos. Igualdade de pai e mãe ainda é muito mais um ideal do que uma realidade, como o é a igualdade da remuneração. E, enquanto isso, as mulheres como indivíduos continuam a responsabilizar-se pelo que a sociedade como um todo está deixando de fornecer. Enquanto os empregadores não adotarem medidas evidentemente favoráveis às famílias, mas que, além de ser direcionadas às mulheres estendam-se também aos funcionários masculinos, a maioria das mulheres não terá muita escolha a não ser continuar tentando combinar dois trabalhos: o remunerado e a família. Enquanto os homens forem considerados aqueles que ganham o dinheiro — independentemente da realidade —, as mulheres estarão presas na situação daquelas que precisam equilibrar-se, dividindo-se entre suas diferentes funções. Enquanto só as mulheres precisarem jogar com seu tempo, elas acharão muito difícil brincar.

Aumenta cada vez mais a evidência de que as mulheres estão desafiando ou pelo menos começando a evitar um *status quo* que elimine suas necessidades da agenda da brincadeira. Um estudo realizado em 1992 pelo National Council of Women constatou que muitas mulheres hoje em dia querem ter *menos* tempo com seus filhos, *menos* tempo com seus parceiros, *menos* tempo trabalhando e *mais* tempo para seus *hobbies* e sua educação.[7] As mulheres estão suplicando por um tempo para investir *nelas*. Isto não é egoísmo, é caminhar para a frente. Portanto, além de remover os obstáculos à brincadeira das mulheres, a agenda da brincadeira também deve introduzir formas de aumentar as *oportunidades* para as mulheres brincarem. Elas incluiriam:

• *Criar espaços para as mulheres brincarem*
As mulheres necessitam de locais e espaços onde brincar. Seja suas casas, uma sala de esportes, uma boate ou na beira tranqüila de um rio, que devem estar seguros e disponíveis antes que as mulheres possam aproveitá-los. Os empregadores, conselhos e governos devem começar a priorizar a criação de tais espaços. Mas também cabe às próprias mulheres exigir espaço para brincar; deixar de lado o imperativo de servir e a camisa-de-força da autoconsciência social e passar a ser sujeitos da brincadeira nos espaços disponíveis.

Um desses espaços é o próprio local de trabalho. As empresas rotineiramente empregam pessoas, orientadores e consultores, para que pensem ludicamente para eles. Não surpreende que poucas delas sejam do sexo feminino, pois, no trabalho, como em tudo o mais, os homens tendem a tomar conta do espaço da brincadeira.

• *Proteger o tempo de brincar*
Uma em cada dez mulheres na Inglaterra foi vítima da violência de seus parceiros nos últimos doze meses.[8] Esses números explicam por que brincar é tão difícil para muitas mulheres. Se você leva uma surra por dizer a coisa errada, estar no lugar errado ou sair na hora errada, é mais provável que passe a ter uma atitude de ceder e não brigar. A violência doméstica só foi

registrada como crime pela polícia inglesa a partir de 1987, mas atacar a violência doméstica é um passo importante para acabar com algumas das restrições que fazem com que seja tão difícil para as mulheres brincar. Além do espaço, precisamos de tempo para brincar. Ambos exigem que o tempo livre das mulheres seja sancionado e protegido.

• *Investir na brincadeira*
Ao discutir o tema da responsabilidade dos pais no Parlamento inglês em junho de 1992, lorde Beaumont insistiu: "Uma verba básica e adequada para todos os cidadãos é, francamente, o primeiro *sine qua non* para assegurar famílias saudáveis e uma sociedade responsável. É tão importante que um pai ou uma mãe tenham alguma liberdade quanto que ele ou ela tenham uma noção de responsabilidade. Ambos necessitam de liberdade e de uma noção de responsabilidade."[9] As mulheres têm responsabilidades demais; elas exigem com urgência a liberdade de poder brincar e ser lúdicas. Isto poderia ser feito através de formas diretas, como a alocação de mais verba para a melhoria das instalações esportivas para as mulheres jovens, das instalações das creches para as mães, e do transporte e do acesso para os idosos. Indiretamente, poderia ser feito através da melhoria da pensão e dos níveis salariais. Empregadores, governo e autoridades locais deveriam fazer um comprometimento financeiro no sentido de começarem a criar oportunidades para as mulheres brincarem.

• *Partilhar as tarefas de cuidar*
Seja cuidando dos filhos, passando as camisas do marido, cozinhando e fazendo compras para os parentes mais idosos, a atividade de cuidar que as mulheres desempenham pode ter suas recompensas, mas também consome muito tempo e é cansativa. A maioria das mulheres não gostaria de abandonar essa função de todo, mas a qualidade de suas vidas poderia ser muito melhorada se pudessem dividir o cuidado com os parceiros, os empregadores ou o Estado. Precisamos defender nosso direito de passar adiante pelo menos um pouco das nossas tarefas de cuidar, de modo que possamos usar e usufruir das oportunidades de brincar que surgem em nossas vidas.

• *Valorizar nossa necessidade de brincar*
Para termos o tempo, o espaço e a oportunidade de brincar, precisamos começar a dar um valor adequado à nossa necessidade de brincadeira. A

maneira como a sociedade funciona, formal e informalmente, tem muita origem na não-priorização das necessidades de brincar das mulheres (e das necessidades das mulheres em geral). A vida da sociedade funciona sem grandes problemas porque quando há um conflito de interesses, as necessidades das mulheres são sacrificadas em favor das necessidades de todo mundo. Nos casos em que as mulheres demonstram não aceitar essa desvalorização de suas necessidades, elas geralmente são ultrajadas e tratadas com hostilidade e até violência. Mas enquanto não começamos a valorizar nossas necessidades de brincar, não podemos começar a defendê-las. Reconhecer o verdadeiro valor da brincadeira em nossas vidas é, portanto, um passo crucial em direção à realização do potencial do nosso *self* lúdico. Uma vez sabendo do que necessitamos poderemos começar a identificar os meios de consegui-lo.

- *Aguçar nossos instintos lúdicos*

As restrições à brincadeira feminina na sociedade contemporânea e na cultura ocidental como um todo não só restringiram as oportunidades de brincar das mulheres mas também destruíram sua capacidade de brincar, corroeram seu instinto lúdico. Se estamos distantes do nosso instinto de brincar, não podemos abraçar as oportunidades de brincar que existem. Precisamos agora reavivar nossa capacidade de brincar e aguçar nosso instinto lúdico. Podemos fazê-lo revisitando nossas experiências da brincadeira da infância; reservando tempo para pensar sobre brincadeira; criando imagens internas de nós mesmas como sujeito da brincadeira; permitindo-nos reagir às nossas insinuações lúdicas internas e permitindo-nos também reagir às insinuações externas nesse sentido. Precisamos deixar de nos ver somente como trabalhadoras, sempre ocupadas, sempre dando o que temos de bom, sempre servindo os outros, e começar a nos enxergar também como sujeitos do brincar: bem-humoradas, curiosas, inovadoras, ousadas. A brincadeira, acima de tudo, começa com o *self* lúdico.

A sociedade lúdica

Fazer uma agenda para a brincadeira não é importante apenas para as mulheres, mas também para a sociedade de modo geral. Vimos que as mulheres têm problemas específicos para brincar que precisam ser especificamente tratados, mas somos parte de uma sociedade maior que também está sofrendo com a desvalorização da brincadeira. Como o historiador Johan Huizinga apresenta, "[A brincadeira] enfeita e amplia a vida e por isso é uma necessidade do indivíduo e da sociedade." Num nível mais básico e profundo, a brincadeira alimenta e sustenta a sociedade ao melhorar a vida dos indivíduos que a compõem.

O investimento no bem-estar das mulheres geraria crianças mais saudáveis e felizes, essencial para nosso futuro bem-estar coletivo. Ainda assim, o que acontece na realidade é o exato oposto disso: em vez de cuidar das mulheres como o primeiro passo para cuidar das famílias, e por extensão das comunidades e, por uma extensão ainda maior, da sociedade em si, permitimos que as necessidades das mulheres desçam para ser a última coisa da agenda pessoal e política. Os resultados, como podemos ver em nossas próprias vidas e nas vidas das pessoas à nossa volta, não são muito satisfatórios. A brincadeira não é egoísta ou frívola; ela é, como lorde Beaumont indicou, uma forma de responsabilidade social e coletiva. Lutar pela brincadeira das mulheres não é simplesmente uma questão feminina, é uma questão da sociedade como um todo.

Para todas as mulheres, jovens e velhas, ricas ou pobres, casadas e solteiras, brincar significa liberdade. Remover a brincadeira da vida de uma pessoa é uma forma eficaz de limitar o potencial daquele indivíduo para o movimento livre, seja ele físico, emocional, intelectual ou espiritual. Brincar importa, e não poder brincar também importa. Um dos primeiros direitos confiscados das pessoas de quem os outros desejam depender financeira ou socialmente é o direito de brincar. Pode ser uma reivindicação extrema, porém pense, por um momento, no efeito da proibição de livros no pesadelo futurista de Ray Bradbury, *Fahrenheit 451*, ou no controle rígido do prazer sexual no *Admirável mundo novo*, de Aldous Huxley, ou *Nós*, de Eugene Zamiatin, em que é permitida às pessoas uma "hora pessoal", duas vezes por semana.[10] Em todos esses livros, controlar a brincadeira é um meio sutil e poderoso de restringir a liberdade individual.

Quando passamos da ficção científica para a história, são inúmeros os exemplos de ditaduras que sentiram necessidade de refrear a brincadeira do povo e diminuir seus proventos. Na China comunista e na Rússia soviética, as artes dramática e visual foram submetidas a forte controle estatal; a censura de todas as formas de escrever era uma forma direta de suprimir a livre brincadeira da imaginação e da criatividade do povo. Outro meio de refrear a brincadeira é a estruturação do lazer. Exibições fantásticas de esportes organizados eram comuns na Alemanha no final da década de 1930. Filmados e exibidos no mundo todo, esses eventos, além de demonstrarem a grandeza do partido nazista, eram um símbolo poderoso do triunfo da ordem sobre o caos. Durante o fascismo, até a anarquia da brincadeira podia ser transformada na organização do lazer. Uma das mais sinistras peças de propaganda surgidas da Alemanha nazista foi a filmagem efetuada no campo de Theresienstadt, que servia de modelo, em que prisioneiros judeus sorridentes apareciam divertindo-se num jogo de futebol, animados por uma platéia de companheiros felizes. Esse foi um dentre muitos filmes utilizados pelos nazistas para convencer o mundo de que os rumores de atrocidades eram infundados, e que, ao contrário, os campos de prisioneiros eram modelos de humanitarismo. Na realidade, a brincadeira despreocupada era uma encenação para as câmeras, tão falsa quanto a idéia das tulipas vindas especialmente da Holanda para embelezar as redondezas normalmente lúgubres. Theresienstadt, na realidade, testemunhou a degradação e o extermínio de centenas de milhares de judeus e outros prisioneiros. A fria ironia do filme é a manipulação macabra da brincadeira, símbolo da liberdade.

A supressão da brincadeira na vida do indivíduo é sempre uma arma política poderosa. Mesmo em estados democráticos, a liberdade pode ser uma entidade perigosa. Muitos governos democráticos, em certo momento de sua história, já procuraram, de alguma forma, controlar a brincadeira do povo. A Lei Seca na década de 1930 nos Estados Unidos é um exemplo óbvio; sua contraparte na Inglaterra no mesmo período foi uma cruzada moral ferrenha contra o sexo antes do casamento. A forte oposição ao Projeto de Lei da Justiça Criminal na Inglaterra, em 1994, refletiu a consciência coletiva de que a limitação das oportunidades de atividades de grupo, sejam elas com o propósito de brincadeira ou de demonstração, aproxima-se perigosamente de infringir a liberdade individual. Os defensores do projeto e os políticos perceberam que havia mais em jogo do que simplesmente a lei e a ordem. Com o propósito de brincar ou de discordar, o povo se reúne, por sua própria vontade, em números significativos, a fim de demonstrar sua liberdade e seu poder.

A brincadeira sempre envolve ou provoca no sujeito uma sensação de liberdade, seja a liberdade da imaginação que vem de escrever um poema ou contar uma história, ou a liberdade física que acompanha o dançar ou o patinar.[11] A sensação de liberdade é uma característica essencial da brincadeira e um de seus resultados mais benéficos. Mesmo os jogos, que à primeira vista parecem ser governados por uma série de regras restritivas do que o indivíduo pode ou não pode fazer, criam um espaço ritualístico em que as normas gerais de comportamento são temporariamente suspensas. O jogo de hóquei permite às meninas demonstrar agressividade e competitividade, o futebol permite aos meninos se abraçarem. Por termos consistentemente deixado de reconhecer o valor da brincadeira, chegamos a uma situação em que nossas vidas são dominadas pelo trabalho de um tipo ou de outro, e nosso lazer não compensa e não nos realiza, tornando-se o que o poeta Louis MacNeice chamou de "antolhos nos olhos da dúvida".[12] Ao abandonarmos a liberdade de brincar, nos tornamos presas da tirania do trabalho, a partir do qual, atualmente, todas as coisas são medidas.

Precisamos, agora, pensar em estabelecer um tipo diferente de emprego — o "emprego pleno da personalidade" que acontece através da brincadeira. "A alternativa", adverte um sociólogo, "é uma maior difusão do niilismo, com as pessoas afundando mais no desespero de saberem que perderam seu rumo."[13] Enquanto a brincadeira for vista como pertencendo ao mundo infantil, enquanto ela tiver pouco lugar no mundo responsável e sério do adulto, continuaremos presos por esta polarização do "trabalho dos adultos" e da "brincadeira dos bebês".[14] Relegando a brincadeira ao "mundo pela metade" da criança e extirpando-a do mundo "real" dos adultos, os mundos das crianças e dos adultos continuarão a ser depreciados, para não dizer danificados. Essa separação do trabalho e da brincadeira divide os indivíduos internamente e entre si; causa, por exemplo, incompreensão e tensão entre o mundo do adulto e o mundo do jovem. Isto, por sua vez, leva à negação da realidade em duas direções: se o jovem nega a realidade da experiência adulta, passa a poder quebrar os vidros dos carros por diversão; ele não pensa no tempo, dinheiro e energia que será preciso despender para consertar o vidro, no transtorno emocional, na preocupação administrativa ou na inconveniência prática que sua "diversão" irá causar. Do mesmo modo, se o adulto nega a realidade do mundo do jovem, facilmente considerará o uso de drogas como uma estupidez sem razão, sem parar para pensar no que ele comunica, que é um sinal dos problemas que os jovens enfrentam em termos de desemprego, falta de habitação, dívidas, segurança emocional e financeira, Aids, guerra nuclear. Essa negação de realidades coexistentes nas duas direções tem graves implicações que não deveriam ser subestimadas. Ela nos leva, aos poucos, mas com certeza, ao mundo da *Laranja mecânica*, em que o assassinato e o estupro fazem parte da saída noturna de um homem. Leva-nos ao horror da vida real de dois meninos de dez anos seqüestrando, torturando e finalmente matando um bebê aterrorizado e indefeso numa brincadeira assustadoramente cruel. Uma carta enviada para o jornal *Guardian* no início do caso James Bulger trazia a seguinte opinião: "As crianças retratam a sociedade que os educa com mais exatidão que qualquer outra coisa.(...) Quando o espelho é distorcido, como neste exemplo horrível, os monstros que nele vemos ainda somos nós mesmos."[15]

Essas perversões terríveis da brincadeira tornam-se possíveis quando a consciência das realidades alternativas é destruída; elas refletem o triunfo da subjetividade em seu pior disfarce. Aqui, o potencial verdadeiro da brincadeira de aprimorar a capacidade de empatia, comunhão, vinculação e consideração pelos outros do indivíduo é invertido de uma maneira horrível. A brincadeira torna-se um meio de aniquilar realidades alternativas, reduzindo a experiência à soma total da realidade imediata do indivíduo. Vista por este ângulo, a realidade assemelha-se à extremidade estreita de uma cunha devastadora: um modo de brincar que necessariamente exclui os outros, enquanto leva o indivíduo a um mundo de fantasia em que a única realidade é o eu.

Numa escala maior, esta é a morte do indivíduo e, por extensão, da sociedade. Estamos de volta à visão de William Blake da perda da inocência, da corrupção da brincadeira, do silenciar das vozes ouvidas na montanha. Heather Glen, em sua análise da obra de Blake, *Songs*, considera que o poeta defende o papel crucial da brincadeira para a continuidade saudável da vida em comunidade.[16] Em *Songs of Experience (Canções da experiência)*, os indivíduos são isolados, "fechados em si de uma forma destrutiva, em vez de abrirem-se e externarem uma forma criativa. [Porém em] *Songs of Innocence (Canções da inocência)* não há o indivíduo isolado: nenhum indivíduo existe exceto em relação".[17] Blake, nesses poemas, utiliza a linguagem de uma forma lúdica para criar a imagem de "uma experiência de auto-realização que é ao mesmo tempo uma experiência de reconhecimento do outro e pelo outro".[18]

Blake resume na mágica da poesia o que Schiller, seu contemporâneo alemão, iria dizer pouco depois, com lógica, na prosa. Ambos procuraram valorizar um tipo de experiência humana que não era um ideal sentimental, mas uma realidade. Segundo Glen, *Songs of Innocence* "é uma tentativa sem paralelo em nossa literatura de articular o que um psicanalista moderno chamou de 'as ilusões vitais pelas quais vivemos' — as 'ilusões' de que não estamos cegamente à mercê do destino, de que podemos na verdade construir o mundo que habitamos, de que o desejo pode ser realizado e não ser destruído; de que uma forma não-instrumental de relacionamento com os outros é possível, de que a ordem pode sobreviver ao caos, e o amor, à agressão. Essas são as 'ilusões' necessárias a qualquer sensação de vida esperançosa ou criativa, tanto para o indivíduo como para a sociedade."[19]

Uma vez entendido o papel crucial da brincadeira para o bem-estar da sociedade como um todo, fica mais fácil compreender por que o direito de brincar é tão essencial quanto qualquer outro direito do ser humano, por que ele é uma causa em que vale a pena pensar e pela qual vale a pena lutar. Isto aplica-se a todos nós, homens e mulheres, adultos e crianças.

O fator desemprego

Talvez pareça um luxo inadequado defender a brincadeira quando tantas pessoas hoje em dia sofrem de desemprego forçado, mas é precisamente nos tempos de opressão que nossa necessidade de brincar se torna maior. A forma como o desempregado enfrenta seu problema numa cultura que valoriza o emprego mais do que deveria é fundamental para seu bem-estar logo após a perda do emprego e mesmo depois. Os índices de suicídio são mais elevados nos períodos de alto índice de desemprego, assim como o são os índices de crimes contra a propriedade, de abuso de drogas, de desabrigados e de violência doméstica. O jornalista Donald Donnison escreve:

> O desempregado não é o único a sofrer quando os empregos ficam escassos. O desemprego machuca todos nós.(...) Pagamos um preço pela injustiça e por seu símbolo mais flagrante — o alto índice de desemprego. Esse preço é a ansiedade com a segurança de nossos filhos nas ruas, os valores mais elevados dos seguros e dos alarmes mais elaborados contra roubo, e o alto custo dos hospitais, da polícia e das prisões. Porém a perda mais triste é a da esperança. Numa sociedade com esperança, todos os cidadãos desejam transformar o mundo num lugar melhor. Quais são suas prioridades? Oportunidades iguais para homens e mulheres de todas as raças? Maior flexibilidade na idade para a aposentadoria, permitindo às pessoas optar por empregos de meio expediente e parar de trabalhar quando lhes convém? Mais oportunidades para os estudantes? Mais oportunidades para as pessoas com algum tipo de problema mental ou físico? Mais oportuni-

dades para pais ou mães sozinhos conseguirem o sustento através de seu salário? Cada uma dessas reformas torna-se mais difícil de alcançar quando há muitas pessoas sem trabalho, e os que possuem emprego sentem-se compelidos a defendê-lo de qualquer maneira. Os anos 60 e o início dos anos 70 podem ter testemunhado algumas loucuras, mas foram um tempo de esperança. As pessoas sentiam que podiam fazer coisas: os males sociais podiam ser desafiados, os problemas sociais, resolvidos. Hoje, nós perdemos essa esperança.[20]

Grandes quantidades de pessoas de todas as classes sociais na Inglaterra estão atualmente desempregadas. Quem termina os estudos não consegue encontrar emprego; administradores de meia-idade são "aposentados cedo"; trabalhadores nas fábricas são demitidos aos milhares. Os problemas do desemprego são bem documentados: depressão, ansiedade, desespero, agressão, saúde precária. Porém a espiral descendente que os indivíduos — e, portanto, a sociedade — sofrem como resultado do desemprego em massa não é melhorada por suposições relativas à importância do emprego na vida das pessoas, suposições essas que necessitam ser questionadas com urgência. O trabalho é realmente a chave para o bem-estar? É justo que o consideremos como tal? É certo uma parte da população trabalhar até mais não poder, enquanto outra é aniquilada pela falta de emprego? Seria bom relembrarmos as palavras de Hannah Arendt: "O crescimento econômico poderá um dia transformar-se num mal em vez de um bem, e sob nenhuma condição poderá levar à liberdade ou constituir uma prova de sua existência."[21]

O desemprego no mundo industrializado alcançou 35 milhões em 1994. Os políticos, cada vez mais voltados para necessidades de curto prazo, continuam fixados no trabalho remunerado, de uma forma ou de outra, como o meio para o desenvolvimento da sociedade, apesar de, na prática, suas teorias só testemunharem o desemprego em massa, uma defasagem crescente em todos os sentidos entre o rico e o pobre e pouca evidência de melhoria na qualidade de vida além daquela medida por vídeos e aparelhos de TV. Segundo os números europeus, Portugal é o único país onde há mais pessoas vivendo na pobreza do que no Reino Unido. Precisamos nos perguntar o que queremos dizer por emprego integral, o que desejamos do emprego de um modo geral e o que deve acontecer às milhões de pessoas desempregadas nesse meio tempo. É curioso que tão pouco seja feito para introduzir medidas que poderiam tornar o desemprego menos destrutivo e para facilitar que as pessoas façam alguma coisa boa com o desemprego.

Sabemos que o modo como os desempregados consideram e usam seu tempo tem um efeito direto na sua capacidade de evitar os "sintomas" do desemprego. As pesquisas mostram que a habilidade de planejar e preencher o tempo parece reduzir a aflição de estar sem trabalho. A capacidade de brincar também é a de usar o tempo de uma maneira não-comercial e não-funcional para a satisfação pessoal. Ela nos ajuda a enfrentar o estresse da vida e alimenta nosso senso de valor pessoal, fragilizado pela experiência do desemprego numa cultura como a nossa. Quando pensamos que a média da vida laboral está diminuindo e que inúmeros indivíduos têm pouca probabilidade de conseguir mais de 35 anos de trabalho em 75 anos de vida, vemos que a necessidade de habilidades que nos permitam usar o tempo não-remunerado de forma criativa e realizadora é inquestionável. Vou mais longe, a ponto de dizer que o fenômeno do desemprego em massa é uma das razões mais sérias para que a brincadeira seja considerada como uma faceta essencial da vida adulta.

Os efeitos nocivos do desemprego são sentidos inclusive por aqueles que, teoricamente, deveriam estar livres da pressão para trabalhar: as pessoas com idade para se aposentar e delas em diante. Uma proporção cada vez maior da população cai nesta categoria, pois o aumento da expectativa de vida aliado ao declínio das taxas de fertilidade e de mortalidade resultam numa população que envelhece em toda a Europa.[22] Comparando-se com os dados de algumas décadas atrás, menos mulheres estão tendo filhos, e estas os têm mais tarde. Na Comunidade Européia, há mais de 60 milhões de pessoas com idade acima de 60 anos e quase um terço da população e um quinto da força de trabalho acima de 50 anos. Até o ano 2020, estes números terão aumentado consideravelmente. As mulheres na Comunidade Européia agora podem esperar viver uma média de 6,6 anos mais que os homens.[23] Na França, as mulheres vivem atualmente uma média de 8,2 anos mais que os homens. No Reino Unido, a média de expectativa de vida para uma menina nascida em 1993 é de 79 anos. Três por cento de todas as mulheres estão hoje com idade de 85 anos em diante, e este número deve elevar-se para 5% até 2031. Em termos estritamente demográficos, não podemos mais ignorar a importância do brincar.

O custo para a sociedade da saúde precária na velhice é considerável e está aumentando; isto pode ser visto nos custos financeiros do cuidado residencial, do tratamento médico e dos serviços e, apesar de não tão facilmente mensurado, nos custos emocionais da simples miséria humana. Como indivíduos e como sociedade, precisamos investir nos últimos estágios da vida para que, na ausência de trabalho remunerado, a importância de atividades gratificantes seja maior. Com uma população que envelhece mais, precisamos ter indivíduos idosos saudáveis e satisfeitos que possam contribuir para a sociedade com sua experiência, suas habilidades e seu tempo e que possam usar esses mesmos atributos para preencher seu próprio potencial.

Mais do que vale um emprego

O trabalho pode ser o mal que melhor conhecemos, mas imagine uma sociedade onde fosse perfeitamente aceitável, até admirável, trabalhar uma semana de dois ou três dias e ter os outros quatro ou cinco para a família, os amigos e outros interesses. Nessa sociedade, mais pessoas estariam trabalhando, mas ao mesmo tempo o trabalho roubaria menos de nossas vidas. Em 1934, Bertrand Russell defendeu o dia de trabalho de quatro horas: "Quero dizer, com toda a seriedade, que o mal que está sendo feito no mundo moderno se deve muito à fé na virtuosidade do trabalho, e o caminho para a felicidade e a prosperidade seria a redução organizada do trabalho."[24] Em vez de ouvirmos o aviso de Russell, deixamos que nossa obsessão pelo trabalho florescesse sem ser avaliada, ao custo de nosso brincar. "Os métodos modernos de produção", escreveu Russell, "tornaram possível a tranqüilidade e o bem-estar para todos; porém, em vez disto, escolhemos o trabalho exagerado para alguns e a fome para outros (…) não há razão para continuarmos sendo insensatos para sempre."[25]

A fé continuada na virtuosidade do trabalho empurrou o impulso para brincar para extremidades cada vez mais estreitas de nossas vidas. Hoje em dia, quem tem emprego dedica uma grande proporção de seu tempo ao trabalho, muitas vezes ao custo da brincadeira, enquanto quem não tem emprego sente-se profundamente sem nenhum direito de brincar, mesmo tendo tempo. Há uma espécie de loucura nisto tudo que confunde o raciocínio e a intuição.

Está na hora de nos curarmos dessa insanidade coletiva, não por motivos egoístas mas porque nosso bem-estar individual e coletivo depende disso. Em vez de vivermos para o trabalho, deveríamos estar descobrindo meios de trabalhar para podermos brincar.

Trabalhando para brincar: uma oportunidade de mudança

À medida que nos aproximamos do final do século XX, mudanças radicais estão acontecendo na estrutura do emprego em toda a Europa e nos Estados Unidos. Enquanto essas mudanças estão sendo recebidas com um misto de temor, ansiedade, ceticismo e, em alguns locais, entusiasmo e alegria, a extensão e a importância da mudança ainda não estão claras. Contudo, em todas as discussões sobre o futuro do emprego, quer ele seja visto como terrível ou agradável, o que tem sido consistentemente desconsiderado até agora é que as mulheres estão numa posição diferente para dar forma ao futuro. As mulheres são ao mesmo tempo membros valiosos e desvalorizados da força de trabalho. Como tal, estão na melhor posição possível para pôr um fim na obsessão de nossa cultura pelo trabalho remunerado como sendo a panacéia para todos os males e liderar a saída do atoleiro do trabalho para uma forma de vida que respeita, valoriza e estima a experiência de brincar.

As mulheres são uma presença crescente e cada vez mais necessária no local de trabalho. Elas estão numa posição de poder começar a exigir mudanças capazes de melhorar a qualidade de vida, não só para as mulheres mas para todos. Sua mera presença pode gerar mudança: com mais mulheres em empregos remunerados e precisando dividir-se freneticamente entre seus compromissos domésticos e profissionais, mais homens serão afetados como parceiros, colegas, empregadores e empregados. O que fazer com as crianças será cada vez mais um problema a usurpar o tempo e o sentimento dos homens. Isto poderia fornecer o impulso necessário para a ação, mesmo sem que sejam verbalizados mais pedidos de mudança.

No entanto, nenhum impulso para mudança terá qualquer impacto a não ser que as mulheres consigam resistir à pressão para se comportarem como os homens no local de trabalho e se recusem a polarizar os dois aspectos de suas vidas. Até o presente, tendemos a reprimir nossas experiências e a moldar nossa maneira de viver, de pensar e de trabalhar às tendências masculinas dominantes que caracterizam a sociedade, aceitando a idéia de que o trabalho feminino — geralmente de um tipo muito desvalorizado — é o que nos cabe. Precisamos agora nos lembrar e aos outros que nós não devemos nos sentir agradecidas pelo trabalho — os empregadores deveriam sentir-se gratos a *nós*. Precisamos nos lembrar de que o trabalho resolve alguns problemas para as mulheres mas cria outros. Temos que adotar o hábito de dizer a nós mesmas e aos outros: "Eu quero trabalhar sim, mas não vou fingir que com isto todos os meus problemas ficaram resolvidos; nem vou acobertar o fato de que sair para trabalhar me trouxe uma série de *novos* problemas." Precisamos começar a acreditar que o nosso trabalho remunerado tem um valor financeiro imenso para a sociedade, seja ele de tempo integral, de meio expediente, de horário flexível, por períodos de tempo de tarefas partilhadas; mais do que isto, temos que acreditar que o nosso trabalho *não-remunerado* também tem um enorme valor para a sociedade. E, acima de tudo, devemos acreditar que a sociedade não deveria tornar mais difícil nossa contribuição com essas formas de trabalho, recusando-se a reconhecer as pressões e os estresses que elas nos causam.

As condições de trabalho das mulheres precisam ser melhoradas, *não* para que as mulheres possam trabalhar ainda mais, mas para que elas possam ficar mais livres da tirania do trabalho para poderem realizar sua capacidade para brincar. A questão do trabalho feminino não pode e não deve ser vista isolada da questão da brincadeira feminina. Como apontou Charles Dickens, "não pode haver trabalho eficaz e satisfatório sem brincadeira". A brincadeira não é uma alternativa para o trabalho, é um pré-requisito.

As mudanças no trabalho das mulheres obviamente acontecem no contexto das mudanças gerais no mundo do emprego. O trabalho dos homens também está sofrendo grande transformação, caracterizada por maior insegurança, uma pressão mais intensa para a reforma e um crescimento dos riscos de transformação. Menos da metade da população trabalhadora no Reino Unido possui emprego de horário integral de longo prazo; mais de um milhão de pessoas atualmente possui mais de um emprego; há duas vezes mais pessoas com emprego de meio expediente e trabalhando por conta própria do que quinze anos atrás. Tendências semelhantes estão ocorrendo em toda a Europa. É muito provável que o desemprego tenha chegado para ficar, assim como o trabalho por turnos, o contrato por períodos fixos, a terceirização, a franquia, o emprego temporário, o trabalho desenvolvido em casa, o trabalho à distância e a partilha de tarefas do trabalho. Estas são características fundamentais da nova cara do mundo do trabalho. Elas poderão pressionar as pessoas a trabalhar mais horas ainda do que já trabalham; ou poderão facilitar-lhes a criação de tempo e espaço em suas vidas para outras coisas que não o trabalho. A nova tecnologia expulsará algumas pessoas do trabalho e criará empregos para outras; novas atitudes com relação ao emprego levarão alguns trabalhadores a realizar-se e outros a destruir-se; à medida que os computadores, os *fax* e os *modem* nos tirarem do escritório, problemas de isolamento e de falta de apoio surgirão. Talvez estejamos chegando ao fim da segurança no emprego, ou podemos, até mesmo, como defende o autor americano William Bridges, estar testemunhando as dores da morte do emprego em si. Segundo Bridges, "a não ser que possamos começar logo a reeducar nossa força de trabalho segundo essas novas expectativas e as realidades econômicas que lhes deram forma, estaremos entrando num período de décadas de caos econômico que irá danificar nossas organizações e arrasar várias gerações de trabalhadores".[26] Proponho que encaremos essas mudanças como uma oportunidade, não uma catástrofe; que aproveitemos a chance apresentada pelas mudanças na estrutura e na prática do emprego para devolvermos ao trabalho seu lugar e lembrarmos que a vida é muito mais do que trabalho.

Vários comentaristas teceram paralelos entre as mudanças que estão ocorrendo atualmente nas estruturas de emprego e aquelas que aconteceram no final do século XVIII com o processo da industrialização. Naquela época, todo um modo de vida foi transtornado. A industrialização efetuou mudanças de amplo alcance. Como o historiador E.P. Thompson explicou, ela "exigiu uma profunda reformulação dos hábitos de trabalho — novas disciplinas, novos incentivos e uma nova natureza humana para lhe servir de alicerce". As profundas mudanças nos padrões e estruturas de emprego que tiveram lugar ao longo da industrialização vieram acompanhadas da modificação do papel da brincadeira, deixando de ser um aspecto central e valorizado da vida diária. Ao refletir sobre as implicações de longo prazo da Revolução Industrial, Thompson se perguntava se chegaria um tempo em que as pessoas "teriam de reaprender um pouco as artes de viver" que foram perdidas então.[27] Esse tempo pode ter chegado. Agora, em que uma alteração radical está acontecendo novamente na organização do tempo do trabalho, temos a oportunidade de restabelecer a brincadeira como um conceito cultural e uma realidade da vida diária.

No final de *The Age of Extremes* (*A era de extremos*), de Eric Hobsbawm, o historiador afirma que o futuro não nos está impelindo, pois perdemos nossa fé e esperança no futuro. Ele faz uma terrível advertência: se a sociedade não mudar, ela enfrentará a "escuridão". Mas não oferece soluções, nenhum meio de efetuar essa mudança.[28] Eu estou menos desesperada porque *há* sinais progressivos de mudança. As pessoas estão cada vez mais infelizes com uma vida que lhes deixa muito pouco tempo para conversar com seus parceiros, brincar com os filhos, ver os amigos. Em vez disso, pode-se ouvir, fraco mas perceptível, um murmúrio crescente de dissensão. Em 1993, uma nova revista de nome *Idler* surgiu nas bancas com o objetivo, segundo as palavras de seu fundador, de "virar de cabeça para baixo as idéias orientadoras dominantes — o trabalho é bom, a preguiça é ruim — e encorajar uma cultura em que o oposto é verdadeiro, o trabalho maníaco é visto como o que ele geralmente é: um sinal de algum conflito interior mal resolvido, uma falta de criatividade, de espiritualidade, de autoconhecimento".[29]

Em todo lugar há sinais de uma insatisfação progressiva com a cultura do "trabalho, trabalho e mais trabalho". As pessoas estão demandando licenças-prêmio, tempo para pagar as contas, semanas de quatro dias, licenças-paternidade; estão optando pelo trabalho autônomo ou buscando refúgio na função de mãe em tempo integral. Um número pequeno porém significativo de pessoas está questionando o valor do trabalho remunerado e voltando-se para outros modos de vida com ênfase na realização pessoal, nos valores comunitários e na qualidade de vida. Nos Estados Unidos, um grupo crescente de trabalhadores descontentes está fazendo cursos de Simplicidade Voluntária (SV), com o objetivo de simplificar suas metas, deixar de lado a correria cansativa, desgastante e competitiva, e diminuir suas exigências financeiras, para melhorar sua qualidade de vida geral. Segundo o Trends Research Institute de Rhinebeck, Nova York, 15% das pessoas na casa dos 30 e dos 40 anos de idade estarão parcial ou totalmente comprometidas com um tipo de vida SV até o ano 2000.[30] Segundo Duane Elgin, autor de *Voluntary Simplicity (Simplicidade voluntária)*, este movimento não indica desistência, mas entrada: "Isto não se resume a ir até o café próximo e ficar por ali conversando com outros desocupados que fugiram do emprego no estágio mais bem-sucedido, ativo e próspero de suas vidas. Através da vida simples, o indivíduo está na verdade entrando: para a comunidade, a família e os relacionamentos."[31] Enquanto há 25 anos somente uma em cada vinte pessoas na Inglaterra rejeitava o consumo conspícuo, o índice atual é de uma em cada cinco pessoas.[32] Numa amostra aleatória de 800 americanos designados pela Merck Family Foundation descobriu-se que 82% concordavam que "compramos e consumimos muito mais do que precisamos", e 28% já haviam adotado medidas práticas para distanciar-se de um estilo de vida consumista. Esses indivíduos "pós-materialistas" rejeitam a recuperação econômica orientada para o consumo tão exaltada pelos políticos; eles preferem as organizações locais e menores às grandes instituições e, sugestivamente, não têm nenhum interesse no "emprego vitalício", preferindo trabalhar de formas flexíveis e envolver-se com muitos tipos de trabalho durante a vida.

Poderá ainda haver alguma dúvida de que precisamos agora restabelecer o conceito de brincadeira e reintroduzi-lo na estrutura de nossas vidas? Sem brincar, somos pouco melhores do que as máquinas, meramente desenvolvendo uma seqüência infindável de tarefas de níveis de simplicidade ou complexidade variáveis. Diferentemente dos produtos apresentados nas telas de televisão e nos *outdoors* como elixires de felicidade, a brincadeira não custa absolutamente nada; quando o indivíduo gosta, ela é à prova de recesso. Pode acontecer em qualquer lugar, a qualquer hora, de graça. É um investimento seguro, com lucros garantidos.

Faz quase dois séculos que Jeremy Bentham escreveu as palavras com as quais iniciei o primeiro capítulo deste livro e estou concluindo o último: "Há duas formas de magoar a humanidade: uma, pela introdução das dores; a outra, pela exclusão dos prazeres. Ambos são atos de tirania, pois em que consiste a tirania, se não nisso?"[33] Em contraste, a brincadeira tem a ver com liberdade, o extremo oposto da tirania. No nível individual, a brincadeira é a experiência da liberdade da mente, do corpo e da alma; no nível social, ela é a experiência da interdependência, da correlação, da coexistência. Na brincadeira, encontramos uma realidade que é profundamente unificadora — de nós mesmos, do mundo que habitamos agora e já habitamos, do mundo que aspiramos habitar, das pessoas com quem o habitamos. A brincadeira não é algo de que podemos prescindir sem nos causarmos, individual e coletivamente, um grande dano. Como mulheres, entendemos de unificação muito bem. Se pudéssemos aliar esse entendimento à liberdade da brincadeira, poderíamos tornar nossas vidas mais felizes, mais saudáveis, mais realizadas, mais cheias de esperança. Para nosso próprio bem, pelo bem das pessoas que amamos, da sociedade em que vivemos e da sociedade em que nossos filhos irão viver, está na hora de abandonarmos a obsessão pelo trabalho. Precisamos retornar o trabalho de volta ao seu lugar e, sem mais nenhum atraso, reclamar nosso direito de brincar, afirmar e valorizar nosso *self* lúdico.

Bibliografia

AAUW. *Shortchanging Girls, Shortchanging America* (Washington, DC, 1991) (Dados originais: Relatório com Dados Completos da AAUW/Greenberg-Lake, Greenberg-Lake, Washington, DC, 1990)
Abrams, R. "Children on the Frontline", *She*, 1993
Abrams, R. *"Woman in a Man's World* (Methuen, Londres, 1993)
Achterberg, J. *Woman as Healer* (Rider, Londres, 1990)
Amussen, S.D. "The Gendering of Popular Culture in Early England", in T. Harris (ed). *Popular Culture in England, c. 1500-1850* (Macmillan, Londres, 1995)
Anderson, B.S. e Zinsser, J.P. *A History of Their Own: women in Europe from prehistory to the present*, Vol. 2 (Penguin, Harmondsworth, 1990)
Arber, S. e Ginn, J., eds. *Connecting Gender and Ageing* (Open University Press, Buckingham, 1995)
Arendt, H. *On Revolution* (Faber and Faber, Londres, 1963)
Argyle, M. *The Psychology of Happiness* (Routledge, Londres, 1989)
Argyle, M. e Lu, L. (1990) "The Happiness of Extroverts", *Perons. indiv. Diff.*, Vol. 11, no. 10, págs. 1011-17.
Aries, E. (1982) "Verbal and Nonverbal Behaviour in Single Sex and Mixed-Sex Groups: Are Traditional Sex Roles Changing", in *Psychological Reports* 51.127-134
Aries, P. e Bejin, A. *Western Sexuality — practice and precept in past and present times*, trad. Anthony Forster (Basil Blackwell, Oxford, 1985)
Austin Knight UK. *The Family Friendly Workplace* (Company Report, Londres, 1995)
Beauvoir, S. de. *Memoirs of a Dutiful Daughter*, trad. James Kirkup (Penguin, Londres, 1970)
Beauvoir, S. de. *The Ethics of Ambiguity*, trad. Bernard Frechtman (Citadel, Nova York, 1964)
Bentham, J. *Theory of Legislation*. Primeiramente publicado em 1802 (Kegan Paul, Londres, 1891)
Birch, H.G. (1945) "The Relation of Previous Experience to Insightful Problem-solving", *Journal of Comp. Physiol. Psychol.*, No. 38, págs. 367-83
Blakney, R.B., trad. *Meister Eckhart: a modern translation* (Harper and Row, Nova York, 1941)
Blauner, R. *Alienation and Freedom: the factory worker and his industry* (University of Chicago Press, Chicago, 1964)
Block, J.H. (1983) "Differential premises arisine from differential socialization of the sexes: some conjectures", *Child Development*, vol. 54, págs. 1335-54
Boynton and Ford (1933) "The Relationship Between Play and Intelligence", *Journal of Applied Psychology*, 17
Bradley, I. *The Call To Seriousness* (Jonathan Cape, Londres, 1976)

Bridges, W. *Jobshift: how to prosper in a workplace without jobs* (Nicholas Bradley, Londres, 1955)
Brown, G.W. e Harris, T. *The Social Origins of Depression* (Tavistock, Londres, 1978)
Bruner, J.S., Jolly, A. e Sylva, K. *Play: its role in development and evolution* (Penguin, Harmondsworth, 1976)
Bruner, J.S. (1972) "Nature and Uses of Immaturity", *American Psychologist*, vol. 27, no. 8
Buonaventura, W. *Serpent of the Nile: women and dance in the Arab world* (Saki Books, Londres, 1989)
Burchell, B. "The Effects of Labour Market Position, Job Insecurity, and Unemployment of Psychological Health", in *Social Change and the Experience of Unemployment*, eds. D. Gallie, C. Marsh e C. Vogler (Oxford University Press, Oxford, 1994)
Burchell, B. e Rubery, J. "Divided Women: Labour Market Segmentation e Gender Segregation", in *Gender Segregation and Social Change: men and women in changing labour markets*, ed. A. MacEwen Scott, (Oxford University Press, Oxford, 1994)
Burke, P.J. (1989) "Gender Identity, Sex and School Performance", *Social Psychology Quarterly*, Vol. 52, nº 2, págs. 159-69
Cadogan, M. *Women With Wings: female flyers in fact and fiction* (Macmillan, Londres, 1992)
Campbell, A. *The Sense of Well-being in America* (McGraw-Hill, Nova York, 1981)
Chodorow, N. *The Reproduction of Mothering* (University of California Press, Berkeley, 1978)
Clarke, J. e Critcher, C. *The Devil Makes Work: leisure in capitalist Britain* (Macmillan, Basingstoke, 1983)
Clulow, C. e Mattinson, J. *Marriage Inside Out: understanding problems of intimacy* (Penguin, Harmondsworth, 1989)
Corsaro, W. e Rizzo, T. "Disputes in the Peer Culture of American and Italian Nursery School Children", in *Conflict Talk*, ed. A. Grimshaw (Cambridge University Press, Cambridge, 1990)
Coward, R. *Our Treacherous Hearts: why women let men get their way* (Faber and Faber, Londres, 1992)
Csikszentmihalyi, M. *Beyond Boredom and Anxiety* (Jossey-Bass, São Francisco, 1975)
Csikszentmihalyi, M. (1982) "Toward a psychology of optimal experience", *Review of Personality and Social Psychology*, 3, págs. 13-36
Csikszentmihalyi, M. e Kubey, R. (1981) "Television and the rest of life: a systematic comparison of subjective experiences", *Public Opinion Quarterly*, 45, págs. 317-28
Csikszentmihalyi, M. e Larson, R. *Being Adolescent* (Basic Books, Nova York, 1984)
Curtis, J. (1993) "Satisfying work if you can find it", *British Social Attitudes*.
Davies, B. e Ward, S. *Women and Personal Pensions* (HMSO, Londres, 1992)
Deem, R. *All Work and No Play: the sociology of women and leisure* (Open University Press, Milton Keynes, 1986)
Demos Quarterly, No. 5, 1995, "The Time Squeeze" (Demos, Londres)
Dex, S., Clark, A. e Taylor, M. *Household Labour Supply*, British Household Panel Survey, Wave 1 Report (Department of Employment, Londres, 1995)
Dickinson, E. Selected Poems, ed. J. Reeves (Heinemann, Londres, 1959)
Dixey, R. (1988) "Eyes Down: A Study of Bingo: in E. Wimbush e M. Talbot (eds.), *Relative Freedoms: women and leisure* (Open University Press, Milton Keynes)
Donkin, H.B. "Hysteria", in *Dictionary of Psychological Medicine*, ed. D.H. Tuke, págs. 619, 620 (Churchill, Londres, 1982)
Douglas, S.J. *Where the Girls Are: growing up female with the mass media* (Penguin, Londres, 1994)

Dumazedier, J. *Toward a Society of Leisure* (Collier: Macmillan, Londres, 1967)
Dunbar, R. "Why gossip is good for you", *New Scientist*, 21 de novembro de 1992
Dunlop, H.L. "Games, sports, dancing and other vigorous recreational activities and their function in Samoan culture", in *Sport, Culture and Society*, eds. Loy, Jr, J.W. e Kenyon, G.S. (Macmillan, Londres, 1969)
Elias, N. e Dunning, E. *The Quest for Excitement* (Basil Blackwell, Oxford, 1986)
Erikson, E. *Play and Development* (W.W. Norton, Nova York, 1972)
Erikson, E. *Childhood and Society*. Publicado pela primeira vez em 1950 (Vintage, Londres, 1995)
Erikson, E. *Insight and Responsibility* (W.W. Norton, Nova York, 1964)
Erikson, E. *Identity: Youth and Crisis* (Horton, Nova York, 1968)
Erikson, E. "Womanhood and the inner space", in *Women and Analysis*, ed. J. Strouse (Grossman, Nova York, 1968/1974)
Ermisch, J. *The Economics of the Family: applications to divorce and remarriage* (Centre for Economic Policy Research, No. 140, 1986)
Etzion, D. (1984) "Moderating effect of social support on the stress-burnout relationship", *Journal of Applied Psychology*, 69(4) págs. 615-22.
Evans, J.G. *Health: Abilities and Wellbeing in the Third Age* (Carnegie, United Kingdom Trust, 1992)
Fagot, B.I. (1978). "The influence of sex of child on parent reactions to toddler children", *Child Development*, Vol. 49, págs. 459-65
Feynman, R.P. *"Surely You're Joking, Mr. Feynman!"* (Vintage, Londres, 1985)
Finch, J. e Groves, D. *A Labour of Love: women, work and caring* (Routledge e Kegan Paul, Londres, 1983)
Finnis, J. *Natural Law and Natural Rights* (Oxford University Press, Oxford, 1980)
Formanek, R. e Gurrian, A. *Women and Depression: a lifespan perspective* (Springer, Nova York, 1987)
French, M. *The War Against Women* (Hamish Hamilton, Londres, 1992)
Freud, S. *Wit and Its Relation to the Unconscious*, ed. A.A. Brill, (Kegan Paul, Londres,1922)
Freud, S. *Three Essays on the Theory of Sexuality*, ed. J. Strachey (Penguin Freud Library, Vol VII/Penguin, Harmondsworth, 1991)
Freud, S. *Beyond the Pleasure Principle*. Primeira edição 1920, trad. James Strachey (Hogarth Press, Londres, 1950)
Gallie, D., Marsh, C. e Vogler, C., eds. *Social Change and the Experience of Unemployment* (Oxford University Press, Oxford, 1995)
Gambetta, D. (1994), "Godfather's gossip", *Arch. Europ. Social*, 35, págs. 199-223
Gaskell, J. *Gender Matters: from school to work* (Oxford University Press, Oxford, 1992)
Gavron, H. *The Captive Wife* (Penguin, Harmondsworth, 1966)
Gershuny, J. *Social Innovation and the Division of Labour* (Oxford University Press, Oxford, 1983)
Gewirtz, J.L. "The Course of Infant Smiling in Four Child-rearing Enviromnents in Israel", in *Determinants of Infant Behaviour*, Vol. III, ed. B.M. Foss (Wiley, Nova York, 1965)
Gibbon, E. *The History of the Decline and Fall of the Roman Empire*, Vol. II, ed. D. Saunders (Penguin, Harmondsworth, 1991)
Giddens, A. (1964) "Notes on the Concepts of Play and Leisure", *Sociological Review*, N. S. xii
Gilligan, C. *In A Different Voice: psychological theory and women's development* (Harvard University Press, Cambridge, Massachusetts, 1982)

Gilligan C., Lyons, N.P., e Hammer, Tj., eds. *Making Connections: the relational worlds of adolescent girls at Emma Willard school* (Harvard University Press, Cambridge, Massachusetts, 1990)

Gittins, D. *The Family In Question: changing households and familiar ideologies* (Macmillan, Londres, 1985)

Glasser, R. *Leisure — Penalty or Prize?* (Macmillan, Londres, 1970)

Glen, H. *Vision and Disenchantment: Blake's Songs and Wordworth's Lyrical Ballads* (Cambridge University Press, Cambridge, 1983)

Goldschmied, E. e Jackson, S. *People Under Three: children in their third year* (Routledge, Londres, 1994)

Golombok, S. e Fivush, R. *Gender Development* (Cambridge University Press, Cambridge, 1994)

Goodwin, M.H. "Children's Arguing", in *Language, Gender and Sex in Comparative Perspective*, eds. S.V. Philips, S. Steele e C. Tang (Cambridge University Press, Cambridge, 1987)

Gordon, L. *Charlotte Bronte: a passionate life* (Chatto and Windus, Londres, 1994)

Gordon, R. "The Creative Process: self-expression and self-transcendence", in S. Jennings, ed. *Creative Therapy*, (Kemble Press Limited, Banbury, 1983)

Gove, W.R. (1972) "The relationship between sex roles, marital status, and mental illness", *Social Forces*, 51, págs. 34-44

Gove, W.R. (1984) "Gender differences in mental and physical illness: the effects of fixed roles and nurturant roles", *Social Science and Medicine*, 19, págs. 77-91

Government Office for London. "City Walks in London", documento para consulta (1995)

Graef, R. *Living Dangerously: young offenders in their own words* (Harper-Collins, Londres, 1992)

Graham, H. *The Magic Shop* (Rider, Londres, 1992)

Green, E., Hebron, S. e Woodward, D. *Women's Leisure, What Leisure?* (Macmillan, Londres, 1990)

Gregson, N. e Lowe, M. "Too much work? Class, gender and the reconstitution of middle-class domestic labour", in *Social Change and the Middle Classes*, eds. T. Butler e M. Savage (University College London Press, Londres, 1994)

Greif, Blank E. *Sex Role Playing in Pre-School Children*, in J. S. Bruner et al., *Play; its role in development and evolution* (Penguin, Harmondsworth, 1976)

Griffin, C. *Typical Girls? Young Women from School to the Job Market* (Routledge e Kegan Paul, Londres, 1985)

Griffiths, V. (1988) "From 'playing out' to 'dossing out': young women and leisure", págs. 48-59, in E. Wimbush e M. Talbot (eds), *Relative Freedoms: women and leisure* (Open University Press, Milton Keynes)

Griffiths, V. (1988) "Stepping out: the importance of dancing for young women", págs. 115-125, in E. Wimbush e M. Talbot (eds), *Relative Freedoms: women and leisure* (Open University Press, Milton Keynes)

Groos, K. *The Play of Animals* (Londres, 1898)

Groos, K. *The Play of Man*, trad. E.L. Baldwin, (Heinemann, Londres, 1901)

Hakim, C. (1995) "Five myths of female employment", *British Journal of Sociology*, 46 (3), 429-55

Hall, G.S. *Adolescence, its Psychology* (Londres, 1905)

Hampton, J. (1989) "Play and development in rural Zimbabwean children", *Early Child Development and Care*, Vol. 47, págs. 1-61

Hansard Official Report. "Parents' responsibilities", Vol. 538, no. 27 pág. 479 (24 de junho de 1992)

Hardyment, C. *Perfect Parents* (Oxford University Press, Oxford, 1995)

Hargreaves, J. "Sex, gender and the body in sport and leisure: Has there been a civilizing process?", in E. Dunning and C. Rojek (eds), *Sport and Leisure in the Civilizing Process* (Macmillan, Londres, 1992)

Harvey, A. "The Evolution of Modern British Sporting Culture 1793-1850". Tese de doutorado não publicada. University of Oxford, 1995

Haskey, J. (1984) "Social Class and Socio-Economic Differentials in Divorce in England and Wales", *Population Studies* no. 38, págs. 419-38

Hawkins, R.C., Turrell, S. e Jackson, L.S. (1983) "Desirable and undesirable masculine and feminine traits in relation to students' dietary tendencies and body image dissatisfaction", *Sex Roles*, 9, págs. 705-24

Hendry, L.B. *Growing Up and Going Out* (Aberdeen University Press, Aberdeen, 1983)

Hendry, L.B., Shucksmith, J. e Cross, J. "Young people's mental well-being in relation to leisure", in *Fit For Life*. Ata do Symposium on Fitness and Leisure (Health Promotion Research Trust, Cambridge, 1989)

Hendry, L.B., Shucksmith, J., Love, J.G. e Glendinning, A. *Young People's Leisure and Lifestyle* (Routledge, Londres e Nova York, 1993)

The Henley Centre for Forecasting (1992) *Frontiers: planning for consumer change in Europe*

Heyn, D. *The Erotic Silence of the Married Woman* (Bloomsbury, Londres, 1992)

Hobsbawm, E. *The Age of Extremes: the short history of the twentieth century 1914-1991* (Michael Joseph, Londres, 1995)

Hope, A. e Timmel, S. *Training for Transformation — A Handbook for Community Workers*, Vol. 1. Publicado pela primeira vez em 1984 (Mambo Press, Gweru, Zimbábue, 1989)

Huizinga, J. *Homo Ludens: a study of the play element in culture* (The Beacon Press, Boston; Routledge e Kegan Paul, Londres, 1949)

Hutt, C. (1966) "Exploration and play in children", *Symposia of the Zoological Society of London*, no. 18: págs. 61-81

Johnson, F. e Aries, E. (1983) "The talk of women friends", *Women's Studies International Forum*, Vol. 6, no. 4

Joshi, H. (1990) "The cash opportunity costs of childbearing: an approach to estimation using British data". *Population Studies*, 44

Katz, E. e Gurevitch, M. *The Secularization of Leisure* (Faber and Faber, Londres, 1976)

Kessler, S. e McKenna, W. *Gender: an ethnomethodological approach* (University of Chicago Press, Chicago, 1978)

Knox, B. (1992) "A dangerously modern poet". *New York Review of Books*, Vol. XXXIX nº 20

Koestler, A. *The Art of Creation* (Hutchinson, Londres, 1964)

Koestler, A. *The Ghost in the Machine* (Hutchinson, Londres, 1967)

Kristeva, J. *Language the Unknown — an initiation into linguistics* (Harvester Wheatsheaf, Hemel Hempstead, 1989)

Laffey, A.L. *Wives, Harlots and Concubines: the Old Testament in feminist perspective* (SPCK, Londres, 1990)

Lange, D. (1988) "Using like to introduce constructed dialogue: how like contributes to discourse coherence". Tese de mestrado. Georgetown University

Langlois, J.H. e Downs, A.C. (1980) "Mothers, fathers and peers as socialization agents of sex-typed play behaviours in young children", *Child Development*, Vol. 51, págs. 1237-47

Laurence, A. *Women in England, 1500-1760* (Weidenfeld, Londres, 1994)
Lawson, A. *Adultery: an analysis of love and betrayal* (Oxford University Press, Oxford, 1990)
Layte, R. (1996) "The material and cultural detemidants of the domestic division of labour". Tese de doutorado não publicada. University of Oxford
Leaman, O. *Sit on the Sidelines and Watch the Boys Play: sex differentiation in physical education* (Longmans, Londres, 1984)
Lees, S. *Sugar and Spice: Sexuality and Adolescent Girls* (Penguin, Londres, 1993)
Leyser, H. *Medieval Women: a social history of women in England 450-1500* (Phoenix, Londres, 1995)
"Leisure Time" (Mintel International Group Ltd., Londres, 1995)
Leonard, D. *Sex and Generation: a study of courtship and weddings* (Tavistock, Londres, 1980)
Lever, J. (1976) "Sex differences in the games children play", *Social Problems* 23: 478-87
Liddington, J. and Norris, J. *One Hand Tied Behind Us* (Virago, Londres, 1978)
Lissarrague, F. "Figures of Women", in G. Duby e M. Perot (eds. gerais). *A History of Women: from ancient goddesses to Christian saints* (Harvard University Press, Cambridge, Massachusetts, 1992)
Lochhead, Liz, "Men Talk", in *True Confessions and New Clichés* (Edimburgo, 1985)
Lorenz, Konrad. *Studies in Animal and Human Behaviour* (Methuen, Londres, 1971)
Lytton, H. e Romney, D.M. (1991) "Parents' differential socialization of boys and girls: A meta-analysis", *Psychological Bulletin*, Vol. 109, págs. 267-96
Maccoby, E.E. e Jacklin, C.N. "Gender segregation in children", in H.W. Reese, ed., *Advances in Child Development and Behaviour* Vol. 20, págs. 239-87 (Academic Press, Nova York, 1987)
Maine, M. *Father Hunger: fathers, daughters and food* (Gurze Books, Carlsbad, Ca., 1991)
Malcolmson, R.W. *Popular Recreations in English Society 1700-1850* (Cambridge University Press, Cambridge, 1973)
Mansfield, P. e Collard, J. *The Beginning of the Rest of Your Life* (Macmillan, Londres, 1988)
McLoughlin, J. *Up and Running: women in business* (Virago, Londres, 1992)
McRobbie, A. "Working class girls and the culture of femininity", in *Women Take Issue* (Hutchinson, Londres, 1978)
McRobbie, A. e Garber, J. "Girls and subcultures: an exploration", in *Resistance Through Ritual*, eds. S. Hall e T. Jefferson (Hutchinson, Londres, 1976)
Mendelsohn, J. "The View from Step Number 16", in *Making Connections: The relational worlds of adolescent girls at Emma Willard school*, eds. C. Gilligan et al. (Harvard University Press, Cambridge, Massachusetts, 1990)
Millar, S. *The Psychology of Play* (Penguin, Harmondsworth, 1968)
Miller, P.M., Danahar, D.L. e Forbes, D. (1980). "Sex-related strategies for coping with interpersonal conflicts in children aged five and seven", *Developmental Psychology*, Vol. 22, págs. 543-8
Milligan, S. e Clare, A. *Depression and How to Survive It* (Ebury Press, Londres, 1993)
Mitchell, Lucy Sprague, *Here and Now Story Book* (E.P. Dutton, Nova York, 1948)
Moir, Jan, "Girl talk", *Guardian* (26 de agosto de 1994)
Moss, H.A. (1967) "Sex, age and state as determinants of mother-infant interaction", *Merrill-Palmer Quarterly*, 13, págs. 19-36
Moyle, J. *Just Playing? The role and status of play in early childhood education* (Open University Press, Milton Keynes, 1989)

Naber, P. "Youth culture and life world", ensaio fornecido na Alice in Wonderland Conference/Conferência sobre Alice no País das Maravilhas (Amsterdã, 1992). Citado em S. Lees, *Sugar and Spice*, op. cit.
Newham, P. *The Singing Cure* (Rider, Londres, 1993)
Nietzsche, F. *Thus Spake Zarathustra* (Penguin, Harmondsworth, 1969)
Noor, N. (1995). "Work and family roles in relation to women's well-being: a longitudinal study", *British Journal of Social Psychology*, Vol. 34 págs. 87-106
Norberg-Hodge, H. *Ancient Futures: Learning from Ladakh* (Rider, Londres, 1991)
Office of Population Censuses and Surveys, 1994, OPCS Monitor DH2 94/2
Ogden, J. *Fat Chance: the myth of dieting explained* (Routledge e Kegan Paul, Londres, 1992)
O'Neill, G. *A Night Out With the Girls: women having a good time* (The Women's Press, Londres, 1993)
Opie, I. e Opie, P. *Children's Games in Street and Playground* (Oxford University Press, Oxford, 1984)
Orbach, S. *Fat Is a Feminist Issue* (Arrow, Londres, 1988)
Ovídio, "The Art of Love", *The Erotic Poems* (Penguin, Harmondsworth, 1982)
Paglia, C. *Vamps and Tramps* (Viking, Harmondsworth, 1995)
Pahl, R. *Division of Labour* (Blackwell, Oxford, 1985)
Parke, R.D. e Sawin, D.B. "The Family in Early Infancy: Social interactional and attitudinal analyses", in F. Pederson, ed. *The Father-Infant Relationship: Observational studies in a family context* (Praeger, Nova York, 1980)
Parker, S. *The Future of Work and Leisure* (Praeger, Nova York, 1971)
Piaget, J. *The Language and Thought of the Child* (Routledge and Kegan Paul, Londres, 1926)
Piaget, J. *Play, Dreams and Imitation in Childhood* (Heinemann, Londres, 1951)
Pinkola Estes, C. *Women Who Run with the Wolves: contacting the power of the wild woman* (Rider, Londres, 1992)
Pitcher, E.G. e Shultz, L.H. *Boys and Girls at Play: The development of sex roles* (Praeger, Nova York, 1983)
Plumb, J. H. *England in the Eighteenth Century* (Penguin, Harmondsworth, 1950)
Pomeroy, S.B. *Goddesses, Whores, Wives and Slaves: women in classical antiquity* (Random House, Londres, Sydney, 1975)
Porter, R. *English Society in the Eighteenth Century* (Penguin, Harmondsworth)
Power, T.G. e Parke, R.D. "Play as a Context for Early Learning: Lab and home analyses", in E. Sigel e L.M. Laosa eds. *The Family as a Learning Environment* (Plenum, Nova York, 1982)
Privette, G. (1983). "Peak experience, peak performance, and peak flow: a comparative analysis of positive human experiences", *Journal of Personality and Social Psychology*, Vol. 45, págs. 1361-8
Rapoport, R. e Rapoport, R., *Leisure and the Family Life Cycle* (Routledge e Kegan Paul, Londres, 1975)
Reay, D. (1990) "Working with boys", *Gender and Education* Vol. 2, no. 3
Redgrove, P. e Mortimer, P. *The Wise Wound* (Victor Gollancz, Londres, 1978)
Rheingold, H.L. "The effect of environmental stimulation upon social and exploratory behaviour in the human infant", in *Determinants of Infant Behaviour*, ed. B.M. Foss (Methuen, Londres, 1961)
Richardson, D. *Women, Motherhood and Caring* (Macmillan, Londres, 1993)
Richman, N. *Communicating With Children: helping children in distress*. Development Manual 2 (Save The Children, Londres, 1993)

Roberts, K. *Leisure* (Longman, Londres, 1970)
Roberts, K. *Youth and Leisure* (Allen e Unwin, Londres, 1983)
Roberts, M. in M. Wandor *On Gender and Writing* (Pandora Press, Londres, 1983)
Robbins, R.H. *Encyclopedia of Witchcraft and Demonology*. Publicado pela primeira vez em 1959 (Bonanza Books, Nova York, 1981)
Robinson, J. *Unsuitable For Ladies: an anthology of women travellers* (Oxford University Press, Oxford, 1994)
Rowbotham, S. *Woman's Consciousness, Man's World* (Penguin, Harmondsworth, 1973)
Rowbotham, S. *Hidden From History* (Pluto Press, Londres, 1973)
Rubin, J. Z., Provenzano, F. J. e Luria, Z. (1974) "The eye of the beholder: Parents' views on sex of newborns", *American Journal of Orthopsychiatry*, 44, págs. 512-19
Russell, B. *In Praise of Idleness and Other Essays* (George Allen e Unwin, Londres, 1935)
Save the Children, *Growing Up With Conflict: children and development in the occupied territories* (Londres, 1992)
Schiller, Friedrich, *On the Aesthetic Education of Man* (Publicado pela primeira vez em 1795)
Schwartz, Judith, *The Mother Puzzle* (Simon e Schuster, Londres, 1993)
Scott, A. e Burchell, B. "'And never the twain shall meet?' Gender Segregation and Work Histories", in *Gender Segregation and Social Change*, ed. A. MacEwen Scott (Oxford University Press, Oxford, 1994)
Seabrook, J. *The Leisure Society* (Basil Blackwell, Oxford, 1988)
Seavey, A.A., Katz, P.A., e Zalk, S.R. (1975) "Baby X: The effect of gender labels on adult responses to infants", *Sex Roles*, 1, págs. 103-9
Sellers, S. *Language and Sexual Difference: feminist writing in France* (Macmillan, Londres, 1991)
Shakin, M., Shakin, D. e Sternglanz, S.H. (1985) "Infant Clothing: Sex labelling for strangers", *Sex Roles*, 12, págs. 955-63
Sheldon, A. 1990 "Pickle fights: Gendered talk in preschool disputes", *Discourse Processes*, 13, págs. 5-31
Sherborne, V. *Development Movement for Children: mainstream, special needs and pre-school* (Cambridge University Press, Cambridge, 1990)
Showalter, E. *The Female Malady: woman, madness and English culture, 1830-1980* (Virago, Londres, 1987)
Slim, H. *A Feast of Festivals* (HarperCollins, Londres, 1996)
Smith, M.A., Parker, S. e Smith, C.S., eds. *Leisure and Society in Britain* (Allen Lane, Londres, 1973)
Solomon, M. *Mozart: a life* (Hutchinson, Londres, 1995)
Sommers, C. Hoff. *Who Stole Feminism: how women have betrayed women* (Simon e Schuster, Nova York, 1994)
Spender, D. *Man Made Language* (Routledge e Kegan Paul, Londres, 1980)
Suomi, S.J. e Harlow, H.F. "Monkeys at Play", de "Play", um suplemento especial da *Natural History Magazine*, dezembro, 1971. Reimpresso por J.S. Bruner, A. Jolly e K. Sylva. (eds.), *Play: its role in development and evolution* (Penguin, Harmondsworth, 1976)
Superwoman Keeps Going: understanding the female web. The National Council of Women of Great Britain, 1992
Sylva, K., Bruner, J.S. e Genova, P. "The Role of Play in the Problem-Solving of Children aged 3-5 years old", in J. S. Bruner, A. Jolly e K. Sylva (eds) *Play: its role in development and evolution*, (Penguin, Harmondsworth, 1976)

Talbot, M. *Women and Leisure: a state of the art review* (SSRC, Sports Council, Londres, 1979)
Talbot, M. (1988) "Beating them at our own game? Women's sports involvement", págs. 102-114, in E. Wimbush e M. Talbot (eds.) *Relative Freedoms: women and leisure*, (Open University Press, Milton Keynes)
Tannen, D. *You Just Don't Understand — men and women in conversation* (Virago, Londres, 1992)
Taylor, G.R. *The Angel Makers* (Secker e Warburg, Londres, 1973)
Tebbutt, M. *Women's Talk? a social history of "gossip" in working-class neighbourhoods, 1880-1960* (Scolar Press, Aldershot, 1995)
Thompson, E.P. *The Making of the English Working Class* (Penguin, Harmondsworth, 1963)
Thompson, E.P. (1967) "Time, Work-discipline and Industrial Capitalism", *Past and Present*, Vol. 38, págs. 56-97
Thompson, P. e Abrams, R. "On the edge of later life". Relatório Final para o ESRC (1992)
Thompson, P., Itzin, C. e Abendstem, M. *I Don't Feel Old: the experiences of later life* (Oxford University Press, Oxford, 1990)
Tolfree, D. *Restoring Playfulness: different approaches to assisting children who are psychologically affected by war or displacement* (Raada Barnen, Estocolmo, 1996)
Turnbull, C. *The Forest People* (Simon e Schuster, Nova York, 1961)
Tysoe, M. *Love Isn't Quite Enough: the psychology of male-female relationships* (HarperCollins, Londres, 1992)
Uttley, A. *Country Hoard* (Faber e Faber, Londres, 1943)
Vicinus, M. *Independent Women: work and community for single women 1850-1920* (Virago, Londres, 1985)
The Virago Book of Fairy Tales (Virago, Londres, 1990)
Wakefield, G.S. (ed.) *A Dictionary of Christian Spirituality* (SCM Press, Londres, 1983)
Walker, A. (1993) "Age and Attitudes." Commission of the European Communities
Walker, J.C. *Louts and Legends: male youth culture in an inner-city school* (Allen e Unwin, Londres, 1988)
Warner, M. *From the Beast to the Blonde: on fairytales and their tellers* (Chatto and Windus, Londres, 1994)
Warr, P.B. *Work, Unemployment and Mental Health.* (Clarendon Press, Oxford, 1987)
Washburn, R.W. (1929) "A study of the smiling and laughing of infants in the first year of life", *Genetics and Psychological Monograph*, 6, págs. 397-535
Watson, H. *Women in the City of the Dead* (C. Hurst e Co., Londres, 1992)
Weber, M. *The Protestant Ethic and the Spirit of Capitalism.* Publicado pela primeira vez em 1904 (Routledge, Londres, 1992)
Weeks, D. e James, J. *Eccentrics* (Weidenfeld e Nicolson, Londres, 1995)
White, J., J. (1989) "The power of politeness in the classroom", *Journal of Curriculum and Supervision* 4:4, págs. 298-321
Williams, H. *Whale Nation* (Jonathan Cape, Londres, 1988)
Willis, Peter. *Learning to Labour: How working-class kids get working-class jobs* (Saxon House, 1978)
Wimbush, E. *Women, Leisure and Well-being: final report* (Centre for Leisure, Edimburgo, 1986)
Wimbush, E. e Talbot, M. (eds.) *Relative Freedoms: women and leisure* (Open University Press, Milton Keynes, 1988)

Winnicott, D.W. *The Child and the Outside World: studies in developing relationships* (Tavistock, Londres, 1957)
Winnicott, D.W. *Playing and Reality* (Tavistock Publications, Londres, 1971)
Wolf, N. *The Beauty Myth* (Chatto e Windus, Londres, 1990)
Wolfenstein, M. (1951) "The emergence of fun morality", *Journal of Social Issues* 7,4
Wollstonecraft, M. *A Vindication of the Rights of Woman*. Publicado pela primeira vez em 1792 (J.M. Dent, Londres, 1992)
Women 2000, Mintel International Group Ltd., Londres, 1993
Woodham, A. "Laughter: The Health Tonic", *Independent on Sunday* (13 de agosto de 1995)
Worpole, K. e Greenhalgh, L. *Park Life: urban parks and social renewal* (Comedia, Stroud, 1995)
Young, G.M. *Victorian England: portrait of an age* (Oxford University Press, Oxford, 1960)
Zahan, D. *La Dialectique du verbe chez les Bambaras* (Paris, 1963)
Zaidman, L.B. "Pandora's daughters and rituals in grecian cities", in G. Duby e M. Perot (eds. gerais), *A History of Women: from ancient goddesses to Christian saints* (Harvard University Press, Cambridge, Massachusetts, 1992)
Zimmerman, D.H. e West, C. "Sex roles, interruptions and silences in conversation", in *Language and Sex: Difference and Dominance*, eds. B. Thorne e N. Henley (Newbury House, Rowley, Massachusetts, 1975)

Notas

Introdução

1. Camille Paglia, *Vamps and Tramps*, pág. x.
2. Friedrich Schiller, *On the Aesthetic Education of Man*, pág. xv.

Capítulo 1

1. Curtis, J. 1993. "Satisfying work — if you can find it", British Social Attitudes.
2. Ibid.
3. Uma pesquisa efetuada por Haskey (1984) constatou que o desemprego e o emprego incerto são fatores que aumentam o risco da separação conjugal. Brendan Burchell (1994) sugere que este fenômeno pode dever-se à semelhança das conseqüências psicológicas negativas do desemprego e do emprego inseguro.
4. Ver Ermisch J., 1986, "The economics of the family: applications to divorce and remarriage", Center for Economic Policy Research Discussion Paper, nº 140.
5. Esta possibilidade é sustentada pelas descobertas de um estudo israelense efetuado por Dalia Etzion sobre os efeitos moderados do apoio social no estresse do trabalho e da vida. Etzion, Dalia, 1984, "Moderating effect of social support on the stress-burnout relationship", *Journal of Applied Psychology*, Vol. 69, nº 4, págs. 615-22.
6. Segundo uma reportagem no jornal *Observer*, de janeiro de 1995, foi identificada uma condição denominada TATT, ou Tired All The Time (Sempre Cansado). A síndrome da fadiga subaguda, como também é conhecida, caracteriza-se por uma "inexplicável e profunda letargia e apatia, apesar do bom sono, da dieta saudável e do exercício". Relacionada à EM (encefalomielite miálgica), porém mais branda, ela geralmente está vinculada ao estresse e à depressão. A reportagem conclui: "Não há explicação para a TATT, mas é provável que seja uma outra conseqüência da grande correria da vida moderna."
7. Labour Force Survey, 1983-91, Tabela 31.
8. "The Time Squeeze", *Demos Quarterly*, 1995.
9. *The Family Friendly Workplace*, Austin Knight UK Limited, 1995. Austin Knight pesquisou 22 organizações inglesas conhecidas, representando mais de 1 milhão de trabalhadores de escritório.
10. General Household Survey, 1991. Esses números são comparáveis a 95% e 86% de homens, respectivamente.
11. Labor Force Survey 1983-91, Tabelas 29 e 31.
12. Department of Employment, 1994. Um levantamento efetuado pelo sindicato do serviço público, Unison, entre trahadores de meio expediente com funções de limpeza e de

alimentação, empregados pelo conselho de Newcastle-upon-Tyne, constatou que 38% da equipe de limpeza possuía dois empregos de meio expediente, e 4% possuía três. Muitas das mulheres empregadas pelo conselho, apesar de oficialmente classificadas como trabalhadoras de meio expediente, trabalhavam mais de 30 horas por semana.

13. British Household Panel Survey, 1995, Wave 1 Report, "Household Labor Supply", Dex, S., Clark. A. e Taylor, M.
14. Employment in Europe Survey, janeiro de 1996.
15. Ver Juliet Schor, *The Overworked American*.
16. O sociólogo Earnest Blauner observou que "o problema do lazer como solução é subestimar o fato de que, para a maior parte das pessoas, o trabalho continua sendo a atividade mais importante da vida, em termos de tempo e energia, e ignorar as formas sutis pelas quais a qualidade da vida de trabalho de cada indivíduo afeta a qualidade de seu lazer, suas relações familiares e os sentimentos básicos relativos si próprio". Blauner, E. *Freedom and Alienation*, pág. 184.
17. Ver, por exemplo, Peter Warr, *Work, Unemployment and Mental Health*.
18. Jeremy Seabrook, *The Leisure Society*, pág. 1.
19. British Household Panel Survey, op.cit.
20. *Independent on Sunday*, Annabel Ferriman, 29 de janeiro de 1995.
21. *The Family Friendly Workplace*, op.cit.
22. Roger Graef, *Living Dangerously: Young Offenders in Their Own Words*.
23. Os números da British Heart Foundation indicam que o número de mortes causadas por doença coronária cresce com a idade para homens e mulheres, porém os índices comparativos e os padrões de crescimento são muito diferentes. Office of Population Censuses and Surveys (1994); Monitor OPCS DH2 94/2, "Deaths in 1993 by cause: provisional numbers".
24. *Women 2000*, Mintel International, 1993.
25. C. Hakim, "Five Myths of Female Employment", *British Journal of Sociology*, 46 (3): 429-55. Setembro, 1995.
26. Burchell e Rubery (1994) mostram que o tempo fora do emprego afeta as perspectivas e o salário; Arber e Ginn (1995) mostram como a interrupção do emprego afeta drasticamente o recebimento de pensão.
27. Scott e Burchell, 1994.
28. Gregson e Lowe, 1994.
29. Segundo o Labour Force Survey, no Reino Unido, 69,2% das mulheres na faixa etária de 35-39 anos possuem emprego remunerado; 74,7% das mulheres na faixa etária de 40-44 anos possuem emprego remunerado; e 72% das mulheres na faixa etária de 45-49 anos possuem emprego remunerado. A maioria dessas mulheres é casada. Ver Tabela 6, págs. 64-5, e Tabela 29, págs. 78-9.
30. British Household Panel Survey, op. cit.
31. "The Time Squeeze", *Demos Quarterly*.
32. "My Second Working Family", Ginny Dougary, *The Times*, 14 de janeiro de 1995.
33. A exceção é a brincadeira infantil, que se tornou um tópico da moda nos anos 60 e permanece até hoje. Fora isso, absolutamente nenhuma literatura foi produzida sobre o tema brincadeira após a Segunda Guerra Mundial, seja como conceito filosófico ou como um fenômeno sociológico importante.
34. R.L. Stenvenson, *An Apology for Idlers*.
35. Helena Norberg-Hodge, *Ancient Futures*, pág. 35-6.

36. Ibid. pág. 37.
37. Esses livros são todos publicações da Thorsens. Seus autores são, respectivamente, Alex Kirsta, Jacqueline M. Atkinson, Robert Holden, Leon Chaitow e Dr. Kenneth Hambly.
38. *Independent on Sunday*, 29.1.95; *Observer*, janeiro de 1993.
39. Camille Paglia, op. cit., p. ix.

Capítulo 2

1. No campo da pesquisa em ciência social, esta mudança lingüística é especialmente percebida da década de 1970 em diante, quando a brincadeira deixa de ser tema de estudo e passa a ser substituída por uma onda de livros sobre o lazer. Impressiona que o *Concise Oxford Dictionary of Sociology* ofereça extensos verbetes nos vocábulos *"work"* (trabalho) e *"leisure"* (lazer), mas não liste *"play"* (brincadeira).
2. K. Groos, Play of Man.
3. S. Freud, *Beyond the Pleasure Principle*.
4. Ibid. Segundo Freud, "a natureza desprazerosa de uma experiência nem sempre a desqualifica como brincadeira", pág. 16. Ele descreve como experiências desagradáveis podem ser repetidas inúmeras vezes, de uma forma inconsciente, como parte da experiência atual, em vez de como um evento relembrado pertencente ao passado. Em análise, os eventos passados e presentes são repetidos de tal forma que, idealmente, o paciente deve ser capaz de "reconhecer que o que aparenta ser realidade é, de fato, apenas um reflexo de um passado esquecido", pág. 19.
5. Ibid.
6. Jean Piaget, *Play, Dreams and Imitation in Childhood*, pág. 87.
7. Ibid. Piaget sugere que um aspecto importante deste estado de mente é o do domínio: "Assim como o arremedo é um prosseguimento da acomodação, pode-se dizer que a brincadeira é essencialmente assimilação, ou a primazia da assimilação sobre a acomodação... [A brincadeira] progride através do relaxamento do esforço da adaptação e da manutenção ou do exercício de atividades pelo simples prazer de aprendê-las e, com isso, alcançar uma sensação de virtuosidade ou poder.", págs. 87-9.
8. Ibid., págs. 87-9.
9. M. Csikszentmihalyi, 1975. *Beyond Boredom and Anxiety*.
10. G. Privette, 1983. "Peak experience, peak performance, and peak flow: a comparative analysis of positive human experiences".
11. J. Huizinga, *Homo Ludens*, pág. 154.
12. M. Argyle, *The Psychology of Happiness*, pág. 89.
13. R. Glasser, *Leisure — Penalty or Prize?*, págs. 145-6.
14. Hendry, Shucksmith e Cross, "Young people's mental well-being in relation to leisure".
15. M. Csikszentmihalyi, op.cit.
16. M. Argyle e L. Lu, "The Happiness of Extroverts". Argyle e Lu estudaram as atividades de lazer de 114 adultos, 89 dos quais informaram ter uma atividade de lazer "séria".
17. Stanley Parker enfatiza que "a indústria necessita do tempo de consumo dos trabalhadores tanto quanto do seu tempo de produção. *The Future of Work and Leisure*, pág. 56.
18. E. Gibbon, *The History of the Decline and Fall of the Roman Empire*, Vol. 11, págs. 34-5.

Capítulo 3

1. Koestler, *The Act of Creation*. Em *The Ghost in the Machine*, Koestler explora a ligação entre a descoberta científica e o humor, mostrando que ambos utilizam e investigam a união de elementos aparentemente incompatíveis: "Através do paradoxo, a descoberta cômica é afirmada e a descoberta científica é resolvida." (p. 186.) O lúdico que está subjacente à descoberta científica tem uma importância crucial para seu sucesso e caracteriza-se pela vontade do cientista de explorar o absurdo, o burlesco e o improvável. "A história da ciência é repleta de exemplos de descobertas que foram recebidas com gargalhadas porque pareciam ser o casamento de incompatíveis", escreve Koestler, "até que o casamento teve frutos e a suposta incompatibilidade dos parceiros, na verdade, derivava do preconceito." Ibid, pág. 186.
2. D.W. Winnicott, *Playing and Reality*, pág. 54.
3. Há aqui, embutida, uma referência à importância do empenho do dramaturgo, ao valor da criação teatral, que é ao mesmo tempo um reflexo e um tutor da vida. O valor *da* brincadeira e do brincar está sendo demonstrado, mostrando-nos que a brincadeira é, realmente, a coisa certa.
4. H.L. Rheingold, "O efeito da estimulação ambiental sobre o comportamento social e exploratório na criança." O estudo comparou como é o cuidado dos bebês de três meses de idade vivendo com suas próprias famílias com o daquelas que vivem em instituições, e constatou que, além do diferencial da brincadeira, os primeiros também eram alimentados quatro vezes mais e conversava-se com eles cinco vezes mais que nas instituições.
5. D.W. Winnicott, "Why Children Play, 1942", in *The Child and the Outside World*.
6. Ver J.R. Moyle, *Just Playing? The role and status of play in early childhood education*, pág. 73.
7. As crianças inteligentes brincam cinqüenta minutos mais por dia do que crianças retardadas, segundo um estudo de Boynton e Ford, "The relationship between play and intelligence".
8. Suomi e Harlow, in *Play, its role in development and evolution*, eds. Bruner, Jolly e Sylva, págs. 490-96.
9. Ibid.
10. A Brincadeira de Relacionamento baseia-se nas teorias de Rudolf Laban e foi desenvolvida por Veronica Sherborne. Ela é utilizada no treinamento de trabalhadores sociais, funcionários de berçário e em creches. Foi usada, inclusive, com considerável sucesso, com pais que abusaram de seus filhos. Ver V. Sherborne, *Development Movement for Children: mainstream, special needs and pre-school*. Ver também E. Gosdschmied e S. Jackson, *People Under Three*.
11. Sylva, Bruner e Genova, "The role of play in the problem-solving of children aged 3-5 years old", in *Play, Its Role in Development and Evolution*, eds. Bruner, Jolly e Sylva. O mesmo é verdadeiro com relação aos macacos: os animais que receberam permissão para brincar com um objeto durante algum tempo têm mais habilidade de usá-lo mais tarde com propósito funcional, tal como retirar insetos da terra arranhando com um pau. Ver Birch (1945); Schiller (1952), in Bruner et al., op.cit., pág.48.
12. D.W. Winnicott, "Why Children Play", from *The Child and the Outside World*, pág. 152.

13. Esta informação é baseada em material coletado por mim em 1987, durante uma visita de dois dias à comunidade. Um vídeo sobre a Cotswold Community, "The Recovery of Childhood", está disponível para compra ou aluguel. Para maiores informações, o leitor pode entrar em contato com The Cotswold Community, Ashton Keynes, Swindon, Wiltshire SN6 6QU; Tel. 01285 861239.
14. Save The Children, *Growing Up With Conflict: children and development in the occupied territories.*
15. N. Richman, *Communicating with Children: working with children in distress.*
16. David Tolfree, *Restoring Playfulness: different approaches to assisting children who are psychologically affected by war or displacement.*
17. R. Abrams, "Children on the Frontline", *She*, 1993.
18. M. Argyle, *Psychology of Happiness*, pág. 141.
19. Em seu estudo da felicidade dos extrovertidos, Michael Argyle e Luo Lu verificaram que, independentemente da personalidade, engajar-se em atividades sociais aumenta a felicidade, enquanto que sair de situações sociais a reduz. Resumindo suas descobertas, eles asseguram que "mais ou menos metade da felicidade maior dos extrovertidos pode ser explicada por sua maior participação em atividades sociais.(...) O fator mais importante é não evitar contatos sociais com outras pessoas." Os autores lançam a hipótese de que encorajar indivíduos introvertidos a engajar-se em mais atividades sociais tenderia a melhorar seu grau de felicidade. Esta pesquisa, no entanto, não leva em consideração o fato de indivíduos introvertidos apreciarem atividades solitárias, nem o de certas atividades sociais poderem tornar o indivíduo introvertido miserável. M. Argyle e L. Lu, "The Happiness of Extroverts".
20. De várias fontes, sumarizado em Argyle, *The Psychology of Happiness*, págs. 112-25.
21. A psicóloga Maryon Tysoe sustenta que o efeito sobre o relacionamento não tende a ser positivo quando a única coisa que o casal faz junto é lavar a louça. *Love Isn't Quite Enough*, págs. 98-100.
22. C. Clulow e J. Mattinson, *Marriage Inside Out*, pág. 36.
23. E. Erikson, *Play and Development.*
24. Cinqüenta homens e mulheres na faixa etária de 55-60 anos foram entrevistados sobre suas experiências passadas e suas atitudes presentes com relação ao envelhecimento. P. Thompson e R. Abrams, "On the edge of later life".
25. Thompson, Itzin e Abenstern, *I Don't Feel Old*, pág. 247.
26. Hendry et al. *Fit For Life*, pág. 144.
27. Ibid.
28. David Weeks e Jamie James, *Eccentrics*, págs. 100-1.
29. Ibid, págs. 149-59.
30. Ibid, pág. 180.
31. "Laughter'. The Health Tonic", A. Woodham, *Independent on Sunday*, 13.8.95.
32. Ibid.
33. *Independent on Sunday*, Lesley Gerard, 4 de junho de 1995: "More Play is What the Doctor Ordered".
34. Howard Friedman, Univ. of California, citado no *Guardian*.
35. Konrad Lorenz, *Studies in Animal and Human Behaviour.*
36. R.P. Feynman, "*Surely You're Joking, Mr. Feynman!*", págs. 172-4.
37. Helen Graham, *The Magig Shop*, págs. 72-4.
38. Ibid, pág. 74.

39. Rosemary Gordon, "The creative process: self-expression and self-transcendence", pág. 23, in S. Jennings, *Creative Therapy*.
40. Anne Hope e Sally Timmel, *Training for Transformation — A Handbook for Community Workers*, Vol. 1, pág. 71.
41. Giddens continua dizendo que "a importância mais limitada da brincadeira na fase adulta não se deve às diferenças biológicas entre o organismo jovem e o adulto, mas a fatores externos ao indivíduo que limitam o tempo disponível para brincar". Evidentemente, Giddens está certo quando diz que a falta de tempo é uma razão para a falta de brincadeira na fase adulta, mas isto não é razão para dizer que é menos importante. Anthony Giddens, "Notes on the Concepts of Play and Leisure", pág. 73.
42. S.J. Douglas, *Where the Girls Are: growing up female with the mass media*, págs. 127-34.
43. Bryan Williams, Cedar Falls, Aspecto 6, *Programme for Wholeness*.
44. Com. pessoal: H.S.
45. Campbell (1981)
46. Barker, Dembo e Lewin, "Frustration and Regression".
47. Um estudo realizado em 1981, em Camberwell, com 800 pessoas, constatou que 14,9% das mulheres, comparadas a 6,1% dos homens, mostraram prevalência de desordens psiquiátricas (P. Beddington et al., 1981). Dez anos mais tarde, em 1991, foram reunidas as evidências de que as mulheres são mais vulneráveis a sintomas psicológicos e concluiu-se que elas tinham uma probabilidade duas vezes maior que a dos homens de ser tratadas de depressão. Ver Eugene Paykel, 1991.
48. As mulheres na faixa etária de 30-40 anos aparentam ter a saúde mental em pior estado. De pesquisa citada em Michael Argyle, *The Psychology of Happiness*, págs. 156-75.
49. Isto se explica, em parte, pelo fato de as mulheres prestarem mais atenção que os homens à sua saúde mental, sendo mais rápidas na identificação de sintomas de saúde precária e na tomada de providências. Também é possível que, para alguns médicos, seja mais fácil classificar as mulheres como sofrendo de problemas de doença mental do que classificar os homens. Ver S. Milligan e A. Clare, *Depression and How to Survive It*, pág. 143.
50. Helen Graham sumariza a pesquisa nesta área apontando que "o trabalho doméstico vai diretamente contra a auto-realização e o crescimento pessoal porque não fornece nenhum *feedback* sobre o caráter, a personalidade e a natureza do indivíduo, nenhuma possibilidade de avanço, nenhum desafio intelectual e, invariavelmente, nenhum reconhecimento por parte dos outros. Quando muito, fornece apenas uma sensação passageira de realização. Além disso, ele freqüentemente é associado a algum nível de isolamento social e às exigências dos filhos pequenos." Helen Graham, *The Magic Shop*, pág. 94.
51. *Superwomen Keeps Going: understanding the female web*, "A Survey of Women's Lives and Expectations", pág. 9.
52. Erik Erikson, "Womanhood and the inner space", in *Identity: Youth and Crisis*, pág. 278.

Capítulo 4

1. Platão, *Laws*, Livro VII. Esta tradução consta em J. Finnis, *Natural Law and Natural Rights*, págs. 407-10.
2. As palavras de Platão, sempre relevantes, também devem ser compreendidas à luz da história contemporânea da Grécia antiga. Na geração anterior, os atenienses tinham sido vencidos pelos espartanos nas Guerras do Peloponeso, e Atenas deixara de ser o

grande poder militar de antes. Platão pertencia a uma geração de atenienses que estava se afastando da guerra e do comércio e voltando-se para a educação e a cultura, considerando-os os meios adequados para progredir-se. A brincadeira, no esquema de vida de Platão, era uma coisa séria. Estou em dívida com o Dr. Stephen Harrison, do Corpus Christi College, em Oxford, por partilhar suas opiniões sobre as idéias de Platão a respeito de brincadeira e seu contexto histórico, assim como sobre o lugar da brincadeira na Grécia antiga e na Roma antiga em geral.

3. Platão, *Laws*. Platão expressa aqui seu ponto de vista de que certos tipos de brincadeira, como a música e a dança, preparavam os homens para o sucesso no negócio sério da guerra e da política. A guerra, por sua vez, preparava o caminho para a paz e para novas oportunidades de brincar.
4. Bernard Knox, em sua crítica da tradução de Charles Martin de Catulo no *New York Review of Books*. A análise de Martin dos poemas, em especial dos poemas 11 e 16, revela o modo cuidadoso com que Catulo explorava os costumes da brincadeira para criar o efeito literário desejado. C. Martin, *Catullus*; C. Martin, *The Poems of Catullus*, Bernard Knox, "A Dangerously Modern Poet", *New York Review of Books*, 3 de dezembro de 1992.
5. S. Pomeroy, *Goddesses, Whores, Wives and Slaves: Women in Classical Antiquity*, pág. 30.
6. Ibid, pág. 39.
7. Ibid, pág. 36.
8. Ibid, pág. 79.
9. F. Lissarrague, "Figures of Women", pág. 190, in G. Duby e M. Perot (eds.), *A History of Women*, (Harvard University Press, Cambridge, Massachusetts, 1992).
10. L.B. Zaidman, "Pandora's Daughters and Rituals in Grecian Cities", págs. 338-76, in G. Duby e M. Perot, ibid.
11. S. Pomeroy. op.cit., págs. 170-89.
12. H. Leyser, *Medieval Women: a social history of women in England 450-1500*, págs. 242-48.
13. B.S. Anderson e J.P. Zinsser, *A History of Their Own*, págs. 21-5.
14. J. Huizinga, *Homo Ludens*, pág. 180
15. M. Tebbutt, *Women's Talk? A social history of "gossip" in working-class neighbourhoods*, 1880-1960, págs. 19-27.
16. William Kethe, "A Sermon Made At Blandford Forum in the Countie of Dorset", Londres, 1571, in Robert Malcolmson, *Popular Recreations in English Society 1700-1850*, pág. 9.
17. Nesse período, o impacto do puritanismo sobre a recreação popular era limitado. Segundo Malcolmson, "o puritanismo tinha uma aparência de cunho muito urbano, sendo organizado e austero demais para ser plenamente aceito por uma sociedade pré-industrial". R. Malcolmson, op.cit. págs. 13-14.
18. Estima-se que, no período de 1574-1821, 28,5% dos lares tinham empregados. Richard Wall in Laslett and Wall (eds.), *Household and Family in Past Time*, págs. 15 2-3.
19. Anne Laurence, *Women in England, 1500-1760*, pág. 149.
20. Citado de Thomas Tusser, *Five Hundred Points of Good Husbandry*, 1580, in A. Laurence, op.cit., pág. 109.
21. A. Laurence, op.cit., pág. 216.
22. Susan Dwyer Amussen in T. Harris (ed.), *Popular Culture in England, c. 1500-1850*, págs. 61-2.
23. Roy Porter, *English Society in the Eighteenth Century*, pág. 169.
24. H. Slim, *A Feast of Festivals*, pág. 37. Entre alguns protestantes, esta atitude com relação às festividades do Natal persistiu até o século XIX. O romance de Peter Carey *Oscar*

and Lucinda começa com um registro fictício de um dia de Natal singularmente não festivo, em 1856, na casa de um ministro de Plymouth Brethren. Havoc fica revoltado com a decisão do cozinheiro de não mais ser negado Oscar, o filho do ministro, o prazer do pudim de ameixa.
25. Citado em Roy Porter, *English Society in the Eighteenth Century*, pág. 250.
26. Friederich Schiller, *On the Aesthetic Education of Man*, XV.9, pág. 107.
27. Ibid.
28. De "A Letter Describing the General Appearances and Effects of the Expedition with Lunardi's Balloon', in M. Cadogan, *Women With Wings: female flyers in fact and fiction*, pág. 12.
29. Ibid., págs. 16-17.
30. Max Weber, *The Protestant Ethic and the Spirit of Capitalism, pág.* 166. Weber defendia que a ética protestante da vocação e do dever (em sua tentativa de conciliar o ascetismo religioso e os efeitos mundanos da riqueza) estimulava e combinava com o espírito capitalista de criar uma ética do trabalho que caracterizou todas as nações industrializadas desde então. Weber censurou os efeitos enfraquecedores da ética do trabalho; contudo, não fez nenhuma ligação entre a ética do trabalho e a desvalorização da brincadeira, apesar de sua análise dos efeitos combinados das forças do protestantismo e do capitalismo sobre a cultura do século XIX ter por base essa vinculação e, em algumas passagens, apontar firmemente nessa direção. Por exemplo, quando ele compara o impulso pelo dever do século XIX com o "rubor rosado de seu herdeiro sorridente, o Iluminismo". Ibid, pág. 182.
31. Segundo Malcolmson, "a recreação era sempre vista como um impedimento, uma grande ameaça ao trabalho fixo e produtivo". R. Malcolmson, op.cit., pág. 94.
32. Clarke e Critcher, *The Devil Makes Work*, pág. 56.
33. Documentos Parlamentares, 1845, xviii, pág. 618, in Malcolmson, op.cit., pág. 110.
34. Josiah Tucker fez esta recomendação para: "todos os Locais de Lazer e Diversão Pública, tais como Salas Públicas, Jardins de Encontros Musicais, Casas de Jogos etc., além de Barracas e Estandes de Festas Campestres, Jogos de Críquete, Corridas a Cavalo, Palcos para Charlatães, Jogos com Porrete, etc., além dos Cinco Locais, Salões de Baile, Mesas de Bilhar, Tabuleiros de Jogos, Pistas e Gramados para Jogos de Boliche e *Cock Pits*; além disso, os Impostos deviam ser cobrados dos Artistas itinerantes, dos homens de Loteria, dos homens de Shows, dos ilusionistas, dos cantores de Baladas e, na verdade, de todos os outros de qualquer Classe ou Denominação cujos Negócios e Profissões tenham uma Tendência natural e cujos Interesses Pessoais sejam tornar outras Pessoas pródigas, extravagantes e preguiçosas." *Josiah Tucker*, ed. Schuyler, pág. 261, citado in Malcolmson, op.cit., pág. 98.
35. E.P. Thompson, "Time, Work-Discipline and Industrial Capitalism", *Past and Present*, 38, 1967, págs. 56-97.
36. In the *Public Advertiser*, 2 de setembro de 1757, citado in Malcomnson, op.cit., pág. 98.
37. Citado em I. Bradley, *The Call to Seriousness, pág.* 108, de G.R. Taylor, *The Angel Makers*, pág. 22.
38. Citado em Malcolmson, op.cit.
39. G.M. Young, *Victorian England: portrait of an age*, págs. 1-2.
40. In Malcolmson, op.cit., pág. 102.
41. Charles Maudie, que administrava a Biblioteca Seleta Circulante, era um evangélico muito rígido que não tinha escrúpulos em vetar os livros disponíveis aos 25.000

assinantes da biblioteca. W.H. Smith, um metodista, censurava igualmente os livros à venda em suas lojas nas estações. Ver Bradley, op.cit., pág. 98.

42. Do Capítulo 3 de *Little Dorrit*.
43. Estou em débito com Anna Gambles do Nuffield College, Oxford, por esta observação.
44. H. More, *Works*, 1834, II, 319; III, 105.
45. As evidências sugerem que alguns homens se opunham fortemente ao lazer de suas esposas ligado à igreja, chegando em certas ocasiões a recorrer à violência física para evitar que saíssem. Pode-se traçar um paralelo intrigante entre isto e a reação de alguns maridos na década de 1970, que reagiam com muita hostilidade à saída de suas esposas para participarem de grupos de conscientização. Sou grata a John Walsh, do Jesus College, Oxford, por nossas discussões sobre o papel da igreja no período vitoriano de moldar o lazer das mulheres.
46. H.L. Dunlop, "Games, sports, dancing and other vigorous recreational activities and their function in Samoan culture".
47. Ibid., pág. 110.
48. I. Bradley, op.cit., pág. 106.
49. *Homo Ludens*, pág. 192. No ponto de vista de Huizinga, esta anulação do elemento brincadeira na cultura é simbolizada nas mudanças da moda, em especial a dos homens, das perucas *outré* e dos fantásticos babados do século XVIII para a austeridade da vestimenta vitoriana.
50. Adrian Harvey, tese de doutorado não publicada, "The Evolution of Modern British Sporting Culture 1793-1850", University of Oxford, 1995.
51. Ibid.
52. Como os historiadores sociais Clarke e Critcher esclarecem em sua análise da história do lazer: "Durante a maior parte dos séculos XIX e XX... o tempo [das mulheres] foi estruturado predominantemente em torno da família, e o tempo livre das mulheres parece ter sido ligado às esferas privadas da família, da rua e da vizinhança, em vez de ao mundo público do lazer institucionalizado." Clarke e Critcher, op.cit., pág. 56.
53. Para uma análise mais completa da relação entre as mulheres e a doença mental na sociedade vitoriana, ver Elaine Showalter, *The Female Malady: women, madness and English culture, 1830-1980*.
54. Dos 58.640 indivíduos reconhecidamente loucos em 1872, 31.822 eram mulheres, segundo os números fornecidos em J. Mortimer Granville, *The Care and Cure of the Insane*, pág. 230. Citado in Elaine Showalter, ibid., pág. 52.
55. H.B. Donkin, "Hysteria" in D.H. Tuke, *Dictionary of Psychological Medicine*, págs. 619-20.
56. J. Seabrook, op.cit., pág. 5. Seabrook, em seu livro, oferece uma análise mais detalhada da relação paradoxal entre o trabalho e o lazer do que o espaço que esta obra me permite.

Capítulo 5

1. Department for Employment, 1990, "Women in the labour market: Results from the 1989 Labour Force Survey", *Employment Gazette*, HMSO, Londres, págs. 619-43.
2. General Household Survey, 1994.
3. *Employment Gazette*, 1990.
4. Department for Employment, 1994.

5. Income Data Services, maio de 1993.
6. National Council of Women, 1992.
7. The Henley Centre for Forecasting, *Frontiers: planning for consumer change in Europe*.
8. "The National Child Development Study", Social Statistics Research Unit, City University, Londres, 1993.
9. D. Gittins, *The Family In Question*, Capítulo 6, "Why is a woman's work never done?"
10. J. Liddington e J. Norris, *One Hand Tied Behind Us*, pág. 217.
11. Rebecca Abrams, *Woman in a Man's World*, págs. 175-6.
12. "The Time Squeeze", *Demos Quarterly*. Cada levantamento fornece uma margem diferente entre o tempo de lazer dos homens e das mulheres. Há exemplos de diferenças regionais significativas. Segundo uma reportagem de Mintel, "Leisure Time", as mulheres de Yorkshire e do Nordeste [da Inglaterra] têm menos 10,5 horas de lazer por semana que os homens, comparadas a apenas 30 minutos de diferença em Londres. Todos os levantamentos concordam que as mulheres têm, em média, menos tempo de lazer que os homens. "Leisure Time", Henley Centre for Forecasting.
13. OPCS, "Social Trends", pl. 147, 1985, tabela 10.1.
14. Ibid.
15. A análise de Layte do uso diário do tempo revela que as mulheres com emprego fora de casa têm menos tempo total de lazer que os homens. Aquelas que possuem emprego de tempo integral têm menos 44,68 minutos por dia (308,76 minutos por semana); aquelas com emprego de meio expediente têm menos 26,03 minutos por dia (162,21 minutos por semana). Dividindo esses números para medir o tempo médio de lazer nos dias da semana e nos fins de semana, Layte constatou que as mulheres têm menos lazer que os homens, *independentemente da condição empregatícia dos dois*. As mulheres com emprego remunerado de tempo integral têm menos 120,98 minutos de tempo de lazer nos fins de semana; as mulheres com emprego remunerado de meio expediente têm menos 204,88 minutos; as mulheres desempregadas têm menos 142,40 minutos; as esposas e donas-de-casa em horário integral têm menos 75,12 minutos (estes números foram computados de dados extraídos do Household and Community Study. Os entrevistados representam uma amostra em estratos de seis áreas de viagem para o trabalho em todo o Reino Unido, e os dados são parte do Social Change in Economic Life Initiative, com verba do ESRC.). R. Layte, "The material and cultural determinants of the domestic division of labour", tese de doutorado não-publicada.
16. Layte constatou que, quando a mulher tem um emprego de horário integral, 8,87% de seu tempo de lazer também é utilizado em tarefas domésticas, comparado a 3,34% do tempo de lazer do homem. Quando a mulher tem um emprego de meio expediente, 8,99% de seu tempo de lazer também é utilizado em tarefas domésticas, enquanto os homens utilizam 2,82% de seu tempo de lazer. As mulheres desempregadas também passam 11% de seu tempo de lazer trabalhando, quando os homens passam 4,6%. R. Layte, ibid.
17. P. Mansfield e J. Collard, *The Beginning of the Rest of Your Life*.
18. Carolyn Vogler, "Unemployment, the household and social networks", in D. Gallie, J. Gershuny e C. Vogler, *Social Change and the Experience of Unemployment*, pág. 238.
19. Ibid.
20. J. Gershuny, *Social Innovation and the Division of Labour*, págs. 149-50.
21. Ibid. pág. 153.
22. R. Layte, op.cit.

23. Ver J. Schor, op.cit.
24. OPCS Monitor, 1990.
25. Um estudo desenvolvido em 1986 por Erica Wimbush examinou o papel e o significado do lazer para um grupo de mães escocesas com filhos em idade pré-escolar. Wimbush verificou que a maternidade afetou de maneira drástica a vida dessas mulheres, enquanto, aparentemente, teve pouco ou nenhum impacto na vida social de seus parceiros: "As saídas noturnas ocasionais com amigas ou colegas de trabalho e o dia de folga para ir às compras na cidade com uma amiga foram exemplos regularmente citados de ocasiões especiais em que as mulheres tinham espaço e tempo para si. Porém a freqüência deste tipo de lazer pessoal foi restringida pelo aspecto financeiro(...) e pela disponibilidade de outras pessoas(...) para cuidar das crianças." Mesmo as mulheres que tinham conseguido estabelecer uma existência própria além do lar permaneciam basicamente comprometidas com a satisfação das necessidades de seus filhos, maridos e lares, e "suas atividades [particulares] precisavam encaixar-se em torno disso". Somente algumas delas consideravam seu bem-estar pessoal uma contribuição para o bem-estar da família. E. Wimbush "Mothers meeting", in E. Wimbush e M. Talbot, (eds.) *Relative Freedoms*, págs. 63-9.
26. O homem fazia uma média de 1 hora e 46 minutos de trabalho não-remunerado por dia, enquanto que a mulher fazia uma média de 2 horas e 27 minutos de trabalho não-remunerado e 5 horas e 39 minutos de trabalho remunerado. A quantidade total de tempo gasto trabalhando era de 8 horas e 8 minutos para o homem e de 8 horas e 6 minutos para a mulher. J. Gershuny, op.cit., págs. 153-6.
27. "Leisure Time", Mintel. Estes números não revelam mudanças longitudinais na divisão do trabalho após a vinda dos filhos. R. Layte constatou que os homens faziam uma quantidade de trabalho doméstico consideravelmente maior do que antes, e que o aumento era mais pronunciado do que no caso das mulheres. Contudo, houve dois aspectos interessantes nesta descoberta: primeiro, os homens estavam fazendo mais do que antes nas tarefas que eles já desempenhavam mas tinham grande relutância em adotar novas tarefas. Em outras palavras, eles saíam mais vezes às compras se já faziam compras antes, mas não assumiam o cuidado das roupas se nunca tivessem tocado numa máquina de lavar até aquele ponto. Segundo, Layte descobriu que, apesar de ter havido um crescimento no trabalho doméstico dos homens imediatamente após a chegada de filhos, cinco anos depois essa situação tinha voltado à divisão de tarefas domésticas exatamente como era antes de surgirem os filhos. Não ficou claro se as mulheres reivindicaram as tarefas ou se os homens simplesmente deixaram de executá-las. R. Layte, op.cit.
28. M. Argyle, *The Psychology of Happiness*, págs. 70-78; "Leisure Time", 1995, Mintel. Assistir televisão é uma atividade de lazer indispensável para as mulheres, e as novelas são especialmente populares. Argyle sugere que isto se dá porque as novelas apresentam uma vida fictícia com que a assistência feminina, em especial, pode identificar-se. Uma outra explicação não considerada por Argyle é que os personagens familiares e os enredos de progressão lenta possibilitam que as novelas sejam facilmente acompanhadas ao mesmo tempo que as tarefas domésticas, como passar roupa, costurar, cozinhar ou alimentar os filhos, estão sendo executadas.
29. Samuel Richardson, Pamela (Penguin ed., 1980) pág. 150.
30. Eliza Lynn Linton, "The girl of the period", *Saturday Review*, 14 de março de 1868. In M. Vicinus, *Independent Women*, pág. 3.

31. Em 1851, havia 204.640 mulheres solteiras acima de 45 anos de idade na Inglaterra; até 1891, este número tinha aumentado para 342.072. Quando a contagem inclui as mulheres mais jovens e as viúvas de todas as idades, o número real de mulheres sozinhas na Inglaterra na segunda metade do século XIX é muito maior. "Havia quase um milhão de mulheres solteiras acima de 20 anos de idade na Inglaterra em 1901." M. Vicinus, ibid., págs. 27-30. Ver também as notas 42-5 na pág. 306.
32. M. Vicinus, ibid., pág. 5. Vicinus indica que a "paixão pelo emprego significativo" foi um objetivo importante para as mulheres do século XIX, uma via de escape dos confinamentos embrutecedores da vida doméstica e da dependência.
33. Com. Pessoal. Cortina Butler, 1990.
34. Anthea Gerrie, "Me-Time", revista *She*, março, 1992.
35. Wolf defende que o ideal de beleza física feminina é construído e manipulado socialmente de tal forma que impede ou desvia a atenção das mulheres das vantagens que o feminismo alcançou e que elas poderiam aproveitar. "Quanto mais as mulheres eliminam os impedimentos legais e materiais, mais rígida, pesada e cruelmente as imagens de beleza feminina passam a nos pesar.(...) Estamos no meio de uma violenta engrenagem contra o feminismo, que utiliza imagens de beleza feminina como uma arma política contra os avanços das mulheres." N. Wolf, *The Beauty Myth*, pág. 10.
36. São Tomás de Aquino, *Summa Theologica*.
37. Louise Jury, "Teachers and students welcome review", *Guardian*, 13.11.93.

Capítulo 6

1. S. Orbach, *Guardian*, 13 de junho de 1992.
2. Rousseau, Emilius, citado em M. Wollstonecraft, *A Vindication of the Rights of Woman*, pág. 54.
3. M. Wollstonecraft, ibid.
4. J. White, "The Power of Politeness in the Classroom: Cultural Codes that Create and Constrain Knowledge Construction", *Journal of Curriculum and Supervision*, 4:4, 298-321.
5. D. Lange, "Using like to introduce constructed dialogue: how like contributes to discourse coherence", Tese de mestrado, in Deborah Tannen, *You Just Don't Understand*, pág. 237.
6. Deborah Tannen, ibid., págs. 236-7.
7. "Lady in the Lords", *Corridor Magazine*, 1982 (coleção da autora).
8. Aries, E. "Verbal and Nonverbal Behaviour in Single-Sex and Mixed-Sex Groups: Are Traditional Sex Roles Changing".
9. Sue Lees, *Sugar and Spice*.
10. *The Guardian*, "Blood and Guts on the Glass Ceiling", 21 de maio de 1992. J. McLoughlin.
11. Ibid. McLoughlin explora como isso influencia a capacidade da mulher de lançar-se para o sucesso no mundo executivo.
12. J. Gaskell, *Gender Matters: from school to work*, citado em S. Lees, *Sugar and Spice*, pág. 159.
13. A. McRobbie, "Working class girls and the culture of femininity".
14. D. Reay "Working with boys".
15. V. Griffiths, "From 'playing out' to 'dossing out': young women and leisure", in E. Wimbush e M. Talbot (eds.), *Relative Freedoms*, pág. 50.

16. Ibid., pág. 50.
17. "Carers in 1990". *General Household Survey.*
18. M. Argyle, *The Psychology of Happiness*, pág. 78.
19. Semonides, *Diehl*, fragmento 7, trad. de Marylin Arthur, citado in Sarah B. Pomeroy, *Goddesses, Whores, Wives and Slaves: women in classical antiquity*, págs. 49-52.
20. W.R. Greg, "Why are women redundant?" *National Review* 15(1862), pág. 436, citado in Martha Vicinus, *Independent Women: work and community for single women 1850-1920*, pág. 4.
21. Citado in S. Lees, op.cit. pág. 154.
22. J. Achterberg, *Woman as Healer*, Capítulo 13, "Midwifery: the mysterious office", págs. 113-32.
23. R. Abrams, *Woman in a Man's World*, págs. 10-11.
24. Ibid., págs. 120-21.
25. Maccoby e Jacklin, 1987; Pitcher e Shultz, 1963; Golombok e Fivush, 1994: 121.
26. N. Chodorow, *The Reproduction of Mothering*, pág. 187.
27. J. Mendelsohn, "The view from step number 16".
28. Ibid., pág. 243.
29. S. Lees, op.cit., págs. 105-48.
30. D. Gittins, em seu estudo das mudanças das ideologias das famílias, apontou que, "independentemente do tipo de organização que a sociedade tenha adotado, sempre se supôs que um certo tipo de tarefa doméstica é por definição feminina. Isto acontece se ela está envolvida com o trabalho remunerado, se é total ou parcialmente dependente do marido ou do pai, ou se é solteira, casada, viúva ou divorciada, jovem ou velha." Como Gittins esclarece, não há equivalente para os homens. "O homem pode jogar fora o lixo, dar banho no bebê, lavar os pratos ou varrer o chão, mas se preferir não fazê-lo, como muitos preferiram e não fizeram — ele não é rejeitado, esquecido ou penalizado. Sua participação nas obrigações domésticas sempre é absolutamente voluntária. Se uma mulher escolhe não manter a casa limpa ou não supervisionar os filhos adequadamente, ela se arrisca a ser rotulada de "má" mãe ou má esposa — e pode ter como conseqüência o divórcio e a perda da guarda dos filhos. O trabalho doméstico e o cuidado infantil não são voluntários para as mulheres casadas na sociedade contemporânea, a não ser que sua classe social lhe proporcione recursos financeiros para pagar outras pessoas para desenvolverem suas responsabilidades." D. Gittins, *The Family in Question*, pág. 131.
31. Apesar de muitas mulheres, tanto no passado como na sociedade contemporânea, terem sido e serem remuneradas por tarefas como cuidar de crianças, lavar e passar, este trabalho nunca é percebido como uma habilidade valiosa e negociável. Onde as mulheres executam este tipo de trabalho de graça, seu valor de mercado é ainda mais indefinido. D. Gittins, ibid., pág. 116.
32. Thompson e Abrams, *On the Edge of Later Life*, ESRC.
33. National Council of Women of Great Britain, *Superwoman Keeps Going: understanding the female web*. pág. 9.
34. F. Johnson e F. Aries, "The talk of women friends", Women's Studies International Forum, Vol. 6, no. 4, citado in S. Lees, *Sugar and Spice*, pág. 71.
35. P. Naber, 1992, "Youth culture and life world", ensaio fornecido na Alice in Wonderland Conference, Amsterdã, junho 1992, citado em S. Lees, *Sugar and Spice*, pág. 100.
36. S. Orbach, op.cit.

Capítulo 7

1. Peter Redgrove e Penny Mortimer, em seu livro *The Wise Wound*, afirmam que, nas culturas em que a menstruação é reconhecida como um símbolo físico dos poderes da mulher de dar a vida, não existem a tensão pré-menstrual e as cólicas menstruais. As dificuldades que muitas mulheres vivenciam nas sociedades ocidentais devido aos seus períodos menstruais expressam e refletem a maior hostilidade que, de modo geral, o físico feminino atrai nessas sociedades. P. Mortimer e P. Redgrove, *The Wise Wound*.
2. Plínio e Elder, *Natural History*, 77DC, citado em *In Her Master's Voice*, compilado por Tama Starr.
3. Citado em Olwen Hufton, 1995, *The Prospect Before Her*, Londres, HarperCollins, pág. 43.
4. Citado em J. Achterberg, *Woman as Healer*.
5. "Desert Island Discs", BBC Radio-4, junho de 1990.
6. A análise de videoteipes de conversas entre estudantes primários revelou que, enquanto os meninos alinhavam seus corpos em ângulos um para o outro, as meninas tendiam a encarar-se e a olhar-se diretamente uma para a outra. Um outro estudo verificou que meninas eram criticadas por suas colegas por sobressaírem do grupo, seja por se destacarem academicamente ou por usarem roupas mais novas e mais caras que as outras. Ver M.H. Goodwin, "Children's Arguing". Deborah Tannen conclui que "ter uma aparência melhor que os outros é uma violação da ética igualitária das meninas: as pessoas devem expressar seus vínculos e suas semelhanças". D. Tannen, *You Just Don't Understand*, pág. 217.
7. The "Oxfordshire Eating Survey" é um estudo longitudinal de mulheres na faixa etária de 16-35 morando em Oxfordshire. As descobertas são baseadas em 15.000 questionários preenchidos, 800 entrevistas únicas e 50 entrevistas anuais com 250 pessoas conduzidas durante quatro anos. Trinta por cento das entrevistadas são estudantes, uma pequena proporção fica em casa com filhos e as restantes estão empregadas. Sessenta e cinco por cento são solteiras sem filhos. Sou grata ao Dr. Fairburn da University of Oxford por me ter permitido citar essas descobertas.
8. Shakin, Shakin e Sternglanz (1985) descobriram que as meninas tinham mais tendência a vestir-se com roupas que favorecem a aparência, enquanto que os meninos tendiam a vestir-se mais funcionalmente. Rubin et al. (1974), num estudo com mães e pais de recém-nascidos, verificaram que a delicadeza e a beleza das filhas era mencionada, enquanto que a força e a vivacidade dos filhos tendiam a ser comentadas por mães e pais.
9. R.C. Hawkins, S. Turell e L.S. Jackson, 1983, "Desirable and undesirable masculine and feminine traits in relation to students' dietary tendencies and body image dissatisfaction", *Sex Roles*, 9,705-24.
10. O conto de Cinderela está em circulação há mais de mil anos. Em sua extensa viagem ao conto de fadas na obra *From the Beast to the Blonde*, Marina Warner informa que uma versão chinesa datada de 850-60 d.C. sobrevive na forma escrita. Segue o enredo familiar da filha privada e maltratada por sua madrasta e pela meio-irmã, que a mantêm isolada em casa. O mágico intervém, na forma de um peixe dourado, e a salvação surge através de um sapatinho dourado: "Não cabia em ninguém. Era tão claro quanto a aurora e não fazia barulho mesmo pisando na pedra." M. Warner, *From the Beast to the Blonde*, págs. 202-3.

11. Números extraídos do Sir Norman Chester Centre for Football Research, 1995.
12. De uma reportagem no *Evening Post*, de Swansea, julho, 1996.
13. "[Na] narrativa feminina [da esquizofrenia], o espírito de perseguição (...) quem escarnece, julga, dá ordens e controla (...) é quase sempre do homem. Ele faz críticas sucessivas à aparência e à atuação que a mulher cresceu conhecendo como sendo parte de seu fluxo de consciência." Showalter sugere que, na esquizofrenia feminina, o espírito de perseguição que é familiar a todas nós se manifesta. E. Showalter, *The Female Malady*, pág. 213.
14. Comedia/Demos conduziu um levantamento de 12.000 pessoas e 12 parques em toda a Inglaterra. Ver K. Worpole e L. Greenhalgh, 1995, *Park Life: Urban Parks and Social Renewal*.
15. "City Walks in London" (documento para consulta), 13 de junho de 1995, The Government Office for London.
16. Hough e Mayhew, "The Second British Crime Survey", "The Greater London Women's Committee Study of Women and Transport", 1985; "The British Crime Survey", 1993. O último levantamento de crimes na Inglaterra mostrou que a média de riscos de ser uma vítima é de 1 em 150. A população com maior risco de ser atacada é a de homens jovens entre 16 e 19 anos. As mulheres têm uma probabilidade menor de ser feridas do que os homens, sendo que as mulheres acima da idade de 60 anos têm apenas 1 chance em 400 de ser atacadas na rua.
17. Sue Lees, op.cit., pág. 273.
18. V. Griffiths, in E. Wimbush e M. Talbot, op.cit., pág. 51.
19. Ibid.
20. R. Dixey, "'Eyes down': A Study of Bingo", in E. Wimbush e M. Talbot, op.cit., págs. 91-101.
21. Golombok e Fivush, 1994.
22. Maccoby e Jacklin, 1987; Pitcher e Shultz, 1983.
23. Miller, Danahar e Forbes, 1986; Sheldon, 1990.
24. Opie e Opie, 1984.
25. Moss, 1967; Parke e Sawin, 1980, Power e Parke, 1982.
26. Seavey, Katz e Zalk, 1975.
27. Outras evidências para a rapidez e a rigidez com que o sexo nos identifica são provenientes de estudos de bebês-meninos cujo sexo é erradamente classificado no momento do nascimento em conseqüência do desenvolvimento insuficiente dos órgãos genitais. Quando essas crianças precisam ser reclassificadas, na idade de um ano e nove meses ou dois anos, elas vivenciam um trauma considerável. S. Kessler e W. McKenna, *Gender: An Ethnomethodological Approach*.
28. L.B. Hendry, *Growing Up and Going Out*, pág. 45.
29. É comum a própria pesquisa ser limitada por noções estereotipadas de sexo. Um estudo recente americano de 1.688 adolescentes constatou que "o grau de masculinidade ou de feminilidade de suas identidades sexuais [era responsável] por uma boa parte de suas notas nas avaliações escolares"; quanto mais feminina a identidade sexual, melhores as notas, não só em matérias relacionadas com habilidade verbal, mas em todas. Todavia, essa pesquisa não teceu nenhuma crítica com relação às definições convencionais dos sexos, e mediu "feminilidade" e "masculinidade" com base nesas noções. Assim, "sentar-se quieto" era considerado uma atividade feminina, enquanto "atrapalhar a aula" era considerado uma atividade masculina. Não surpreende que

as crianças que atrapalham se saiam pior academicamente do que aquelas que se sentam quietas e concentradas, mas o que isto indica quanto à identidade sexual não foi esclarecido. P. J. Burke, "Gender Identity, Sex and School Performance".
30. "Meninas e meninos são tratados de formas diferentes por seus pais e mães desde o momento do nascimento. Ao alcançarem seu terceiro ano de vida, sua identidade sexual geralmente já está bem estabelecida e suas preferências de brincadeira são claramente influenciadas pelas percepções do que é apropriado para meninos e para meninas." E. Goldschmied and S. Jackson, *People Under Three: children in their third year*, pág. 146.
31. Como a psicóloga clínica americana Margo Maine apontou, "os meninos são encorajados a ser independentes e a arriscar; as meninas são encorajadas a cuidar dos outros e das coisas e a buscar aprovação". Margo Maine, *Father Hunger*, pág. 66.
32. Esta descoberta é corroborada por vários estudos no Reino Unido e nos Estados Unidos. Ver Esther Blank Greif, *Sex Role Playing in Pre-School Children*, um estudo de crianças de creches americanas de famílias de profissionais de classe média branca. Restrições semelhantes na brincadeira entre os sexos foram registradas em outras partes do mundo.
33. J. Hampton, "Play and Development in Rural Zimbabwean Children", *Early Child Development and Care*, Vol. 47, págs. 1-6.
34. Isso também sofre a influência de fatores culturais. Um estudo de crianças pré-escolares italianas, nas idades de 2-4 anos, constatou que ambos os sexos preferiam o debate fervoroso à atividade determinada pelo professor (ficar quieto e desenhar uma figura). As crianças consideraram a discussão uma atividade alternativa e gratificante, que é uma opinião endossada pela cultura italiana de modo geral. Ver W. Corsaro e T. Rizzo, "Disputes in the peer culture of American and Italian nursery school children".
35. Corinne Hutt, 1966.
36. Carol Gilligan et al., *Making Connections*.
37. Segundo Carol Gilligan, a menina adolescente está se tornando uma mulher preocupada com noções convencionais de feminilidade, tais como cuidar dos outros e ter sentimentos, mas, ao mesmo tempo, também está se tornando uma adulta preocupada com um conjunto diferente de atributos, tais como a auto-suficiência e a independência. C. Gilligan et al. Ibid.
38. Resumo do AAUW: *Shortchanging Girls, Shortchanging America* (Dados originais: Relatório Completo da AAUW/Greenberg-Lake, Greenberg-Lake, 1990, Washington, D.C.).
39. M. Maine, *Father Hunger*, pág. 60.
40. C. Hoff Sommers, *Who Stole Feminism: how women have betrayed women*, págs. 137-51. Para Sommers, a "auto-estima" está inadequadamente definida e testada no levantamento; ela indica, por exemplo, que não foram efetuados controles de diferenças de sexo para estilos de relato pessoal, nem para "uma defasagem na expressividade" que existe entre os adolescentes do sexo masculino e do feminino, nem do fato de a taxa de evasão no ensino secundário ser maior para os homens do que para as mulheres. Com base nos dados do levantamento original, Sommers considera que o estudo na verdade sugere uma relação inversa entre os relatos de auto-estima e o sucesso escolar.
41. "Ann" é o pseudônimo para uma das mulheres que entrevistei na pesquisa que desenvolvi com Paul Thompson sobre o envelhecimento, intitulada "On the edge of later life" (ESRC, 1993). Quase todas as mulheres entrevistadas para essa pesquisa descreveram uma suspensão ou diminuição semelhante da brincadeira na adolescência, que não foi igualada nas entrevistas com homens da mesma idade e classe social.

42. Hendry et al. *Young People's Leisure and Lifestyle*, pág. 173.
43. Hendry et al., ibid. pág. 40.
44. S. Rowbotham, *Woman's Consciousness, Man's World*, pág. 20.
45. Hendry, et al: op.cit., págs. 126-7.
46. Ver P. Willis, *Learning to Labour*, J.C. Walker, *Louts and Legends: male youth culture in an inner-city school*. S. Lees, *Sugar and Spice*.
47. S. Lees, op.cit.
48. Segundo os historiadores sociais Clarke e Critcher, "o lazer das meninas adolescentes é mais controlado interna e externamente que o dos meninos. A recompensa da atração sexual e sua implícita subordinação e vulnerabilidade aos meninos torna o lazer um empreendimento tentador para as meninas". *The Devil Makes Work*, pág. 157.
49. S. Lees, op.cit., pág. 17.
50. S. Lees, ibid, pág. 15.
51. McRobbie e Garber, 1976.

Capítulo 8

1. J. Huizinga esclarece que a palavra inglesa *play* deriva do termo anglo-saxão *plega*, que tem conotações de movimento rápido, bater palmas e tocar um instrumento, além de jogar. Ela sobrevive no alemão moderno, *pflegen*, e no holandês *plegen*, para *play*. Ambos derivam de palavras mais antigas que não significam brincar, e sim arriscar-se, afirmar-se, expor-se ao perigo por alguém ou algo. J. Huizinga, *Homo Ludens*, pág. 39.
2. Um exemplo da palavra *play* utilizada neste sentido de "alegria" é dado com esses versos de um poema do século XV:
   Alas! And walo-way! My child that was me lefe!
   My luf, my blood, my play, that never dyd man grefe!
   (Ai de mim! meu filho que era minha vida!
   Meu amor, meu sangue, minha alegria, que nunca fez nenhum mal aos homens!)
3. Há 43.000 clubes afiliados à Associação de Futebol na Inglaterra, quase todos eles tendo pelo menos um campo de futebol, alguns com vários. O tamanho padrão do campo é entre 4.050 metros quadrados (45m x 90m) e 11.400 metros quadrados (95m x 120m). Supondo uma média de um campo por clube, isto corresponde a cerca de 332 milhões de metros quadrados de campos de futebol oficiais, sem levar em consideração as centenas de campos improvisados por meninos e homens nas ruas, parques e áreas de recreação em todo o país.
4. O futebol era responsável por 49,48% dos campos de futebol na Inglaterra em 1994. Quando se considera todas as formas de jogo de bola, esses números crescem para 49,77% (o críquete é responsável por 15,05% — o rúgbi, através da Rugby Union and League, por 10,17%). As comparações regionais demonstram que a quantidade de espaço destinado ao futebol é extraordinariamente uniforme em todo o país [britânico], sendo que os campos de futebol representam cerca de 45-50% dos campos de jogos em cada região. O noroeste, que é a região que possui a maior quantidade de campos de jogos, também destina uma proporção maior do que a média deles ao futebol (3.873 campos, sendo 53,60% de futebol); curiosamente, a Grande Londres tem o menor número de campos de jogos, mas a maior proporção de campos de futebol (1.618 campos, sendo 54,62% de futebol). The Sports Council, *Register of Recreational Land*, tabela 6.1.3, quadro 6.1.1.

5. A grande valorização do futebol e de outros esportes essencialmente masculinos reflete-se claramente no número de polegadas por coluna e nos minutos ou no espaço destinado à cobertura desses eventos no jornal, no rádio e na televisão. Também temos revistas e livros em que predominam as atividades femininas, como tricotar e bordar, mas eles aparecem em locais e espaços especificamente destinados a mulheres, e não nos espaços aparentemente neutros das reportagens diárias de notícias nacionais.
6. "Fair deal overdue for fairer sex", Christine Spreiter, *The Times*, 1994. O problema de patrocínio existe em todos os esportes femininos, do atletismo ao judô. Tracey Edwards buscou apoio em mais de 300 companhias e precisou vender sua casa para levantar o capital de três milhões de libras necessário ao seu iate tripulado por mulheres, o *Maiden*. A Women's Rugby Football Union (federação feminina de rúgbi") não recebe patrocínio e depende apenas das arrecadações das sócias e dos eventos desportivos. A falta de publicidade leva as agências investidoras e os investidores particulares à tendência de apoiar menos os esportes femininos, e a falta de verba, por sua vez, torna-os menos atraentes para os novos editores e repórteres: o círculo de marginalização logo se fecha.
7. J. Hargreaves, "Sex, gender and the body in sport and leisure: Has there been a civilizing process?" in E. Dunning e C. Rojek (eds.), *Sport and Leisure in the Civilizing Process*, pág. 179.
8. Segundo Spender, "as mulheres ocupam a zona de espaço semântico negativo, elas são incapazes de decretar sua própria realidade, portanto, são 'erradas'". D. Spender, *Man Made Language*.
9. Como Dale Spender explica, "a linguagem não é uma dimensão sem importância. Ser inferior quando se trata de linguagem em geral não deve ser levado em consideração". Ibid. Spender não foi a primeira pessoa a apontar a ligação entre a linguagem e o sexo na sociedade. Ela própria reconhece o trabalho de Elizabeth Cady Stanton, no meio do século XIX, como também o de outras escritoras feministas, mas Spender foi uma das escritoras mais influentes sobre o tema nos últimos anos, indo além e mais a fundo do que suas predecessoras na vinculação entre a semântica e a desigualdade sexual e nas suas implicações para as mulheres e para a sociedade.
10. Nietzsche defende este ponto de forma explícita em *Assim falou Zaratustra*: "Um verdadeiro homem deseja duas coisas: o perigo e a brincadeira. Portanto ele deseja a mulher como o mais perigoso dos brinquedos. (...) Deixar a mulher ser um brinquedo puro e delicado como uma jóia, iluminado pelas virtudes de um mundo que ainda está por vir. (...) A felicidade do homem é o seu próprio desejo. A felicidade da mulher é o desejo dele. (...)" F. Nietzsche, *Thus Spake Zarathustra*, págs. 91-2.
11. Um almoço comemorativo para trezentas mulheres executivas, realizado em Londres em outubro de 1993, foi descrito com um tom depreciativo pelo *The Times*.
12. Robert Philip, "English rose blossoms in the mid-winter mud", *Daily Telegraph* 17.1.94.
13. Brian Oliver, "Let out for being 'straight'", *Daily Telegraph*, 17 de janeiro de 1994.
14. Barry Pickthall, "Frank ousted from Whitbread", *The Times*, 10 de novembro de 1993.
15. P. Davies, *I Lost My Heart to the Belles*, pág. 15.
16. Gilda O'Neill, *A Night Out With the Girls*, págs. 13-20.
17. A palavra "*gossip*" (mexerico) tem uma etimologia interessante. M.Tebbutt escreve: "As mais antigas definições de 'gossip' referiam-se a um substantivo referente ao papel adotado pelos padrinhos num batismo cristão. A antiga palavra inglesa *godsibb* era literalmente um 'parente em Deus', que enfatizava a proximidade e o cuidado espiritual com o bem-estar da criança. Também se aplicava a um amigo íntimo convidado para

um batismo. Com o passar do tempo, o sentido espiritual se diluiu, transformando-se numa forma mais leiga de cuidado, como o expresso pela sociabilidade. (...) No século XIV a implicação espiritual havia se ampliado e adquirido um sentido que caracterizava *gossip* como um amigo íntimo e, especialmente, como alguém que fosse amigável e se interessasse pelo comportamento de seus amigos. (...) A definição do substantivo nos séculos XVI e XVII [indicava] amigas íntimas que uma mulher convidava para assisti-la na hora do parto... *Gossip* gradativamente adquiriu um sentido de um sexo específico significando a conversa fiada e inconseqüente das mulheres. No século XVIII, este significado recebeu reconhecimento em dicionário do Dr. Johnson, que forneceu uma definição que 'pela primeira vez' vinculava *gossip* precisa e oficialmente às mulheres como 'o indivíduo que sai por aí falando como mulheres armazenando assuntos'. No século XIX, o termo *gossip* já havia se estabelecido como 'uma pessoa, geralmente uma mulher, de caráter fraco e fútil, especialmente alguém que tem prazer na conversa fiada'." M. Tebbutt, *Women's Talk? A social history of "gossip" in working-class neighbourhoods, 1880-1960*, págs. 19-27. D. Gambetta indica que, em italiano, *compadre*, a palavra para padrinho, manteve seu sentido original, enquanto que *comare* ou *commare*, inicialmente a palavra para madrinha, veio a significar mexerico. D. Gambetta, "Godfather's Gossip", 1994, *Arch. Europ. sociol* 35, págs. 199-223. M. Warner mostra que, no francês e no inglês, ocorreu uma mudança similar: "Em francês, *commère*... originalmente madrinha... passou a significar mexeriqueira, contadora de histórias; a palavra inglesa *cummer*, já obsoleta, até o século passado também significava madrinha, amiga íntima e mexerico, assim como parteira e mulher sábia." M. Warner, *From the Beast to the Blonde, pág. 33*.
18. Dale Spender indica que "não existe nenhum termo para a conversa masculina que seja equivalente a tagarelar, bater papo, irritar, resmungar, lamuriar-se, choramingar e, obviamente, fofocar". D. Spender, *Man Made Language*, pág. 107. É importante dizer, contudo, que as mulheres têm uma arma paradoxal em suas mãos pois, se decidem aplicar essas palavras aos homens, elas adquirem uma força adicional. Chamar uma mulher de irritante é confirmar sua feminilidade negativa, mas chamar um homem de irritante é criticá-lo e enfraquecê-lo.
19. M. Roberts, *On Gender and Writing*, pág. 65.
20. M. Tebbutt chama atenção para o estereótipo contido na propaganda interna do governo britânico durante a Segunda Guerra Mundial. A campanha de 1939 contra a "Conversa Despreocupada" era destinada às "donas-de-casa fofoqueiras". A campanha "antifofoca" de 1940 destinava-se a homens e mulheres, porém, enquanto os homens fofoqueiros eram incorporados na figura do Sr. Pride em "Prophecy", as mulheres fofoqueiras eram representadas pelas senhoritas Leaky Mouth e Teacup Whisper, "condensando", como diz Tebbutt, "o peso muito maior da opinião masculina". M. Tebbutt, op.cit.
21. A Santa Inquisição foi instituída nos idos de 1022, e, a partir daí, homens e mulheres eram executados por idolatrarem o diabo. Contudo, a caça às bruxas ganhou corpo a partir do século XV, e, no fim do século XVI, as mulheres estavam sendo torturadas e assassinadas em quantidades assustadoras. A caça às bruxas aos poucos findou quando se aproximava o século XVII, apesar de a última execução oficial ter ocorrido já em 1775, na Alemanha. Os homens também eram acusados de feitiçaria, mas nunca em número semelhante. Em algumas partes da Europa, a razão era no máximo de dez mulheres para um homem. Também foi enfatizado que, enquanto os homens geral-

mente eram escolhidos por ser politicamente inconvenientes, as mulheres eram alvo pelo simples fato de ser mulheres. Apesar de não haver dados exatos para o número de mulheres queimadas como bruxas, estima-se que tenha sido de 200.000 a 9 milhões. Segundo R. H. Robbins, há registros de que foram queimadas 100.000 bruxas só na Alemanha (*Encyclopedia of Witchcraft and Demonology*). Na virada do século XVI, a Alemanha foi descrita por um observador contemporâneo como "quase inteiramente ocupada com a construção de fogueiras para feiticeiras. A Suíça foi levada a arrasar muitas de suas pequenas cidades por causa delas." Citado em J. Achterberg, *Woman as Healer*, pág. 85.

22. Citado em L. Gordon, *Charlotte Brontë: A Passionate Life*, págs. 64-5.
23. "Girl Talk", J. Moir, *Guardian*, 26 de agosto de 1994.
24. Dale Spender considera que "as mulheres não foram julgadas por falarem mais que os homens, mas por falarem mais do que as mulheres silenciosas". Spender também argumenta que a idéia de as vozes das mulheres serem de um tom alto e, portanto, menos agradável que a dos homens, baseia-se em adotar como norma o tom de voz masculino. Spender cita resultados de pesquisas que indicam que as diferenças de sexo no tom vocal têm muito a ver com convenções sociais. D. Spender, *Man Made Language*, pág. 42.
25. Um estudo efetuado por Zimmerman e West (1975) constatou que 98% das interrupções nas conversas entre homens e mulheres eram masculinas. Deborah Tannen indicou que todos os homens não interrompem mais que todas as mulheres, chamando atenção para a importância da diferença de estilos de conversa. Pessoas de qualquer dos dois sexos que falam com alto grau de envolvimento tendem a interromper mais a fala de outras pessoas do que as que têm muita consideração. As mulheres judias, por exemplo, tendem mais a interromper outras pessoas falando do que as mulheres de outros grupos culturais, devido à ênfase da cultura judaica no debate e na discussão. A interrupção faz parte do estilo lingüístico judaico! Tannen também afirma que, quando as mulheres se reúnem sem os homens, elas realmente se interrompem. Tannem chama a isto "justaposição cooperativa" e defende que cria vínculo em vez de significar superioridade. D. Tannen, *You Just Don't Understand*, págs. 201-7.
26. Robin Dunbar, "Why gossip is good for you", *New Scientist*, 21 de novembro de 1992.
27. Ibid.
28. Em *The Golden Bough*, Frazer menciona tribos onde a mágica podia ser trabalhada numa pessoa "através de seu nome tão facilmente como de seu cabelo ou qualquer outro material que fizesse parte de sua pessoa". D. Zahan relata o caso dos bambaras do Sudão que consideram a fala um ato absolutamente físico, envolvendo o corpo inteiro. Falar é utilizar a identidade física no seu mais alto grau, é dar nascimento às palavras. Ver D. Zahan, *La Dialectique du verbe chez les Bambaras*, 1963. Julia Kristeva também indica a ligação intrínseca entre a criação e a fala na Bíblia, onde as palavras de Deus no Gênesis são sinônimos do que Ele cria: "E Deus disse: Exista a luz. E a luz existiu." J. Kristeva, *Language the Unknown — an initiation into linguistics*, págs. 98-9.
29. Kristeva, seguindo Hegel, defende que a linguagem é "um sistema significante no qual o sujeito falante se faz e se desfaz [sic]". J. Kristeva, op.cit., pág. 265.
30. L. Irigaray, in S. Sellers, *Language and Sexual Difference*, págs. 12-13.
31. "A realidade é construída e mantida basicamente através da conversa.(...) Quem controla a fala também é capaz de controlar a realidade." D. Spender, op.cit., pág. 119.

32. Lady Richmond Brown, *Unknown Tribes and Uncharted Seas*, Duckworth, 1924, in J. Robinson, *Unsuitable For Ladies: an anthology of women travellers*, pág. 17.
33. Ver R. Parker, *The Subversive Stitch*.
34. A forte sensualidade da dança árabe capturou a imaginação dos ocidentais que viajavam pelo Oriente no século XIX, mas eles não deram atenção ao seu papel e importância como uma forma de diversão privada das mulheres e para si próprias. Ao contrário, eles enfatizaram o elemento sexual da dança, das mulheres dançando para o prazer dos homens, em vez de para seu próprio prazer. Em *Serpent of the Nile: women and dance in the Arab world*, Wendy Buonaventura mostra como, no decorrer do século XX, a dança árabe foi adotada pelo Ocidente, que acrescentou-lhe glamour e simplificou-a, fazendo com que, no processo, ela perdesse a maior parte de sua sutileza e força. Ainda assim, "como uma atividade social no mundo árabe, a dança manteve sua natureza intimista e muitos dos costumes que a envolvem. Ela ainda é passada de mãe para filha e dançada pelas mulheres para sua própria diversão. (...) E permanece sendo um elemento essencial em qualquer ocasião em que as comunidades se reúnem para se divertir". op. cit., pág. 21.
35. L.S. Mitchell, *Here and Now Story Book*, in J. Bruner et al., *Play, its role in development and evolution*, extraído de um trabalho apresentado na Second Lucy Sprague Mitchell Memorial Conference, "Dimensions of Language Experience" por Courtney B. Cazden.
36. M. Warner, op. cit., pág. 17.
37. Não se sabe ao certo qual é a origem de *Old Mother Goose*, mas o ganso tem inúmeras ligações com as mulheres e com a conversa. No francês, por exemplo, a palavra *caquet* para o grasnido do ganso também é usada com o sentido de conversa. Segundo Marina Warner, "o ganso tem a função de ser o animal que, *par excellence*, representa a doidice e, mais especificamente, o barulho feminino da conversa das mulheres". Ibid., págs. 51-66. Para uma análise mais detalhada da relação entre autores masculinos, fontes femininas e narradoras femininas de contos de fadas, ver ibid., págs. 12-25.
38. Ibid., pág. xxi. Ver também o capítulo 23, "The Silence of the Daughters: The Little Mermaid", em que Warner desenvolve o tema e o significado do silêncio feminino com algum detalhe.
39. As leituras e as novas escritas dos contos de fadas tradicionais geraram dúvidas quanto à felicidade dos finais felizes, questionando, por exemplo, se é realmente tão bom que a moça vivaz termine a história como uma noiva passiva, e mostrando como os enredos das histórias sustentam os valores patriarcais e os papéis que estereotipam os sexos. Na coleção de Angela Carter, *The Bloody Chamber and Other Stories*, as histórias tradicionais passam por uma mudança nova e perturbadora.
40. A maioria dos países criou começos e finais ritualísticos para suas histórias folclóricas. Os contos de fadas armênios geralmente começam com a fórmula "Havia e não havia, havia um menino..."; uma história egípcia começa com "Nem aqui nem em nenhum outro lugar vivia um rei". Tudo tem esta mesma função de enfatizar o ficcionismo da narrativa. Como mostra Angela Carter, "o conteúdo dos contos de fadas pode registrar as vidas das pessoas pobres anônimas com uma fidelidade que pode chegar a ser desconfortável (...) porém a forma do conto de fadas, em geral, não possui a conotação de convidar a audiência a partilhar uma sensação de experiência vivida. O 'conto das velhas esposas' positivamente ostenta sua falta de verissimilitude." *The Virago Book of Fairy Tales*, pág. xi.
41. H. Watson, *Women in the City of the Dead*, págs. 12-16.

42. No fim da estada de Helen Watson na Cidade dos Mortos, as mulheres reuniram-se para ouvir "um conto sobre tentativa e erro e sobre saber a hora de parar". É a história de uma abelha-de-mel que pousa um dia num estranho jardim. "Nada na abelha fazia muito sentido. Era um mistério, um enigma, uma curiosidade! Alguns diziam que a abelha estava simplesmente perturbada e que isto explicava seus modos estranhos. Outras diziam que, apesar de assemelhar-se muito a uma abelha, na verdade não era uma abelha coisa nenhuma e isto explicava o seu comportamento tão diferente das outras abelhas. (...) Certamente ela era de uma espécie muito original de abelhas, com todo tipo de hábitos e interesses de diferentes. (...) As abelhas-de-mel são por natureza ocupadas, e esta não era exceção. O peculiar era a forma como ela se mantinha ocupada. As abelhas-de-mel colecionam mel e só, nada mais nada menos! Mas esta abelha-de-mel não era esse tipo de abelha! Essa ficava feliz colecionando qualquer coisa. Às vezes ela encontrava mel, outras vezes encontrava minhocas. Em ambos os casos ficava igualmente feliz. (...) A abelha-de-mel também tinha uma aparência meio estranha, nada como se esperaria (...) tinha um cabelo tão espigado que causava espanto, em vez da usual aparência fofa e suave das abelhas-de-mel. As pessoas procuravam ajudá-la porque a abelha tinha muitos amigos de verdade. Mas, é triste dizer, ela passou por inúmeros processos de embelezamento sem ter alcançado sucesso." Uma das coisas mais estranhas e significativas a respeito desta abelha era sua atitude de trabalho. "A abelha-de-mel trabalhava muito, era completamente louca por seu trabalho. (...) Sentia prazer em trabalhar, uma outra coisa estranha que as pessoas perceberam nela. Ela trabalhava da manhã à noite e movimentava-se tão rápido que deixava uma faixa de poeira quando passava." Ibid., págs. 204-11.
43. Ibid.
44. "O ato de contar histórias engloba romantismo e revelação", escreve Watson. "O romance é para todos, a revelação para aqueles que desejam ou são capazes de percebê-la. Sempre que se conta história, o que é fundamental é o fato de o ordinário e o extraordinário se entrelaçarem formando uma rica trama que representa uma alternativa para a vida diária... Os contos divertem, aquecem, recuperam, liberam e justificam." Ibid.
45. Em *Language and Sexual Difference*, Susan Sellers descreve os processos intelectuais por detrás dos estilos das narrativas dessas feministas francesas: "Cixous vê o tipo de composição de texto tecido com possibilidades múltiplas e heterogêneas geradas do processo da escrita como um desafio às regras de sentido lógico [linear] e objetivo e ao ponto de vista único e auto-referencial decretado pela lei masculina. Ela acredita que a escrita (feminina) tem o potencial de debilitar e apresentar outra alternativa para essa lei e para a hierarquia de relações lingüísticas, sociais e políticas que a lei cria." op.cit., págs. 143-4. Monique Wittig coloca a teoria na prática em seu trabalho: "A insistência no feminino, nas mulheres e nos círculos como o símbolo positivo do sexo da mulher, é expressa na referência contínua a isso (...), nos inúmeros nomes de mulher que aparecem em vários pontos do texto (...) e na quantidade de círculos repetidos a intervalos em páginas que, do contrário, estariam vazias." Ibid., pág. 154. Outro exercício de *écriture féminine* é encontrado na obra de Michèle Ramond, como Sellers descreve: "O texto [de *Vous*] abre com uma página dupla em branco, começando uma narrativa na página três, no meio de uma sentença. A página dupla em branco é repetida a intervalos irregulares através do texto, e a narrativa recomeça, em cada caso, no meio de uma sentença, às vezes no meio de uma palavra, e sempre num ponto

diferente daquele em que foi interrompido. (...) As frases de Ramond também quebram todas as regras convencionais de construção de frase, colocando proposições diferentes umas ao lado das outras, incorporando meias linhas de espaço em branco e fazendo experiências com o *lay-out* do texto." Ibid., pág. 159.

Capítulo 9

1. Adaptado de J. R. Moyle, *Just Playing? The role and status of play in early childhood education*, págs. 136-7.
2. Segundo a socióloga americana Martha Wolfenstein, "brincar com as crianças era considerado perigoso; produzia um prazer que não era sadio e destruía os nervos das crianças. Qualquer tipo de brincadeira com as crianças era considerada excessivamente estimulante e excitante, além de pernicioso. A brincadeira trazia consigo uma conotação de excitação erótica que era temida." M. Wolfenstein, "The emergence of fun morality".
3. John Watson (1928). *Psychological Care of the Infant and Child*, citado em C. Hardyment, *Perfect Parents*, pág. 175.
4. "A brincadeira, que deixou de ser vista como nociva e passou a ser considerada inofensiva e boa, agora torna-se uma nova obrigação", escreve Martha Wolfenstein sobre o etos do cuidado infantil dos anos cinquenta. M. Wolfenstein, op.cit.
5. Citado em J. Schwartz, *The Mother Puzzle*, pág. 242.
6. As teorias de Piaget sobre o desenvolvimento cognitivo infantil foram reinterpretadas por especialistas em cuidado infantil como uma série de degraus numa escada intelectual. O trabalho dos pais era ajudar os filhos a subir até o topo o mais rápido possível. Segundo Hardyment, "o conceito de uma idade mental elástica foi tomado como um desafio". C. Hardyment, *Perfect Parents*, pág. 246.
7. J. Schwartz, op.cit., pág. 243.
8. Ibid., pág. 231.
9. Ibid.
10. Clare Garner, "The loss of innocence", *Independent*, 15.8.1991.
11. Ibid.
12. A. Uttley, Country Hoard.
13. Goldschmied e Jackson, *People Under Three*, Capítulo 1.
14. De *The Hurried Child* por David Elkind, citado em J. Schwartz op.cit., pág. 231.
15. No ponto de vista de Goldschmied e Jackson, o processo de exploração na brincadeira de crianças pequenas é "muito semelhante à atividade dos cientistas que desenvolvem seu conhecimento, executando o mesmo experimento várias vezes com pequenas variações (...) uma coisa leva a outra num processo prazeroso de descoberta que, em troca, leva à prática e ao aprimoramento da habilidade." *People Under Three*, pág. 123.
16. Goldschmied and Jackson, ibid., pág. 138.
17. Corinne Hutt em "Exploration and play in children", de Symposia of the Zoological Society of London, no. 18, págs. 61-81. O estudo de Hutt envolveu 30 crianças de maternal nas idades entre três e cinco anos. Ela observou uma ampla gama de atividades exploratórias embutidas no ato de brincar.
18. Segundo Leo Hendry, "este tipo de brincadeira tem uma função valiosa (...) se a criança está reduzindo seus medos, explorando seus sentimentos, tentando entender um evento complicado ou alterando-o para torná-lo agradável a si, ela está reduzindo o mundo

a proporções com que tem condições de lidar." L.B. Hendry *Growing Up and Going Out*, Capítulo 3, "Play and pre-adolescent leisure", pág. 36.
19. Também foi sugerido que "a meia infância é um período em que os sexos se separam para ensaiarem os papéis sexuais na sua brincadeira". Nesta idade, as crianças podem preferir grupos do mesmo sexo em vez de mistos porque eles fornecem "um campo seguro" para explorarem esses aspectos inexperientes de seu *self* social. Ver L.B. Hendry, op.cit., pág. 41.
20. Hendry, op.cit.
21. Sheila Rowbotham recorda seu fascínio pelo movimento *beat* quando era jovem, lendo sobre *On The Road*, ouvindo Howl, identificando-se com os homens "porque eles eram interessantes, tentando não perceber a falta de modelos femininos atraentes. "Eu jamais tinha percebido que as meninas, invariavelmente, sentiam uma dificuldade no movimento *beat*, até mais tarde. Eu simplesmente achava que era de certa forma inevitável que as meninas tivessem que ser heroicamente fortes e milagrosamente suaves ao mesmo tempo. Tentei exaustivamente viver essa contradição." *Woman's Consciousness, Man's World*, pág. 15.
22. Arthur Koestler, *The Act of Creation*, pág. 96.

Capítulo 10

1. S. de Beauvoir, *The Ethics of ambiguity*, Capítulo 3. Essas palavras aparecem no contexto de uma discussão sobre a falácia de a tentativa de economizar tempo ser um caminho para a felicidade.
2. Lucas, 10:38-42, Bíblia Sagrada, New Revised Standard Version, Oxford, OUP.
3. C. Turnbull, *The Forest People*. Citado em Bruner et al. op.cit.
4. S. de Beauvoir, *Memoirs of a Dutiful Daughter*.
5. M. Solomon, *Mozart: a life*, pág. 165. Estas cartas são "famosas por sua linguagem cômica exuberante, rica de obscenidades e ambiguidades". Solomon dedica algum tempo ao tema do "vício do impulso de brincar" de Mozart (pág. 280), defendendo que ele tinha uma função psicológica crucial por permitir a Mozart reinventar-se e limitar a influência de seu pai sobre si; seu papel não se resumia a ser uma válvula de escape para a energia criativa excessiva, era também um instrumento essencial de subversão. Ver págs. 277-83.
6. Richard P. Feynman, "*Surely You're Joking, Mr. Feynman!*", pág. 173.
7. Ibid, pág. 174.
8. Robert F. Hobson, *Forms of Feeling*, pág. 243.

Capítulo 11

1. P. Newham, *The Singing Cure*, págs. 236-9.
2. C. Pinkola Estés, *Women Who Run with the Wolves: contacting the power of the wild woman*, págs. 28-33.
3. J. Ogden, *Fat Chance*, pág. 87.
4. Ibid., págs. 20-21. O sociólogo Ralph Glasser mostra que a indústria da dieta trabalha com uma proximidade conveniente da indústria da alimentação, em especial a de confeitos: "Ambas são atividades de indulgência. Ambas proporcionam satisfação através de suas respectivas formas negativas, uma paparicando na sua busca infantil

do sensual, a outra comprando punição, uma indulgência igualmente infantil, buscando uma disciplina movida pela culpa. *Ambas servem para apagar uma fome mais profunda de manter um propósito emocional*" [itálicos meus], R. Glasser, *Leisure — Penalty or Prize?* pág. 153.

5. William Perkins (1558-1602), citado em R. Malcolmson (1973), pág. 9. John Northbroke reclamou do "monstruoso bater dos pés aos sons agradáveis, às canções maliciosas, aos versos desonestos". J. Northbroke, "Spiritus est vicarius Christi in terra. Um Tratado em que o jogo de dados, os jogos inúteis ou Interlúdios com outros passatempos sem atividade, etc., comumente usados no dia de descanso, são reprovados." Ibid.

6. W. Buonaventura, *Serpent of the Nile*, pág. 25.

7. Ver G. S. Wakefield (ed.), *A Dictionary of Christian Spirituality*, págs. 102-3. O Deus Lúdico é um tema recorrente na filosofia e na teologia. O místico e estudioso do século XIV Meister Eckhart enfatizou o aspecto lúdico de Deus: numa das Lendas, Ele encontra um belo menino que brinca com Ele durante um tempo antes de desaparecer. Eckhart explica: "Era o próprio Deus — que estava se divertindo um pouco." Num Sermão sobre o lado lúdico de Deus, ele esclarece que uma divindade lúdica está potencialmente presente na ação humana: "Pois verdadeiramente, Deus brinca e ri frente aos bons atos, enquanto todos os outros atos que não O glorificam são como cinzas perante Ele." Raymond B. Blakney, *Meister Eckhart*, pág. 143. Outros estudiosos, antes e depois, exploraram a ligação entre a brincadeira humana e a divina. John Finnis termina seu trabalho sobre lei e ética defendendo a brincadeira como o aspecto da vida humana dado pela divindade. "Se perguntarmos por que Deus cria, não há outra resposta que não a fornecida implicitamente por Platão: brincadeira — uma expressão da vida e uma atividade livre mas padronizada, importante mas sem nenhum sentido adicional... A razão prática, portanto, não precisa ser encarada como sendo, em última instância, uma forma de perfeição pessoal. Esta não é sua importância final. Nem, por outro lado, são seus requisitos simples imperativos categóricos; eles ganham força prática na mais básica explicação que lhes pode ser fornecida — que são o que é necessário para participar na brincadeira de Deus. A brincadeira, também, pode agora ser adequadamente compreendida. Ela deve ser contrastada com o trabalho, as responsabilidades, as coisas sérias da vida. Mas, na análise final, existe uma brincadeira que é o *único* assunto verdadeiramente sério. Nesta 'análise final', em que procuramos uma compreensão que vai além de nossos sentimentos, as 'coisas sérias da vida', inclusive as misérias atrozes, são realmente sérias somente até o ponto em que contribuem para ou ficam presas numa boa brincadeira do jogo do Deus que cria e favorece o bem humano." J. Finnis, *Natural Law and Natural Rights*, pp — 409-10.

8. W. Buonaventura, op.cit., pág. 25.

9. "A swan is born", Sue Gaisford, *Independent on Sunday*, 8 de novembro de 1992.

10. W. Buonaventura, op.cit, págs. 199-201.

11. Durante um ano, Vivienne Griffiths estudou a experiência da dança para meninas de 12-16 anos de idade em West Yorkshire e descobriu que a dança de discoteca era apreciada, em parte, devido ao elemento de "sugestividade sexual ativa porém aceitável", mas também pela oportunidade de reunião com os amigos e diversão. As garotas na amostra de Griffith consideravam as danças uma atividade totalmente feminina, que envolve o vestir-se, o prazer sensual e a expressão pessoal. Elas estavam autoconscientes e absortas na sua dança. V. Griffiths, "Stepping out: the importance of dancing for young women", in E. Wimbush e M. Talbot, op.cit., pág. 118.

12. L.B. Hendry, J. Shucksmith, J.G. Love e A. Glendinning, op.cit., págs. 58-74.
13. Thompson e Abrams, "On the edge of later life".
14. G. O'Neill, *A Night Out With the Girls: women having a good time*, Capítulo 6, "Jumping for joy: Women"s Sport and Exercise", págs. 98-119.
15. "Health Survey for England". O levantamento foi conduzido em 90 áreas da Inglaterra e envolveu 3300 adultos.
16. Da pesquisa efetuada pelo Dr. Neil Armstrong, University of Exeter, citada no *Guardian*, 24 de novembro de 1992.
17. J. Grimley Evans, *Health: abilities and wellbeing in the third age*.
18. Números do Sports Council e da Women's Sports Foundation.
19. N. Elias e E. Dunning, "The Quest for Excitement in Leisure", *The Quest For Excitement*, págs. 63-91.
20. M. Talbot, "Beating them at our own game? Women's sports involvement" pág. 105, in E. Wimbush and M. Talbot, op.cit.
21. Ibid., págs. 102-114.
22. Ovídio, *Art of Love*, 3, 11. 352-369. Ovídio também aconselha as mulheres a aprender o orgasmo fingido e encoraja um grau de auto-objetificação que, segundo o tradutor Peter Green, é comparável a Henry Miller. Ovídio aconselha as pretendentes a sedutoras quanto a roupas, cabelo e maquiagem, e as adverte contra "as axilas férteis como os camelos e os pêlos arrepiados nas pernas"; ele as persuade a regularmente escovar os dentes, ter modos finos à mesa, e, acima de tudo, a fingir: "Fecha tua porta/ Não revela o processo não terminado. A maior parte de seus atos/Ofenderiam se não os escondesse: são muitos/Os homens ficam melhor não sabendo." 11.228-230. Esquecendo Henry Miller, a maior parte dos conselhos de Ovídio poderiam ter sido extraídos da *Cosmopolitan* na década de 1990.
23. N. Wolf, *The Beauty Myth*, pág. 139.
24. J. Milton, *Paradise Lost*, Livro IX, 11. 1027-32.
25. Um levantamento realizado em 1980 pela *Cosmopolitan* americana com 106.000 mulheres constatou que 41% haviam tido casos extraconjugais; um levantamento realizado pelo Thor Data da Cidade de Nova York, em 1986, com mulheres trabalhadoras com nível de instrução superior verificou que 41% das entrevistadas casadas estavam tendo ou haviam tido casos. Citado em Dalma Heyn, *The Erotic Silence of the Married Woman*, pág. 26.
26. Números do *Elle*/Durex Sex Survey de 1992, baseado em 1000 questionários selecionados aleatoriamente de 3500 respostas. Não foi feita nenhuma análise de idade ou classe social dos entrevistados. Um levantamento mais rigoroso em termos estatísticos, de 1.000 homens ingleses, foi conduzido mais ou menos no mesmo período por MORI para a revista masculina *Esquire*. Suas conclusões sobre infidelidade trazem uma comparação interessante: 7% dos 473 homens eram infiéis numa base regular ou irregular. Elas somam-se às descobertas do National Survey de Sexual Attitudes and Lifestyles que descobriu que a maioria das pessoas casadas são mais monógamas, mas que duas vezes mais mulheres são monógamas que os homens. O National Survey também descobriu uma correlação nítida entre a classe social e a atividade sexual, tendo as pessoas da classe social um e dois (profissional liberal e empresário) duas vezes mais probabilidade de ter dois ou mais parceiros no ano anterior que as pessoas das classes sociais quatro ou cinco.
27. A maioria das sociedades possui regras rígidas quanto à sexualidade feminina. Marilyn French assinala em *The War Against Women*, pág. 140, "que todas as sociedades passadas

reprimiam a sexualidade feminina: o adultério era um ato criminoso para as mulheres, mas não para os homens, e as diferentes sociedades puniam com níveis variados de severidade, incluindo a morte. As meninas que perdiam a virgindade antes do casamento — mesmo se fossem estupradas, e até mesmo por um membro da família, recebiam punições que variavam entre surras, aprisionamento em conventos e, inclusive, a morte". A circuncisão feminina ainda é praticada em muitas comunidades africanas e asiáticas, não só na África e na Ásia, mas em toda a Europa e a América; estima-se que 10.000 meninas na Inglaterra correm o risco de ser circuncidadas, segundo a Foundation for Women's Health Research and Development em Londres. A prática da circuncisão feminina é realizada explicitamente para conter o desejo sexual e a atividade sexual nas mulheres.
28. D. Heyn, *The Erotic Silence of the Married Woman*, pág. 286.
29. J. Huizinga, op.cit., pág. 192.

Capítulo 12

1. Aine McCarthy, *Guardian*, outubro, 1993.
2. Goldschmied e Jackson, *People Under Three*, pág. 233.
3. Números de 1991, General Household Survey.
4. Ibid.
5. R. Abrams, "The father of all battles", *Guardian*, 25 de outubro de 1995.
6. Estudo dos levantamentos domésticos nos Estados Unidos, no Brasil e em Gana, efetuado por Duncan Thomas, University of California in Los Angeles, citado em E. Balls, "Working women hold the key to children's future", *Guardian*, 5.9.94.
7. *Superwoman Keeps Going*, 1992, National Council of Women.
8. Esses números são de um levantamento de 580 mulheres e 420 homens que foi efetuado em 1992 pelo Centre for Criminology at Middlesex University e autorizado pelo London Borough de Islington. O levantamento constatou que 28% das mulheres tinham sofrido dano físico por parte do parceiro, 19% dos homens haviam batido em suas parceiras, 5% das mulheres haviam sofrido quebra de ossos devido a ataques, 40% tinha dificuldade de dormir resultante da violência do parceiro, 46% sentiam-se deprimidas em razão disto.
9. *Hansard Official Report*, "Parents' Responsibilities", Vol. 538, nº 27, pág. 479, 24.6.92.
10. Sou grata a Ellen Jackson por ter me recomendado ao trabalho de Zamyatin.
11. Muitos dos sentidos mais antigos de *"play"* que aparecem em dicionário relacionam-se às suas características de movimento e, mais especificamente, de *liberdade de movimento*. Entre as várias definições de *play* que aparecem no OED encontramos: "movimento desimpedido ou livre; ação livre; liberdade; oportunidade, ou espaço para ação; espaço para atividade".
12. Louis MacNeice, "Autumn Journal, 1938" in *Collected Poems, 1925-48*.
13. R. Glasser, op.cit., pág. 213. Glasser compara a destrutividade da criança frustrada e raivosa à destrutividade do adulto profundamente frustrado. Ele conclama uma "sociedade comprometida com o espiritual" a preencher o vazio do consumismo e do "lazer" vazio. Glasser defende que a dimensão espiritual da experiência humana deve ser lembrada para contrapor-se à ênfase excessiva no funcionalismo e no comercialismo. É interessante notar que tem havido um interesse crescente na espiritualidade desde o início da década de 1980, porém preocupa o fato de que um aspecto importante

desta tendência tem sido o crescimento do extremismo religioso. Fanático, intolerante, rígido e restritivo, praticamente não trouxe os benefícios imaginados por Glasser.
14. "A ética protestante muito cedo fez uma separação rígida entre o que a pessoa faz quando é jovem e o que ela faz mais tarde, com uma transição muito definida. Na tradição ocidental, cresceu uma separação puritana entre o 'trabalho dos adultos' e a 'brincadeira das criancinhas'." J.S. Bruner, "Nature and uses of Immaturity", *American Psychologist*, vol. 27, No. 8, 1972. Republicado em Bruner et al., op.cit., págs. 28-64.
15. Stephen Tunnicliffe, carta para o *Guardian*, dezembro, 1993.
16. "A brincadeira não é representada como uma área especializada e ameaçada da experiência (...) mas como uma forma de interação que informa e é essencial para a continuidade criativa de toda uma comunidade." H. Glen, *Vision and Disenchantment*, pág. 138.
17. Ibid., pág. 137.
18. Ibid., pág. 133.
19. Ibid., pág. 144.
20. D. Donnison, "We All Pay the Price for Unemployment", *Guardian*, 1 de setembro de 1993.
21. Hannah Arendt, *On Revolution*, Capítulo 6.
22. Um relatório feito pela Commission of the European Communities, "Age and Attitudes", afirma que "uma criança nascida em 1990 pode esperar viver quase 10 anos mais do que uma nascida em 1950", Alan Walker, "Age and Attitudes". pág. 4.
23. Ibid.
24. Bertrand Russell, *In Praise of Idleness and Other Essays*.
25. Ibid.
26. W. Bridges, *Jobshift: How to Prosper in a Workplace without Jobs*. Extraído de "The death of the job", *Independent on Sunday*, 5.2.95.
27. E.P. Thompson, "Time, Work-Discipline and Industrial Capitalism", op.cit.
28. E. Hobsbawm, *The Age of Extremes: the short history of the twentieth century 1914-1991*.
29. T. Hodgkinson, "Positively idle", *Guardian*, 9 de novembro de 1994. A revista *Idler* recebeu este nome em homenagem à série de ensaios quinzenais do Dr. Johnson, "The Idler", publicada no século XVIII mais ou menos no mesmo período em que o *Observer*, o *Rambler*, o *Bystander* e o *Spectator* foram lançados, seus títulos refletindo o valor, desde então perdido, vinculado à brincadeira intelectual da contemplação e da reflexão.
30. Citado em Walter Schwarz, "Volunteers for a new America", *Guardian*, 25 de outubro de 1995.
31. Ibid.
32. Survey por MORI. Essas descobertas são parte do levantamento do World Values.
33. J. Bentham, *Theory of legislation*, "Principles of the Penal Code", pág. 380.

Este livro foi composto na tipologia Goudy Old
Style em corpo 11/14 e impresso em papel Offset
75g/m² no Sistema Cameron da Divisão Gráfica
da Distribuidora Record.

Seja um Leitor Preferencial Record
e receba informações sobre nossos lançamentos.
Escreva para
RP Record
Caixa Postal 23.052
Rio de Janeiro, RJ – CEP 20922-970
dando seu nome e endereço
e tenha acesso a nossas ofertas especiais.

Válido somente no Brasil.

Ou visite a nossa *home page*:
http://www.record.com.br